L'IDÉE

DE

LA PERSONNALITÉ

DANS

LA PSYCHOLOGIE MODERNE

ÉTUDE SUR LE MOI

LA CONSCIENCE ET LA CONNAISSANCE DE SOI-MÊME

DANS LES DOCTRINES PSYCHOLOGIQUES

DÉRIVÉES DE HUME, DE KANT ET DE MAINE DE BIRAN

PAR

CHARLES JEANMAIRE

ANCIEN ÉLÈVE DE L'ÉCOLE NORMALE, AGRÉGÉ DE PHILOSOPHIE
INSPECTEUR D'ACADÉMIE

TOULOUSE

IMPRIMERIE DOULADOURE-PRIVAT

39, RUE SAINT-ROME, 39

—

1882

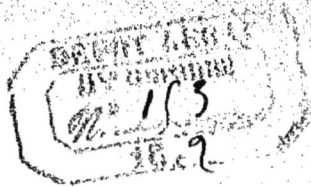

L'IDÉE DE LA PERSONNALITÉ

DANS

LA PSYCHOLOGIE MODERNE

L'IDÉE

DE

LA PERSONNALITÉ

DANS

LA PSYCHOLOGIE MODERNE

THÈSE PRÉSENTÉE A LA FACULTÉ DE LYON

POUR OBTENIR LE GRADE DE DOCTEUR ÈS LETTRES

PAR

CHARLES JEANMAIRE

ANCIEN ÉLÈVE DE L'ÉCOLE NORMALE, AGRÉGÉ DE PHILOSOPHIE
INSPECTEUR D'ACADÉMIE EN CONGÉ

TOULOUSE

IMPRIMERIE DOULADOURE-PRIVAT

39, RUE SAINT-ROME, 39

—

1882

L'IDÉE DE LA PERSONNALITÉ

DANS

LA PSYCHOLOGIE MODERNE

———————

CHAPITRE PREMIER

La question de la personnalité, et dans quel sens nous l'entendrons.

Je n'ai pas l'intention d'examiner toutes les opinions que se sont faites de la personnalité les divers philosophes des temps modernes : je me propose seulement d'étudier cette question dans les principales doctrines psychologiques qui sont. encore vivantes. Les théories de la personnalité les plus importantes ou les plus connues se rattachent aux conceptions de Hume, de Kant et de Maine de Biran : c'est dans ces trois grandes directions qu'elles se sont développées et que nous devons en poursuivre l'étude.

Il est à peine besoin d'indiquer ce que nous entendrons par le mot de *personnalité,* car l'idée de personne représente, dans les êtres auxquels elle s'applique, des caractères bien connus, et qui permettent de les distinguer sans hésitation des choses, leurs contraires. Il y a d'autres mots qui avaient aussi la propriété de marquer, entre l'homme et les êtres inférieurs, une différence caractéristique; mais ils ne l'ont plus aujourd'hui, ou du moins elle leur est si vivement contestée, qu'ils sont fort exposés à finir par en être dépouillés.

Je ne veux pas parler du mot *âme,* qui, en réalité, n'a jamais désigné quelque chose d'exclusivement propre à l'homme; car, sans compter les poëtes, qui ont toujours libéralement animé la nature et ses œuvres, chacun sait que la plupart des philosophes de l'antiquité accordaient une âme aux animaux et même aux plantes, et qu'au moyen âge, des théologiens aussi bien que des philosophes avaient adopté cette manière de voir. Descartes, identifiant l'âme avec la pensée et croyant que cette essence supérieure ne pouvait appartenir qu'à l'espèce humaine, avait essayé de réduire l'existence des animaux à celle de simples machines; mais on sait que ses contemporains ne s'étaient pas tous associés à sa singulière entreprise; maintenant il reste peu de philosophes qui n'aient pas depuis longtemps répudié le privilège qu'il avait voulu nous faire.

Mais si le mot *âme* a eu en général un sens large et flexible, il en est d'autres qui avaient une signification plus exclusive. Je pourrais citer les termes d'*esprit,* de *raison,* de *liberté,* dont la philosophie ne s'était guère servie jusqu'à présent en parlant des animaux. Sans doute, on trouverait des exceptions : par exemple, ce légat du Pape qui, au seizième siècle, composait un traité pour prouver *Quod animalia bruta ratione melius utantur homine;* Montaigne, qui pour rabaisser notre présomption, voudrait relever tous ces êtres dont nous avons fait comme un monde inférieur, et qui nous demande de quel droit nous refusons de voir en eux de l'esprit comme en nous; dans l'antiquité, Plutarque, et d'autres encore, vraisemblablement, car l'amour du paradoxe est aussi ancien que la philosophie. Mais ces théories n'apparaissaient que de loin en loin, restaient isolées, et n'avaient aucune prise sur l'opinion commune.

La doctrine de l'évolution, qui, depuis quelques années, a séduit un si grand nombre de savants et de philosophes, devait donner aux hypothèses de ce genre un nouvel essor et un nouveau crédit. Pour que des formes les plus basses de l'existence aient pu sortir, comme elle le prétend, les formes les plus hautes, par un développement continu, il faut évidemment que les qualités spécifiques n'aient pas la fixité qu'on leur avait attribuée, que les facultés des êtres supérieurs aient été, au moins en germe, dans les propriétés des êtres inférieurs, et de même que le gland ne devient pas immédiatement chêne par une sorte de saut brusque et miraculeux, de même aussi, dans la longue succession des espèces, les anneaux éloignés ont dû être réunis au moyen d'anneaux intermédiaires, de façon que les distances aient pu être insensiblement franchies. De là, dans la conception de l'ordre universel des êtres, un effacement général des différences, qui devait avoir pour résultat de fondre, comme en une nuance intermédiaire, les significations, autrefois parfaitement distinctes, d'un certain nombre de termes. Quoi de plus différent, par exemple, du moins pour ceux qui ne sont pas initiés aux secrets de la science des intermédiaires, que la *raison* et l'*instinct,* la *liberté* et le *déterminisme,* l'*esprit* et la *matière*? Cependant, on a découvert l'art de les rapprocher, de les concilier, de les confondre et l'on a prôné cette innovation comme un progrès. La raison, a-t-on dit, n'est que le prolongement de l'instinct; elle est un instinct imparfaitement lié

et intégré, de même que l'instinct est une raison solidi-
fiée et cristallisée, l'un et l'autre n'étant, d'ailleurs,
qu'une adaptation de relations internes à des relations
externes [1]. La liberté est si peu opposée au déterminisme
qu'elle en sort, n'étant qu'une puissance déterminée en
nous par l'idée même de la liberté [2]. Il n'y a donc pas de
contradiction inconciliable entre les deux termes. Dès
lors, pourquoi opposer l'ordre de la nature à l'ordre de
la liberté, comme l'avait fait Kant? Et, d'ailleurs, d'où
viendrait la liberté de l'homme, s'il n'y en avait pas eu
au moins un germe dans les êtres inférieurs qui l'ont
précédé sur cette terre? Et d'où les animaux tireraient-
ils eux-mêmes leur libre arbitre, si les plantes n'en possédaient aucune parcelle, et celles-ci enfin, si elles n'en
trouvaient pas le premier élément dans les atomes matériels dont elles se nourrissent? Tout n'est-il pas dans
tout, selon la sagesse antique? Ne faut-il pas qu'il y ait
de la liberté dans la matière, pour qu'il puisse y en avoir
dans l'homme? Et la déclinaison des atomes d'Épicure
n'est-elle pas une profonde vérité métaphysique [3]? Quant
à l'esprit et à la matière, il était inévitable qu'ils en
vinssent à ne faire qu'un, après les efforts savamment
déployés par les matérialistes et une certaine catégorie
de spiritualistes, pour arriver à supprimer toute différence entre leur principe et celui de leurs adversaires
et pour absorber le second dans le premier. Tout est matière ou propriété de matière, disent les uns, mais, dans
leur atome matériel, ils voient des puissances occultes,
qui plus tard deviendront l'esprit, si les circonstances s'y
prêtent. Tout est esprit ou création de l'esprit, disent les

1. H. Spencer, *Princ. de psych*. t. I, p. 488, de la traduction
rançaise.
2. Fouillée, *Liberté et déterminisme*, l. 3.
3. Guyau, *Morale d'Épicure*, p. 101.

autres, car tout ce qui existe est une force ou un groupe
de forces, et toute force est un esprit plus ou moins
éteint ou endormi, plus ou moins vivant, plus ou moins
libre. Après avoir proclamé ces résultats, il était facile
de s'entendre, car on avait fait, de part et d'autre, plus
de chemin qu'il n'en fallait pour se rencontrer.

Je ferai remarquer que je n'ai point l'intention de
montrer, à l'égard des philosophes auxquels je viens de
faire allusion, la moindre irrévérence; j'admire, au contraire, la puissance et la subtilité de leur esprit et la
profondeur de leur science. Je me borne à constater
qu'ils ont fait de certains mots un emploi nouveau, qu'ils
les ont détournés de leur signification courante; car on
m'accordera bien que s'ils ont pu considérer comme à
peu près identiques des choses que la plupart de leurs
prédécesseurs avaient regardées comme contraires, c'est
que les uns et les autres ne placent pas les mêmes idées
sous les mêmes termes. Que l'esprit, tel que l'entendent
quelques-uns, ne diffère pas sensiblement de la matière
telle qu'ils la comprennent, nous n'avons aucune raison
pour refuser de le croire; mais la question est toujours
de savoir si leurs conceptions répondent à la réalité.

Toutefois, je ne crois pas que la théorie du développement continu ou le système de la conciliation aient entrepris d'opérer une fusion entre les deux idées de personne
et de chose. Il est certain que si les notions de raison et
de liberté finissaient par se confondre avec celles d'instinct et de nécessité, l'idée de personne serait bien près
d'aller se perdre dans l'idée de chose; cependant, ces
deux derniers termes restent nettement distincts, non
seulement dans le langage ordinaire, mais aussi dans les
conceptions des philosophes. On a bien essayé de nier la
réalité métaphysique de ce que représente l'idée de personne; mais que n'a-t-on pas nié au point de vue méta-

physique? Nous devons, du moins, constater qu'il a paru plus facile de nier l'idée de la personnalité que de la confondre avec son contraire[1].

On peut donc affirmer que la distinction entre les personnes et les choses, si clairement exposée par Jouffroy, subsiste toujours, sous la réserve de l'illusion métaphysique. Je ne saurais mieux faire que de rappeler ici cette page solide du célèbre psychologue :

« Ce qui distingue une chose d'une autre, c'est qu'elle a des propriétés ou des capacités naturelles différentes. L'homme, ayant des capacités spéciales, est, à ce titre, comme toutes les choses possibles, un être d'une espèce particulière, et qui mérite un nom particulier. Mais, indépendamment de cette spécialité de nature, qui lui est commune avec toutes les choses du monde, — car toutes les choses du monde ont leur nature spéciale, — il jouit d'un privilège tout particulier, et qui le sort de la foule : c'est celui de pouvoir disposer de ses capacités naturelles. Il a non seulement des capacités spéciales, comme chaque chose en a, et, par exemple, celles de penser, de se souvenir, de se mouvoir; mais, de plus, il gouverne ces capacités, c'est-à-dire qu'il les tient dans sa main, et s'en

---

1. Je ne parlerai pas d'une formule qu'a laissé échapper un philosophe contemporain, qui, cependant, n'est pas, en général, ennemi de la clarté. M. Paul Janet a dit que la personnalité était, en quelque sorte, la *conscience de l'impersonnel.* (*Morale*, p. 593.) Contagion de l'exemple, sans doute; mais il a dû s'en repentir quand il a vu que le mot avait séduit et égaré à son tour un autre philosophe. (M. Bertrand, *Aperception du corps humain par la conscience*, p. 290.) Si la personne ne se nourrit pas de sa propre substance, ce qui serait contre nature, et si elle introduit en elle et absorbe ce qui était d'abord impersonnel, il est clair qu'elle n'en a conscience qu'après se l'être assimilé ou en avoir fait l'idée, le sentiment, la volonté de la personne. La *science* de l'impersonnel est ordinaire; la *conscience* de l'impersonnel est impossible : dire que la personnalité est la conscience de l'impersonnel, ce n'est que faire un jeu de mots, et malheureux.

sert comme il veut. Ainsi, il se meut comme il veut, il
dirige sa mémoire, il applique sa pensée où il veut; en
un mot, il est maître de lui et des capacités qui sont en
lui. Or, il n'en est pas ainsi dans les choses : elles ont
aussi des capacités naturelles, mais il n'y a point en elles
de pouvoir autonome qui s'approprie ces facultés et qui
les gouverne. Ainsi, l'arbre a beaucoup de capacités naturelles, mais elles se développent en lui sans sa participation : ce n'est pas lui qui les dirige, c'est la nature;
elles existent en lui, elles opèrent en lui, mais elles ne
lui appartiennent pas, et ce qu'elles produisent ne saurait
lui être attribué.

« Le pouvoir que l'homme a de s'emparer de ses capacités naturelles et de les diriger fait de lui une *personne*;
et c'est parce que les *choses* n'exercent pas ce pouvoir en
elles-mêmes, qu'elles ne sont que des choses. Telle est la
véritable différence qui distingue les choses des personnes. Toutes les natures possibles sont douées de certaines capacités; mais les unes ont reçu par-dessus les
autres le privilège de se saisir d'elles-mêmes et de se
gouverner : celles-là sont des personnes. Les autres en
ont été privées, en sorte qu'elles n'ont point de part à ce
qui se fait en elles : celles-là sont les choses[1]. »

Se posséder et se gouverner, tel est, suivant Jouffroy,
le caractère distinctif des personnes, et, on peut le dire,
l'essence de la personnalité. Mais cette manière de voir
contient déjà une théorie, et non la simple expression
d'un fait. On doit d'abord considérer l'idée de personne
réduite à son contenu le plus simple : elle est avant tout
l'idée que chacun a de soi-même, en tant qu'il sait qu'il
existe, ou en tant qu'il existe pour soi, et sans qu'il songe
à se demander s'il se possède et se gouverne. Il est pos-

1. Jouffroy, *Mélanges*, p. 245.

sible que je n'existe pour moi, ou que je n'aie, comme on dit, la conscience de mon être, qu'à la condition de posséder le pouvoir de me gouverner et de diriger mes facultés naturelles : c'est une question à examiner, mais qui ne saurait être préjugée. Le fait primitif de mon existence, c'est d'être moi, ce qui arrive dès que j'ai conscience de moi-même. Avoir conscience de soi, c'est la première condition, une condition nécessaire, pour être une personne. Je crois aussi qu'elle est suffisante.

Si l'on m'objecte que les animaux doivent avoir conscience d'eux-mêmes, et qu'à ce titre ils ne seraient plus des choses, je répondrai que Jouffroy allait, en effet, jusqu'à leur accorder une certaine personnalité[1]; mais ce ne sont pas les mots qui font les réalités, et appliquer un nom qui représente une idée claire à une chose dont on n'a qu'une idée obscure, ce n'est pas étendre sa science, mais y introduire la confusion et l'impuissance. Quelle sorte de conscience y a-t-il chez les animaux? On l'ignore; et, tant qu'on n'aura pas prouvé qu'elle est de la même nature que chez l'homme, je ne sais pas pourquoi nous nous servirions du même mot pour désigner des choses qui ne se ressemblent peut-être pas. Nous n'avons pas de la conscience une idée générale, commune à plusieurs espèces d'êtres, comme nous en avons une de la vie, par exemple. La seule conscience que nous connaissions, c'est la nôtre; puis, par celle-là, celle de nos semblables, qui peuvent, au moyen du langage, nous faire voir, pour ainsi dire, ce qui se passe en eux. Qu'il y ait quelque chose d'analogue chez les animaux, c'est possible; mais il est possible aussi que ce soit quelque chose de différent[2]. Quoi qu'il en soit, nous ne devons pas oublier que

---

1. Jouffroy, *Mélanges*, p. 248.
2. Voir Huxley, *Revue scientifique*, 24 octobre 1874; Charlton Bastian, *le Cerveau, organe de la pensée*, t. I, p. 158.

nous avons une idée claire de la conscience qui est en nous, et que nous n'avons qu'une idée confuse de celle que nous prêtons aux êtres d'une espèce différente de la nôtre; par conséquent, ce serait un abus de conclure de l'une à l'autre, et plus encore de chercher des lumières dans la seconde pour éclairer la première.

La conscience que l'homme a de lui-même, conscience d'une nature spéciale, comme l'homme en qui elle réside, conscience dont nous avons une idée aussi claire que de notre existence, puisque ce n'est qu'à travers l'une que nous connaissons l'autre, et que nous n'existons pour nous qu'autant que nous avons conscience de nous-mêmes, est ce qui fait de l'homme une personne. Nous verrons, et chacun le sait, que la mémoire et d'autres facultés viennent compléter l'idée que nous formons de notre personnalité, mais la conscience en est le premier fondement; les défaillances de la conscience entraînent des défaillances de la personnalité; mais tant qu'un homme a conscience de soi, quelles que puissent être les erreurs de sa mémoire sur les événements de sa vie, il reste une personne, et nul ne songera à lui refuser ce titre. Nous dirons donc qu'une personne est un homme qui a conscience de soi. La personnalité est la propriété d'être soi, ou ce dont on a l'idée quand on sait qu'on est soi-même et qu'on se distingue de tout le reste. Ces défi-nitions sont purement nominales, et n'ont pas d'autre prétention que de fixer le sens des termes.

Je me propose de rechercher comment sont comprises, dans les doctrines philosophiques récentes, les conditions psychologiques du développement de la personnalité, ou, ce qui revient au même, les circonstances psychologi-ques qui accompagnent invariablement l'apparition et la disparition de la conscience de soi, qui expliquent les différents degrés et les aspects principaux sous lesquels elle se manifeste, qui contribuent enfin à faire que nous soyons complètement nous-mêmes. Je devrai examiner ensuite si cette conscience est la même chose que la connaissance de soi, et jusqu'à quel point nous nous connaissons.

J'ai dit précédemment que rien n'était plus clair que l'idée que nous avons de nous-mêmes. Bien que l'occasion ne doive pas nous manquer plus tard de revenir sur cette question, je ne voudrais pas au début laisser subsister un malentendu. Je ne prétends point prendre parti, sans examen, entre Descartes, qui affirme que nous avons de notre âme une idée claire, et Malebranche, qui soutient que nous n'en avons qu'un sentiment confus. Par l'idée de nous-mêmes, j'entends l'idée que chacun de nous désigne naturellement par le mot *je* ou *moi,* abstraction faite de toute doctrine psychologique sur la nature de l'âme et même sur la nature de moi. Lors même qu'il n'y aurait pas entre le moi et l'âme une différence réelle, et que les profondes analyses de Maine de Biran ou les distinctions des philosophes contemporains entre la vie consciente et la vie inconsciente seraient considérées comme non avenues; lors même que le matérialisme serait vrai, que mon âme se réduirait à un jeu des fonctions de mon cerveau, et que je ne serais en définitive que mon corps, il n'en resterait pas moins indubitable qu'il y a, en dehors de tout système, une idée du moi, qui ne se confond ni avec l'idée de l'âme, ni avec l'idée du corps, ni avec les deux ensemble. Cette première et simple et commune idée de moi-même, c'est celle de mon existence consciente, de l'être qui, dans ce corps qu'il s'attribue, mais qu'il ne connaît pas entièrement, dans cette âme qu'il considère comme le fond et la racine de lui-même, dès qu'il en a l'idée, mais sans en pénétrer jamais complètement la nature, a le sentiment immédiat et la notion claire de son existence, puisqu'il sait qu'il est, et se distingue sans hésitation de ce qui n'est pas lui.

Il y a des choses qui m'appartiennent, et que je considère, par extension, comme faisant partie de moi-même, par exemple mon corps et mes facultés; mais cependant je ne les confonds pas avec ce à quoi elles appartiennent, et qui est proprement moi. Les physiologistes m'apprennent que si le sang se retirait pendant quelques instants de mon cerveau, je n'aurais plus, pendant ce temps, conscience de mon existence, ce qui serait pour moi ne plus exister. Il n'en est pas moins vrai que l'idée de mon cerveau et celle de la circulation de mon sang ne font pas naturellement et nécessairement partie de l'idée que j'ai de moi-même, pas plus que celles d'un grand nombre d'organes intérieurs ou de fonctions que je ne connais point. Et je crois qu'en cela je ne fais pas exception, et que beaucoup de mes semblables partagent mon ignorance. Nous pouvons ne pas connaître complètement ce qui est nôtre, mais nous-mêmes, comment ne nous connaîtrions-nous pas complètement? Si des parties de nous-mêmes nous restaient inconnues, elles n'existeraient pas pour nous, elles ne seraient donc pas comprises dans ce que nous appelons *nous*. Objectera-t-on les faits, les actes de notre vie, dont nous avons perdu le souvenir, les événements étrangers que certaines personnes s'approprient, quand leur mémoire n'est plus fidèle? Mais il ne s'agit pas encore de notre existence passée, qui se relie plus ou moins exactement, ainsi que nous le verrons, à notre existence présente; c'est notre existence actuelle, notre existence consciente, continuée chaque jour pendant la veille, suspendue pendant notre sommeil, puis reproduite chaque matin à notre réveil, qui est le premier objet et le véritable fondement de notre idée de nous-mêmes. C'est de celle-là que nous avons, à tout instant de sa durée, une idée claire, une idée qui se continue, s'interrompt, se reproduit comme elle, et qui est une sorte de prolongement, de développement ou de réflexion de notre sentiment intime, parce que l'homme étant un être pensant aussi bien que sensible, il est impossible qu'il ait conscience de lui-même sans en avoir aussi l'idée. C'est cette conscience et cette connaissance qui sont le centre auquel nous rapportons tous les événements de notre vie; rien n'est de nous et pour nous qui ne soit saisi par elles; elles pénètrent entièrement ce que nous appelons nous; leurs limites sont les limites de notre existence présente, et l'on peut dire que nous n'existons actuellement qu'autant que nous avons la conscience et l'idée de nous-mêmes.

Ce n'est donc pas quelque chose d'inconnu que nous prenons pour point de départ de nos recherches sur le développement de la personnalité; c'est ce que nous connaissons le mieux. Mais il ne suffit pas de faire voir que cette idée de soi-même a un premier objet bien déterminé, bien distinct de tout le reste; il faut encore expliquer comment cette idée, si pauvre quand elle est réduite ainsi à toute sa simplicité native, s'enrichit graduellement, embrasse des faits de plus en plus complexes, et correspond enfin à ce que nous regardons comme notre être tout entier, avec les aptitudes que nous avons acquises, et les forces ou les facultés dont nous disposons. Considérer le moi, l'existence consciente, en la prenant telle qu'elle est donnée à elle-même, sans examen, sans analyse et sans explication, ce n'est que constater un fait de sens commun. Chercher à découvrir, sinon l'origine du moi, qui nous est aussi impénétrable que toutes les autres origines, du moins les phases et les formes de son développement; examiner les rapports qu'il a avec ce dont il paraît inséparable, et, par exemple, avec les organes du corps et les facultés de l'âme; analyser la connaissance qu'il a de lui-même et en discuter la valeur, c'est un des objets de la philosophie. Pour répondre à ces questions, bien des solutions ont été proposées; nous allons exposer et discuter les principales.

CHAPITRE II

Classification des théories. — Doctrines qui font du moi une série de phénomènes.

OPINIONS DE HUME ET DE STUART MILL

Les théories les plus connues auxquelles l'étude de la personnalité a donné lieu, si l'on néglige les différences de détail, peuvent se ramener à trois types distincts, ou être considérées comme tendant vers trois directions principales. Une doctrine, qu'on a appelée phénoméniste, considère le moi comme une succession ou un agrégat de phénomènes : c'est celle qui dérive plus ou moins directement de Hume, et qui a été exposée, en Angleterre, par Stuart Mill, par MM. Spencer et Bain, et, en France, par M. Taine. Une autre, dans laquelle domine le point de vue abstrait, logique, et je dirais presque idéologique, pour éviter de dire *représentationniste,* fait du moi une idée, un produit de la pensée, ou une représentation qui est un cadre, un centre, une loi d'autres représentations ; tel est le caractère des théories qui se rattachent soit à la philosophie de Kant, soit à celle de Schopenhauer et de M. de Hartmann, soit à celle de Herbart, en Allemagne, et, en France, de M. Renouvier. Enfin, la doctrine qui dérive de Maine de Biran, qu'on a quelquefois qualifiée de métaphysique abstraite et creuse, et qui est cependant une psychologie positive, puisque au lieu de prendre pour point de départ, et de conserver comme base de son système, un phénomène tel qu'un mouvement nerveux, dont on ne connaît encore presque rien, une sensation, qui n'est qu'une abstraction, quand on la sépare des faits qui l'accompagnent et de l'être qui l'éprouve, une idée ou une représentation, qui n'ont d'existence qu'en qualité d'actes ou de produits d'un être intelligent, elle a cru devoir chercher un fondement solide, comme Descartes, sur le roc et l'argile, et s'est attachée à un fait réel, concret, et cependant entièrement connu, un fait véritablement primitif, puisque tant que celui-là n'est pas donné il n'y en a pas d'autres : notre existence actuelle telle quelle est dans la conscience que nous en avons. Que Maine de Biran se soit trompé sur les conditions de ce fait, et dans l'explication qu'il en a donnée, et qu'il ait eu tort de n'y voir qu'un résultat de l'effort musculaire, c'est regrettable sans doute, si c'est vrai, et il en faudrait conclure qu'après lui la question n'est pas définitivement fermée; mais c'est et ce sera probablement le sort de beaucoup d'autres, et il ne faudrait pas, pour cette raison, refuser à Maine de Biran le mérite d'avoir reconnu le fait capital de la psychologie, d'en avoir déduit la méthode à suivre, d'y avoir rattaché des explications, qui, si elles ne sont pas définitives, en éliminent beaucoup d'autres qui le sont moins encore, d'avoir enfin puissamment contribué à fonder une psychologie française à côté de Cousin et de Jouffroy, et avant les philosophes contemporains qu'il est inutile de nommer, et qui tous, à des degrés différents, se sont inspirés de ses idées.

Nous commencerons notre examen par les doctrines anglaises.

I

HUME

Toutes nos connaissances, d'après Hume, se résolvent en impressions et en idées, et les idées ne sont elles-mêmes que des images affaiblies ou des combinaisons d'images des impressions. « A toute idée réelle doit correspondre une impression particulière où elle a son origine. Or, le moi, ou la personne, n'est point une impression particulière, mais bien ce à quoi nos différentes impressions et idées sont supposées se rapporter. Si une impression donne naissance à l'idée du moi, elle doit se continuer invariablement la même, dans tout le cours de la vie, puisque c'est ainsi qu'on suppose que le moi existe. Mais il n'existe point d'impression constante et invariable. La douleur et le plaisir, la tristesse et la joie, les passions et les sensations succèdent les unes aux autres et n'existent jamais toutes en même temps. Ce ne peut donc être ni d'une de ces sensations, ni d'une autre, que l'idée du moi est dérivée, et par conséquent une telle idée n'existe pas... De plus, quand je pénètre au plus intime de ce que j'appelle moi-même, c'est toujours pour tomber sur une perception particulière ou sur une autre : une perception de chaud ou de froid, de lumière ou d'obscurité, d'amour ou de haine, de peine ou de plaisir. Je ne puis jamais arriver à me saisir *moi-même* sans une perception, et jamais je ne puis observer autre chose que la perception. Quand mes perceptions se trouvent interrompues, comme par un profond sommeil, aussi long-temps que cet état dure, je n'ai pas le sentiment de *moi-*

même, et l'on peut vraiment dire que je n'existe pas ; et si toutes mes perceptions étaient supprimées par la mort, si je ne pouvais plus ni penser, ni sentir, ni vouloir, ni aimer, ni haïr ; après la dissolution de mon corps, je serais entièrement annihilé, et je ne conçois pas ce qu'on demande de plus pour faire de moi une parfaite non-entité... Les hommes ne sont que des assemblages ou collection de différentes perceptions, qui se succèdent avec une incroyable rapidité, et sont dans un état de flux et de mouvement perpétuel. Nos yeux ne peuvent tourner dans leurs orbites que nos perceptions ne varient. Notre pensée est variable encore plus que notre vue ; et tous nos autres sens et facultés contribuent à ce changement ; il n'y a pas une seule des puissances de l'âme qui reste inaltérablement la même, un seul moment peut-être. L'intelligence est une espèce de théâtre où différentes perceptions font successivement leur apparition, passent, repassent, s'écoulent et se mêlent en une infinité de situations et de positions. Elle n'a ni *simplicité* en un même temps, ni *identité* en des temps différents, quelque naturellement enclins que nous puissions être à imaginer cette simplicité et cette identité. Il ne faut pas que la comparaison du théâtre nous abuse : ce ne sont que des perceptions successives qui constituent l'intelligence, et nous ne possédons pas la notion même la plus éloignée du lieu où ces scènes sont représentées, ou des matériaux dont ce théâtre est composé [1]. »

D'où vient cette grande propension que nous avons à nous attribuer l'identité et la simplicité dont on vient de parler ? D'une illusion produite, selon Hume, par la facilité qu'a notre imagination à passer d'une chose à une

1. Hume, *Traité de la nature humaine,* liv. 1, trad. Renouvier et Pillon, p. 330 et suiv.

autre, d'une perception à d'autres perceptions, lorsqu'il existe entre elles une relation de contiguïté, de ressemblance ou de causalité. Comme la mémoire nous représente sans cesse des perceptions qui ressemblent à celles que nous avons eues dans le passé; comme toutes nos perceptions, d'ailleurs, sont liées les unes aux autres par la relation de cause et d'effet, et mutuellement se produisent, se détruisent, s'influencent et se modifient, notre pensée passe aussi promptement et aussi naturellement des unes aux autres que si elles étaient les mêmes, ce qui fait qu'elle est portée à considérer leur succession comme une même chose qui se continue, et leur coexistence comme une même chose simple et indivisible. « Comme il arrive qu'une même république, non seulement change quant aux membres dont elle se compose, mais qu'elle peut encore changer de lois et de constitution; ainsi la même personne peut varier dans son caractère et sa manière d'être, aussi bien que pour ses impressions et ses idées, sans perdre son identité[1]. » Hume déclare enfin « que toutes les questions délicates et subtiles concernant l'identité personnelle sont destinées à rester sans solution, et doivent être regardées comme des difficultés plutôt grammaticales que philosophiques[2]. »

1. Hume, *Traité de la Nature humaine*, liv. I, trad. Renouvier et Pillon, p. 342.
2. *Id.*, p. 344.

II

STUART MILL

Les positivistes anglais, qui croient que l'expérience est la source unique de nos idées, et que l'expérience n'atteint, au-dedans de nous comme au dehors, que des phénomèmes, devaient nier, comme Hume, les causes et les substances, ou, du moins, ce qui est une grande concession faite aux nécessités de la pensée, les reléguer dans la région de l'inconnaissable. Leur psychologie devait se borner, comme celle de Hume, à déterminer, ainsi que les physiciens le font pour les choses physiques et extérieures, comment se suivent et s'accompagnent les phénomènes internes, et comment ils se lient aux phénomènes physiologiques ; elle devait avoir pour bases les lois de l'action nerveuse et celles de l'association des idées. Leur crainte de l'illusion de la substance devait les porter à imaginer que nous ne savons rien, non seulement de l'âme ou de l'esprit, mais même de cette existence dont nous parlons tous comme de la chose qui nous est le mieux connue, et que chacun appelle *moi*. Presque toujours ils donnent le même sens aux deux termes et les englobent dans la même défiance. Il me semble cependant qu'il leur était aisé de ne pas les confondre, et qu'il leur suffisait, pour cela, d'appliquer ici la distinction si nettement établie par le logicien de leur école entre ce qui est *dénoté* et ce qui est *connoté* par les noms[1]. Le mot *moi* dénote avant tout un sujet, le sujet

1. Stuart Mill, *Logique*, t. I, p. 30 et suiv.

sentant, pensant et voulant, tel qu'il est dans la connaissance immédiate qu'il a de lui-même. Qu'en réfléchissant
sur sa nature ou en adoptant les idées de ceux qui y ont
réfléchi, nous arrivions ensuite à penser que ce sujet est
substance ou phénomène, matière ou esprit, esprit doué
de certains attributs ou de certains autres, ces qualités
ou ces manières d'être ne sont que des choses connotées
par le mot, et sur lesquelles la discussion peut rester
ouverte, sans qu'il soit besoin de faire table rase de ce
qui était clairement et universellement dénoté par le
terme.

L'idée de sujet personnel n'est assurément pas une
création de la philosophie. Stuart Mill et Herbert Spencer ont bien été obligés de le reconnaître, et de rendre
un peu de corps à cette réalité que Hume avait cru pouvoir laisser se dissoudre dans le courant fugitif des impressions. Après avoir dit que les corps ne sont que les
groupes de nos sensations, et, quand nous cessons de les
percevoir, des possibilités permanentes de sensations,
Stuart Mill essaie de considérer l'esprit, à son tour,
comme un récipient de sensations, une série de sentiments, un dévidement d'états de conscience, présents
ou possibles, et plus ou moins nombreux et compliqués [1].
Il remarque cependant qu'outre les sentiments présents
et les sentiments possibles, il y a dans la conscience des
souvenirs et des prévisions. Or, ces faits présentent cette
particularité, que chacun d'eux implique une croyance
d'une nature spéciale, la croyance que moi-même j'ai eu
ou aurai les sensations rémémorées ou attendues. « Si
donc nous regardons *l'esprit* comme une série de sentiments, nous sommes obligés de compléter la proposition,
en l'appelant une série de sentiments qui se connaît elle-

---

1. Stuart Mill, *Logique*, trad., t. I, p. 67.

même comme passée et à venir ; et nous sommes réduits
à l'alternative de croire que l'esprit, ou *moi*, est autre
chose que les séries de sentiments ou de possibilités de
sentiments, ou bien d'admettre le paradoxe que quelque
chose, qui, par hypothèse, n'est qu'une série de sentiments, peut se connaître soi-même en tant que série [1]. »
— Comme conclusion, il déclare qu'il n'admet pas que
l'hypothèse de la possibilité permanente des sentiments
donne une théorie suffisante du moi, bien que quelques-
uns de ses critiques l'aient supposé et l'en aient blâmé [2].
« Nous sommes forcés de reconnaître que chaque partie
de la série est attachée aux autres parties de la série par
un lien qui leur est commun à toutes, qui n'est pas la
chaîne des sentiments eux-mêmes ; et comme ce qui est
le même dans le premier et dans le second, dans le
second et dans le troisième, dans le troisième et dans
le quatrième, et ainsi de suite, doit être le même dans le
premier et dans le cinquantième, cet élément commun est
un élément permanent. Mais après cela nous ne pouvons
plus rien affirmer de l'esprit que les états de conscience [3]. » Il y a donc un lien, un élément d'unification,
et c'est cela surtout qui est nous-mêmes ; mais nous ne le
connaissons pas, et nous ne pouvons découvrir en nous
que les états de conscience qu'il relie. Il faut que ce lien
soit dans l'esprit, bien qu'il n'apparaisse pas dans ce que
nous connaissons de l'esprit ; le réel diffère ainsi du
connu, et il importe de distinguer toujours ces deux
points de vue, bien que l'auteur les confonde ordinairement pour la commodité du langage. « J'écris comme si
l'esprit, en tant qu'existant, et l'esprit, en tant qu'il se

1. Stuart Mill, *Philosophie d'Hamilton*, trad., p. 235.
2. *Id.*, p. 249.
3. *Id.*, p. 251.

connaît, étaient pour moi synonymes; mais ce n'est que pour abréger, et il faut toujours sous-entendre les explications que je viens de donner[1]. »

On peut objecter à Stuart Mill que si ce lien explique l'identité de notre existence, il n'explique pas l'idée que nous en avons, puisqu'il nous reste inconnu; il peut mettre de l'unité dans la vie cachée de l'âme, mais ce n'est pas lui, évidemment, qui en met dans son existence consciente. Quel est, dans la conscience, le fondement de l'unité et de l'identité du moi ou du sujet personnel? Dira-t-on que cette unité et cette identité ne sont qu'une illusion? Il faudrait toujours rendre compte de cette illusion. Hume l'avait fait à sa manière; Stuart Mill refuse, avec raison, je crois, d'accepter son explication, et déclare paradoxale l'opinion « que quelque chose qui, par hypothèse, n'est qu'une série de sentiments, puisse se connaître soi-même en tant que série »; mais il ne la remplace pas, et même, ce qui est plus fâcheux, après l'avoir condamnée, il semble disposé encore à la reproduire pour son propre compte, sous la réserve, probablement, du lien secret qu'il a cru devoir y introduire, mais dont on peut se dispenser de parler, puisqu'on n'en peut rien dire. Le mot *je,* affirme-t-il, veut dire celui qui a vu, touché ou senti quelque chose hier ou avant-hier. Une sensation présente, isolée, ne saurait me donner l'idée de moi-même; mais, dès que j'éprouve une sensation semblable à quelque sensation antérieure dont je me souviens, et que je me rappelle ainsi, dans le présent, un état de conscience passé, l'identité personnelle est constituée. Le sujet individuel est ainsi une chaîne d'états de conscience dont la sensation présente est le dernier anneau; les objets sont, hors de moi, des possi-

1. Stuart Mill, *Philosophie d'Hamilton,* trad., p. 251.

bilités permanentes de sensations, et ces notions d'objet et de sujet sont, par l'effet d'une association irrésistible, évoquées par chacune des sensations que j'éprouve. C'est une chose étrange que les termes de *sujet* et d'*objet* aient été opposés simplement l'un à l'autre, et aient été considérés comme directement corrélatifs : ils ne le sont que d'une manière indirecte, au moyen d'une relation qui s'établit à travers la sensation, et par une sorte de jeu de positions de cette sensation même. C'est, en effet, une même sensation qui donne l'objet, quand je la considère comme unie à une possibilité permanente objective, et qui donne le sujet, si je la regarde comme faisant partie d'une chaîne subjective d'états de conscience. Les corrélatifs immédiats ne sont pas le couple objet et sujet, mais les deux couples objet et sensation considérée objectivement, sujet et sensation considérée subjectivement. Et, de même que M. Renouvier, de son côté, reconnaît dans la représentation une double face, l'aspect représenté et l'aspect représentatif, ainsi Stuart Mill aurait voulu voir la sensation désignée par deux noms corrélatifs : l'un, qui dénoterait la sensation en tant qu'opposée à son sujet; l'autre, qui la dénoterait en tant qu'opposée à son objet[1].

Il est toujours facile de demander : Pourquoi ces deux faces, si la sensation n'est pas effectivement tournée vers deux réalités distinctes et opposées? Et il ne suffirait pas de répondre que ces réalités ne se composent elles-mêmes que de faces différentes et corrélatives de sensations antérieures, car la même question se poserait toujours : Qui a reconnu pour la première fois les aspects distincts, et à quelle marque les a-t-on reconnus?

1. Stuart Mill, *Philosophie d'Hamilton*, trad., pp. 252, 253.

III

M. SPENCER OPPOSÉ A HUME ET A STUART MILL

M. Herbert Spencer, dans quelques pages d'une critique aussi juste et pénétrante qu'ingénieuse, a montré comment le langage se refuse absolument à exprimer l'hypothèse de l'idéalisme de Berkeley et celle du scepticisme de Hume [1]. Mais je ne vois pas que ce qu'il a dit de l'impression, telle que l'entend Hume, ne s'applique pas tout aussi exactement à la sensation et au rôle que lui attribue Stuart Mill dans la formation des idées de sujet et d'objet. La signification des mots, dit M. Spencer, s'est déterminée peu à peu, soit par celle des éléments plus simples qui ont servi à les composer, et par les applications successives que l'on en a faites, soit par les modifications qu'on a dû leur faire subir pour les rendre propres à coopérer avec d'autres mots. Chaque terme implique ainsi, à divers degrés, la signification des mots dont il est issu, et, d'autre part, la signification des mots avec lesquels il est lié, qui limitent, étendent, particularisent sa signification, et en l'absence desquels il resterait vide. En d'autres termes, les mots ont à la fois une connotation intrinsèque et une connotation extrinsèque. C'est ainsi que le mot *impression* ne désigne pas seulement un fait caractérisé par la signification de la racine et des autres éléments constitutifs du nom, mais aussi une chose qui produit l'impression et une chose qui la sent. Hume n'a pu disserter sur l'impression sans que ces connotations

1. Herbert Spencer, *Princ. de psychol.*, 7e partie, ch. III.

extrinsèques ne se soient glissées subrepticement dans ses raisonnements, et, s'il avait réussi réellement à les supprimer, ses théories aboutiraient aux contradictions les plus monstrueuses.

Admettons que l'objet qui produit l'impression et l'être qui la subit ne soient que des apparences, et que l'impression soit la seule réalité existante, encore faut-il savoir où prendre cette existence. Quand je m'approche d'une montagne, selon l'exemple choisi par M. Spencer, et que j'y vois d'abord un point noir, puis une tache qui s'agrandit à mesure que j'avance, puis que cette forme se précise, et que j'y reconnais un homme; qu'enfin j'y distingue des détails, les bras, les yeux, le nœud de la cravate, un bouton du gilet, et que j'ai ainsi une continuité d'impressions toutes différentes les unes des autres, et se rapportant cependant à un même objet, où trouverai-je, dans cette multiplicité et cette mobilité, mon impression visuelle d'un homme, une impression réellement existante, dans toute la force du terme, et non seulement existante, mais capable de puiser, dans la richesse et la plénitude de son existence, de quoi revêtir d'une apparence de réalité ces deux choses qui ne sont cependant que des fantômes : l'homme qui est perçu, et moi qui perçois? L'impression réelle d'un homme est-elle le point noir? Est-elle la tache plus grande? Est-elle l'homme vu à vingt pas ou vu à deux pas? Est-elle l'homme vu de face, ou par derrière, ou de profil? Mais pourquoi l'une de ces impressions plutôt que l'autre? Est-elle un groupe partiel d'impressions? Mais d'après quelle règle le délimiter? En est-elle la totalité? Mais comment faire la somme d'éléments qui diffèrent entre eux, et qui même s'excluent mutuellement? Si l'impression seule existe, ou il faut que j'appelle *unité* une multiplicité indéfinie de choses différentes, ou qu'*existence* soit pour moi synonyme d'absence de persistance. « Tant que je considère une *impression* comme connotant quelque chose qui la produit et quelque chose qui la reçoit, tant que je reconnais ces deux choses comme des existences indépendantes, dont l'une affecte l'autre, le sens du mot *impression* reste intelligible; toutes les particularités sur une impression, détaillées ci-dessus, deviennent compréhensibles, comme étant causées par des changements de rapports entre les deux existences. Mais, si je me suppose capable de penser une impression comme existant sans ces deux existences connotées..., si je réclame l'existence absolue pour ce qui — la connotation des mots le montre — n'a qu'une existence relative, le résultat, c'est ou bien de faire qu'*unité* signifie *multiplicité*, ou bien qu'*existence* signifie *absence de persistance*. Le choix est entre une contradiction, ou une absence totale et un renversement complet du sens [1]. »

Si Hume est profondément atteint par cette critique, ne doit-on pas penser que Stuart Mill en reçoit aussi quelques blessures? N'a-t-il pas essayé, lui aussi, de placer dans la sensation la seule réalité solide, sinon pour celui qui voudrait pénétrer au fond des choses, du moins pour ceux qui ne croient pas devoir franchir les limites de nos connaissances? Au lieu de regarder le terme de *sensation* comme inintelligible sans ses connotations extrinsèques, c'est-à-dire sans un objet senti et un sujet sentant, et d'admettre que cette opposition de sujet et d'objet est primitive et fondamentale, qu'elle est, selon le mot de M. Spencer, l'opposition de deux existences indépendantes, bien que corrélatives, et indépendantes de la sensation, bien qu'elles ne soient connues qu'à la suite de sensations, n'a-t-il pas entrepris de la résoudre en une opposition dérivée, indirecte, purement apparente en

1. Herbert Spencer, *Princ. de psychol.* t. II, p. 346.

définitive, puisqu'elle ne résulte que du point de vue objectif ou subjectif sous lequel on considère une même sensation? Car c'est une même sensation qui est, dans l'ordre des choses connues, le fond solide du sujet et de l'objet; les possibilités permanentes internes ou externes qui s'y associent ne sont évidemment que des abstractions. Enfin, n'est-ce pas Stuart Mill, aussi bien que Hume, que M. Spencer rappelle au respect des lois nécessaires du langage et de la pensée, en prononçant ces fortes paroles par lesquelles il termine la discussion que nous avons résumée : « En fait, le langage, pendant son développement, a été façonné de manière à exprimer toute chose sous le rapport fondamental de sujet et d'objet, tout comme la main a été façonnée pour manier les objets selon ce même rapport fondamental : et si on le soustrait à ce rapport fondamental, le langage devient aussi impuissant qu'un membre coupé dans l'espace vide[1]. »

1. Herbert Spencer, *Princ. de psychol.*, t. II, p. 347.

CHAPITRE III

Doctrine de M. Herbert Spencer.

Après ce que nous venons de voir, on devrait supposer que M. Herbert Spencer non seulement n'admet pas, avec Hume, qu'il n'y ait en nous que des apparences, des images se projetant à diverses distances dans l'espace et dans le temps, sans autre foyer réel que l'impression, mais qu'il n'est pas non plus disposé à penser, avec Stuart Mill, que nous ne connaissons de nous-mêmes que des sensations, des sentiments, sauf à affirmer qu'il existe, en outre, sous la chaîne des états de conscience, un lien permanent qui constitue notre identité, mais que nous ne connaissons pas. M. Spencer avait, en effet, reconnu que le langage ne peut rien exprimer que sous le rapport fondamental de sujet et d'objet, ce qui veut dire que la pensée ne peut rien concevoir clairement que sous ce même rapport; et par sujet et objet il n'entendait pas seulement deux abstractions auxquelles la sensation donne à son gré une apparence de réalité, selon qu'elle se porte vers l'une ou vers l'autre, mais bien deux existences réelles, indépendantes, dont l'une affecte l'autre, qui produisent la sensation par un rapport qu'elles ont entre elles, les changements infinis des sensations par des changements dans leurs rapports, et qui conservent quelque fixité pendant que leurs rapports varient. En d'autres termes, la sensation dépendrait de l'existence du sujet et de l'objet, bien loin de faire cette existence. Elle ne serait qu'une relation entre des choses données, au lieu d'être une chose donnée créant des choses qui ne l'étaient pas, et purement relatives à elles. Telle est la pensée et, en grande partie, le langage même de M. Spencer.

Cependant, au lieu d'en conclure que ces deux existences nous doivent être connues de quelque manière, puisque nous en parlons avec tant d'assurance et que nous ne connaissons rien qu'en relation avec elles, M. Spencer veut encore qu'elles ne soient pour nous que le fond inconnu et inconnaissable des choses. Ce n'est pas lui assurément qui, après ce qu'il a dit, méconnaîtra la nécessité d'affirmer l'existence réelle du sujet personnel; il ira même, comme nous le verrons tout à l'heure, jusqu'à chercher pour lui une réalité palpable, ou du moins une réalité qui réside dans des choses palpables, puisqu'il lui donnera pour substance la structure nerveuse, avec les forces qui la pénètrent et qu'elle fait circuler dans l'organisme[1]. Il est vrai qu'il se hâtera d'ajouter que nous ne pouvons pas connaître cette substance du *moi* dans sa nature dernière. Nous sommes donc des êtres réels, mais d'une réalité si profonde qu'elle est insaisissable pour nous. Notre seule existence solide est celle que nous ne connaissons pas; l'autre, celle à laquelle nous sommes bien forcés cependant de nous intéresser un peu, puisque nous ne connaissons qu'elle, notre existence consciente, se résout, comme chez Stuart Mill, comme chez Hume, en une série fugitive de sentiments et de pensées.

Stuart Mill avait déclaré qu'en parlant de l'esprit il

1. Herbert Spencer, *Princ. de psychol.*, trad., t. II, p. 693.

entendait, en général, l'esprit tel que nous le connaissons. Herbert Spencer, en parlant du *moi*, ou sujet personnel, entend par là, trop souvent, ce que nous ne connaissons pas. De là des hésitations, des contradictions apparentes et une certaine obscurité. Il prend d'abord le *moi* pour un état actuel de conscience, puis pour une partie seulement du contenu de la conscience, puis pour un lien caché que la conscience ne saisit pas, puis pour la substance même de notre être, corps et âme tout ensemble.

« Le *moi*, dit-il d'abord, est un certain état de conscience simple ou composé, ou il ne l'est pas. S'il n'est pas un certain état de conscience, il est quelque chose dont nous sommes inconscients, quelque chose donc qui nous est inconnu, quelque chose dont l'existence n'a et ne peut avoir pour nous aucune évidence, quelque chose donc qu'il est absurde de supposer existant. Si le *moi* est un certain état de conscience, alors, comme il est toujours présent, il ne peut être à chaque moment autre chose que l'état de conscience présent à chaque moment [1]. »

Dans un état actuel de conscience, il y a des perceptions de choses extérieures, matérielles, et des sentiments qui paraissent immatériels, intérieurs. Tout cela fait-il, au même titre, partie de moi-même? Dans quelques pages où le tableau de la conscience, ce spectacle dont parlait Hume, est peint avec des couleurs que l'on n'oublie pas, M. Spencer essaie de montrer comment il se fait que le sujet propre et les objets qu'il perçoit se distinguent naturellement. Pendant que je suis assis sur le bord de la mer, recevant la chaleur du soleil, en même temps que la brise souffle sur ma figure, j'entends le

1. *Princ. de psychol.*, t. I, p. 544.

bruit des brisants, je vois le mouvement des vagues et le vent m'apporte par bouffées l'odeur des algues. Ces états de conscience en appellent d'autres, des souvenirs de promenades, de voyages, des sentiments de joie ou de tristesse. Les seconds faits ont moins de vivacité, moins de force que les premiers. Il y a donc là deux classes différentes d'états de conscience que je puis appeler, en négligeant d'autres différences, la première, un agrégat d'états *vifs,* et la seconde, un agrégat d'états *faibles.* Il se produit quelque chose de semblable, à peu près, pendant tout le temps que ma conscience reste éveillée. Ainsi, la totalité de ma conscience est divisible en un agrégat faible et un agrégat vif. L'agrégat faible constitue ce que j'appelle mon esprit ou moi ; l'agrégat vif correspond aux objets extérieurs, aux corps. Il y a enfin une partie de l'agrégat vif qui est intimement liée avec l'agrégat faible, au moyen de laquelle l'agrégat faible est en rapport avec le reste de l'agrégat vif, qui doit à cette position intermédiaire d'être regardée comme appartenant tantôt à l'un, tantôt à l'autre des deux agrégats, et que j'appelle mon corps.

Ces deux agrégats, qui ne diffèrent l'un de l'autre que par le degré d'intensité, nous donnent-ils un sujet et un objet faciles à distinguer ? Nous donnent-ils ces deux existences indépendantes que réclamait précédemment l'auteur ? Pas encore ; mais aussi M. Spencer ne s'en tient pas là, et comme il ne peut trouver ni dans la sensation, ni dans le sentiment, ni dans un état fort, ni dans un état faible, la source de la réalité qu'il cherche, nous allons le voir se tourner, pour la découvrir, du même côté que Maine de Biran, et, avant lui, en partie, Destutt de Tracy. Il aura recours au même fait que ces deux philosophes ; la seule différence, c'est qu'il négligera d'en reconnaître, avec eux, les conditions essentielles, et d'en

tirer, comme Maine de Biran, les conséquences directes
et nécessaires.

Quand de ma main droite je presse ma main gauche,
je sens, d'une part, une pression exercée, et, d'autre
part, une pression subie. La pression exercée est un
effort, et je ne puis pas en avoir le sentiment sans avoir
aussi le sentiment d'une résistance, en même temps que
celui d'une pression subie dans l'autre main. Le sentiment de l'effort, celui de la résistance et celui de la
pression subie deviennent des états de conscience cohérents, si cohérents que l'un d'eux ne peut plus se reproduire sans rappeler les autres.

Si au lieu de presser ma main, je serre la main d'un
ami; si j'appuie mon bras sur la table, si je soulève un
objet, j'ai encore le sentiment d'un effort, le sentiment
d'une résistance éprouvée par moi, et ces deux sentiments, qui sont des états vifs, évoquent l'idée d'une
pression subie par l'objet, ce qui est un état faible. Si
ma main est serrée par un ami, le sentiment de la pression subie par moi éveille inévitablement l'idée d'un
effort exercé et d'une résistance éprouvée par lui[1].

De plus, je mesure la résistance à la force que je
déploie, et si c'est moi qui résiste à l'effort d'une personne ou d'une chose, je mesure la force extérieure à
l'effort que je suis obligé de faire pour résister. Toute
résistance rencontrée, comme toute pression exercée par
moi, me suggère nécessairement l'idée qu'il y a, dans
l'objet qui résiste ou qui exerce une pression, quelque
chose d'analogue à l'énergie que je déploie moi-même
dans un effort musculaire. La résistance est l'élément
fondamental des corps, la véritable marque des existences indépendantes de la mienne, et comme elle a pour

1, *Princ. de psychol.*, t. II, p. 495.

corrélatif inconnu quelque chose qui fait la cohésion des
parties et apparences corporelles, quelque chose que
nous ne pouvons nous représenter que d'une manière
figurée et symbolique au moyen de nos idées de pression, d'effort et de force, c'est ce corrélatif inconnu de
la résistance que nous appelons la substance matérielle[1].

« La conception fondamentale d'une existence en dehors de la conscience est celle d'une *résistance,* plus une
force, que la résistance mesure[2]. »

Ce lien inconnu, ce principe de cohésion et de pression qui, dans les corps, correspond à la résistance qu'ils
nous opposent, est aussi fixe, aussi permanent que le
corps lui-même. C'est lui qui fait l'union et le groupement des phénomènes divers par lesquels un même
corps se manifeste à nous : c'est lui aussi qui fait la
persistance continue d'un même objet, pendant que cet
objet se révèle à notre conscience par des impressions
indéfiniment changeantes. C'est donc lui qui a le caractère de l'existence véritable, beaucoup plus que les phénomènes dont il est le soutien[3].

Après avoir trouvé un principe de l'existence distincte
des objets, M. Spencer devait être porté à reconnaître un
principe analogue pour l'existence du sujet. Il est
étrange qu'il n'ait pas suivi la marche inverse, qu'il n'ait
pas vu que je ne puis pas former l'idée d'une existence
quelconque, comme objet distinct de moi, si je n'ai pas
d'abord, ou si je n'ai pas simultanément l'idée de ma
propre existence comme sujet. Car de quel droit parler
de choses extérieures, lorsque l'intérieur n'est pas encore
reconnu? Dira-t-on que l'intérieur, c'est le groupe des
états faibles de conscience? Mais, puisqu'on a avoué que

1. *Princ. de psychol.,* t. II, p. 499.
2. *Id.,* t. II, p. 498.
3. *Id.,* t. II, p. 500.

les états forts ne suffisaient pas pour constituer des existences extérieures distinctes, je ne vois pas comment les
états faibles auraient la propriété de suggérer l'idée d'une
existence intérieure séparable. Il était inévitable, après
cela, que la manière de concevoir le sujet pensant, chez
M. Spencer, portât des traces de cette interversion de
méthode. Au lieu de l'analyser en lui-même, et de chercher, à la suite des psychologues français, quelle idée il
est obligé de s'en faire pour pouvoir lui attribuer cet
effort, cette énergie consciente dont il a parlé, et sans
lesquels l'idée de la résistance n'aurait jamais pu naître,
ni être interprétée, c'est dans les corps, dont il croit
maintenant entrevoir la nature réelle, qu'il va chercher
le moyen de comprendre, par analogie, ce qui fait la
réalité de l'existence du sujet personnel.

« Remarquons, dit-il, un parallélisme frappant entre
la conception ainsi obtenue de l'objet et celle qui est la
conception propre du sujet; car précisément de la même
façon que l'objet est le *nexus* inconnu permanent, qui
n'est jamais lui-même un phénomène, mais ce qui tient
les phénomènes unis ensemble, ainsi le sujet est le *nexus*
inconnu permanent, qui n'est jamais lui-même un état de
conscience, mais qui tient les états de conscience unis
ensemble[1]. »

Est-ce là cette existence distincte qu'on avait pris l'en-
gagement de nous montrer? Est-ce sur une entité aussi
insaisissable, sur un *nexus* inconnu, que la pensée et le
langage se sont modelés, au point de ne rien pouvoir
exprimer ni concevoir « que sous le rapport fondamental
de sujet et d'objet, tout comme la main a été façonnée
pour manier les objets selon ce même rapport, et de telle
sorte que si on le soustrait à ce rapport fondamental, le

1. *Princ. de psychol.*, t. II, p. 503.

langage devient aussi impuissant qu'un membre coupé dans l'espace vide »? M. Spencer a essayé de remplir l'espace, mais la main reste toujours coupée.

Il est évident que ce n'est pas un *nexus* inconnu, une chose que des physiologistes ou des psychologues d'une pénétration égale à celle de M. Spencer ont pu seuls découvrir, qui a révélé au simple sens commun sa distinction universelle du sujet et de l'objet. Il faut que le fondement de cette distinction soit, dans la conscience de chacun, perceptible sans effort, sinon les métaphysiciens seuls seraient capables de se distinguer de ce qui n'est pas eux. Remarquons bien que, pour nous aider à reconnaître les existences indépendantes de la nôtre, on ne s'est pas borné à invoquer un *nexus* inconnu, et qu'on nous a indiqué aussi un signe parfaitement connu, un signe constant et général : la résistance[1]. Mais, pour caractériser notre propre existence, plus rien, plus la moindre marque. Il faut nous résigner à nous chercher, sans même un signe de reconnaissance, dans le courant de nos états de conscience, qui n'est jamais le même deux instants de suite, que nous ne savons où prendre, à qui Zénon soul pourrait prêter de la stabilité, comme à la flèche qui vole; ou bien il faut demander, sinon à la psychologie, qui, en somme, inspire peu de confiance à M. Spencer, quoi qu'il en dise, mais à la physiologie, ou plutôt à une sorte de métaphysique physiologique, de nous faire voir où est la réalité de notre existence.

Nous arrivons aux dernières explications, qui se trouvent dans les additions placées à la fin du second volume de la traduction des *Principes de psychologie*. Là, M. Spencer distingue, à sa manière, notre existence consciente, qui est proprement ce que chacun appelle *moi*, de

---

1. *Princ. de psycol.*, t. II, p. 498.

ce qu'il y a d'inconscient et d'inconnu sous cette existence.

« Dire que le *moi* est quelque chose de plus que la série des sensations ou des idées données comme présentes, c'est vrai ou faux, suivant le degré de compréhension que l'on accorde au mot. C'est vrai, si nous y comprenons le corps avec toutes ses structures et ses fonctions; mais c'est faux, si nous limitons notre attention au *moi* conscient. Considéré à un point de vue physique, le *moi* est l'organisme entier... La structure physique, que pénètrent les forces dégagées des aliments, constitue ce *moi* substantiel qui est derrière, et qui détermine ces états de conscience toujours changeants que nous appelons l'*esprit*. Et tandis que ce *moi* substantiel, inconnaissable dans sa nature ultime, nous est phénoménalement connu, sous sa forme statique, comme organisme, il est phénoménalement connu, sous sa forme dynamique, comme une force qui se répand dans l'organisme et dans d'autres parties, par l'intermédiaire du système nerveux. Les changements nerveux et les états mentaux corrélatifs dépendent en partie de la structure nerveuse, en partie de la quantité de l'énergie répandue dans l'organisme; et chacun de ces deux facteurs est, à chaque moment, déterminé par des causes qui sont, non dans la conscience, mais au-dessous de la conscience... s'il est vrai que derrière le *moi*, considéré comme une série de pensées et de sentiments, il y a un *moi* substantiel; si celui-ci détermine les changements qui ont lieu, et constitue ainsi le lien qui les unit : cependant, ce *moi* substantiel, persistant, ne peut jamais être présent, comme le *moi* conscient. L'agrégat d'états subjectifs qui constitue le *moi* mental n'a pas en lui-même un principe de cohésion qui puisse les unir en un tout; mais le *moi* qui survit continuellement, comme sujet de ces états changeants, est cette portion de l'inconnaissable qui est conditionnée statiquement dans certaines structures nerveuses, lesquelles sont pénétrées par cette portion de l'inconnaissable, dynamiquement conditionnée, que nous appelons *énergie*[1]. »

Je ne crois pas que ces dernières définitions, fussent-elles acceptables, soient propres à dissiper toute équivoque, et à compléter d'une manière satisfaisante la notion du sujet de la pensée. Que l'auteur distingue de l'existence consciente du *moi* ce qu'il appelle la nature ultime et la substance de notre être, il ne fait en cela que suivre l'exemple de la plupart des philosophes, et, si l'on a un reproche à lui adresser, c'est de ne pas avoir maintenu nettement cette séparation dans tout le corps de son ouvrage. Qu'il nomme ce principe profond de notre être le *moi substantiel,* comme on l'a appelé souvent, après Kant, le *moi nouménal,* on peut l'admettre encore, bien qu'il soit préférable peut-être de lui réserver les noms traditionnels d'*âme* ou d'*esprit,* afin de ne pas appeler *moi* ce que je ne connais qu'imparfaitement, au même titre que ce que je connais le mieux. Mais qu'il confonde la substance de l'esprit avec ce qui en est comme le support ou le *substratum* matériel, ou bien encore qu'il ne reconnaisse, comme il l'a fait ailleurs, — et c'est la conclusion de sa doctrine, — aucune différence fondamentale entre la matière et l'esprit, et qu'il affirme « qu'il n'y a qu'une seule et même réalité ultime, qui se manifeste à nous subjectivement et objectivement[2] », c'est une thèse que je n'ai pas à examiner, mais dont je puis dire cependant qu'elle est loin d'être prouvée, qu'elle est plus loin encore d'être claire, et qu'elle est surtout, on l'accordera sans peine, peu propre à répandre de la lumière sur la

1. *Princ. de psychol.* t. II, pp. 693, 694.
2. *Id.,* t. I, p. 683.

question particulière qui nous occupe, et qui est pourtant
un fait fondamental et universel : je veux dire la distinction entre notre existence consciente et les exis.tences qui
lui sont étrangères. Quand, enfin, M. Spencer déclare
qu'entre le *moi* conscient, qui n'est toujours que la série
des sensations et des idées, et le *moi* substantiel inconnaissable, qui est la structure intime de notre organisme,
pénétrée par les forces vitales, il y a un troisième terme,
qui est connu, et qui est une sorte de manière d'être phénoménale et matérielle du *moi* substantiel, j'avoue que
ce *moi* matériel, dont la structure nerveuse est la forme
statique, et la force nerveuse la forme dynamique, me
paraît être une des inventions les plus inutiles qu'ait ima-
ginées la métaphysique dans ses plus mauvais jours.

Comment, d'ailleurs, ne pas aboutir aux singularités
les plus inattendues, quand on cherche en dehors de la
conscience et de l'observation intérieure, je ne dirai pas
les conditions physiologiques ou même métaphysiques
du *moi*, ce qui est toujours légitime, mais le *moi* lui-
même dans son existence propre? Et s'il ne s'agit en
réalité que des conditions vitales et physiques de cette
existence, pourquoi appelle-t-on cela le *moi substantiel*
et le *moi phénoménalement connu?* Le piano et le
pianiste ne s'appellent pas une sonate, bien qu'ils soient
des conditions nécessaires pour qu'une sonate soit jouée.
N'est-ce pas introduire une déplorable confusion dans la
pensée et dans le langage que de ne pas réserver exclusivement le nom de *moi* à ce que chacun désigne naturellement par ce mot, le sujet conscient de la sensation
et du sentiment, de la pensée et de la volonté? Tel était,
au reste, l'avis de M. Spencer lui-même, lorsqu'il disait
dans un passage que nous avons cité, que le *moi* ne saurait être inconscient, et que, comme il est toujours présent, il ne peut être que l'état de conscience présent à

chaque moment[1]. Il ne resterait plus qu'à savoir si cet état de conscience est un phénomène changeant et mobile, comme l'ont affirmé les positivistes, ou si c'est un fait permanent et d'une nature spéciale, comme l'avait pensé Maine de Biran.

En somme, dans le système de M. Spencer, qu'il nous donne comme un réalisme transfiguré[2], nous retrouvons bien la réalité des objets, mais pas celle du sujet. Nous avons un signe universel et infaillible pour reconnaître les existences extérieures, et c'est la résistance; mais nous n'en avons aucun pour reconnaître notre propre existence. Nous ne sommes pas dans la série de nos sensations et de nos pensées, puisque M. Spencer a prouvé, contre Hume, qu'il n'y a pas d'existence sans unité et sans persistance. Nous sommes peut-être un lien, un *nexus*, une force nerveuse circulant dans une structure organique, ou, mieux encore, ce qui est, dans toutes ces choses, le fond et la réalité ultime, mais nous n'en connaissons rien, et tout ce que nous pouvons dire, sans nous exposer à nous tromper, c'est que nous sommes une portion de l'inconnaissable.

Mais, dans l'inconnaissable, tout se confond et s'identifie, et ce n'est pas là, assurément, que nous retrouverons l'existence distincte qui nous avait fui. Peut-être préférerions-nous moins d'unité et plus de clarté. Si l'opposition de la matière et de l'esprit est irréductible pour notre pensée, est-ce un progrès de la réduire en disant qu'elle forme une unité que notre pensée n'atteint pas? M. Spencer paraissait mieux inspiré quand il disait, dans un des premiers chapitres de son ouvrage : « Quoiqu'il semble plus aisé de traduire ce qu'on appelle matière en ce qu'on appelle esprit, que de traduire ce qu'on

1. Voir t. 1, p. 544.
2. *Princ. de psychol.*, 7e partie, ch. xix.

appelle esprit en ce qu'on appelle matière, et cette dernière opération est en vérité complètement impossible, cependant notre traduction ne peut pas nous conduire plus loin que nos symboles. Ces vagues conceptions, qui se dessinent pour nous dans le lointain, sont des illusions évoquées par la fausse connotation de nos mots. L'expression, *substance de l'esprit*, si nous y voyons autre chose que l'inconnue de notre équation, nous entraîne inévitablement dans l'erreur, car nous ne pouvons penser une substance qu'en termes qui impliquent des propriétés matérielles. Tout notre progrès consiste à reconnaître que nos symboles ne sont que des symboles, et à nous en tenir à leur dualité, que notre constitution nécessite[1]. » Et peut-être eût-il trouvé pour notre existence personnelle quelque chose de mieux qu'un symbole, et un vrai fondement de réalité, sans sortir de l'ordre des choses connues, s'il se fût placé davantage au point de vue de l'observation intérieure, et s'il se fût attaché plus fortement aux idées qu'il avait exprimées lui-même, lorsqu'il avait dit, dans ce même chapitre : « L'esprit, tel qu'il est connu par celui qui le possède, est un agrégat circonscrit d'activités, et la cohésion de ces activités l'une avec l'autre dans l'agrégat postule un quelque chose dont elles sont les activités.... Au delà des limites de cet agrégat cohérent d'activités, il y a d'autres activités complètement indépendantes de lui, et qui ne peuvent entrer en lui. Nous pouvons imaginer alors que, par leur exclusion du cercle de ces activités qui constituent la conscience, les activités externes, quoique de la même nature intrinsèque, prennent un aspect antithétique. Étant séparées de la conscience et découpées par ses limites, elles lui deviennent par là étrangères[2]. »

1. *Princ. de psychol.*, t. I, p. 162.
2. *Id.*, t. I, pp. 160, 161.

CHAPITRE IV

Opinion de M. A. Bain.

I

SUJET ET OBJET

M. Alexandre Bain a voyagé, comme Stuart Mill, à travers les abstractions de la logique, mais sans se laisser séduire au point de ne plus voir qu'elles; il est loin d'être étranger aux résultats de la physiologie, mais il n'a pas le goût de se plonger, comme M. Herbert Spencer, dans les profondeurs les plus insondables de la métaphysique biologique. C'est avant tout un psychologue, et d'une remarquable sagacité. Bien qu'il déclare ne pas savoir ce que c'est que la conscience [1], il sait l'écouter, ce qui vaut peut-être autant, et il apprend d'elle à décrire et à analyser les faits de notre vie mentale avec beaucoup de pénétration, de perspicacité et de clarté, bien qu'il y joigne des explications qui ne sont pas toujours exactes.

M. Bain reconnaît que la plus profonde de toutes les relations, l'antithèse fondamentale de toute connaissance,

---

1. *Logique*, trad., t. II, p. 411.

est celle du *sujet* et de l'*objet*[1]. Et ce n'est pas dans les deux faces d'une même sensation, ou dans la différence, parfois insaisissable, des états forts et des états faibles, qu'il voit l'explication psychologique de cette opposition ; il la trouve dans une distinction beaucoup plus solide et beaucoup plus facile à reconnaître : le contraste entre nos états actifs et nos états passifs. « La plus grande antithèse que présentent les phénomènes de notre constitution mentale est l'antithèse des phénomènes actifs et des phénomènes passifs. Les muscles, avec les nerfs efférents, sont les instruments matériels des uns ; les sens, avec les nerfs afférents, sont les instruments matériels des autres. A cette antithèse fondamentale, nous pouvons rattacher celle du sujet et de l'objet. Quoique développé par d'autres circonstances, le contraste du sujet et de l'objet semble avoir ses premières racines dans cette grande antithèse psychologique de l'actif et du passif[2]. »

Nous nous rapprochons de Maine de Biran ; nous ne faisons cependant que nous en rapprocher, et nous allons voir qu'au moment de le rejoindre, M. Bain nous jettera presque du côté opposé. Pour Maine de Biran, l'activité consciente est la marque du sujet ; que dis-je ? elle en est le caractère constitutif, l'essence même. Pour M. Bain, c'est tout autre chose.

M. Spencer n'avait pas méconnu le rôle considérable que joue, dans la perception des objets extérieurs, l'activité du sujet sentant ; c'était même sur les différentes formes de cette activité qu'il avait fondé sa distinction des propriétés de la matière en dynamiques, statico-dynamiques et statiques, et il avait ajouté que si nos sensations deviennent des perceptions, c'est-à-dire des connaissan-

1. *Logique*, trad. t. I, p. 373, et t. II, p. 408.
2. *Id.*, t. I, p. 374.

ces de choses auxquelles nous attribuons des figures, des volumes, des dimensions, des situations dans l'espace, c'est à cause des mouvements musculaires qui s'y associent, et qui deviennent des signes que nous interprétons. Ces vues, résultant d'observations et d'inductions ingénieuses, sont aussi celles de M. Bain. Ce dernier a montré notamment la part qui revient à l'activité motrice dans l'appréciation des formes, des grandeurs, des distances, des mouvements visibles, des volumes, et dans la reproduction des images visuelles. Il affirme que chez l'homme la sensation n'est jamais complètement passive, et qu'en général elle est le contraire pour une portion considérable. Il croit que si nous étions le sujet de sensations purement passives, comme la chaleur, l'odeur, la lumière, indépendamment de tout mouvement actif d'un membre ou d'un organe quelconque, notre connaissance du monde extérieur serait très différente de celle que nous avons. « L'état de la conscience serait alors, autant que nous pouvons l'imaginer, de la nature du rêve, et la perception de l'univers serait suffisamment représentée par la théorie commune de l'idéalisme[1]. »

Mais la sensation n'est pas ordinairement séparée du mouvement, c'est-à-dire d'un effort musculaire, d'une manifestation de force avec la conscience de cette force, et c'est ce fait qui lui donne une signification particulière. D'abord, c'est par là que surgit en nous l'idée fondamentale de la résistance. Sans la conscience d'un effort, à un degré quelconque, notre sensation de contact resterait vide ou réduite à elle-même; si elle nous suggère la notion d'une résistance dans l'objet touché, c'est qu'elle est accompagnée du sentiment d'un effort dans l'organe qui touche. En outre, des mouvements dans nos membres,

1. *Sens et intell.*, trad., p. 336.

des changements dans l'attitude de notre corps, des actions pour avancer ou reculer, ouvrir ou fermer les yeux, les mouvoir, les adapter à des distances diverses, entraînent des changements dans nos sensations; nous les remarquons d'abord, puis, par l'expérience, nous les associons à ce que nous avons fait pour les produire; nous pouvons prévoir alors que certains mouvements amèneront certains changements dans nos sensations; que si nous nous approchons d'un arbre, par exemple, nous le verrons de plus en plus grand à mesure que nous avancerons, et qu'enfin, si nous tendons la main vers lui, nous éprouverons une sensation de contact et de résistance. C'est ainsi que nous découvrons que nos sensations ont des causes situées dans l'espace et indépendantes de nous. Nous apprenons, en conversant avec nos semblables, que tous ces faits sont pour eux ce qu'ils sont pour nous, et nous sommes ainsi portés de plus en plus à croire à la réalité des objets extérieurs.

Considérons, au contraire, ce qui se passe en nous et ce qui caractérise les impressions que nous appelons intérieures. Des souvenirs, des idées se succèdent, amenant à leur suite des sentiments de plaisir ou de peine; là aussi, il y a un changement continuel, mais qui n'est pas lié à notre activité motrice. Nos idées varient, pendant que nous restons immobiles, et nous pouvons nous tourner, nous baisser ou marcher, sans faire changer en rien les pensées ou les sentiments qui nous occupent. Ces derniers faits sont donc liés à un état passif : nous les subissons sans agir; nous sommes comme le théâtre où ils se passent, et, de même, nos perceptions ne seraient que des images qui apparaîtraient en nous comme sur un théâtre, au lieu d'être rapportées à des réalités extérieures, si nous restions inactifs, et si nos efforts et nos mouvements ne nous apprenaient qu'il y a hors de nous des résistances et des choses qui ne dépendent pas de nous.

Que conclure de ces observations? C'est que par une dépense d'activité nous passons hors de nous, et que dans l'état de passivité nous restons en nous-mêmes. L'activité nous donne la chose sentie ou perçue, l'*objet;* la passivité est le mode d'existence de l'être sentant ou percevant, du *sujet.* Les deux groupes d'éléments, sensations d'une part, sentiments et pensées de l'autre, sont également dans la conscience, et y resteraient de la même manière, si nous pouvions être continuellement passifs. Il n'y aurait plus alors que l'existence subjective, et toutes choses s'absorberaient dans l'existence du sujet. Mais notre activité, nos mouvements mettent fin à cet état de rêve, et nous rendent les réalités qui résistent, qui occupent l'espace et qui peuplent le monde extérieur[1].

C'est bien la même théorie que chez Maine de Biran, sauf que les termes en sont renversés. Au lieu d'être du côté de l'activité, le sujet personnel est du côté de la passivité. M. Bain s'est servi, si l'on veut, de la même lunette, mais il a regardé par l'autre bout.

Un instant, on pourrait croire qu'il va se trouver embarrassé : c'est lorsqu'il s'agit d'expliquer comment je puis devenir à la fois l'objet et le sujet de ma pensée, en m'observant moi-même. Je me dédouble alors, ou plutôt je me donne en spectacle des sentiments, des idées, des opérations de mon esprit, que je me représente au moyen de la mémoire. « Le fait étudié est, en quelque sorte, un objet, l'effort pour l'étudier est le sujet... Le *moi*, dans ces exemples, est un *effort* ou un *acte* volontaire[2]. » Il semble qu'ici l'activité passe du côté du sujet ou du *moi*

1. *Sens et intell.*, trad., pp. 336-342.
2. *Id.*, p. 342.

4

proprement dit : les termes employés l'indiquent. Il n'en
est rien, cependant, et la suite le prouve. L'effort est
encore, comme dans les cas précédents, ce qui donne
au fait observé la position d'objet de ma pensée. C'est
parce que l'activité de ma volonté s'applique à un de
mes souvenirs, que ce souvenir semble devenir pour
un instant une chose distincte de moi, une chose que
je puis étudier, c'est-à-dire un objet. Mais si l'activité donne l'objet, il faut bien que le sujet soit constitué par un élément différent. Il y a donc quelque chose
de plus subjectif, de plus personnel que l'effort. Tout
acte volontaire, selon M. Bain, est provoqué par un
sentiment, c'est-à-dire, au sens rigoureux du mot, par
quelque plaisir ou quelque peine. Or, ce sentiment, qui
est le mobile et le fond de la volonté, est un état passif,
et, à ce titre, essentiellement subjectif. Comme il n'y a
pas de volonté sans mobile, il n'y en a pas non plus sans
une passivité ou subjectivité intérieure ; et de là vient
que les déterminations et opérations volontaires paraissent avoir quelque chose de plus personnel que les idées
ou souvenirs auxquels elles s'appliquent, comme un sujet
à des objets corrélatifs. Ce qui leur donne cette apparence, c'est le sentiment, placé derrière tout effort, source
de toute activité voulue. Voilà le véritable élément subjectif, qui nous donne, dans l'attention tournée vers
nous-mêmes, l'idée passagère d'un sujet connaissant,
comme il nous avait donné, dans l'attention tournée vers
les choses extérieures, l'idée plus permanente d'un sujet
sentant et percevant. Dans un cas comme dans l'autre, le
moi proprement dit se distingue de son objet au moyen
de l'activité qui s'oppose à la passivité ; mais c'est toujours l'élément passif qui est la marque du sujet [1].

---

1. *Sens et intell.*, pp. 342-343.

II

ACTIVITÉ ET PASSIVITÉ

Il ne faut pas trop s'étonner que M. Bain ait pris le
contre-pied de Maine de Biran, après avoir semblé marcher sur ses traces. Il ne l'avait suivi qu'en apparence ;
car s'il avait pris pour guide, comme le psychologue
français, l'idée d'activité, par le même mot il n'avait pas
désigné la même chose.

Il serait étrange que la réalité des êtres extérieurs fût
constituée par notre propre activité, et que notre réalité
intime fût dans notre passivité. Le contraire serait plus
vraisemblable, car il est assez généralement admis
qu'être c'est agir, et que le degré de réalité se mesure au
degré d'activité propre. Et si nous essayons, par la pensée, d'ôter d'une existence tout pouvoir d'agir ou de
réagir, et par suite, toute force, toute tendance, toute
résistance, nous savons qu'il ne restera rien de réel, pas
même l'inertie, qui est la dernière qualité de la forme
d'existence la plus pauvre, l'existence matérielle, et qui
cependant ne peut être conçue que comme une résistance, c'est-à-dire comme une manifestation d'un pouvoir de réagir, d'une force. Aussi n'est-ce pas ce qu'a
voulu dire M. Bain. N'oublions pas, en effet, deux choses
en examinant sa théorie : 1º que ce n'est pas une théorie
métaphysique, mais psychologique ; qu'elle n'a pas en
vue le fond des choses, mais seulement ce qui est donné
à la conscience ; 2º que sa psychologie n'analyse pas
l'être, mais seulement les phénomènes et les relations de
phénomèmes. Il n'entend donc pas parler de l'activité

prise à sa source, qu'il croit inconnue, mais de l'activité dans ses manifestations phénoménales, qui sont les mouvements. Mouvements d'une part, sensations de l'autre, tels sont pour lui les deux termes de l'opposition fondamentale de l'activité et de la passivité. Et, pour préciser davantage, il ajoute, dans un passage que nous avons cité : « Les muscles, avec les nerfs efférents, sont les instruments matériels des phénomènes actifs; les sens, avec les nerfs afférents, sont les instruments matériels des phénomènes passifs. »

Quand nous entendons M. Bain dire, comme Maine de Biran : « Le *moi* est un effort, un acte volontaire », ce n'est donc pas un écho de Maine de Biran que nous entendons. Ce dernier, en affirmant que le moi se révèle et se constitue dans l'effort musculaire, ne plaçait pas l'effort dans le mouvement, qui ne peut se concevoir que comme phénomène physiologique; ou, du moins, ainsi qu'on l'a remarqué depuis longtemps[1], ce mouvement n'était pour lui qu'un des deux éléments de l'effort, un élément qu'on peut toujours séparer par la pensée, mais qui n'est plus qu'une abstraction dès qu'il est détaché de l'acte qui le fait être, et avec lequel il forme un fait concret. Le mouvement, qu'il soit dans les muscles ou dans les nerfs, n'était pour lui qu'un effet, et si la cause ne peut se percevoir qu'en relation avec son effet, l'effet ne peut non plus recevoir de signification que par la cause à laquelle il reste lié. Maine de Biran ajoutait que cette cause se connaît elle-même dans son action, qu'elle se connaît comme principe de l'effort, comme source d'activité, comme étant l'activité initiale de la volonté. L'effort consistait donc dans une opposition des deux termes, en fait inséparables : d'une part, l'énergie volontaire, d'autre

1. F. Ravaisson, *Revue des Deux-Mondes*, 1er nov. 1840.

part, le mouvement provoqué par elle dans un muscle ou dans un nerf moteur. Car, il importe de le remarquer dès maintenant, Maine de Biran ne pensait pas qu'il y eût plus de difficulté à placer le second terme de l'effort dans le nerf moteur que dans le muscle, s'il était prouvé qu'entre l'acte volontaire et la résistance organique, manifestée par la sensation musculaire, il y eût un intermédiaire directement connu, c'est-à-dire si l'action nerveuse motrice était perçue par la conscience, au moyen d'une sensation spéciale, distincte de la sensation musculaire proprement dite. Dans ce cas, dit-il, l'inertie nerveuse remplacerait l'inertie musculaire, et il n'y aurait rien de changé dans le caractère du fait primitif[1].

Chez M. Bain, le second terme de l'effort devient l'effort tout entier; car il entend par ce mot le mouvement qui se propage dans les nerfs moteurs et qui s'accomplit dans les muscles. L'activité n'est plus dans la cause, que, d'ailleurs. la conscience ne connaît pas, mais dans les phénomènes, qui, seuls, nous sont donnés. Ce n'est plus une force, à proprement parler, mais des mouvements. Et non seulement ce sont des mouvements, et non une force, mais ces mouvements n'ont pas même leur cause, leur antécédent psychologique, dans un acte interne, ou, selon l'expression de M. Bain, dans un état actif; ils naissent d'un état passif, qui est un sentiment.

Cette hypothèse est-elle admissible? Nous allons voir qu'elle ne rend pas compte de ce qu'il s'agissait d'expliquer, je veux dire de la distinction spontanément établie dans la conscience entre le sujet et les objets de la pensée.

Si l'état passif était la marque à laquelle le *moi* se reconnaît lui-même, et que nos mouvements fussent la

1. Maine de Biran, *Œuv. inéd.* t. I, p. 216.

condition de notre croyance à des réalités extérieures, il faudrait que ces signes fussent applicables sans exception, et qu'ils fussent faciles à distinguer, puisque la distinction établie par nous entre les deux choses signifiées par eux semble être ce qu'il y a de plus simple et de plus naturel.

Or, si un homme halluciné prend une image subjective pour un objet réel, est-ce quelque activité musculaire qui induit sa conscience en erreur? Les mouvements qu'il fera lui fourniront le moyen de reconnaître son illusion, s'il n'est pas fou, mais ce ne sont pas eux qui la produisent. Une maison que nous voyons en passant dans la rue, sans y arrêter nos regards, fait-elle moins, pour nous, partie du monde extérieur, que si nous l'avions examinée avec attention et dans tous les détails, en dépensant, pour mouvoir nos yeux, pour tourner la tête à droite ou à gauche, une quantité considérable de mouvement musculaire? Nous la connaissions moins dans le premier cas, mais nous n'étions pas plus disposés, assurément, à la prendre pour un mode de notre existence intérieure. Enfin les rêves, que M. Bain regarde comme des états passifs, ne sont-ils pas accompagnés d'une croyance très vive à la réalité de leurs objets? L'activité motrice, qui accompagne les sensations, semble donc être un moyen de contrôler notre croyance au monde extérieur, de compléter la connaissance que nous en prenons; mais ce n'est pas elle qui nous donne l'idée d'objets distincts de nous-mêmes, puisque nous avons cette idée dans des cas où elle ne s'exerce pas.

L'absence de tout mouvement, de toute dépense de force, est-elle un signe plus constant de ce qui est proprement moi? Et, à ce titre, les idées et les sentiments sont-ils ce qu'il y a de plus personnel? D'où vient alors que quand un homme se livre à une passion, on dit qu'il

ne s'appartient pas, qu'il est hors de lui? que les idées
semblent être quelque chose d'impersonnel? que c'est
dans les actes de notre volonté, au contraire, que nous
croyons être particulièrement nous-mêmes? M. Bain reconnaît ce dernier fait, et l'explique en disant qu'il n'y a
pas de détermination volontaire sans un sentiment qui
en est le mobile, et qui est le véritable élément subjectif.
Mais si ce sentiment existe, nous ne le connaissons pas
toujours, et, ce qui est digne de remarque, moins nous
le connaissons, plus nous sentons l'indépendance, la
force, la réalité de notre personnalité. Il est superflu
d'insister sur ce point.

D'autre part, le sujet de la conscience, qui s'oppose
sans hésitation à ce qui n'est pas lui, sait-il apercevoir
aussi aisément le contraste des phénomènes actifs et des
phénomènes passifs? Sans doute, j'ai une conscience
claire de mon activité dans les faits dont je suis la cause,
et de mon état passif dans les impressions produites en
moi par des causes étrangères. Mais, encore une fois, ce
point de vue, qui est celui de Maine de Biran, n'est pas
celui de M. Bain. M. Bain n'envisage pas l'action et la
passion dans une cause, qu'il ne veut pas connaître,
mais dans des phénomènes, qui, d'après lui, sont seuls
observables. Les phénomènes actifs sont les mouvements
spontanés ou volontaires; les phénomènes passifs sont les
sensations, les idées, les sentiments ou émotions. Mais,
objecterons-nous, où et à quel point de vue les mouvements sont-ils actifs, et les sensations passives? Sans
doute, si, observant les choses du dehors, je vois quelqu'un marcher, gesticuler, puis recevoir un coup, je
juge qu'il est actif dans les premiers cas, et passif dans
le dernier. Mais ce n'est pas ce que je vois ou ce que je
pense qui aidera mon voisin à distinguer en lui-même
l'actif et le passif. Il s'agit de savoir comment il en juge

pour son propre compte. Il ne se trompe pas, je le veux bien, et, par exemple, il n'hésite pas à reconnaître qu'il est passif quand sa main est pressée, et actif quand il presse lui-même la main d'une autre personne. Le fait est incontestable, mais la question est toujours de savoir si l'hypothèse de M. Bain explique comment il se produit. Quelle différence y a-t-il dans ma conscience, telle que la conçoit M. Bain, selon que ma main exerce ou subit une pression? Et je suppose que je ne connais les faits que par leur sens propre, et que je ne les observe pas, comme du dehors, au moyen de la vue; je suis obligé, d'ailleurs, de faire cette élimination, puisque la plupart des mouvements qui accompagnent nos sensations, ceux des muscles de l'œil, par exemple, ne sont pas visibles, mais seulement perceptibles par le sens musculaire. Lorsque ma main subit une pression, il y a d'abord une contraction dans l'organe, une excitation des nerfs sensitifs transmise par un courant centripète jusqu'aux centres sensibles du cerveau, puis la sensation. Il y a donc mouvement dans les parties de la main, mouvement dans les nerfs, mouvement dans les centres nerveux. Mais alors qui donc est passif? Quand, au contraire, ma main exerce une pression, il y a d'abord excitation d'un centre nerveux moteur, action transmise par un courant centrifuge dans les fibres nerveuses motrices, puis contraction des muscles de la main. La conscience suit ou précède, nous en parlerons tout à l'heure. C'est un mouvement qui se propage, comme dans le premier cas, mais en suivant une marche inverse. La seule différence entre les deux faits, si l'on s'en tient aux phénomènes et à la conscience qui en est l'accompagnement, sans remonter jusqu'à la cause ou à l'être qui les produit ou qui les subit, c'est donc une différence dans la marche des mouvements.

Mais cette direction de l'action nerveuse, la connais-

sons-nous clairement, aussi clairement que notre activité et notre passivité, dont elle serait le signe? Les
physiologistes l'entendent à merveille, mais la conscience commune, qui n'est pas physiologiste, la saisit-
elle sans hésitation, sans obscurité, de la même manière
qu'elle perçoit en elle l'activité et l'état passif? Peut-être
M. Bain répondrait-il affirmativement, car il est un des
rares partisans d'une sensation immédiate de l'innervation motrice. Il croit que dans l'effort musculaire nous
percevons directement l'action nerveuse centrifuge, indépendamment du mouvement qu'elle excite dans les muscles, de la même manière que nous percevons l'excitation transmise dans les centres cérébraux par les nerfs
sensitifs[1]. Mais bien que cette théorie soit soutenue aussi
en Allemagne par M. Wundt, elle est fortement com-
battue par des physiologistes compatriotes de M. Bain,
M. Ferrier[2], M. Charlton Bastian[3]. M. William James,
dans un travail sur le sentiment de l'effort, dont la
Critique philosophique a publié une traduction presque
entière[4], réfute aussi, d'une manière qui paraît victo-
rieuse, les arguments de M. Bain et de M. Wundt, et
établit « que le sentiment de l'énergie musculaire déployée
est une sensation afférente complexe, qui vient des muscles contractés, des ligaments tendus, des articulations
comprimées, de la poitrine fixée, de la glotte fermée, du
sourcil froncé, des mâchoires serrées, etc. Qu'il y ait,
en outre, un autre sentiment de l'effort, il ne le conteste
pas; mais ce dernier est purement moral, et n'a rien à
faire avec la décharge motrice[5]. »

1. *Sens et intell.*, pp. 59-62.
2. *Fonctions du cerveau*, ch. IX, § 75.
3. *Le Cerveau, organe de la pensée*, appendice.
4. *Crit. phil.*, 2e semestre de 1.80.
5. *Id.*, p. 125.

Ainsi, le mouvement musculaire, considéré en tant que phénomène détaché de sa cause, ne nous serait réellement connu que par une sensation afférente, provenant des organes contractés, et suivant la même voie, par conséquent, que toutes les autres sensations de pression. Le contraste des directions nerveuses ne serait pas immédiatement senti par la conscience; le mouvement serait perçu par la même voie que la sensation; à travers la sensation et en qualité de sensation, les sensations seraient les seuls faits physiologiques donnés à la conscience, la seule base physiologique de l'esprit, et le signe psychologique de l'antithèse fondamentale des états actifs et des états passifs s'évanouirait.

Mais faisons une concession : admettons un instant l'hypothèse de M. Bain; supposons que nous avons immédiatement conscience de la direction de l'action nerveuse motrice, et examinons si cela suffit pour nous faire distinguer spontanément le caractère actif des mouvements, et l'opposer au caractère passif des sensations. Où sera, pour la conscience, le point différentiel saisissable, la caractéristique, le fait actif élémentaire qui la frappera dans le mouvement musculaire, et qu'elle ne trouvera ni dans la sensation, ni dans l'idée, ni dans le sentiment? Laissons de côté les actions réflexes inconscientes, que l'on a appelées *excito-motrices,* et qui ne peuvent rien nous apprendre. Mais il y a, ainsi que le fait remarquer M. Bain, un ordre supérieur d'actions réflexes, que l'on a nommées *sensori-motrices,* parce que, au lieu d'être provoquées par une excitation inconsciente, elles ont pour point de départ une sensation, c'est-à-dire un phénomène plus ou moins présent à la conscience : tels sont, par exemple, les petits mouvements musculaires exécutés pour adapter la vue aux distances. Il y a, dans ces phénomènes complexes, une sensation et un mouve-

ment, un phénomène passif et un phénomène actif. Où
est, pour la conscience, le point de séparation entre l'état
actif et l'état passif? L'action réflexe, d'après la théorie
de M. Bain lui-même [1], ne se réduit-elle pas, sous sa
forme simple, à un courant ininterrompu qui commence
au point périphérique stimulé, passe par le nerf sensitif,
traverse un ganglion, se continue par un nerf moteur, et
finit au muscle contracté? Il faut bien que chaque point
de ce courant soit considéré comme passif par l'action
qu'il reçoit, et actif par l'action qu'il transmet. Il reste
toujours, répondra-t-on, la différence de direction, qui
marque le contraste. Mais où et par qui est-elle saisie?
Est-ce dans la cellule ganglionnaire? et est-ce là que
naîtrait la conscience? Rappelons-nous que la conscience
n'est plus, ici, le sentiment qu'un être, qu'une cause active a d'elle-même, mais un reflet des phénomènes. Si elle
est un revers et comme une double face du courant nerveux dont nous venons de parler, ou d'une portion centrale de ce courant, n'y a-t-il pas en elle, à quelque point
que nous la placions, activité et passivité, comme dans le
courant nerveux lui-même, et, par conséquent, ne trou-
vera-t-elle pas aussi quelque chose d'actif du côté de la
sensation, et quelque chose de passif du côté du mouvement?

De plus, je demanderai si la conscience se trouve dans
les cellules des centres moteurs, ou dans celles des centres
sensitifs, ou dans les deux à la fois, et, dans une hypothèse comme dans l'autre, je vois une égale impossibilité
de comprendre comment elle peut classer les sentiments
et les idées parmi les phénomènes passifs, et les mouvements volontaires parmi les phénomènes actifs. D'une
part, d'après la doctrine de M. Bain, une action volon-

1. *Sens et intell.*, p. 224.

taire n'est pas un mouvement musculaire déterminé par un stimulant central quelconque; il faut que ce stimulant soit un sentiment[1]. L'action commence donc dans un état passif et dans un centre sensitif. Pourquoi est-elle prise pour un phénomène actif? D'autre part, toutes les émotions de l'âme s'expriment naturellement par les mouvements de la respiration, des membres, des yeux, de la face, du cœur, en même temps que par des effets organiques, les larmes, l'action sur les fonctions digestives, sur les poumons, les sécrétions de la peau, etc.[2]. Le phénomène, commencé dans un centre sensitif, se continue encore dans des centres moteurs, et, sans l'état actif, il n'aurait pas son véritable caractère. Pourquoi est-il pris pour un phénomène passif? Les idées, enfin, produisent des mouvements, à moins que la volonté ne s'y oppose, et sont, parmi les principes déterminants de nos actes, un des plus fréquents et des plus énergiques. Et, d'ailleurs, il n'en saurait être autrement, puisque les idées sont déjà les actes sous une forme intérieure et affaiblie[3]. Nous ne pouvons pas penser à un geste sans un commencement d'impulsion pour le faire, à un mot sans le prononcer intérieurement : « Penser, c'est se retenir de parler ou d'agir[4]. » Aussi est-ce une erreur de croire que les idées aient pour siège le cerveau seul; elles ont pour siège le système nerveux tout entier, avec les nerfs et leurs extrémités périphériques. « L'idée d'une chambre cérébrale fermée est radicalement incompatible avec la véritable manière d'agir des nerfs[5]. » Mais, si telle est la nature de l'idée, pourquoi l'appelle-t-on un phénomène passif, et

---

1. *Sens et intell.*, p. 261.
2. *Id.*, pp. 236-246.
3. *Id*, p. 298.
4. *Id.*
5. *Id.*, p. 298.

où la conscience peut-elle reconnaître en elle un état passif?

Il ne paraît donc pas possible de trouver, dans la doctrine de M. Bain, une marque psychologique de distinction entre des phénomènes actifs et des phénomènes passifs. Il a pris cette opposition telle qu'elle se manifeste à l'observation extérieure, ou telle qu'elle est conçue naturellement par chacun de nous, mais sans examiner comment l'idée en a pu naître dans la conscience. Il est certain que la conscience, telle qu'il la conçoit, serait condamnée à ne jamais la connaître directement; elle pourrait en acquérir une notion superficielle par l'expérience extérieure, une notion plus savante par l'étude de la physiologie; mais elle n'y trouverait pas ce signe immédiat, clair, constant et infaillible, dont elle a besoin pour se distinguer elle-même des objets de sa pensée. On peut dire, avec M. Bain, que l'antithèse du sujet et de l'objet est fondamentale; qu'elle est liée à une autre antithèse tout aussi fondamentale, celle de l'activité et de la passivité; que cette dernière est la cause de le première; mais il faut ajouter qu'elles s'évanouissent l'une et l'autre dans la conscience, si on en supprime le sentiment immédiat d'une cause active, dans toute la force du terme, pour n'y laisser que des phénomènes.

CHAPITRE V

M. Taine. — Sa théorie sur l'idée du moi.

I

EXPOSÉ

De tous les philosophes français, M. Taine est assurément celui qui a le plus contribué à répandre dans notre pays la connaissance et le goût de la psychologie et de la logique de l'école expérimentale anglaise. Ces doctrines, qu'on est convenu d'appeler *positives,* lui plaisent par-dessus toutes les autres, et il n'a rien négligé pour faire partager ses préférences au public français. Hâtons-nous de dire que le positivisme anglais a été heureux de trouver chez nous un pareil interprète. L'éclat et la richesse de son style, la vivacité de ses descriptions, le coloris de ses tableaux, l'allure décidée de sa dialectique, le piquant de ses comparaisons, l'originalité de ses formules, la hardiesse paradoxale de ses conclusions, l'habileté et la nouveauté de sa mise en scène, toutes les qualités qui font de lui un écrivain, un artiste inimitable, suffisaient pour assurer son succès, et c'est à peine si quelques lecteurs expérimentés ont songé qu'il convenait de lui demander, en outre, la force et la vérité des doctrines. Il y a toujours plaisir, sinon profit, à le lire; il ne fait pas comprendre les choses : il les fait voir, il les fait toucher. S'il en est qui ne peuvent ni se toucher, ni se voir, il n'hésite pas à les supprimer, par amour de la clarté, sans doute.

Les forces, les causes, les substances, que nul n'a jamais pu se représenter sous une forme sensible, sont reléguées par lui dans la région des fantômes; toutes les idées métaphysiques qui s'y rapportent ne sont que « des fagots d'abstractions germaniques ». Des faits, avec leurs antécédents, leurs accompagnements, leurs suites, voilà ce qu'il se propose de nous présenter, et, pour lui, il n'y a pas d'autres faits, dans la vie psychologique, que des sensations, des images, des noms et des tendances à nommer. L'imagination, dont s'étaient défiées la métaphysique du dix-septième siècle et la psychologie de Maine de Biran, rentre, avec M. Taine, dans l'étude de l'esprit humain; il lui ouvre la porte toute grande, et elle ne tarde pas à occuper la place, en souveraine. C'est elle qui observe, qui distingue, qui analyse, qui explique; aucun fait n'est admis comme valable, qu'elle ne lui ait imprimé sa marque. Les phénomènes psychologiques sont ainsi contemplés comme du dehors, formant des chaînes dont les anneaux s'accrochent les uns aux autres, des charpentes dont les parties s'emboîtent les unes dans les autres. Le *moi*, au lieu d'être invité à s'observer intérieurement, dans la conscience, ce qui exige un travail pénible et peu attrayant, même avec l'aide d'un Maine de Biran ou d'un Jouffroy, est, pour ainsi dire, étalé devant nous, comme une trame d'évènements présents ou passés, actuels ou possibles, ou, ce qui est plus palpable encore, et se voit sans effort, comme une longue planche divisée en carrés, en losanges, en triangles marqués à la craie[1].

1. *De l'Intell.*, 3e édit., t. I, p. 344.

M. Taine a épaissi la philosophie, comme Mᵐᵉ de Sévigné voulait qu'on lui épaissît la religion. S'il avait réussi à l'empêcher ainsi de s'évaporer, il faudrait évidemment lui en savoir gré.

Nous n'avons à examiner des théories de M. Taine que son opinion sur la personnalité. Remarquons tout d'abord que, d'après lui, l'esprit ne diffère pas de ce qui est proprement *moi*, ou que la cause et la substance de la vie de l'âme, s'il y en avait, se confondraient avec le sujet de l'existence consciente. D'autre part, dans l'idée du *moi*, il ne distingue pas l'élément fondamental, qui est la connaissance immédiate que j'ai de moi-même dans le fait actuel, quel qu'il soit, de tous les éléments secondaires que la mémoire, l'imagination et le raisonnement y ajoutent, à mesure que s'étend mon expérience, pour en former cette notion complexe de mon individualité intellectuelle et morale, qui embrasse à la fois mon existence dans le présent et dans le passé, et aussi, en un certain sens, dans l'avenir. Cette idée confuse de la personnalité se prête alors à des conclusions qui ne s'appliqueraient point à des idées distinctes. Si M. Taine ne confondait pas le *moi* avec l'âme, il pourrait continuer à nier la réalité des substances, sans être obligé d'affirmer que l'existence d'un sujet de la pensée n'est qu'une illusion métaphysique. S'il avait tenu compte de la différence qui existe entre la conscience de notre existence actuelle et la notion complexe de notre individualité permanente, les illusions et les erreurs dont la seconde est susceptible ne l'auraient pas empêché de reconnaître la certitude indestructible de la première. Mais voyons sa théorie.

Nous rapportons nos sensations, nos idées, nos émotions, à une sorte de centre qui est nous-mêmes. Mais ce *nous-mêmes*, auquel, par une sorte de retour perpétuel, nous rattachons tous les événements de notre vie, est

beaucoup plus étendu que chacun d'eux. « Il s'allonge à
nos yeux, avec certitude, comme un fil continu, en arrière,
à travers vingt, trente, quarante années, jusqu'aux plus
éloignés de nos souvenirs, au delà encore, jusqu'au début
de notre vie, et il s'allonge aussi en avant, par conjecture, dans d'autres lointains indéterminés et obscurs. A
chaque maille nouvelle que nous lui ajoutons, nous en
revoyons un fragment plus ou moins long, une minute,
une heure, une journée, une année, parfois un morceau
énorme, en un clin d'œil, et comme en un raccourci
d'éclair. C'est pourquoi, comparé à nos événements passagers, ce *moi* prend, à nos yeux, une importance souveraine[1]. » Comment se forme cette idée du *moi* ou de
l'âme, et quels éléments comprend-elle? Elle est l'idée
d'un être, qui est permanent, qui est lié à un corps, qui,
de plus, possède des capacités ou facultés. Ainsi, « je suis
capable de sentir, de percevoir les objets extérieurs, de
me souvenir, d'imaginer, de désirer, de vouloir, de contracter mes muscles, et, à cet égard, Pierre, Paul et les
autres hommes sont comme moi. De plus, outre ces capacités communes à tous les hommes, j'en ai qui me sont
particulières : par exemple, je suis capable de comprendre un livre latin; ce portefaix est capable de porter un
sac de 300 livres; voilà des attributions précises qui déterminent le quelque chose inconnu. Réunissons en un
groupe et en un faisceau toutes les capacités et facultés,
communes ou propres, qui se rencontrent en lui, et nous
saurons ce qu'il est, en sachant ce qu'il contient[2]. »

Que sont ces pouvoirs ou facultés? Des mots, indiquant
que certains faits sont possibles, tant que leurs conditions sont données. « J'ai la faculté de comprendre un

1. *De l'Intell.*, t. II, p. 202.
2. *Id.*, t. II, p. 204.

livre latin, et mon voisin le portefaix a la faculté de porter un sac de trois cents livres; cela signifie que si je lis un livre latin, je le comprendrai; que si le portefaix a sur le dos un sac de trois cents livres, il le portera. La première action est possible pour moi, parce que sa condition, l'intelligence des mots latins, est donnée; ' seconde est possible pour le portefaix, parce que ses conditions, le développement des muscles et l'habitude de l'exercice corporel, sont données. Supprimons une de ces conditions, la possibilité disparaît, et la faculté périt, jusqu'au rétablissement de la condition manquante[1]. » En disant que j'ai tel pouvoir, je ne fais qu'annoncer comme possible tel événement; les événements qui se produiront en feront seuls la réalité. « En fait de matériaux positifs, je ne trouve donc, pour constituer mon être, que mes événements et mes états, futurs, présents, passés. Ce qu'il y a d'effectif en moi, c'est leur série ou trame. Je suis donc une série d'événements et d'états successifs, sensations, images, idées, perceptions, souvenirs, prévisions, émotions, désirs, volitions, liés entre eux, provoqués par certains changements de mon corps et des autres corps, et provoquant certains changements de mon corps et des autres corps[2]. »

Il faut expliquer maintenant pourquoi je m'attribue ces événements. Qu'ils soient actifs ou passifs, volontaires ou involontaires, ils ont tous un caractère commun, celui de m'apparaître comme *intérieurs*. Toute idée a, est vrai, une tendance hallucinatoire, ce qui veut dire que nous sommes portés à la prendre pour l'objet extérieur auquel elle correspond, et nous serions victimes de l'illusion, si nos sensations, qui s'imposent fortement

1. *De l'Intell.*, t. II, p. 205.
2. *Id.*, p. 207.

à nous et qui refoulent les simples représentations, n'avaient, en général, la propriété de nous faire reconnaître notre méprise. Niées comme objets réels, extérieurs, nos idées nous apparaissent alors comme internes ou comme simples idées. La contradiction qui les nie comme fragments du dehors les pose du même coup comme fragments du dedans. Nos émotions, étant attachées à nos idées, nous paraissent naturellement internes commes elles. Quant à nos sensations, nous ne regardons pas comme nôtres celles que nous projetons au dehors, telles que les sons et les couleurs ; mais nous nous attribuons les autres, comme le chaud et le froid, les pressions, les saveurs, etc., parce qu'elles sont dans notre corps qui est une sorte de *dedans* par rapport aux corps étrangers. — « Telle est notre conception du sujet actuel ; voilà tous les faits présents et réels qu'elle renferme. Ce que je suis actuellement, ce qui constitue mon être réel, c'est tel groupe présent et réel de sensations, idées, émotions, désirs, volitions ; ma conception de mon être actuel ne comprend que ces évènements, et, à l'analyse, ces évènements présentent tous ce caractère commun qu'ils sont déclarés internes, soit parce qu'à titre d'idées et de suites d'idées, ils sont opposés aux objets et privés de situation, soit parce que leur emplacement apparent se trouve dans notre corps[1]. »

Mais au moment qui a précédé et à tous les autres instants de sa durée, le sujet personnel n'a jamais été que ce que nous venons de dire, et s'est toujours réduit à un groupe d'évènements doués d'un caractère commun, celui d'apparaître comme internes. Le groupe d'évènements qui me constitue en ce moment se soude à celui qui me constituait l'instant d'auparavant, ce dernier à

---

celui qui a précédé, et ainsi de suite, en formant une chaîne, dont les chaînons, tous du même métal, apparaissent à la fois comme unis et comme distincts. « Nous passons sans difficulté d'un chaînon à un autre ; selon la loi bien connue qui régit la renaissance des images, les images de deux sensations successives tendent à s'évoquer mutuellement ; partant, quand l'image d'un de nos moments antérieurs ressuscite en nous, l'image du précédent et celle du suivant tendent à ressusciter par association et contre-coup. — Non seulement nous allons par ce moyen d'un de nos moments au moment adjacent, mais, par des abréviations qui rassemblent en une image une longue série de moments, nous allons d'une période de notre vie à une autre période de notre vie [1]. »

Nous embrassons ainsi de très longs fragments de notre être en un instant, et comme d'un seul regard. Les particularités des faits se sont effacées ; mais le caractère qui leur était commun, et qui se répétait de l'un à l'autre, n'a pu que se fortifier dans le parcours, et surnager à la fin : c'est la propriété d'apparaître comme internes. « Il nous reste donc l'idée d'un quelque chose interne, d'un *dedans,* qui, à ce titre, s'oppose à tout le dehors, qui se rencontre toujours le même à tous les moments de la série, qui, par conséquent, dure et subsiste, qui, à cause de cela, nous semble d'importance supérieure, et qui se rattache, comme des accessoires, les divers événements passagers. Ce *dedans* stable est ce que chacun de nous appelle *je* ou *moi.* — Comparé à ses événements qui passent tandis qu'il persiste, il est une substance ; il est désigné par un substantif ou un pronom, et il revient sans cesse au premier plan dans le discours oral ou mental. — Dès lors, lorsque nous réfléchissons sur lui, nous nous

1. *De l'Intell.*, t. II, p. 212.

laissons duper par le langage ; nous oublions que sa
permanence est apparente ; que, s'il semble fixe, c'est
qu'il est incessamment répété ; qu'en soi, il n'est qu'un
extrait des événements internes ; qu'il tire d'eux tout son
être ; que cet être emprunté, détaché par fiction, isolé
par l'oubli de ses attaches, n'est rien en soi et à part[1]. »

Ajoutons que cette idée se complète par l'idée des facultés ou pouvoirs dont nous avons parlé, et qui semblent précéder les événements et leur survivre, qui durent intacts pendant de longues années, quelques-uns
pendant toute notre vie. « Dès lors, le *moi* cesse de nous
apparaître comme un simple *dedans*; il se garnit, se
qualifie, se détermine ; nous le définissons par le groupe
de ses pouvoirs, et, si nous nous laissons glisser dans
l'erreur métaphysique, nous le posons à part, comme
une chose complète, indépendante, toujours la même
sous le flux de ses événements[2]. »

Telle est la notion du *moi*. Illusoire au sens métaphysique, elle ne l'est pas au sens ordinaire ; on ne peut pas
la déclarer vide ; quelque chose lui correspond : ce quelque chose est la possibilité permanente de certains événements sous certaines conditions, tous ces événements
ayant un caractère commun et distinctif, celui d'apparaître comme internes. On peut dire, si l'on veut, que le
moi est une force, mais à condition de n'entendre par ce
mot qu'une relation entre des événements qui peuvent en
susciter d'autres. « A tous les moments de la vie, je suis
un *dedans*, qui est capable de certains événements sous
certaines conditions, et dont les événements, sous certaines conditions, sont capables d'en provoquer d'autres
en lui-même ou en autrui. Voilà ce qui dure en moi, et

1. *De l'Intell.*, t. II, p. 215.
2. *Id.*, t. II, p. 217.

ce qui, à tous les instants de ma durée, sera toujours le même[1]. »

Il est évident que cette notion du *moi* n'est pas primitive, qu'elle a une histoire, un développement, dont on peut retrouver les éléments et les étapes. Il faut d'abord des souvenirs, emboîtés exactement, de manière à former une file continue. Il faut que, dans ces souvenirs, le côté interne des événements prédomine, se dégage, s'isole, et soit érigé par un substantif en substance. Il faut enfin que ces événements soient classés, réunis en groupes, qui se rattachent à autant de possibilités ou de pouvoirs, et que nous attribuons au *moi*.

L'idée du *moi* est donc un produit. Comme tout composé mental ou organique, elle a sa forme normale; mais si les éléments sont altérés, ou le travail de composition dérangé, la forme dévie, et l'œuvre finale est monstrueuse. Tantôt nous nous attribuons des événements imaginaires : un vieillard croit avoir fait des voyages qu'il a lus; une folle est persuadée qu'elle a été la confidente d'un souverain. Tantôt, au contraire, nous rapportons à autrui des faits qui se passent en nous : on entend des voix secrètes, intérieures, on converse avec des personnages imaginaires, on se dédouble en deux individus, dont l'un observe et contrôle les actions de l'autre, dont l'un est gai pendant que l'autre est triste, ou qui se succèdent dans le même corps et qui y vivent alternativement. Quelquefois, l'illusion est totale, une personne se croit devenue complètement une autre et agit conformément à sa croyance : dans les asiles d'aliénés, l'un est Dieu le Père, un autre le Messie, la Vierge Marie, Napoléon; d'autres croient qu'ils sont de bois, de verre, ou qu'ils sont changés en chiens, en loups; un soldat

1. *De l'Intell.*, t. II, p. 217.

s'imagine avoir été emporté par un boulet à Austerlitz, et ce qui reste n'est qu'une machine faite à sa ressemblance. « Notre idée de notre personne est un groupe d'éléments coordonnés, dont les associations mutuelles, sans cesse attaquées, sans cesse triomphantes, se maintiennent pendant la veille et la raison, comme la composition d'un organe se maintient pendant la santé et la vie. Mais la folie est toujours à la porte de l'esprit, comme la maladie est toujours à la porte du corps; car la combinaison normale n'est qu'une réussite; elle n'aboutit et ne se renouvelle que par la défaite continue des forces contraires... On peut comparer la sourde élaboration dont l'effet ordinaire est la conscience à la marche de cet esclave, qui, après les jeux du cirque, traversait toute l'arène un œuf à la main, parmi les lions lassés et les tigres repus; s'il arrivait, il recevait la liberté. Ainsi s'avance l'esprit à travers le pêle-mêle des délires monstrueux et des folies hurlantes, presque toujours impunément, pour s'asseoir dans la conscience véridique et dans le souvenir exact[1]. »

Comment se fait-il que l'esclave arrive si souvent au terme? D'où vient que nos souvenirs présents correspondent presque toujours à des sensations passées; que ces sensations se mettent ordinairement à leur vraie place; que notre existence, enfin, telle que nous nous la représentons, est, en général, l'image exacte de ce qu'elle a été en réalité? Bien entendu, il ne s'agit pas d'expliquer la véracité de la mémoire : on ne peut que l'admettre comme point de départ, puis chercher à en comprendre le mécanisme. Ce qui constitue le souvenir, c'est une image présente, qui paraît sensation passée, et qui, par la contradiction répressive des sensations actuelles, se

trouve contrainte à un recul apparent. Or, presque toute
image nette et circonstanciée suppose une sensation
antécédente. Celle-ci avait refoulé l'image d'une sensation antérieure, puis avait été refoulée à son tour par
une sensation postérieure. Les souvenirs, en s'évoquant
mutuellement d'après leur ordre de contiguïté, se représentent avec cette particularité qu'avaient les sensations
correspondantes d'être refoulées et de refouler à leur
tour. Tout s'emboîte donc et s'aligne mécaniquement.
« Ainsi se forme dans notre mémoire la file de nos
événements ; à chaque minute nous en revoyons un morceau ; il ne se passe pas de journée où nous ne remon-
tions plusieurs fois assez avant, et même fort avant, dans
la chaîne, parfois, grâce aux procédés abréviatifs, jusqu'à des événements séparés du moment présent par
plusieurs mois et par plusieurs années. Les associations
ainsi répétées deviennent toujours plus tenaces ; notre
passé est une ligne que nous ne nous lassons pas de
repasser à l'encre et de rafraîchir [1]. »

Ajoutez qu'à ces groupes de souvenirs se lie constamment l'idée de mon propre corps, idée sans cesse renouvelée et affermie par l'expérience. Tout ce groupe d'idées
vraies et de souvenirs exacts forme un réseau singulièrement solide. Il faut une grande accumulation de forces
pour lui arracher à tort quelque fragment qui lui appartient, ou pour insérer en lui quelque pièce qui lui est
étrangère. Ce sont donc des associations vraies, en
général, que provoque le mot *je* ou *moi*, ainsi que le
nom de la personne, et c'est ainsi qu'il est la marque
abréviative ou le substitut de séries d'événements réels.

La personne humaine est liée à l'individu physiologique, mais il n'y a rien de mystérieux dans cette union.

[1]. *De l'Intell.*, t. II, p. 234.

« Il ne s'agit plus de savoir comment une substance inétendue, appelée âme, peut résider dans une substance étendue, appelée corps, ni comment deux êtres de nature aussi différente peuvent avoir commerce entre eux ; ces questions scolastiques tombent avec les entités scolastiques qui les suggèrent[1]. » Nous n'avons plus devant les yeux qu'une série d'événements psychologiques, appelés *moi,* liés à des événements physiologiques qui en sont la condition. Notre être n'est qu'un district distinct dans l'ensemble des fonctions nerveuses, et cet ensemble est lui-même une province distincte dans l'animal vivant pris tout entier. De même, enfin, qu'il y a dans l'organisme un grand nombre de centres nerveux subordonnés les uns aux autres, depuis l'encéphale jusqu'aux derniers degrés de la moelle épinière, et jusqu'aux ganglions du grand sympathique, de même aussi on peut supposer qu'il y a, en dehors du cerveau, un grand nombre de centres de sensations, d'âmes rudimentaires, dont nous n'avons pas conscience, de sorte que l'individu psychologique serait un système d'âmes à divers degrés de développement[2].

II

LE MOI N'EST-IL QU'UN DEDANS ?

La théorie de M. Taine sur la personnalité se rattache par bien des points à celles que nous avons exposées précédemment ; mais il faut reconnaître qu'elle est d'une allure bien autrement légère et dégagée. Stuart Mill et

1. *De l'Intell.,* t. I, p. 350.
2. *Id.,* t. I, p. 352.

Herbert Spencer, tout en affirmant que notre existence connue se réduit à des séries d'états de conscience, avaient laissé subsister, dans les profondeurs impénétrables, un principe secret de continuité, un lien inconnu, qui leur avait paru nécessaire pour expliquer l'unité et l'identité de notre existence. Chez M. Taine, les profondeurs ont disparu, tout est à la surface. M. Bain avait cherché, dans l'opposition de l'actif et du passif, l'explication du contraste fondamental du sujet et de l'objet. M. Taine se garde bien de le suivre dans cette voie, qu'il présume sans doute devoir conduire à quelque piège métaphysique, car les idées d'activité et de passivité ne trouvent pas facilement leur place dans l'ordre des choses sensibles, et, si on les analysait, elles pourraient nous mener bien loin de la sensation. Bien que M. Taine fasse des emprunts à M. Bain, à Stuart Mill, et, d'autre part, à Condillac, si l'on considère le fond de sa doctrine et les réalités qu'il conserve, c'est jusqu'à Hume, en définitive, qu'il nous fait remonter. De même que, suivant ce dernier, notre personnalité se réduit à une série de perceptions changeantes, qui nous donnent l'illusion de l'identité, parce que notre imagination passe aisément de l'une à l'autre : de même, pour M. Taine, nous ne sommes que la série de nos évènements, et ce qui dure et paraît rester identique en nous, pendant que les phénomènes changent, c'est la particularité qu'ils ont d'être internes. Le sujet personnel est un *dedans*, et il s'oppose aux objets, parce que chacun de ceux-ci est un *dehors*.

On pourrait objecter à M. Taine, avec Stuart Mill, que c'est un paradoxe que quelque chose qui, par parenthèse, n'est qu'une série d'évènements, puisse se connaître soi-même en tant que série. On pourrait ajouter, avec M. Herbert Spencer, que le langage se refuse absolument à exprimer l'idée d'une sensation sans les idées corrélatives d'un objet senti et d'un sujet sentant, conçus comme deux existences distinctes et indépendantes de la sensation ; et cependant ce n'est pas la métaphysique qui a fait le langage. On pourrait lui rappeler, avec M. Bain, que l'objet de ma pensée n'est pas toujours un corps extérieur, mais que je puis aussi me donner à moi-même, comme objet à connaître, mes idées et mes sentiments, de sorte que le dedans devient le dehors, pour employer le langage de M. Taine, ou que le dedans se partage en un *dedans* superficiel et un *dedans* plus profond, qui observe le premier ; mais que M. Taine a négligé d'indiquer comment ce *dedans* à la seconde puissance se distingue du *dedans* à la première. Mais à quoi bon faire ces objections ? M. Taine les connaissait, sans aucun doute, et s'il n'en a pas tenu compte, c'est qu'il a pensé, vraisemblablement, qu'il ne fallait pas s'en embarrasser, pour rester clair et être mieux compris. Essayons donc de le comprendre.

M. Taine se défend de faire de la métaphysique, et il a singulièrement malmené Maine de Biran pour s'être permis d'en faire. Pourtant, qu'a fait Maine de Biran, après tout, que d'essayer d'expliquer la formation, le développement et le rôle de l'idée du *moi*, tout comme M. Taine a entrepris, à son tour, cette explication ? Ne pas faire de métaphysique, c'est dire simplement, comme tout le monde : Je suis un être ; mes semblables, les animaux, les plantes, les corps inorganiques, sont aussi des êtres. Mais tenter d'expliquer ce que sont, au fond, ces êtres, c'est mettre le pied, ce semble, sur le seuil de la métaphysique. Ou bien la métaphysique dépendrait-elle des conclusions auxquelles on arrive, des formules que l'on emploie ? Par exemple, quand Maine de Biran affirme que le *moi* est une cause essentiellement active et qui se connaît dans son action, dirons-nous que c'est de la métaphysique ? Et quand M. Taine déclare que le *moi* est un *dedans* qui provoque des actions en lui-même et au dehors, dirons-nous que ce n'en est pas ? Mais alors à quel signe la reconnaissons-nous ?

Il serait puéril de chicaner sur un nom ou sur une qualification ; et puisque M. Taine dit qu'il s'arrête sur le seuil de la métaphysique[1], admettons qu'il ne l'a pas franchi. Admettons aussi, provisoirement, que les termes *dedans* et *dehors* sont très clairs, puisque les psychologues de toutes les écoles les emploient couramment, et qu'ils sont aisément compris quand ils parlent d'observation intérieure, de phénomènes intérieurs, et qu'ils les opposent aux phénomènes et à l'expérience du dehors. On nous accordera d'ailleurs, sans difficulté, que les mots *dedans* et *dehors*, appliqués aux choses dont il s'agit, ne sont pas plus clairs que ceux de sujet et d'objet, ou de moi et de réalités étrangères à moi. Les idées qu'ils expriment ne sont pas plus nouvelles, car il y a longtemps qu'on oppose le monde intérieur au monde extérieur. Il est évident que substituer les premiers aux autres, ce n'est pas expliquer ce qu'ils représentent. Que m'importe qu'on m'appelle un dedans plutôt qu'un sujet ? La véritable question est toujours de savoir à quel signe ce *dedans* se distingue du *dehors*.

Nous situons nos sensations aux endroits où nous avons coutume de rencontrer leurs causes ordinaires. De là vient que celles du toucher, par exemple, sont localisées aux extrémités de notre corps, tandis que celles de la vue et de l'ouïe sont rapportées à des corps extérieurs. Nos souvenirs ont aussi une tendance à se projeter au dehors, dit M. Taine ; mais nos sensations actuelles, qui occupent la place, et qui se trouvent en contradiction avec eux, les

---

1. *De l'Intell.*, t. II, p. 158.

refoulent. Niés comme externes, ils apparaissent alors comme internes. Nos idées, nos prévisions, nos conceptions de toute nature subissent la même loi et prennent la même apparence. La distinction fondamentale du *dedans* et du *dehors* repose donc sur le refoulement produit par les sensations actuelles.

Les objections sautent aux yeux; il suffira d'en indiquer quelques-unes :

1° Pour rapporter des sensations au dehors et des souvenirs au dedans, il faut avoir déjà les idées du dedans et du dehors. Quelle en est l'origine?

2° De ce qu'une sensation actuelle se trouve en contradiction avec l'image d'une sensation passée, il ne résulte pas que l'image doive être niée comme externe; elle est niée comme sensation présente, ce qui n'est pas la même chose.

3° Dans la perception extérieure, il arrive fréquemment qu'une sensation actuelle évoque, par association, le souvenir de plusieurs sensations passées, et que ces images se groupent autour de la sensation, pour constituer une notion complexe de l'objet. En voyant une orange, je me représente, outre sa couleur et sa forme visible, ce qu'elle serait au toucher, à l'odorat, au goût; j'ai l'idée de sa distance, de la place qu'elle occupe dans l'espace, etc. Ces idées et images, provoquées par la sensation, ne sont pas plus internes que la sensation elle-même, et, si la couleur que je vois est hors de moi, la solidité, la saveur, que j'y associe, y sont également. Si, au lieu de voir une orange, je me la représente, cette image complexe ne peut pas être plus interne que les images partielles dont je viens de parler.

4° En passant d'une perception présente au souvenir d'une perception antérieure, je ne rentre pas en moi-même, comme l'affirme M. Taine; il arrive même souvent

que je m'en éloigne davantage. Je vois en ce moment,
par ma fenêtre, un quartier de la ville de Toulouse; au-
delà des dernières maisons qui bornent ma vue, je me
représente les campagnes environnantes; puis, au delà,
une portion du département; au delà encore, bien loin,
des villes que j'ai habitées ou visitées autrefois : Tarbes,
Alger, Marseille, Lyon, Paris. Mes perceptions actuelles
m'empêchent de considérer comme présentes les villes
dont je revois l'image, mais je ne cesse pas de les considérer comme extérieures; si elles sont refoulées, ce n'est
pas au dedans de moi qu'elles le sont : elles restent localisées dans l'espace, et jamais assurément la pensée ne
me viendrait de les regarder comme faisant partie de
moi-même. Je trouve même que ce serait une singulière
entreprise que de grouper ces images et tous mes autres
souvenirs, pour en composer la trame de mon existence,
et que ma personnalité, ainsi constituée, formerait un
étrange assemblage. Si les événements de notre vie pouvaient n'être situés que dans le temps, ils se dérouleraient
comme une ligne sans épaisseur, et rien n'empêcherait
de les considérer comme internes. Mais ne s'accomplis-
sent-ils pas aussi dans l'espace? Ne restent-ils pas liés,
dans nos souvenirs, aux lieux où ils se sont passés? Ils
se disséminent ainsi, au loin, autour de nous, de sorte
qu'ils nous apparaissent comme externes au moins autant
que nos sensations présentes.

5° Si nos sensations constituent les objets du dehors,
pourquoi nous les attribuons-nous comme à un sujet sentant? Si nos événements, représentés par le souvenir,
constituent notre être propre, pourquoi les rattachons-
nous aux personnes et aux choses qui y ont été mêlées,
aux lieux qui en ont été le théâtre? La vérité est que
dans nos sensations, comme dans nos idées, il y a une
face interne et une face externe, parce que les unes

comme les autres impliquent une relation entre un objet
senti ou pensé, qui est le terme extérieur, et un sujet
sentant ou pensant, qui est le terme intérieur. C'est même
parce qu'il y a un aspect interne dans nos sensations,
qu'il peut y en avoir un dans les souvenirs qui les reproduisent. Quand je me représente aujourd'hui la ville
d'Alger, avec ses mosquées, sa kasbah, ses rues à arcades,
sa population bariolée et bruyante, son port, sa char-
mante rade, son beau soleil, pourquoi toutes ces images
ne me sont-elles pas étrangères? Pourquoi entrent-elles,
par un côté, dans la série des événements dont se compose ma vie, ou pourquoi ont-elles ce que M. Taine
appelle la particularité d'apparaître comme internes?
Simplement parce qu'elles me rappellent des choses que
j'ai vues, au milieu desquelles j'ai vécu. Ces représentations sont *mes* souvenirs, parce qu'elles ont été antérieurement *mes* perceptions. Lorsque je me figure la ville de
Londres, que je n'ai jamais vue, je ne trouve rien qui se
rapporte à moi, rien d'interne, dans l'idée qui est alors
présente à mon esprit. Cette idée et un grand nombre
d'autres qui proviennent de lectures, de conversations,
du cours ordinaire de l'imagination, pourraient disparaître sans que le souvenir de mes années passées fût en
rien altéré, sans que la notion ou l'histoire de ma vie
cessât pour moi d'être complète. Il y a d'autres représentations ou images, au contraire, qui ne pourraient être
supprimées, sans que l'idée de mon existence individuelle
ne fût mutilée. D'où vient cette différence, si toutes mes
idées sont également internes? Comment, parmi les événements que je me représente, reconnaître ceux qui entrent dans le cours de ma vie et ceux qui restent en
dehors, ceux qui deviennent, suivant M. Taine, parties
de moi-même, et ceux qui me sont étrangers, si tous ont
indistinctement la propriété de m'apparaître comme in-

ternes, par cette seule raison qu'ils sont représentés, au lieu d'être perçus?

En somme, les mots *interne* et *externe*, appliqués aux événements perçus ou représentés, n'ont par eux-mêmes aucun sens, et ne sont séparés par aucune limite précise. Et il est impossible de leur donner une signification et des limites sans les rattacher, explicitement ou implicitement, aux idées de *moi* et de *non-moi,* ou de sujet et d'objet. Si j'appelle interne ce qui est en moi, et externe ce qui est hors de moi; si je regarde une sensation et une idée comme internes, en tant que c'est moi qui éprouve la première et qui conçois la seconde, et comme externes, en tant que l'une est produite par un objet extérieur, et que l'autre s'y rapporte, je m'entends moi-même, et je suis entendu par autrui. J'en dois conclure que l'idée de *moi* est plus claire que l'idée de *dedans,* puisque c'est la première seule qui peut donner un sens à la seconde.

Mais M. Taine ne saurait partager cette manière de voir, car il serait forcé de confesser que toute sa théorie de la personnalité ne consiste, au fond, qu'à substituer à un terme clair un terme qui l'est moins, et qui ne l'est que par le premier, pour expliquer ensuite le premier par le second. Son aversion pour les substances lui fait prendre en horreur les substantifs. D'ailleurs, il est convaincu que c'est le substantif qui fait la substance. Supprimons le nom, nous supprimerons la chose. Et c'est ainsi que ce pauvre *moi* devient un adverbe, un *dedans!* Mais le fantôme de la substance est-il bien exorcisé, et ne va-t-il pas reparaître sous une autre forme? Un *dedans,* un adverbe de lieu, n'implique-t-il pas l'idée d'un lieu, d'une portion circonscrite de l'espace? Voilà la métaphysique qui se montre encore. Il ne restait qu'un parti à prendre : c'était de faire un *dedans* avec des apparences internes. Au lieu de dire, comme tout le monde, qu'une chose paraît interne, quand elle semble être contenue dans une autre, ce qui exige que cette autre, qui est le contenant, soit préalablement donnée, M. Taine suit une marche inverse : il pose le contenu, puis en compose le contenant. Il commence par nous donner des apparences internes; ces apparences se répètent, et, à force de se répéter, elles constituent un *dedans* stable, permanent, qui se compose des particularités d'apparaître comme internes. Si c'était là de la métaphysique, nous serions condamnés à chercher là-dessous quelque sens caché, profond; mais ce n'en est pas. Je ne sais plus quel mauvais plaisant avait défini un canon un trou autour duquel on a mis du bronze. Pour M. Taine, le *moi* est un trou entouré et rempli d'apparences. Ces apparences ne restent pas en place : elles se succèdent sans cesse; mais comme, en disparaissant, elles laissent subsister la particularité d'avoir été dans le trou, qui leur était commune à toutes, elles finissent par délimiter ce trou et par le remplir, grâce à l'accumulation des particularités !

III

LES FACULTÉS SONT-ELLES DES POSSIBILITÉS VIDES?

Cependant, il ne faudrait pas oublier que ce qui donne au *moi* un semblant de solidité, ce sont les capacités ou facultés. Nos états successifs et nos événements passent, mais les pouvoirs de les réaliser paraissent leur survivre, comme ils paraissent les précéder; ils demeurent intacts, pendant une période plus ou moins longue de notre vie; ce sont eux qui garnissent, qui qualifient et qui déterminent le *moi*; celui-ci doit donc paraître au moins aussi réel et aussi durable qu'eux-mêmes. Mais que sont ces pouvoirs? Des possibilités d'événements, leurs conditions étant données. Ces possibilités ne deviendront des réalités que dans la mesure où les événements se réaliseront.

Nous ne faisons aucune difficulté d'admettre que les pouvoirs ou facultés ne correspondent qu'à des événements possibles, leurs conditions étant données. La seconde partie de la proposition renferme tout ce dont nous avons besoin pour compléter la première. M. Taine, qui cite Leibniz, n'ignore pas qu'on établit ordinairement une distinction entre la possibilité nue et le pouvoir positif, ou la disposition, l'aptitude. L'homme instruit, qui peut comprendre un livre latin, peut aussi, en certains endroits, se tromper sur le sens; le portefaix, qui peut porter un sac de trois cents livres, peut aussi, en heurtant le pied contre une pierre, tomber sous sa charge. Pour l'un, comme pour l'autre, le second événement est possible aussi bien que le premier ; pourtant il n'est pas d'usage de dire qu'on a le pouvoir de l'accomplir. Ses conditions sont un défaut, une faiblesse, un manque de pouvoir, et non un pouvoir véritable : ce sont des conditions négatives. L'intelligence du latin, le développement et la force des muscles sont, au contraire, des conditions positives, qui constituent des pouvoirs réels. Ces exemples montrent déjà qu'il existe une différence profonde entre un pouvoir et une simple possibilité, et que cette différence résulte de la nature des conditions qui rendent les faits possibles.

D'autre part, il y a des possibilités dont nous connaissons les conditions immédiates, parce qu'elles sont en nous; il en est d'autres dont nous ne connaissons pas, ou dont nous ne connaissons qu'incomplètement les conditions, parce qu'elles ne dépendent pas de nous ou qu'elles n'en dépendent qu'en partie. Ces diverses sortes de possibilités ne sont pas au même titre des pouvoirs ou des facultés. — Un auteur publie un ouvrage qui arrive à sa douzième édition; quelque temps après, un second, qui atteint sa quinzième édition : on peut prévoir qu'un troisième ouvrage aura aussi du succès. C'est une possibilité; mais elle ne sera connue qu'après l'événement; aussi nul ne songe à la prendre pour un pouvoir ou une faculté. — Mais si l'auteur ne peut répondre du succès d'un nouvel ouvrage, il croit du moins qu'il peut l'écrire; il sait que le travail de composition dépend de lui, qu'il pourra le mener à terme, à moins que quelque obstacle imprévu ne l'en empêche. Voilà une possibilité d'une autre espèce. C'est déjà une sorte de pouvoir, mais ce n'est pas encore une faculté; on l'appellera plutôt un emploi spécial des facultés, une aptitude particulière. — Enfin, avant d'écrire un livre, il faut être capable de réfléchir, de se souvenir, d'imaginer, de raisonner, d'avoir des idées, d'y mettre de l'ordre, de les exprimer, etc. Ces faits sont beaucoup plus fréquents, plus habituels que les précédents; ils se produisent à chaque instant, dès que nous le voulons; nous sentons que leurs conditions ne sont pas loin de nous, qu'elles dépendent de nous, d'ordinaire et en grande partie, tant que nous sommes dans un état normal. S'il arrive qu'une des conditions nécessaires nous échappe, soit pour nous souvenir d'un fait, soit pour retrouver un mot, nous cherchons à la ressaisir, et nous savons qu'elle n'est pas hors de notre portée. D'ailleurs, un des plus importants de nos événements internes, un événement qui se lie à ceux dont nous venons de parler, et à beaucoup d'autres encore, l'effort volontaire, est toujours à notre disposition, et si les autres ne suivent pas toujours, celui-là du moins ne manque jamais de se produire dès que nous le voulons. Il est une condition d'un grand nombre d'autres, et il n'a pas d'autre condition que nous-mêmes, j'entends ce qui en nous est le sujet personnel, le *moi*. Ainsi, la mémoire, l'imagination, le raisonnement, etc., sont des possibilités dont les conditions se trouvent, sinon en nous, du moins à notre portée, et comme sous notre main. Nous en disposons, peu s'en faut, à notre gré. Ce sont donc des pouvoirs véritables qui nous appartiennent, des facultés. Quant à l'activité volontaire, séparée de ses résultats et de ses effets extérieurs, ses conditions ne sont pas seulement à notre portée, elles sont en nous, elles sont nous-mêmes ; aussi Jouffroy a-t-il pu l'appeler, par excellence, le pouvoir personnel.

Après avoir défini les facultés des possibilités d'événements sous certaines conditions, M. Taine ne s'est guère attaqué qu'à l'idée de possibilité, qu'il était facile de réduire en poudre ; il a glissé légèrement sur l'idée des conditions, qui offrait plus de résistance, et à laquelle il faut principalement s'attacher. Si les conditions sont presque toutes hors de nous ou indépendantes de nous, il n'y a pas de facultés. Si, au contraire, la plupart des conditions et les plus importantes sont en nous, et si nous en disposons ordinairement, on dit que nous possédons des facultés ou des pouvoirs. En somme, nos pouvoirs, nos facultés ne sont pas autre chose que les conditions de possibilité dont nous disposons. Soutiendra-t-on que ces conditions n'ont rien de réel ? Mais les exemples cités par M. Taine démontrent surabondamment le contraire. N'est-ce pas une chose très réelle que le développement des muscles du portefaix, qui est la condition de son pouvoir de porter un sac de trois cents livres ? Et l'intelligence du latin, qui est la condition du pouvoir de comprendre un livre écrit en langue latine, ceux qui ont mis tant d'années à l'acquérir conviendront-ils qu'elle n'est rien? Et les sens avec leurs organes, qui sont des conditions de la perception extérieure, et la mémoire, qui est une condition des souvenirs, et l'imagination, la raison, et les diverses aptitudes données en partie par la nature, cultivées et fortifiées par l'exercice, toutes ces choses considérées comme conditions d'événements, ne sont-elles que des entités sans consistance, des mots? Que les conditions psychologiques soient liées à des conditions physiologiques, peu importe ici, et nous n'avons pas à discuter les rapports de la matière et de l'esprit. Il n'en est pas moins vrai que ces groupes de conditions sont des réalités, que leur existence n'est pas liée à celle des événements qu'elles déterminent, qu'elles ne meurent pas avec chacun d'eux, pour renaître avec le suivant, qu'elles sont durables, que pendant le cours normal de notre vie, elles restent, en grande partie, à notre disposition, et que, par suite, il serait difficile de prétendre qu'elles ne nous confèrent pas un peu de la réalité qu'elles possèdent, dans le cas où l'on persisterait à affirmer que nous n'en avons point par nous-mêmes

L'explication des facultés n'est donc pas plus satisfaisante chez M. Taine que l'explication de la personnalité et de ce qu'il appelle l'esprit. Je n'ai rien à dire de l'hypothèse qui consiste à considérer l'individu psychologique comme un système d'âmes à divers degrés de développement. L'âme n'étant pour l'auteur qu'un mot, destiné à recouvrir une illusion, il reste libre d'employer ce terme pour désigner des choses que nous ne connaissons pas : cela ne tire pas à conséquence. Au lieu d'une seule de ces illusions en chacun de nous, il lui plaît d'en voir plusieurs, d'en voir tout un système : nous n'avons rien à objecter. Seulement, il n'en serait plus de même, si au mot *âme* il attachait un sens, et s'il s'en servait pour représenter une idée ou une réalité déterminée.

Pour conclure, nous devons dire qu'en passant des théories de la personnalité de Stuart Mill, d'Herbert Spencer et d'Alexandre Bain à celle de M. Taine, ce n'est pas un progrès que nous avons fait. Les philosophes anglais avaient affirmé que nous ne connaissons de nous-mêmes que la série de nos états de conscience, mais ils avaient reconnu que l'identité de notre existence et la connaissance que nous en avons ne sauraient s'expliquer, sans un principe secret de continuité, et sans un caractère fondamental et permanent qui nous servit à distinguer ce qui nous appartient de ce qui ne nous appartient pas. M. Taine cherche aussi cette marque distinctive; mais au lieu de la prendre, avec M. Bain, dans le contraste des états actifs et des états passifs, ou, avec M. Spencer, dans l'opposition de la résistance et de l'effort, qui complète la distinction des états forts et des états faibles, il s'imagine la trouver dans l'antithèse sensible du dedans et du dehors, qui ne s'explique elle-même, d'une manière intelligible, qu'au moyen des idées de moi et de non-moi, de sorte que bien loin de servir à déterminer ces idées, elle ne peut être déterminée que par elles. Quant à l'existence d'un être, d'un lien inconnu, d'une chose quelle qu'elle soit renfermant la condition de l'unité et de l'identité que nous nous attribuons, M. Taine se contente de la nier, comme si, pour supprimer les nécessités de la pensée, il suffisait de refuser de les voir. Il ne reste pas d'autre réalité, connue ou inconnue, que celle de nos événements successifs. M. Taine cite quelque part le mot d'un philosophe anglais : « A un crochet point sur le mur, on ne peut suspendre qu'une chaîne peinte sur le mur. » Il a fait de la série de nos événements une chaîne de vrai métal, bien sonnant; mais elle ne tient à rien : il n'y a aucune raison pour

qu'elle soit à nous plutôt qu'à notre voisin, ou à personne, ou à qui veut la prendre, car il n'y a plus de
crochet pour la suspendre.

CHAPITRE VI

Les doctrines qui font du moi une idée ou une représentation.

KANT

I

Résumé de ses théories.

Parmi les doctrines où domine le point de vue phénoméniste, celles qui ont senti la nécessité d'expliquer
l'unité et la continuité de notre existence par un principe plus permanent que les phénomènes ont placé cette
source de continuité dans les profondeurs cachées de
notre être. Mais un principe inconnu ne peut servir de
fondement qu'à une identité également inconnue; il ne
saurait rendre compte de notre identité personnelle, que
nous nous attribuons avec connaissance. Kant ne devait
pas tomber dans ce défaut : il voit que l'unité et l'identité ne sont pas des attributs d'une substance mystérieuse, mais des éléments de l'idée que nous avons de
nous-mêmes; il en cherche le fondement dans notre
pensée, au-dessus des phénomènes, en un point qui domine toutes nos connaissances, d'où nous embrassons

toutes les données de l'expérience, et d'où nous les mettons dans la perspective qui leur convient. Ce point de vue culminant est l'unité de l'aperception pure.

Comment nous connaissons-nous et que sommes-nous? Il ne faut pas confondre la connaissance que nous prenons de nos manières d'être, par l'expérience interne, avec l'idée de nous-mêmes, ni cette idée avec une perception réelle de ce que nous sommes dans notre nature intime. La sensibilité, l'entendement et la raison, qui sont les trois sources de nos connaissances, contribuent à former notre représentation de nous-mêmes, mais en y apportant des éléments très différents. La sensibilité, au moyen du sens interne, nous donne des intuitions, c'est-à-dire des connaissances immédiates, particulières, isolées, de la manière dont nous sommes affectés, soit par les objets extérieurs, soit par la spontanéité de notre esprit. L'entendement, aidé de l'imagination, et gouverné par ses règles propres, qui sont les catégories, groupe ces intuitions en jugements, en concepts, en représentations complexes, et, d'autre part, par un acte de sa spontanéité, qui est l'aperception pure, il nous donne une idée de l'unité du *moi,* qui ne provient pas de l'expérience, mais qui domine et précède toute expérience, et qui nous permet de grouper, en une représentation synthétique, toutes nos représentations particulières, présentes ou passées, réelles ou possibles. La raison, enfin, poursuivant en toutes choses l'unité et l'absolu de l'être, est conduite, par cette idée d'un sujet personnel, à affirmer l'existence d'une âme simple, toujours identique, distincte du corps, et dont les deux principaux attributs sont la liberté et l'immortalité; si elle demeure impuissante à démontrer ces vérités dans son usage théorique, elle retrouve, dans son usage pratique, l'autorité nécessaire pour nous les imposer.

Le sens intime, qui nous donne l'intuition de nos modifications diverses et successives, diffère donc de l'aperception pure, qui nous donne l'idée du *moi* dans son unité. Ces deux facultés constituent, si l'on veut, la conscience, mais à titre d'éléments distincts : la première est une conscience empirique, qui perçoit nos phénomènes au moment où ils s'accomplissent; la seconde est une conscience transcendentale, qui ne nous fait connaître ni un phénomène, ni un être, mais qui nous donne la condition primitive et *a priori* de toute connaissance, de toute pensée, l'idée du sujet pensant dans son unité. La première nous fournit la matière de la connaissance de nous-mêmes, la seconde en contient la forme. Quand j'exprime quelques-unes de mes manières d'être par des propositions semblables à celles-ci : je vois un arbre, un rocher, une rivière, je me représente une montagne, je me souviens d'un spectacle, etc., c'est la conscience empirique qui m'informe qu'il y a en moi des perceptions, des souvenirs, des représentations, en tant que diversité intérieure; c'est la conscience transcendentale qui me fournit l'idée représentée par le mot *je*, le sujet toujours un et identique. La première est le témoin immédiat, mais passif, de nos phénomènes internes; elle en est l'écho, en reçoit l'impression, est modifiée par chacun d'eux, et se diversifie comme eux. La seconde est en dehors des phénomènes, elle représente la spontanéité de l'entendement, l'acte primitif de la pensée qui domine et précède les données de l'expérience, qui fait la synthèse de nos représentations en s'appliquant à chacune et à toutes, qui se les représente tour à tour et toutes ensemble, qui les lie ainsi entre elles et avec lui-même, qui n'est ni modifié ni diversifié par elles, et qui ne peut rien perdre de son unité ni de son identité, puisque ce n'est ni l'identité ou l'unité d'un phénomène, ni celles d'un être, mais celles d'une forme nécessaire et *a priori* de la pensée[1].

Il est très important de remarquer avec Kant, et les psychologues de l'école expérimentale n'y ont pas assez pris garde, que le sens intime, le sentiment intérieur, une conscience, enfin, qui ne serait qu'empirique, quel que soit le nom qu'on lui donne, ne suffirait pour produire ni l'unité de moi, ni la synthèse de nos représentations et leur attribution à un seul et même sujet pensant. La conscience empirique, qui accompagne les représentations, est diverse, successive et éparpillée comme elles; elle n'a aucun rapport avec l'identité du sujet. C'est d'elle qu'on pourrait dire qu'elle est la série des phénomènes, sous un certain aspect, et, si elle n'était pas soutenue et fixée par autre chose, elle se confondrait entièrement avec les phénomènes, de sorte qu'il ne resterait rien que nous pussions appeler nous-mêmes ou notre pensée[2]. Peut-être y aurait-il encore des sensations, mais sûrement elles ne seraient plus *mes* sensations. Quand même l'imagination, avec le pouvoir d'association empirique dont elle dispose, ferait un premier groupement, une sorte de synthèse représentative des intuitions du sens interne, d'après des lois empiriques, cela ne suffirait pas encore pour qu'elles fussent *mes* intuitions. La synthèse de l'imagination prépare celle de l'entendement, mais ne la remplace pas; elle donne un groupe, une série, mais non l'unité de la pensée[3]. Pour que des représentations soient *miennes,* il faut que je les connaisse, que ma pensée s'y applique et les saisisse; en d'autres termes, qu'elles soient accompagnées de la représentation exprimée par les mots : *Je pense.* Pour que

1. Kant, *Raison pure*, trad. Barni, t. 1, pp. 161, 167, 177, 181.
2. J. Lachelier, l'*Induction*, p. 48.
3. Kant, *Raison pure*, trad. Barni, t. I, p. 178.

des représentations diverses données dans l'intuition
soient toutes également *mes* représentations, il faut que
je les lie les unes aux autres, et que je les réunisse toutes
ensemble en une représentation commune, qui est encore
celle qui correspond aux mots : *Je pense*. Si je ne les
unis pas effectivement, il faut du moins que j'aie conscience de pouvoir les unir, et que la synthèse, avant
d'être accomplie, m'apparaisse toujours comme possible.
« En d'autres termes, c'est uniquement parce que je puis
saisir en une conscience la diversité de ces représentations, que je les appelle toutes *miennes;* autrement, le
moi serait aussi divers et aussi bigarré que les représentations dont j'ai conscience[1]. » Or, une synthèse n'est
possible qu'au moyen d'une multiplicité et d'une unité.
Les représentations données dans l'intuition sont la multiplicité; l'unité est dans la représentation *je pense*, qui
est possible *a priori*, qui, par suite, ne résulte pas de la
conscience empirique, mais qui est un acte spontané et
primitif, *a priori* une aperception pure. Si, en analy-
sant ensuite mes représentations, je découvre en toutes,
comme élément commun, une même conscience, c'est que
je l'y ai mise, ou, du moins, l'y ai supposée : l'unité
synthétique, donnée ou possible, est la condition de
l'unité analytique[2].

Tels sont les éléments intégrants de la conscience. Il
convient de déterminer avec précision à quoi ils correspondent, ou ce qu'ils nous font connaître, afin de savoir
ce que nous sommes pour nous, ou quel est le contenu
et la portée de l'idée de nous-mêmes. L'intuition sensible, interne ou externe, n'atteint que des phénomènes.
Le sens interne, en effet, faisant partie de la sensibilité,

1. *Raison pure*, trad. Barni, t. I, p. 162.
2. *Id.*, t. I, pp. 160 à 163.

a pour caractère la réceptivité. Il n'entre en fonctions
qu'à la condition d'être affecté. Le plus souvent, il est
affecté par des objets extérieurs, de sorte que l'expérience interne a pour condition ordinaire l'expérience
externe. Quelquefois, il est affecté par l'action spontanée de l'esprit; dans ce cas, ce n'est pas la spontanéité
de l'entendement qu'il saisit, mais la manière dont il en
est affecté. Le sens interne ne perçoit donc jamais que la
manière dont nous sommes affectés, ou notre façon de
nous apparaître à nous-mêmes, c'est-à-dire le phénomène, et non l'être [1].

Quant à l'aperception pure, qui nous donne la conscience du sujet pensant dans son unité *a priori*, ce n'est
pas une intuition qu'elle nous procure, mais une pensée,
une représentation intellectuelle de la spontanéité d'une
intelligence. Par elle, nous ne connaissons ni notre être,
ni nos phénomènes; nous avons simplement conscience
que nous sommes. Nous nous représentons seulement à
nous-mêmes avec notre unité et notre pouvoir de synthèse, mais sans autres déterminations, sans autres attributs. C'est un cadre, sans contenu. Pour déterminer notre
existence, il nous faut des intuitions. Or, nous n'avons
pas d'autres intuitions de nous-mêmes que celles qui nous
viennent du sens interne ; nous ne possédons pas la faculté de l'intuition intellectuelle, bien que nous en com-
prenions la possibilité pour une autre intelligence. Une
intuition intellectuelle serait possible chez un être qui,
non seulement serait doué, comme nous, d'une activité
propre, mais qui, par sa spontanéité, produirait directement les déterminations de son existence, et les connaîtrait en les produisant. Un tel être aurait une intuition
intellectuelle de lui-même, et se percevrait comme il est,

1. *Raison pure*, trad. Barni, t. I, pp. 105, 182.

non comme il apparaît. Telle n'est pas notre condition. Notre intelligence ne peut produire de déterminations en nous qu'en agissant sur notre sensibilité ; c'est à travers la sensibilité qu'elle nous modifie, et qu'elle connaît nos modifications. Nos seules intuitions sont donc les intuitions sensibles; seules, elles constituent la matière de l'expérience interne ou de notre connaissance de nous-mêmes. Sans elles, l'idée du moi n'est qu'une forme vide, une condition nécessaire pour penser, une possibilité de sujet pensant. En résumé, sauf cette représentation d'un sujet pensant possible, nous ne connaissons de nous que des phénomènes[1].

Cependant, comment notre raison concevrait-elle des phénomènes sans les rattacher à un être, quelque chose qui apparaît sans que quelque chose soit? Elle a donc pensé que l'idée de nous-mêmes correspondait à un être réel. Mais la question est de savoir si nous connaissons cette réalité, et ce que nous en connaissons. Kant signale avec beaucoup de force la confusion fréquemment faite entre le moi donné dans l'aperception et le moi conçu par la raison, entre le sujet de la pensée et la substance pensante, ou, comme dira Maine de Biran, entre le moi et l'âme. Il montre qu'on a eu tort de conclure précipitamment de l'un à l'autre, et de croire pénétrer la nature de l'âme, parce que l'on se représente quelques-uns des caractères du moi. C'est ce qu'il appelle le paralogisme de la psychologie rationnelle.

J'ai conscience de moi-même, dit-il, comme *sujet* déterminant, mais non comme être déterminable ou comme *objet*, puisque pour cela il me faudrait une intuition intellectuelle, directe, constante, dont je suis dépourvu. —

1. *Raison pure*, trad. Barni, t. I, pp. 105, 182; t. II, p. 7; *Métaph. des Mœurs*, p. 105.

Me connaître comme *sujet* n'est pas me connaître comme *substance* : moi qui pense et qui, comme centre et unité d'aperception, me rapporte toutes mes représentations, je joue toujours dans la pensée le rôle de sujet, jamais celui de prédicat, et il est impossible qu'il en soit autrement; mais de quel droit en conclure que, comme objet, je suis un être existant par moi-même, une substance? — De même, me connaître comme sujet singulier n'est pas me connaître comme substance simple. Pour que des perceptions et représentations m'appartiennent, il faut que je puisse en faire la synthèse dans l'unité d'une même pensée; en d'autres termes, l'unité de l'aperception est la condition nécessaire de la pensée. Le sujet pensant ne saurait donc être multiple, et, en fait, il a conscience de son unité. Mais il est illégitime d'en inférer que je suis une substance simple, puisque la substance ne peut être connue que comme objet et par intuition, et que cette intuition ne m'est pas donnée. — De même encore, un sujet qui reste identique à travers la diversité de ses représentations n'est pas une substance qui demeure identique sous ses changements d'état : dans le premier cas, il ne s'agit que de l'identité d'une pensée *a priori*, d'une aperception pure; dans le second, on a en vue la permanence d'un être considéré comme objet d'intuition. — Enfin, que, comme sujet pensant, je sois distinct de tous les objets extérieurs, c'est-à-dire de tous les corps, en y comprenant le mien, c'est aussi une vérité évidente et une proposition analytique, puisque je ne puis avoir l'idée de moi-même, comme sujet, qu'à la condition de me distinguer de toutes les choses qui ne sont pas moi et que je m'oppose comme objet. Mais s'ensuit-il que dans mon être objectif ou ma substance je sois indépendant de mon corps et des objets extérieurs? Ai-je le droit d'affirmer, sans plus ample examen, qu'il ne se trouve en eux aucune des conditions de mon existence et de ma pensée[1] ?

Si l'idée du *moi* a de la valeur en tant qu'elle représente un sujet possible, une condition de la pensée, une unité *a priori* de la conscience, un acte de la spontanéité de l'entendement, elle n'en a plus autant quand on la rapporte à un être ; elle n'est plus alors qu'un concept problématique.

On sait comment Kant fait résoudre par la raison pratique le problème dont la raison spéculative n'avait fait que poser les termes. La notion de la personnalité reprend toute sa valeur. Je résume en quelques mots.

La raison affirme que nous avons des devoirs. Il faut en conclure que nous pouvons les accomplir ; donc nous sommes libres. La liberté est la volonté affranchie de l'influence des passions, des intérêts, de tous les mobiles sensibles, et identifiée avec la raison pure. Mais cette liberté ne trouve pas place dans le monde sensible, où tout est phénomène, et, par suite, soumis à l'enchaînement nécessaire de la causalité. Nos actes s'accomplissent dans le temps ; ils sont liés entre eux et avec les phénomènes de la nature ; ils font partie de l'ensemble des phénomènes du monde sensible, et leur succession dans l'ordre de la durée est mécaniquement déterminée comme celle de tous les autres événements. Ce n'est donc pas dans le monde sensible que réside notre liberté ; elle n'est pas dans le moi tel qu'il apparaît. Dès lors, il faut qu'elle soit dans le moi tel qu'il est, dans notre être en tant que faisant partie du monde intelligible; ou en tant que *noumène*. Il y a donc en nous quelque chose de plus profond, de plus durable, de plus puissant que les phénomènes, puisque c'est là que ceux-ci ont leur raison d'être ; et c'est ainsi qu'au

---

1. *Raison pure*, trad. Barni, t. II, pp. 9 à 14.

moyen des idées du devoir et de la liberté la réalité de notre être est ressaisie. Je n'ai pas besoin de rappeler comment cette âme, qui fait partie du monde intelligible, est de nature spirituelle, et comment elle a le droit de compter sur l'immortalité, condition de la justice divine. Pour rester dans mon sujet, je me bornerai à signaler une autre conséquence de la liberté et du devoir, une conséquence importante, que Kant a fortement établie, et où il a reconnu un des caractères qui font la grandeur de la personnalité humaine.

Si la liberté est le pouvoir qui appartient à la volonté d'être cause de ses actes indépendamment de toute autre cause déterminante, il ne suffit pas, pour être libre, de se conformer, sans subir aucune contrainte, à la loi du devoir; il faut, de plus, se donner à soi-même cette loi. La recevoir d'une cause étrangère, ce serait redevenir esclave, au moins esclave de la crainte, de l'intérêt, d'un mobile sensible, raison déterminante de notre soumission aux ordres de cette puissance étrangère. Pour rester maître de soi et vraiment libre, il faut soi-même faire sa loi. L'autonomie de la volonté ou de la raison pratique est un des fondements de la morale; elle est la source de notre dignité, et confère à la personne humaine une valeur absolue. Si, en effet, nous ne pouvons accomplir notre devoir, et faire réellement le bien qu'à la condition d'être maîtres de nos déterminations et de nous-mêmes, il en résulte que la loi du bien et du devoir défend à qui que ce soit de se servir de nous comme d'un instrument pour atteindre ses fins. Notre personne est elle-même une fin, et ne doit jamais déchoir et devenir un simple moyen, c'est-à-dire qu'elle a droit au respect absolu de tous, comme au nôtre. C'est la pensée qui a inspiré à Kant cette belle maxime : « Agis de telle sorte que tu traites toujours l'humanité, soit dans ta personne, soit dans la

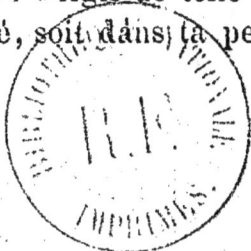

personne d'autrui, comme une fin, et que tu ne t'en serves
jamais comme d'un moyen. »

II

Le moi distinct des phénomènes internes.

Nous devons constater que la notion de la personnalité
prend, dans la doctrine de Kant, un tout autre aspect que
dans les théories précédemment examinées. Bien qu'elle
n'ait pas encore la solidité qu'elle recevra de Maine de
Biran, elle a, au moins en apparence, plus de corps que
n'a pu lui en donner une philosophie qui, cependant,
s'intitule *positive*. — Mais, objectera-t-on, Kant a eu besoin
de la morale, pour assurer à la personne humaine une
réalité qu'il n'avait pu lui trouver dans la psychologie,
ou plutôt dans l'analyse et la critique de l'esprit. — Sans
doute, mais certains résultats acquis n'en sont pas moins
considérables, et le refus d'en accepter certains autres
est encore instructif; car peut-être le philosophe de la
raison pure s'est-il laissé entraîner par un excès de défiance; peut-être que certaines des difficultés qu'il rencontre, et qui l'empêchent d'abord de voir dans les idées
du *moi* et de la liberté autre chose que des concepts pro-
blématiques, sont des difficultés plus imaginaires que
réelles, des difficultés qui tiennent à l'esprit de système
plus qu'à la réalité des faits, de sorte que, pour les faire
disparaître, il suffirait d'ouvrir les yeux sans prévention,
ou, comme on l'a dit, sans les recouvrir de ces verres qu
donnent aux objets une couleur qu'ils n'ont pas. C'est ce
que nous devrons examiner, ou, du moins, cet examen
n'étant plus à faire, nous devrons indiquer les rectifica-

tions légitimes qui ont été proposées ou qui peuvent l'être, tout en regrettant que le cadre de ce travail ne nous permette pas d'insister sur ce point autant que l'exigerait l'importance de la question.

Avant tout, rappelons deux vérités essentielles reconnues par Kant : 1º l'impossibilité d'expliquer l'idée du *moi* sans un principe d'unité distinct des phénomènes internes et présent dans la conscience; 2º l'autonomie de la personne humaine.

Si la conscience peut être conçue comme elle l'a été fréquemment, comme elle l'est, en général, dans l'école expérimentale; si elle devient un reflet, une double face des phénomènes, et, par suite, de la même nature qu'eux, comment suffirait-il que des représentations fussent accompagnées de cette conscience pour constituer un sujet pensant? Comment même pourraient-elles être attribuées à un sujet? Elles seraient successives, si l'on veut, ou simultanées. Mais par quel miracle cette succession et cette simultanéité, qui sont par elles-mêmes multiplicité, se transformeraient-elles en unité? Où serait le point unique auquel se rapporteraient les représentations diverse données dans le même temps, et le point durable auquel appartiendraient les représentations changeantes données dans des instants différents? Ce n'est pas la conscience empirique qui nous donnera l'unité et l'identité que nous cherchons, car de deux choses l'une : ou cette conscience est un témoin unique et permanent des phénomènes qui se succèdent et se multiplient devant elle, et alors elle est distincte des phénomènes, et nous voici ramenés au point de vue de Kant, à moins que ce ne soit à celui de Maine de Biran; ou bien la conscience est un témoin lié à chaque phénomène, sans pouvoir s'en détacher, se multipliant comme eux, naissant et périssant avec chacun d'eux, et, dans ce cas, elle est aussi impuissante qu'eux-mêmes à engendrer une unité et une permanence auxquelles elle est complètement étrangère.

Dira-t-on qu'une représentation peut être le point fixe et central que nous réclamons; qu'en comprenant en elle les représentations particulières diverses et successives, elle en devient le lien et le point d'attache, le sujet d'attribution; en d'autres termes, le *moi* avec son unité et son identité? Mais, ou bien cette représentation sera de la même nature que les autres, c'est-à-dire un phénomène, ayant sa place marquée dans la série des phénomènes internes, et ne s'en distinguant que par la propriété de les représenter tous ensemble, et de se reproduire d'instant en instant pour saisir les nouveaux, et les ajouter aux anciens. Dans ce cas, où sera la permanence avec l'identité et l'unité? Un phénomène qui se répète plusieurs fois n'est pas une chose qui dure. Une représentation qui n'est déterminée que par son contenu, et dont le contenu est multiple et variable, puisqu'il change chaque fois qu'elle se répète, n'est pas une représentation une et identique. Ou bien cette représentation sera d'une nature spéciale : au lieu de s'insérer dans la série des phénomènes, elle se tiendra en dehors d'elle, au-dessus d'elle, prête à éclairer de sa lumière, toujours présente, les représentations nouvelles, projetant sur les représentations successives une clarté plus ou moins vive, selon qu'elle s'y arrête et s'y applique plus ou moins longtemps, mais d'une couleur toujours semblable, parce qu'elle rayonne du même foyer. Nous trouvons ici l'unité permanente, mais parce que nous revenons à la théorie de Kant. Remarquons, en effet, combien cette représentation diffère de la précédente. Elle ne contient pas seulement une surface éclairée, mais aussi un point lumineux qui éclaire. En d'autres termes, outre la diversité des perceptions,

réunies en une synthèse, elle renferme encore ce qui rend
cette synthèse possible : une unité. Cette unité est l'élément essentiel, le véritable sujet de la pensée. C'est elle
qui, exprimée par les mots *je pense*, se lie successivement, sans se diviser, aux perceptions et aux notions diverses ; qui les unit dans la conscience sans s'absorber en
elles, demeurant toujours la même, tandis que les associations successives qu'elle effectue ou qu'elle rend possibles varient avec les éléments qu'elle y fait entrer. Cette
représentation d'un nouveau genre, distincte des phénomènes, n'est pas autre chose que ce que Kant appelle la
représentation intellectuelle du sujet pensant.

Pour se soustraire à cette nécessité d'admettre un autre
principe que les phénomènes, soutiendra-t-on que l'unité
et la liaison de notre pensée ont leur source dans l'unité
et la liaison des objets de notre expérience ? Mais cette
thèse est absolument inadmissible, car il suffit d'un instant de réflexion pour s'apercevoir que l'unité du monde
intérieur n'est pas la même que celle du monde extérieur,
et qu'en outre, s'il y a de l'unité dans les objets du dehors
et dans l'univers qui les contient, nous ne la percevons
pas, mais que nous la concluons à mesure que nous avons
réussi à en saisir et à en lier les éléments multiples dans
l'unité de notre pensée. Les phénomènes liés par des lois,
rattachés à des causes, déroulés dans le temps, contenus
dans l'espace, groupés dans des objets, se résolvent en
apparences fugitives, en tourbillons de poussière que le
vent emporte et disperse, dès que nous en retirons les
idées qui leur servent de liens, et l'unité de la pensée où
la synthèse a été faite. Je ne puis pas même, ainsi que le
fait remarquer Kant, connaître l'unité d'une ligne, à
moins d'en relier les éléments divers par la pensée, et de
les saisir dans l'unité de ma conscience. L'unité du sujet
pensant est la condition de toute synthèse des données de

l'expérience. Elle est donc un principe de l'unité des objets connus, au lieu d'en être la conséquence [1].

Ainsi, il est impossible d'expliquer l'unité du sujet de la pensée, tant qu'on s'obstine à en chercher l'origine dans l'expérience sensible, soit interne, soit externe. Elle n'est pas un produit de la connaissance extérieure ; elle n'est donnée ni par une représentation empirique, ni par une conscience phénoménale : il faut bien reconnaître alors qu'elle est un élément spécial, distinct de l'intuition sensible et de ses objets. Quel que soit le nom qu'on lui donne, idée, représentation intellectuelle, conscience transcendentale, aperception pure, spontanéité de l'entendement, elle est quelque chose qui diffère essentiellement des phénomènes et qui n'est pas soumis aux mêmes conditions d'existence.

Mais, dira-t-on encore, cette unité de l'aperception pure n'est-elle pas une pure abstraction ? Kant n'a-t-il pas eu soin de nous dire que, si ce n'est pas à un phénomène qu'elle correspond, ce n'est pas non plus notre être qu'elle atteint; que, d'ailleurs, elle n'est pas même une connaissance, que c'est une représentation sans intuition, par conséquent sans objet, une simple conscience d'une pensée, ou plutôt d'une condition, d'une possibilité de pensée, sans aucune détermination propre à constituer un être réel et saisissable ? Il est possible, ainsi que nous l'avons déjà dit, que Kant ait été inconséquent, qu'il se soit contenté d'une abstraction lorsqu'il avait besoin d'une réalité. La question est de savoir si le rôle qu'il fait jouer au sujet de la pensée, au *moi* de l'aperception pure, est le rôle d'une abstraction ou celui d'une réalité.

Or, le sujet de l'aperception pure serait une abstrac-

1. *Raison pure*, trad. Barni, t. I, pp. 164 à 166.

tion, s'il n'était que l'union ou la synthèse des représentations données : supprimons, en effet, les représentations, il n'en reste plus que le cadre, une sorte de
possibilité vide de synthèse ou de rapports, ce qui est
une abstraction. Si au lieu d'une synthèse, le sujet de
l'aperception était le lien qui sert à l'effectuer, il aurait
déjà un peu plus de réalité, car il serait ou un élément
distinct des représentations, ou un élément qui leur serait commun, et par lequel elles pourraient être unies.
Mais il est plus que cela ; il est plus que la liaison, plus
que le lien, il est ce qui lie, ce qui effectue la synthèse.
Pour que des représentations m'appartiennent toutes
ensemble, il faut que *je les unisse* les unes aux autres ;
ce sont là les propres expressions de Kant. Mais quel est,
au fond, ce principe qui a le pouvoir de relier entre elles
mes représentations diverses? C'est, ajoute Kant, *un
acte de la spontanéité* de l'entendement. Jusque-là il
semble bien que nous touchons à une réalité, car un
sujet qui unit des pensées multiples, une spontanéité de
l'esprit, ces termes représentent assurément, dans le
langage ordinaire, quelque chose de plus qu'une abstraction. Mais Kant se hâte d'ajouter que nous ne pouvons pas connaître ce sujet ou cette activité, parce que
la conscience que nous en avons n'est pas une intuition ;
l'aperception du moi n'est que la conscience d'un sujet
qui ne peut pas être donné comme objet. Nous ne pouvons y voir qu'une forme sans matière. Et il faut nous
contenter de cette demi-réalité, en attendant que la morale soit venue la compléter.

Lorsque des éléments et des lois de la pensée spéculative, la raison passe à l'analyse des conditions de la vie
pratique, elle retrouve toute la force et la solidité de la
personne humaine. Le moi n'est plus seulement un centre
insaisissable de pensée, il devient le sujet de la liberté ;

il n'est plus seulement distinct des phénomènes sensibles comme une forme l'est d'une matière, il en est indépendant comme une volonté qui produit les uns et qui subit les autres, en choisissant ceux qu'elle veut subir. Non seulement il peut en être indépendant, mais sa destinée, sa fin, sa perfection est de s'en rendre indépendant au plus haut degré possible. L'affranchissement et l'autonomie de la personne humaine sont le fondement de la loi morale. Kant est à un tel point persuadé que la personne possède la plénitude de l'existence, qu'il la regarde comme étant non seulement la cause de ses actions, ce qui est la liberté, mais aussi la cause de sa loi, ce qui est l'autonomie. Toute doctrine qui lui paraît de nature à subordonner notre personnalité à l'influence du monde sensible, à un intérêt, à une inclination de la sensibilité, et, par suite, capable de l'affaiblir, de la diminuer, il la repousse impitoyablement. Aussi refuse-t-il de reconnaître un principe de morale dans l'idée du bien, comme dans celle du bonheur, dans l'idée de la volonté divine, comme dans celle de la perfection. Une fin extérieure, quelque haute qu'elle soit, devient un objet de désir ou d'amour, de crainte ou d'espérance ; avec elle reparaissent donc les attraits sensibles, et, par conséquent, l'empire de cette partie inférieure de notre nature qui est l'ennemie de la volonté raisonnable, et au-dessus de laquelle la liberté doit maintenir son indépendance, sous peine de cesser d'exister. La raison reste donc la seule souveraine ; toute règle qui est raisonnable, ce dont l'universalité est le signe, devient notre loi. Puisque la règle est universelle en principe, bien qu'en fait chacun la trouve en soi, elle peut et doit produire l'accord des volontés sans porter atteinte à leur indépendance. Elle concilie l'ordre avec la liberté. C'est un idéal, mais il se réalisera d'autant plus que chaque personne sera plus parfaite, c'est-à-dire plus maîtresse d'elle-même.

Comment est-il possible, avec une croyance si ferme et si fière en la personnalité morale, de n'oser affirmer qu'à moitié la personnalité psychologique ? Comment comprendre une si superbe assurance d'un côté, et, de l'autre, une réserve si timide et si humble ? Voilà deux vérités établies avec une égale certitude : d'une part, il y a un sujet de la pensée, distinct des intuitions de la sensibilité; d'autre part, il y a un sujet de la liberté, indépendant des modifications sensibles. Pourquoi ne se rejoignent-elles pas et ne peuvent-elles pas se confondre? Pourquoi font-elles partie de deux mondes diffé- rents, la seconde appartenant au monde intelligible, sans pouvoir en descendre, la première dominant le monde sensible, mais sans pouvoir s'en détacher? La première, forme saisie par la conscience, mais sans con- tenu ; la seconde, avec un contenu, mais insaisissable. L'une, perception sans objet; l'autre, objet non perçu. On pourrait presque dire, avec un philosophe contem- porain, que, d'un côté, il y a une science qui n'est pas vraie, et, de l'autre, une vérité qui n'est pas sue [1]. Il est plus exact, cependant, de dire que ce sont deux moitiés d'une même vérité, et qu'elles auraient besoin de se réunir pour former une vérité complète.

Pourquoi Kant ne les a-t-il pas réunies? Telles quelles sont dans les deux *Critiques*, il leur manque quelque chose pour qu'elles puissent s'ajouter l'une à l'autre. On a dit que la *Critique de la raison pratique* était un complément et un couronnement de la *Critique de la raison pure*. Que telle ait été la pensée de Kant, c'est possible, mais il me paraît moins utile de se préoccuper des intentions que des résultats. Or, comme l'a montré

---

1. Ch. Secrétan, *Phil. de la liberté*, 2ᵉ édit.; *l'Idée*, t. I, p. 212.

récemment encore un philosophe aussi subtil que profond, bien qu'un peu trop sévère pour le philosophe allemand [1], la critique de la raison pratique ne comble pas les lacunes de la critique de la raison pure; la morale reste vulnérable, à cause des points faibles qui subsistent dans la doctrine spéculative. Je ne sais si je me trompe, mais il me semble qu'un même défaut est, au point de vue restreint où nous nous sommes placés, je veux dire au point de vue de la notion de la personnalité, une cause d'insuffisance pour l'un et l'autre ouvrage. C'est une même lacune qui empêche le sujet de la pensée et le sujet de la liberté de s'unir et de se soutenir mutuellement.

III

L'intuition psychologique.

Cette lacune est l'absence, dans la doctrine de Kant, de toute perception directe du moi et de ses actes, ou de ce qu'il appelle l'intuition intellectuelle. Il ne s'agit pas, bien entendu, de cette intuition métaphysique rêvée par quelques philosophes, sorte de contemplation directe et mystérieuse de la pensée divine par la pensée humaine, esprit fini saisissant en lui-même l'esprit infini et absolu; intuition dont s'est moqué si durement Schopenhauer, et dont il a dit qu'avec elle avait commencé, dans la philosophie allemande, le règne du charlatanisme et de la mauvaise foi. Nous voulons parler de l'intuition intellectuelle telle que la définit Kant : une connaissance immédiate du sujet de la pensée et de la liberté dans la cons-

1. M. Fouillée, *Rev. phil.*, avril, juin et octobre 1881.

cience; une simple intuition psychologique. Un sujet de
la pensée directement connu serait une réalité, et pourrait devenir un sujet saisissable de la liberté. Si je
demandais pourquoi Kant a repoussé cette intuition, on
pourrait se contenter de me répondre que, s'il l'avait
admise, il n'eût pas composé ses deux grands ouvrages,
ou qu'il les eût faits tout différents. Il nous reste cependant le droit d'examiner si son refus de l'admettre est
suffisamment justifié, si quelques-unes de ses affirmations
les plus importantes ne la supposent pas, et si, comme
on l'a remarqué, certains passages de ses écrits ne demeurent pas, sans elle, entièrement inexplicables[1].

« La conscience de soi-même ou aperception, dit Kant,
est la simple représentation du moi, et, si tout ce qu'il
y a de divers dans le sujet nous était donné spontanément dans cette représentation, l'intuition intérieure
serait alors intellectuelle. Mais, dans l'homme, cette conscience exige une perception intérieure du divers, préalablement donné dans le sujet, et le mode suivant lequel
il est donné dans l'esprit, sans aucune spontanéité, doit
à cette circonstance même son nom de sensibilité. Pour
que la faculté d'avoir conscience de soi-même puisse
découvrir (appréhender) ce qui est dans l'esprit, il faut
que celui-ci en soit affecté : c'est à cette seule condition
que nous pouvons avoir l'intuition de nous-mêmes; mais
la forme de cette intuition, existant préalablement dans
l'esprit, détermine, par la représentation du temps, la
manière dont le divers est réuni dans l'esprit. En effet,
celui-ci s'aperçoit, non comme il se représenterait lui-
même immédiatement, en vertu de sa spontanéité, mais
suivant la manière dont il est intérieurement affecté, et,

1. Ch. Secrétan, *l'Idée*, 2ᵉ édit., p. 207. Voir surtout L. Ferri,
la Coscienza, Filosofia delle scuole italiane, giugno 1875, pp. 262,
263; ottobre 1877, pp. 152 à 154.

par conséquent, tel qu'il s'apparaît à lui-même, non tel qu'il est[1]. »

Ainsi nous aurions une intuition directe de nous-mêmes, si nous nous connaissions en tant qu'activité, et dans les actes divers par lesquels cette activité se détermine; mais s'il y a de la spontanéité en nous et des déterminations produites par nous, nous ne les percevons pas directement; nous ne les connaissons qu'à travers la réceptivité du sens interne, ou dans les modifications qu'elles produisent sur notre sensibilité. C'est pour cette raison que nous n'avons de nous-mêmes qu'une intuition sensible, et non une intuition intellectuelle. En d'autres termes, nous aurions une intuition intellectuelle, si nous percevions nos déterminations intérieures en tant que produites par notre activité; mais nous n'avons qu'une intuition sensible, parce que nous ne les percevons que comme reçues par notre passivité.

Kant confirme cette manière de voir dans un autre passage qui complète le premier. « D'après la connaissance qu'il a de lui-même par le sentiment intérieur, l'homme ne peut se flatter de se connaître tel qu'il est en soi. Car, comme il ne se produit pas lui-même, et que le concept qu'il a de lui-même n'est pas *a priori*, mais qu'il le reçoit de l'expérience ou du sens intime, il est clair qu'il ne connaît sa nature que comme phénomène, c'est-à-dire par la manière dont sa conscience est affectée. Mais en même temps, au-dessus de cette collection de purs phénomènes qu'il trouve en son propre sujet, il doit nécessairement admettre quelque autre chose qui leur sert de fondement, c'est-à-dire son *moi*, quelle que puisse être sa nature intime, et, par conséquent, il doit se considérer, quant à la simple perception des phénomènes et à

1. *Raison pure*, trad. Barni, t. 1, pp. 105, 106.

.a réceptivité des sensations, comme appartenant au *monde sensible*, et quant à ce qui peut être en lui pure activité (c'est-à-dire quant à ce qui arrive à la conscience immédiatement, et non par l'intermédiaire des sens), comme faisant partie du *monde intelligible*, dont il ne sait rien de plus [1]. »

La pure activité qui est dans la conscience pure nous démontre assez que nous ne sommes pas simplement phénomènes, mais n'étant pas immédiatement connue, elle ne fait que contraindre notre pensée à s'élever à l'idée de quelque chose qui en soit le fondement intelligible. Voici donc la conclusion que nous pouvons tirer de ces deux passages : pour que l'intuition intellectuelle nous soit légitimement refusée, il faut qu'il soit bien établi qu'il n'y a en nous aucune activité ou spontanéité directement connue dans ses déterminations immédiates, et que nous ne percevons que des modifications de notre sensibilité.

Mais si ce que le philosophe allemand appelle spontanéité de l'entendement et de la raison ne nous est connu que par la manière dont notre sens interne en est affecté, comment savons-nous que c'est une activité ? De quel droit affirmer que nous ne sommes pas réceptivité pure, si nous ne nous connaissons que sous cette forme ? Cependant la spontanéité de l'esprit joue un rôle important dans la philosophie de Kant; elle n'est plus seulement, comme chez Locke, une sorte d'activité vide s'appliquant aux données des sens pour les transformer : elle est une source d'idées parfaitement originale, bien que ces idées soient purement formelles, subjectives dans leur portée comme dans leur origine [2]. Elle est d'abord

1. *Métaph. des mœurs*, trad. Barni, p. 106.
2. Ch. Secrétan, *id.*, p. 190.

productrice de concepts, qui ne trouvent d'emploi que
dans le monde sensible, puisqu'ils ne peuvent s'appliquer
à des objets qu'au moyen des intuitions de la sensibilité ;
elle est productrice de l'aperception du moi, qui fait
l'unité de la pensée, qui donne un lien et une signification aux données de l'expérience, et qui semble ainsi
servir de transition entre le monde sensible et le monde
intelligible ; elle est, enfin, productrice d'idées qui nous
ouvrent le monde intelligible, qui, du moins, nous con-
duisent jusque sur le seuil et nous le font voir, nous per-
mettant ainsi d'affirmer qu'il existe, lors même qu'elles
ne nous donneraient pas le pouvoir d'y entrer. C'est la
raison qui forme ces idées, tandis que l'entendement ne
nous donne que l'aperception du moi et les concepts ap-
p'icables au monde sensible. « L'homme trouve réellement en lui-même une faculté par laquelle il se distingue
de toutes les autres choses, même de lui-même, en tant
qu'être affecté par des objets, et cette faculté est la *raison*. Comme spontanéité pure, la raison est encore supérieure à l'entendement, car, quoique celui-ci soit aussi
une spontanéité, et qu'il ne contienne pas seulement,
comme le sens, des représentations, qui ne naissent
qu'autant qu'on est affecté par les objets, et, par conséquent, qu'on est passif, il ne peut pourtant produire, par
son activité, d'autres concepts que ceux qui servent à
ramener les représentations sensibles à des règles, et à
les unir par là en une même conscience, et sans ces données de la sensibilité auxquelles il s'applique, il ne pen-
serait absolument rien ; tandis que la raison révèle, dans
ce que j'appelle les *idées*, une spontanéité si pure, que
par elle l'homme s'élève bien au-delà de ce que la sensibilité peut lui fournir, et que sa principale fonction
consiste à distinguer le monde sensible et le monde intelligible, et, par là, à tracer à l'entendement lui-même

ses limites. C'est pourquoi un être raisonnable doit se considérer lui-même, en tant qu'*intelligence*, comme appartenant au monde intelligible et non au monde sensible [1]. »

Comment, dans l'analyse de nos fonctions intellectuelles, Kant a-t-il pu donner une si large place à la spontanéité de notre intelligence, si nous ne la connaissons pas? Et lors même qu'il y aurait en elle des déterminations originelles, catégories ou idées formelles *a priori*, dont la production première nous échappe, les actes par lesquels nous appliquons ces formes innées ou héréditaires doivent-ils nous rester inconnus? Suffira-t-il de répondre, avec lui, qu'à la vérité nous n'avons pas connaissance de cette activité, mais que nous en avons conscience, que nous n'en avons pas une perception, comme de l'objet d'une pensée, mais que nous en avons une aperception, comme d'un sujet et d'une condition de toute pensée? Nous demanderons alors comment il a pu analyser d'une manière aussi complète et aussi pénétrante les fonctions de l'entendement et celles de la raison, si la conscience que nous en avons ne nous conduit pas à une connaissance. Comment ont-elles pu devenir l'objet de son étude, si elles ne sont pas un objet de la pensée?

Ce que l'on peut dire, c'est qu'il est impossible de les connaître isolées, parce qu'elles ne s'exercent que sur les données fournies par l'expérience. Mais pourquoi leurs actes ne deviendraient-ils pas des objets d'intuition aussi bien que les modifications de la sensibilité, puisqu'ils en sont inséparables? Toute connaissance, suivant la doctrine de Kant, se compose de deux éléments : la matière et la forme; la première, fournie par la sensibilité in-

1. *Métaph. des mœurs.*, trad. Barni, pp. 107, 108.

terne ou externe; la seconde, ayant sa source dans la spontanéité de l'intelligence. Comment alors serait-il possible de connaître la matière sans la forme, ou l'élément sensible sans l'élément intellectuel? Et si l'un est directement connu, comment l'autre ne le serait-il pas? En d'autres termes, s'il y a intuition pour le premier, pourquoi n'y en aurait-il pas pour le second?

Je ne vois pas, d'ailleurs, comment la sensibilité, l'entendement et la raison pourraient se compléter et se prêter dans la connaissance un concours nécessaire, ce qui est la thèse de Kant, si elles ne se pénétraient pas dans leur exercice, et si elles n'étaient pas étroitement unies dans la même conscience. Kant déclare que les éléments qu'elles fournissent sont distincts, et qu'ils ont besoin de se réunir pour former une connaissance. Mais où se réunissent-ils, et comment peuvent-ils se réunir, si la sensibilité, d'une part, l'entendement et la raison, de l'autre, sont accompagnés de consciences non seulement logiquement distinctes, ce qui serait admissible, mais de natures différentes, et qui semblent impliquer une séparation réelle? Il y a, dans la sensibilité, une conscience empirique, liée aux phénomènes internes, et soumise aux mêmes conditions qu'eux. Il y a, dans l'intelligence, comprenant l'entendement et la raison, une conscience pure, *a priori*, antérieure et supérieure aux phénomènes. Il ne suffit pas de dire que la première donne la matière et la seconde la forme, pour que tout soit expliqué. Où et comment cette forme et cette matière se rejoindront-elles? Est-ce dans la conscience empirique ou dans la conscience pure?

Si les éléments intellectuels, dus à la spontanéité de l'intelligence, ne pouvaient se joindre aux intuitions sensibles que dans la conscience empirique, et après avoir affecté la sensibilité, ils se trouveraient eux-mêmes transformés en modifications sensibles, et alors il n'y aurait plus aucune différence entre eux et les éléments matériels ; il n'y aurait plus, dans la conscience et dans la connaissance, qu'une seule espèce d'éléments, ceux qui, aux termes de la doctrine de Kant, constituent la matière de la pensée. Les éléments formels ou intellectuels ne peuvent conserver leur caractère qu'à la condition de rester en dehors de la sensibilité. Comment alors admettre, avec Kant, que la spontanéité de l'entendement ne fait connaître son action qu'à travers la réceptivité du sens interne ?

Mêmes difficultés si l'on soutient que l'union a lieu dans la conscience pure. Nous ne pouvons pas même y trouver les éléments à unir. D'une part, les intuitions sensibles, qui sont des phénomènes, ne peuvent pas y pénétrer, à moins de lui faire perdre son caractère et de la transformer en une conscience se développant dans le temps et saisissant les faits *a posteriori*, c'est-à-dire en une conscience empirique. D'autre part, si les déterminations de la spontanéité de l'intelligence y sont présentes, elles n'y sont pas connues. C'est donc absolument comme si elles n'y étaient pas. Comment alors pouvons-nous leur faire jouer un rôle, le distinguer et en parler ?

Kant s'est préoccupé, avec raison, d'expliquer l'unité de la pensée, mais il n'a pas assez remarqué que cette unité implique deux conditions : 1° la synthèse des intuitions ou représentations ; 2° l'union des facultés qui servent à opérer cette synthèse. Il n'a cherché l'unité qu'au premier point de vue, et a négligé le second. Il nous a montré dans l'aperception pure une unité de conscience où les représentations peuvent être liées ; mais il ne nous a pas fait voir l'unité de conscience où les facultés diverses qui concourent à la formation des représentations puissent réunir leur action. Qu'en résulte-t-il ? C'est que le sujet de la pensée, le *moi*, isolé dans l'aperception pure, demeure impuissant à saisir les éléments qu'il avait mission d'unir. Comment, en effet, réunirait-il des intuitions, des représentations, des concepts et des idées qui sont donnés dans des consciences distinctes? Pourquoi s'attribuerait-il des représentations, sans connaître le rapport qu'elles ont toutes avec lui? Et comment connaître ce rapport, à moins d'en saisir les deux termes dans une même conscience? Une intuition n'existe que si elle est mon intuition; or, comment admettre qu'elle appartiendra à une conscience, et la part que j'y prends à une autre? De même une pensée ne peut être qu'un acte d'un sujet pensant; mais comment ce sujet pourrait-il se l'attribuer, s'il ne saisissait dans la même conscience, d'une part, son activité, et, d'autre part, l'acte qu'elle détermine? Si, enfin, l'analyse découvre dans une pensée des éléments sensibles ou empiriques, qui en sont la matière, et des éléments intellectuels, qui en sont la forme, ces éléments divers peuvent-ils constituer une même pensée, sans être saisis dans une même conscience, et être dans une même conscience, si les fonctions auxquelles ils sont dus sont accompagnées de consciences différentes?

Il faut donc que le sens interne et l'aperception pure ne forment qu'une conscience indivisible, au lieu de constituer une juxtaposition de deux consciences différentes. Plus exactement, il faut que la conscience ne soit pas autre chose que le *moi* dans son rapport avec les phénomènes de sa sensibilité, d'une part, et, d'autre part, avec les actes de la spontanéité de son intelligence et avec toutes les déterminations actives de son existence. Or, accorder l'intuition du côté de la sensibilité, et la refuser du côté de l'intelligence, c'est une contradiction; car ou nous avons le droit de parler de l'intelligence et de sa spontanéité comme de choses distinctes de la sensibilité, et alors nous devons en avoir une connaissance distincte, une perception directe, une intuition ; ou nous ne percevons l'activité de l'entendement et de la raison qu'à travers la sensibilité, et, dans ce cas, elle nous apparaît exclusivement sous la forme des modifications sensibles qu'elle détermine ; l'activité disparaît pour faire place à une passivité universelle, et nous ne pouvons plus voir dans notre esprit que des impressions sensibles diversement groupées et associées. Nous retombons dans l'empirisme, que cependant Kant avait énergiquemant repoussé.

Si nous avons une connaissance immédiate de notre activité intellectuelle (je ne parle pas encore de notre activité volontaire), le sujet de la pensée prend un tout autre caractère. Ce n'est plus un simple sujet logique, une forme sans contenu, une existence sans déterminations : c'est une existence déterminable, et qui se saisit dans ses propres déterminations, c'est-à-dire dans les actes de sa spontanéité. Ce n'est pas ce que Kant appelle une chose en soi ; cependant, c'est déjà une réalité pour l'intelligence, aussi bien que pour la conscience. Elle est déterminée par des actes que l'intelligence connaît, aussi bien que par des phénomènes que la sensibilité reflète. Si elle reste sensible par un côté, elle a aussi quelque chose d'intelligible. Elle ne tient plus seulement du phénomène : elle tient aussi de l'être.

Peut-être alors ce sujet réel de la pensée pourrait-il être considéré comme étant aussi le sujet de la liberté, c'est-à-dire comme un véritable sujet personnel, capable à la fois de vouloir, de penser et de sentir, doué d'activité libre en même temps que de réceptivité passive, et s'attribuant ses déterminations spontanées aussi bien que ses modifications sensibles, parce que la même conscience lui ferait connaître les unes et les autres par une intuition directe. Le *moi* aurait ainsi, non pas dans un ordre de choses inaccessible à notre pensée, mais dans l'ordre des choses connues, la double réalité que Kant s'est montré, plus que personne, jaloux de lui attribuer : une existence en partie distincte des phénomènes sensibles, une liberté en partie indépendante des mêmes phénomènes.

Mais ayant refusé d'admettre ce qu'il appelle l'intuition intellectuelle, le philosophe allemand n'a pu voir dans cette manière d'être du moi, dans cette existence intermédiaire entre les phénomènes et les choses en soi, qu'une simple forme. Entre les êtres connus seulement tels qu'ils apparaissent, et les êtres tels qu'ils sont, mais inconnus, il s'imagine qu'il n'y a rien. Je n'examinerai pas s'il n'y a pas contradiction à vouloir aller jusqu'à des choses en soi, pour trouver des réalités, comme si des êtres pouvaient exister sans exister pour une pensée, réelle ou possible, dût cette pensée être d'une nature plus puissante que la nôtre : ce qui veut dire qu'un être réel n'est jamais qu'un être connu ou connaissable, que la réalité la plus vraie est celle qui serait saisie par l'intelligence la plus parfaite, que même alors il n'aurait d'être qu'autant qu'il serait l'objet d'une intelligence et non une chose en soi, qu'en fin de compte une chose en soi est un mot vide de sens. Je me bornerai à faire remarquer qu'en passant, sans intermédiaire, d'une existence qui se déroule et se disperse dans une série de phénomènes sensibles, à une existence qui se concentre et se possède dans un monde intelligible inconnu, pour trouver dans la seconde une réalité et une liberté qu'il n'a pu saisir dans la première, Kant est tombé dans une nouvelle contradiction.

En effet, comment puis-je être moi et être libre ailleurs que dans mon existence consciente? Que notre être ait, dans une région inaccessible aux sens et à la conscience,

les conditions profondes de son existence connaissable,
et que ce principe de notre être soit un *noumène,* nous
n'avons aucune raison de le contester; mais que ce
noumène inconnu, dont j'ignore la nature, les attributs,
dont je puis à peine me faire une idée confuse, je l'appelle
moi, lui donnant ainsi le nom de ce que je connais le
mieux, c'est ce à quoi je ne saurais consentir. Car, pour
ma conscience, qui est, en définitive, le véritable juge de
ce qui est moi, quelle différence y a-t-il entre ce noumène inconnu et les choses qui me sont étrangères?
D'autre part, si c'est dans cette existence inconnue que
je suis libre, que m'importe une pareille liberté? La
liberté que je réclame est celle de mes actes, et non celle
des conditions cachées de mon existence; une liberté
capable de se posséder et de se mouvoir en ce monde, et
non dans la région des noumènes; une liberté accompagnée de pensée, de prévoyance, de responsabilité, et,
par conséquent, de conscience, et non une puissance
mystérieuse s'exerçant peut-être dans une pensée, mais
dans une pensée qui n'est pas la mienne, loin de ma
conscience, sans aucune participation de ma part, et,
par suite, sans qu'il en résulte pour moi ni mérite, ni
démérite. Si quelqu'un est libre dans ce noumène, ce
n'est pas moi, assurément. « Il est inutile, ainsi que l'a
dit M. Janet, comme conclusion d'une critique de la
théorie de Kant sur la liberté, de recourir à des hyper-
boles métaphysiques, de nous donner une liberté absolue,
dont nous n'avons que faire, pour nous refuser celle
dont nous avons besoin [1]. » M. Fouillée a dit de même,
dans une argumentation qui me paraît irréfutable :
« Loin de conclure avec les kantiens orthodoxes que,
puisqu'il y a un monde où j'existe sans m'y connaître,

[1]. *La Morale,* p. 506.

j'y puis être libre, je dois conclure, au contraire, que je
ne le puis pas, par cela même que, dans ce monde, je ne
me connais pas. » Et plus loin : « A vrai dire, le pré-
tendu *moi* inconnaissable de Kant est effectivement un
non-moi[1]. »

Ainsi, ou nous ne sommes pas libres, ou la liberté que
nous possédons réside et s'exerce dans notre existence
consciente. Ce n'est ni le noumène, ni la substance inconnue, ni l'âme en tant qu'inconsciente qui est libre, c'est
le sujet conscient, le moi, la personne. Les difficultés
insurmontables que nous avons signalées ou rappelées
proviennent toutes de ce que Kant a refusé de reconnaître au moi, au sujet de la pensée, le degré de réalité
qui lui appartient. C'est pour ce motif qu'après avoir
affirmé la liberté, il ne sait où la placer, et nous la retire
en l'attribuant à ce qui n'est pas nous. C'est pour le
même motif qu'après avoir démontré la spontanéité ou
activité de l'intelligence, il ne sait où la mettre, en parle
sans cesse comme si nous la connaissions, et se défend
de la connaître, la laisse se perdre d'une part dans la
réceptivité de la sensibilité, puis croit la sauver de
l'autre en la reléguant dans une nature intelligible qu'il
déclare inconnue.

Et pourquoi Kant refuse-t-il de voir dans les actes ou
déterminations spontanées du moi un objet de connaissance directe et immédiate, ou de ce qu'il nomme une
intuition intellectuelle? Il eût fallu au moins en donner
des raisons claires, décisives, puisque les conséquences
en sont si graves. Or, si Kant a eu des motifs, il n'a pas
pris soin de nous les faire connaître; car ce n'est pas
une explication que d'affirmer que cette activité existe,
mais qu'elle ne peut être connue que par le moyen de la

---

1. *Rev. philos.*, avril 1881, pp. 361, 362.

sensibilité qu'elle affecte. C'est un principe dans la philosophie de Kant, que nous n'avons l'expérience ou l'intuition que des phénomènes sensibles; mais, ainsi que l'a
fait observer M. Secrétan, ce principe n'est pas justifié,
et il est clair que Kant n'a fait que l'emprunter à l'empirisme de Locke[1].

En résumé, Kant a prouvé que le *moi* est distinct des
phénomènes internes, qu'il est une activité spontanée de
l'esprit; mais il n'a vu dans cette activité qu'une forme,
parce que, pour des motifs préconçus et non justifiés, il
a cru que ses actes ne sauraient être les objets d'une
connaissance immédiate. La personnalité psychologique
n'est pas pour lui une réalité. D'un autre côté, il a démontré toute la force, l'indépendance, la dignité de la
personnalité morale; mais ne lui ayant pas laissé de
fondement psychologique, il a été obligé de lui chercher
un support au-delà de la portée de notre conscience et de
notre pensée, dans un monde inconnu où son existence
devient pour nous si invisible, qu'autant vaut dire que
pour nous elle s'évanouit. Nous conservons la liberté de
croire qu'elle subsiste comme être métaphysique, mais
nous n'y voyons plus notre personne, nous ne nous y recon-
naissons plus nous-mêmes. Cette impuissance de Kant à
trouver dans son système une place pour la réalité de
notre personne, à laquelle il croit cependant, et qu'il
affirme avec la plus grande énergie, montre qu'une personnalité psychologique réelle doit servir de soutien à la
personnalité morale, et que si la première est réduite à
l'état de simple forme, de fantôme, la seconde ne sera
pas non plus une réalité vivante.

Elles ne sont, en fait, qu'une même existence, sous un
double aspect, qu'il est à peine possible de distinguer,

car la liberté appartient à un côté comme à l'autre. Elles sont le *moi* qui se connaît et qui se gouverne. Or, il ne peut ni se gouverner, ni se connaître en dehors de la pensée et de la conscience. C'est donc dans son existence connue et consciente qu'il faut chercher sa réalité; ce n'est ni dans un monde sensible où il n'y aurait que des phénomènes, ni dans un monde intelligible peuplé de noumènes inconnus, mais dans le monde de la pensée et de l'activité consciente, qui est un intermédiaire entre les deux autres, et qui participe de l'un et de l'autre. Peut-être cette réalité n'est-elle pas celle d'une substance, et peut-être est-ce pour cette raison que Kant n'a pas cru pouvoir s'y arrêter. Il serait étrange que ce puissant et profond critique, qui a marqué d'une main si sûre les principales causes d'illusion de la métaphysique, ne se fût pas tenu en garde contre l'influence funeste de cette idée de substance qui a égaré tant de métaphysiciens.

CHAPITRE VII

Aperçu de la théorie du moi chez Fichte, Schelling, Hégel, Schopenhauer. — La conscience et la personnalité chez M. de Hartmann.

Afin de ne pas prolonger outre mesure cet examen, je suis obligé de parcourir rapidement, sans m'y arrêter comme il conviendrait, les principales théories de la personnalité qui dérivent plus ou moins directement du système de Kant, et qui, à son exemple, font du *moi,* non une série de phénomènes ou une activité conscience, mais une représentation formelle ou idéale, tantôt principe, tantôt produit de la pensée ; ici, sujet d'une intelligence sans limites, comme chez Fichte, Schelling, Hégel ; là, état passager d'une intelligence vivifiée par une volonté infinie mais inconsciente, comme chez Schopenhauer et M. de Hartmann ; ailleurs, reflet des représentations multiples, lié à leur degré d'intensité, comme chez Herbart et les récents inventeurs de la psycho-physique ; ailleurs encore, une catégorie contenant toutes les autres, comme chez M. Renouvier.

Je m'arrêterai plus particulièrement aux théories de M. de Hartmann, qui ne sont bien connues en France que depuis quelques années. Je quitterai le moins possible le point de vue psychologique, comme étant celui que j'ai exclusivement choisi pour étudier la question de la personnalité.

I

FICHTE, SCHELLING, HÉGEL

Au point de vue psychologique, Fichte, Schelling et Hégel ne nous fournissent qu'une moisson assez maigre, et, fût-elle plus abondante, il faudrait un courage et une patience dont je me sens incapable, pour aller la recueillir au milieu de l'entrelacement d'abstractions et de termes barbares dont ils l'ont entourée. Le *moi* dont ils nous entretiennent n'est plus le sujet psychologique de notre vie consciente, ni même le sujet logique de notre pensée, mais un sujet métaphysique de la pensée absolue, dont notre intelligence et notre existence individuelle ne sont qu'une détermination limitée, une manifestation accidentelle, un moment.

Suivant Fichte, le *moi* est le sujet absolu, source de toute réalité comme il l'est de toute pensée, car la réalité n'est qu'une projection extérieure de sa pensée, et comme une ombre de lui-même. Mais le moi ne contient la réalité absolue et ne s'identifie avec elle que virtuellement, et en tant qu'idéal dont il n'a pas conscience. Il y a en lui une tendance à réaliser cet idéal, tendance infinie comme le but qu'elle poursuit, et qui est le ressort de sa vie et de sa conscience. Pour y obéir, le moi s'oppose successivement des objets, et par le même acte se pose lui-même comme sujet. Mais les objets ne sont que les déterminations de lui-même. C'est par cette opposition provoquée en lui que le moi a conscience de son existence ou qu'il devient réel, c'est-à-dire déterminé, fini, individuel.

L'identité du moi et du non-moi dans l'absolu, ou la

réalisation infinie du non-moi dans le moi et par le moi, restait pour Fichte un idéal que doit poursuivre l'activité de la pensée. Pour Schelling, c'est une réalité. Le moi est la substance absolue où se confondent la pensée et l'être, les idées et les choses, le sujet et l'objet, la liberté et la nécessité, et tous les contraires. Il contient en lui-même l'univers, puisqu'il le crée par son activité représentative, mais il le crée en dehors de son existence consciente, avant le commencement de sa réflexion, avant l'éveil de son intelligence individuelle. Son existence personnelle est une détermination ou limitation passagère de lui-même; elle contient une opposition de sujet et d'objet, mais aussi une identification, car la conscience de soi-même n'existe qu'à la condition de pouvoir dire : *Je suis moi*, ce qui est se poser en même temps comme sujet et comme objet.

Le principe absolu qui était, chez Fichte, le moi, d'abord idéal, puis réel; chez Schelling, le moi réel mais indéterminé et universel, avant d'être individuel et conscient de lui-même, devient, chez Hégel, l'idée. L'idée, seule substance, se développant par l'opposition des contraires, donne naissance à la matière, comme à l'esprit. Les sujets finis ne sont que des moments dans le développement de l'esprit infini. Hégel blâme Kant d'avoir établi une distinction entre l'âme telle qu'elle se connaît, et l'âme telle qu'elle est en soi; distinction *abominable*, selon lui, car ce qui est en soi, c'est la pensée; et la même pensée se développant dans le monde et dans l'esprit humain, notre pensée, dans ses conceptions et constructions logiques, reproduit nécessairement la réalité des choses. Construire un concept au lieu de le calquer sur la réalité, est d'ailleurs le seul moyen d'arriver à la vérité. Aussi loue-t-il Fichte d'avoir construit le *moi*, plutôt que de l'avoir décrit comme Kant; et il

le trouverait tout à fait irréprochable, s'il l'avait construit plus haut dans l'absolu.

Tout en refusant d'admettre une intuition de nous-
mêmes, ce qui, à mon sens, l'a conduit à des contradictions, Kant avait indiqué à quelles conditions elle serait
possible. Il avait tenu la porte fermée, mais il avait laissé
voir qu'il y avait une porte. Ses successeurs se sont em-
pressés de l'ouvrir toute grande, et de se précipiter par
cette voie bien au-delà de ce que permettait la prudence,
et jusqu'aux abîmes. Chez Fichte, c'est dans l'intuition
intellectuelle que le moi se pose et pose toute réalité.
Suivant Schelling, c'est par l'intuition intellectuelle que
le moi, sujet pur, est déterminable comme réalité absolue. Pour Hégel, enfin, c'est au moyen de l'intuition intellectuelle que la pensée se connaît dans sa vérité absolue, et que l'esprit humain peut posséder la science
parfaite. Mais cette intuition diffère complètement de
celle que nous avions cru pouvoir légitimement reven-
diquer contre Kant. Ce n'est plus une faculté psychologique, c'est une vertu métaphysique. Au lieu de nous
faire connaître notre activité sous toutes ses formes, et
dans son application aux phénomènes multiples et changeants, aussi bien que dans son unité permanente, elle
devient exclusivement la connaissance du degré le plus
haut de notre activité intellectuelle, la contemplation de
la raison pure créant les idées, les conceptions transcen-
dentales, la science absolue. Ce n'est plus une vue sur le
monde réel intérieur, mais un effort pour pénétrer dans
la région de l'infini et de l'absolu.

Si l'intuition de nous-mêmes devait être ainsi comprise,
il est clair que Kant aurait eu raison de la repousser, et
les résultats qu'elle a produits nous dispenseraient, au
besoin, de toute autre démonstration. La seule intuition
rationnelle qui ne soit pas chimérique est celle qui nous

fait connaître l'activité de notre raison, mais comme développement de notre vie propre, et comme fait essentiellement humain. Dès que nos idées cessent d'être regardées comme des actes de notre esprit, et qu'elles sont
détachées de notre activité intellectuelle pour être posées
à part, dans une sorte d'existence impersonnelle et absolue, nous ne pouvons plus affirmer, sans méconnaître les
lois du langage et de la logique, que nous en avons une
connaissance immédiate. En se séparant de nous, elles
échappent à notre intuition. Ou elles sont des actes de
notre pensée consciente, et nous en avons l'intuition en
nous; ou elles sont, soit des essences indépendantes de
notre activité propre, soit des déterminations de l'intelligence divine, et alors il est clair que nous ne pouvons
les connaître que médiatement et indirectement.

Je sais bien qu'il reste un moyen de nous en attribuer
la perception intuitive, et c'est celui auquel ont eu recours les philosophes que nous venons de citer, ainsi que
quelques-uns des plus illustres métaphysiciens : il consiste à nier notre pensée individuelle, et à mettre à sa
place une raison impersonnelle, ou la raison divine. Mais
bien que cette substitution soit de nature à plaire à notre
imagination, à rehausser l'opinion que nous avons de
nous-mêmes, et à satisfaire l'orgueil métaphysique en
lui donnant l'illusion de l'infaillibilité, elle n'a pu trouver
grâce aux yeux de la psychologie et de la critique, et l'on
a montré depuis longtemps qu'elle n'avait pu s'introduire
dans la philosophie qu'à la faveur d'une confusion, soit
entre l'intelligence et son objet, soit entre la pensée
humaine et son principe [1]. Que le développement de notre
raison reste inexplicable, s'il n'existe pas une harmonie

1. Voir la discussion d'Arnauld avec Malebranche sur la nature des idées; voir aussi quelques pages de la belle étude de
M. Ollé-Laprune sur Malebranche, t. II, pp. 319-329.

secrète entre ses lois propres et les lois de l'univers, et si son activité intérieure n'est pas excitée et soutenue par une action divine, il est difficile de ne pas le reconnaître; mais ces conditions de notre pensée sont extérieures et supérieures à nous; elles sont distinctes de notre intelligence, bien que notre intelligence ne puisse ni vivre ni agir que par elles. Les unes sont l'objet intelligible que cherche à découvrir notre activité intellectuelle, l'autre est la puissance créatrice qui l'anime et qui l'invite à s'élever sans cesse pour répondre à son appel; mais elles ne sont ni les unes ni les autres des actes de notre esprit. Il est donc impossible que nous en ayons l'intuition immédiate, de la même manière que nous pouvons avoir celle de notre activité personnelle. Nous ne les voyons pas directement, nous ne faisons que les concevoir; et ce que nous voyons alors d'une vue interne immédiate, ce sont les pensées ou les actes par lesquels nous les concevons.

II

SCHOPENHAUER

Schopenhauer, qui a pris plaisir à percer quelques-unes des outres que ses prédécesseurs avaient laborieusement gonflées, regarde comme chimérique la doctrine de l'intuition intellectuelle, entendue au sens métaphysique. Le jugement qu'il porte sur ses compatriotes, partisans de cette hypothèse, est si sévère et exprimé en termes si crus, que je ne puis le rapporter ici, même écourté, qu'en lui en laissant toute la responsabilité. Avec l'intuition intellectuelle, dit-il, commença la période de la mauvaise foi; le premier extravagant venu put alors donner ses rêveries pour des oracles de la science absolue; les *philosopheurs* de cette époque se proposèrent, non pas d'instruire, mais de duper leurs lecteurs. Les héros de cette période sont Fichte, Schelling, et ce lourd et sot charlatan qu'on appelle Hégel. Le chœur était formé par les professeurs de philosophie, qui, d'un air grave, parlaient de l'infini, de l'absolu, et d'autres choses dont ils ne pouvaient absolument rien savoir. Sous prétexte que la raison, *Vernunft,* vient de *Vernehmen,* comprendre, on en avait fait, ajoute-t-il, la faculté de comprendre le supra-sensible. Il est certain que *Vernunft* vient de *Vernehmen,* et que la raison donne à l'homme un privilège que ne possède pas l'animal, celui non seulement d'entendre, mais aussi de comprendre, mais de comprendre ce qu'un homme raisonnable dit à un autre, et non ce qui se passe dans les nuages[1].

Pour lui, la conscience est la connaissance de nous-mêmes, la perception directe et immédiate du moi, qu'on appelle perception intérieure par opposition à la perception extérieure, qui est la connaissance des objets du dehors. Ce qui constitue le moi, et ce que la conscience découvre exclusivement en lui, ce sont les manifestations de l'activité volontaire. Mais cette doctrine ne ressemble à celle de Maine de Biran qu'en apparence; car, suivant ce dernier, la volonté est une cause qui n'agit que dans la conscience, tandis que chez Schopenhauer il s'agit d'une volonté qui n'est consciente que par accident, et dont l'essence est d'être inconsciente. La volonté est, suivant lui, le fond de notre nature, la cause productrice de notre organisme physique, comme de notre vie intellectuelle; elle est, de plus, le principe universel dont la

1. Schopenhauer, *Die beiden Grundprobleme der Ethick,* 2te aufl., p. 147.

vie des animaux et des plantes et toutes les forces de la nature ne sont que des modifications ou des degrés différents. Le *moi*, loin d'être primitif, ainsi que l'avait supposé Fichte, ne vient qu'en troisième ordre : la volonté inconsciente est le principe premier, et produit l'organisme ; le cerveau, à son tour, produit la représentation ou la conscience, avec les sentiments, les pensées, les déterminations dont se compose notre existence personnelle. Si la volonté est le fait primitif dans l'ordre de l'être, la représentation est le fait primitif dans l'ordre de la connaissance. Elle est, dans la méthode de Schopenhauer, le point de départ, prenant ainsi la place qu'avait occupée le sujet de la pensée chez les philosophes dont nous venons de parler, ou l'objet chez d'autres. Et en parlant de la représentation, Schopenhauer croit partir d'un fait concret, parce que, d'après lui, elle suppose et contient à la fois le sujet représentant et l'objet représenté. Mais les représentations ou l'intelligence n'ont qu'une existence phénoménale, accidentelle, finie ; le fond métaphysique de l'être est la volonté infinie.

III

EXPOSÉ DE LA THÉORIE DE M. DE HARTMANN

Placer au fond des choses une volonté aveugle, sans l'idée ou la représentation pour la déterminer, c'était, suivant M. de Hartmann, une lacune étonnante dans le système de Schopenhauer. D'abord, nous n'avons aucune idée d'une volonté pareille, puisque dans notre vie consciente le vouloir n'est jamais séparé de la pensée. Ensuite, il est impossible de comprendre qu'elle puisse exister. Un acte de volonté consiste, en effet, à vouloir passer d'un état présent à un état nouveau. Si l'état présent était réduit à lui-même, sans contenir, au moins en idée, la possibilité d'un état futur, il resterait éternellement renfermé en lui-même, sans pouvoir en sortir, même en idée, car en sortir, ce serait devenir autre. Même la volonté de demeurer en l'état actuel suppose l'idée que cet état peut cesser et la crainte qu'il ne cesse; sans l'idée de la cessation, la volonté de la continuation serait impossible. Il est donc incontestable que deux conditions sont nécessaires pour que le vouloir ait lieu : l'une est un état présent, qui sert de point de départ à la volonté; l'autre, comme fin poursuivie, ne peut être qu'un état futur, car on ne peut tendre à réaliser que ce qui n'est pas encore réel. Mais l'état futur ne pouvant être contenu comme une réalité dans l'acte présent du vouloir, doit y être renfermé d'une manière idéale, c'est-à-dire comme une idée. D'autre part, l'état présent ne saurait devenir le point de départ de la volonté sans être représenté, ou uni à une idée. « Nous avons ainsi dans la volonté deux idées : celle d'un état présent comme point de départ; celle d'un état futur comme point d'arrivée ou comme but. La première se manifeste comme l'idée d'une réalité présente; la seconde, comme l'idée d'une réalité à produire. La volonté est l'effort pour créer cette réalité, ou l'effort pour passer de l'état représenté par la première idée à l'état représenté par la seconde [1]. »

M. de Hartmann regarde donc la volonté comme inséparable de la représentation. Pour lui, comme pour Schopenhauer, l'inconscient est le principe de tout ce qui existe, de l'instinct, de l'habitude, de l'action réflexe,

---

1. Ed. de Hartmann, *Philosophie de l'inconscient*, trad. Nolen, t. I, p. 131.

du sentiment, de la vie animale, de la force inorganique comme de l'âme humaine ; mais cet inconscient n'est plus seulement volonté, il se compose à la fois de la volonté et de l'idée ; en un mot, il est esprit. Si l'on essayait de se représenter le vouloir sans les idées qui en marquent le point de départ et le point d'arrivée, que resterait-il ? Un effort indéfinissable, indéterminé, et qui se dérobe à toute analyse, car notre pensée ne se meut qu'au milieu des idées, et l'effort est en soi quelque chose de tout à fait différent de l'idée. Tout ce qu'on en peut dire, c'est qu'il est la cause immédiate du changement. C'est une forme vide, partout semblable à elle-même, et qui, pour constituer un vouloir déterminé, a besoin des idées qui en sont le contenu. La volonté, réduite à elle-même, ne serait qu'un pouvoir formel, vide, indéfini, ou plutôt elle ne serait rien, car une volonté qui ne veut rien n'existe pas réellement. Pour qu'elle soit réelle, il faut qu'elle ait un objet : le passage d'un état présent à un état futur. La représentation de ces deux états est le contenu qui, dans chaque cas, la détermine [1].

Quelquefois la représentation est accompagnée de conscience, et la volonté, qui y est unie, semble avoir le même caractère ; mais le plus souvent la volonté et l'idée sont inconscientes. L'inconscience est l'état primitif et fondamental de l'esprit humain, de même qu'elle est l'état constant de la plupart des autres êtres. La conscience est une forme accidentelle de notre existence, un produit de l'esprit inconscient, provoqué par l'action qu'exerce sur lui la matière organisée [2].

La conscience n'est pas un état fixe, mais un devenir,

1. Ed. de Hartmann, *Phil. de l'inc.*, trad. Nolen, t. I, pp. 131-134.
2. *Id.*, t. II, p. 39.

un *processus*. En découvrir les commencements n'est pas possible par l'observation directe, puisqu'il est évident que ce qui précède la conscience, ce qui en est la racine, ne tombe pas sous le regard de la conscience. Le problème de l'origine ne peut donc être résolu que par la voie indirecte[1]. M. de Hartmann entreprend de le résoudre. La solution qu'il en donne est curieuse, à défaut d'autre mérite. La conscience, dit-il, étant un caractère accidentel de la représentation, ne saurait naître de la représentation même. Elle ne peut sortir non plus de la matière du cerveau, car elle ne sait rien de la matière. Il faut donc qu'elle vienne de l'action de la volonté. Elle est ce que la volonté ajoute à la représentation dans des cas déterminés. En quoi consiste cette addition, et comment se fait-elle? Avant l'origine de la conscience et l'action de la matière organisée, la représentation est indissolublement unie à la volonté, sans aucune tendance à s'en séparer, ni à exister sans elle ou malgré elle. L'union est parfaite. « Tout à coup, au sein de cette paix que goûte l'inconscient avec lui-même, surgit la matière organisée, dont l'action, suivant une loi nécessaire, provoque la réaction de la sensibilité, et impose à l'esprit étonné de l'individu une idée qui semble tomber du ciel, car il ne sent en lui-même aucune volonté de la produire. Pour la première fois, l'objet de son intuition lui vient du dehors... L'idée est émancipée de la volonté... L'étonnement de la volonté devant cette révolte contre son autorité, jusque-là reconnue, le sentiment produit par l'apparition de l'idée au sein de l'inconscient, voilà *ce qu'est la conscience*[2]. »

La conscience est donc l'étonnement de la volonté, en

---

1. Ed. de Hartmann, *Phil. de l'inconsc.*, trad. Nolen, t. II, p. 36.
2. *Id.*, t. II, p. 42.

présence d'une idée jusque-là docile, qui ose s'émanciper. L'explication est jolie, et pourrait faire honneur à la poésie, au cas où la psychologie, plus sévère, refuserait de s'en contenter.

Avons-nous conscience de notre personnalité, et en quoi consiste-t-elle? Il faut, suivant M. de Hartmann, distinguer la notion de notre personnalité de la conscience de nous-mêmes, bien qu'elle y soit fréquemment associée; il faut surtout se garder de confondre la conscience de nous-mêmes avec la simple conscience. Il suffit de percevoir un objet ou d'y penser pour qu'il y ait conscience; il n'est pas nécessaire de faire en même temps un retour sur soi, et de se connaître comme sujet de sa perception ou de sa pensée. Par essence, la conscience ne suppose que l'objet représenté; si quelquefois elle contient aussi un rapport idéal avec le sujet, ce rapport est accidentel, et, en elle-même, elle en est indépendante [1].

La conscience de soi est une seconde forme de cette faculté : elle est la conscience du sujet supposé de notre activité intellectuelle. Au lieu d'avoir pour contenu une chose extérieure, elle a pour terme le sujet apparent de notre pensée. Elle n'est donc, au fond, qu'une application particulière de la conscience, un changement de position de son objet, une conscience dont l'objet est nous-mêmes, au lieu d'être quelque chose du dehors. Mais le *moi* ou le sujet de l'activité intellectuelle n'est qu'en apparence connu par elle; en réalité, il reste insaisissable. Sans doute, par application de la catégorie de causalité, nous rapportons les opérations de notre esprit à un principe actif interne, mais ce sujet personnel n'est pas plus immédiatement perçu en lui-même que ne l'est l'objet

1. Ed. de Hartmann, *Phil. de l'inconsc.*, trad. Nolen, t. II, p. 36-37.

extérieur dans sa réalité propre. Nous ne faisons que le concevoir, et ce que nous prenons pour lui n'est pas autre chose que son idée. L'idée du moi, et non le moi lui-même, tel est le véritable contenu de la conscience de soi. En d'autres termes, « la conscience ne devient conscience de soi, qu'autant qu'elle fait *son objet* de *l'idée du sujet*; d'où il résulte qu'il n'y a pas de conscience de soi sans conscience, mais qu'il peut y avoir très bien conscience sans conscience de soi ». La première est la forme spontanée, commune à tous les hommes; la seconde est une forme réfléchie qui n'apparaît guère que dans une tête philosophique. Pour donner au sujet une apparence objective, le distinguer de l'objet, discerner leurs limites et leur action réciproque, il faut, par la pensée, se tenir en dehors du cours de ses représentations; et c'est là un effort d'abstraction que les philosophes seuls songent à faire. Il ne faudrait cependant pas aller jusqu'à dire que cette espèce de conscience est ordinairement absente chez la plupart des hommes; si elle n'y existe pas à l'état de clarté complète, elle y est, du moins, sous la forme instinctive, comme obscur sentiment de soi. Elle varie d'ailleurs avec l'autre, en proportion inverse. « Plus la conscience que l'individu a de l'objet est distincte, plus la conscience qu'il a de lui-même est affaiblie. Personne ne peut jouir véritablement d'une œuvre d'art sans s'oublier soi-même en la contemplant. Ainsi, on perd presque entièrement le sentiment de sa personnalité, quand on se plonge dans une lecture scientifique. Si l'on crée une œuvre, et que l'on soit plongé dans une profonde méditation, on devient étranger non seulement au monde extérieur, mais à soi-même. On ne se souvient plus de ses intérêts les plus sérieux, et parfois, à l'appel soudain de son propre nom, on hésite un moment avant de savoir de quoi il s'agit.

Pourtant, dans de pareils moments, la conscience est très claire, et cela justement parce qu'elle est tout entière attachée à l'objet [1]. »

La notion de la personnalité est ordinairement associée à la conscience de soi ; cependant elle en diffère un peu : au lieu d'être seulement l'idée du sujet actuel de notre pensée, elle est le concept de l'identité de tous les sujets des diverses déterminations de notre esprit dans le passé comme dans le présent, et même, jusqu'à un certain point, dans l'avenir ; elle représente l'unité de notre existence à travers le temps, depuis le jour le plus reculé où puisse remonter notre mémoire, jusqu'au moment présent, et avec une anticipation sur l'avenir. Autant la notion et le sentiment de la personnalité sont faibles dans les esprits qui se laissent absorber par la contemplation des choses du dehors, ce qui est la condition pour produire quelque œuvre importante, autant ils sont vifs et forts chez les hommes d'affaires habitués à résoudre des questions pratiques où ils sont intéressés. « Ici, toutes les fins de la vie entière doivent être comparées et pesées ; et le sentiment de l'identité de l'individu à travers les moments de sa durée, ou l'idée de la personnalité, joue alors un rôle important. C'est pour la même raison que les natures exclusivement pratiques, qui ne peuvent se détacher d'elles-mêmes, ni de leurs intérêts et de leurs poursuites personnelles, manquent généralement de toute haute aptitude scientifique et artistique [2]. »

Cette notion de la personnalité s'ajoute naturellement à la conscience actuelle de soi, dont elle n'est qu'une extension. Elle est une connaissance de nous-mêmes plus ou moins complète, selon que la mémoire et la prévision,

1. Ed. de Hartmann, *Phil. de l'inc.*, tr. Nolen, t. II, pp. 36, 37 et 69.
2. *Id.*, t. II, pp. 37, 69.

qui en sont les sources, sont plus ou moins sûres. Mais
de même qu'il n'y a guère d'instants où la conscience du
présent ne soit accompagnée de quelque souvenir ou de
quelque pressentiment, ainsi la conscience du sujet actuel est presque toujours complétée par l'idée de son existence dans le passé ou dans l'avenir. Aussi l'auteur dé-
clare-t-il qu'il les comprendra sous le même nom de
conscience de soi ou de *conscience de la personnalité*,
pour simplifier le discours. C'est cette conscience, dit-il,
qui est totalement absente chez un somnambule, bien que
la simple conscience subsiste. « On dit d'un somnambule
qu'il a perdu la conscience. Pourtant tout ce qu'il fait
dans cet état (poésie, action d'écrire) montre qu'il a une
conscience très-nette. Mais il n'a plus une pleine conscience
de sa personnalité. Son attention, concentrée sur un seul
objet, est fermée à toutes les autres perceptions qui ne se
rapportent pas à cet objet; il n'a, par suite, aucun souvenir
des intérêts ou des objets qui ne s'y rattachent point [1]. »

Quelle est la cause de cette unité de la conscience qui
persiste à travers les moments de la durée et qui constitue
notre identité personnelle? M. de Hartmann n'invoque
pas, pour l'expliquer, l'unité et l'individualité de l'âme,
faisant remarquer, avec raison, que ce serait expliquer
le connu par l'inconnu. Il s'en tient aux données de notre
existence consciente, et ne cherche pas d'autres lumières
que celles de l'expérience. La condition de l'unité de la
conscience, sous le rapport du temps comme sous celui
de l'espace, c'est, suivant lui, la comparaison. C'est la
comparaison qui unit dans une même conscience une idée
passée et une idée présente, autrement dit, deux idées
séparées dans le temps; c'est elle aussi qui unit des re-

1. Ed. de Hartmann, *Philosophie de l'inconscient*, trad. de
Nolen, t. II, pp. 69, 70, etc.

présentations distinctes dans l'espace, c'est-à-dire provoquées par des molécules distinctes du cerveau [1].

Mais il faut, avant tout, que le passé puisse être rappelé dans le présent ; la perte, l'affaiblissement de la mémoire produisent des lacunes dans l'identité personnelle ou dans l'unité de la conscience. « Une jeune fille, après un sommeil léthargique, avait perdu toute mémoire, sans que ses facultés intellectuelles et son aptitude pour apprendre eussent souffert en rien. Elle dut se remettre à étudier l'alphabet. Les accès se renouvelèrent, et, après chacun d'eux, elle perdait la mémoire de tout ce qui s'était passé depuis l'accès antérieur, mais retrouvait le souvenir intact de ce qui avait précédé. Elle devait donc reprendre sans cesse ses études au point où elle les avait laissées lors de l'avant-dernier accès. Cet exemple nous présente, sous une forme complète et frappante, des faits que l'on peut observer partout, mais à un degré moindre. Nous ne pouvons donc admettre l'unité de la conscience entre le passé et le présent, qu'autant que, dans le présent, la conscience garde le souvenir du passé, ou du moins qu'autant que la possibilité de ce souvenir persiste entière. A la rigueur, on ne doit même parler de l'unité actuelle de la conscience, que lorsque la mémoire du passé existe actuellement : là où ce souvenir n'est que possible, l'unité de la conscience n'est aussi qu'en puissance [2]. » Mais quand deux représentations sont dans ma pensée, se rapportant, l'une au présent, et l'autre au passé, ce qui suppose que cette dernière se trouve reliée, par le lien de la causalité, à une représentation antérieure qui lui est identique, l'idée qui se rapporte au présent et celle qui se rapporte au passé sont comparées entre elles.

1. Ed. de Hartmann, *Phil. de l'inc.*, trad. Nolen, t. II, pp. 74-78.
2. *Id.*, t. II, p. 74.

Sans la comparaison, les deux idées seraient accompagnées de deux consciences différentes. « Mais, comme en
rassemblant les deux idées pour les comparer, je réunis
les deux consciences en une seule, celle de la comparaison, l'unité de la conscience est ainsi l'objet d'une intuition immédiate. La comparaison est donc la condition
sans laquelle l'unité de la conscience serait impossible[1]. »

Même explication pour l'unité de conscience dans les
représentations distinctes simultanées. « Un cerveau humain a une certaine étendue ; les idées qui se produisent
à l'une de ses extrémités sont distantes de plusieurs
pouces des idées qui se produisent à l'extrémité opposée.
Nous ne doutons pas cependant de l'unité de la conscience cérébrale. La raison en est simple. Dans l'état
normal de veille, chaque idée qui se produit à l'une des
parties du cerveau peut être *comparée* avec toute autre
idée qui naît en une autre partie. Au contraire, les idées
qui ont leur siège dans la moelle épinière et les ganglions, par exemple celle que les mouvements réflexes
provoqués par les blessures des intestins supposent nécessairement, ne sont en aucune façon rattachées par
l'unité de la conscience aux idées du cerveau. Chacune
de ces idées est l'objet d'une conscience séparée ; aucune
comparaison ne permet de réunir ces consciences diverses dans une conscience commune[2]. »

Ainsi l'unité et l'identité du *moi* ont pour fondement
la comparaison, et non pas l'activité volontaire. D'ailleurs, si la volonté est pour M. de Hartmann le principe
de notre être, il est loin d'en faire, comme Maine de
Biran, le pivot sur lequel tourne toute notre existence
consciente. A proprement parler, la volonté n'apparaît

1. Ed. de Hartmann, *Phil. de l'inconsc.*, trad. Nolen, t. II, p. 75.
2. *Id.*, t. II, p. 76.

même jamais dans la conscience. Nous avons conscience
des représentations, lorsqu'elles se détachent de l'inconscient malgré lui ; nous avons conscience des peines et des
souffrances, et même une conscience très vive, parce
que, plus que tout le reste, elles étonnent et contrarient
la volonté ; nous avons aussi conscience de nos plaisirs,
une conscience tardive, passagère, et qui s'émousse
promptement, parce qu'elle a besoin du contraste de la
douleur, de l'imprévu, de l'inattendu. Quant à la volonté,
si nous avons appelé consciente celle qui est unie à des
représentations conscientes, c'était la qualifier d'après
son contenu, car, en elle-même, elle demeure toujours
inconsciente. Comment, en effet, s'étonnerait-elle elle-
même, s'insurgerait-elle contre elle-même ? Et n'est-ce
pas là, nous l'avons vu, la circonstance qui provoque
l'éveil de la conscience ? Sans doute, nous croyons avoir
une intuition directe de notre vouloir, et, lorsque nous
voulons, nous nous imaginons le sentir immédiatement ;
nous supposons même que nous avons conscience de
pouvoir vouloir comme il nous plaît et quand il nous
plaît. Illusion ! Nous percevons les motifs qui précèdent
notre volition et en sont la cause, les sentiments qui l'accompagnent, les mouvements corporels qui la suivent et
en sont les effets ; nous percevons aussi l'idée de notre
vouloir, qui fait partie de l'idée du *moi* : mais le sujet
voulant en lui-même nous échappe. On se fâchera peut-
être, ajoute M. de Hartmann, en lisant cette démonstration, et en se voyant obligé de renoncer à une opinion
invétérée. « On se dira : Morbleu ! je puis pourtant vouloir ce que je veux, et quand je veux ; je sais bien que je
puis vouloir ; la preuve, c'est que je veux maintenant.
— Mais ce que l'on prend ici pour la perception directe
du vouloir n'est que la conscience d'une sensation réflexe
vaguement localisée, et surtout d'un sentiment d'opi-

niâtreté, ou simplement d'une conviction fortement arrêtée [1]. »

Une dernière raison en faveur de l'inconscience de la volonté, c'est qu'un homme ne sait ce qu'il veut qu'autant qu'il connaît son propre caractère, c'est-à-dire ce qui fait la force de ses différents désirs, les lois psychologiques qui président à l'influence des motifs, les oppositions et conciliations possibles de ses sentiments, et qu'il peut calculer à l'avance l'issue du conflit de ses désirs, et en prévoir la résultante, qui sera la volonté. Le sage idéal seul sait ce qu'il veut ; les autres hommes le savent d'autant moins qu'ils sont moins habitués à s'observer, à mettre leur jugement au-dessus des troubles de la passion, à prendre la raison pour guide unique de leur vie. « Les enfants et les femmes le savent rarement, et seulement dans des cas très simples. » On s'abandonne le plus souvent aux suggestions du sentiment, c'est-à-dire que l'on se confie à l'inconscient. « Si la science de la volonté n'était pas un produit indirect du raisonnement et de l'expérience, mais une donnée directe de la conscience, comme le plaisir, la peine ou l'idée, on ne comprendrait pas du tout comment il arrive si souvent qu'on croie sûrement avoir voulu une chose, et qu'on ne soit convaincu qu'ensuite, et par les faits eux-mêmes, d'avoir voulu tout autre chose. (Voir Ier vol., pp. 279-280.) Lorsqu'il s'agit des choses que la conscience perçoit directement, comme, par exemple, la douleur, il ne peut être question d'une pareille erreur. Ce que l'on perçoit en soi-même, on le possède réellement en soi, on le saisit immédiatement dans son être propre [2]. »

En résumé, nous bornant à exposer, de la *Philosophie*

1. Ed. de Hartmann, *Phil. de l'inconsc.*, trad. Nolen, t. II, p. 61.
2. *Id.*, t. II, p. 62.

de l'inconscient, ce qui a trait à la théorie de la personnalité, nous avons appelé l'attention sur les points suivants : 1º notre existence consciente a ses racines dans
l'esprit inconscient, qui est à la fois volonté et représentation ; 2º la conscience naît d'une opposition éprouvée
par la volonté inconsciente à la suite d'une action de la
matière organisée, hypothèse qui ne mérite pas d'être
discutée sérieusement ; 3' la simple conscience diffère de
la conscience de soi et de la notion de la personnalité ;
4º la comparaison est le principe de l'unité de la conscience et de l'identité du moi ; 5º la volonté en elle-
même est toujours inconsciente, et ce n'est pas le sujet
de l'activité volontaire que nous percevons directement,
mais son idée, avec les faits qui précèdent, accompagnent ou suivent la volition.

CHAPITRE VIII

Discussion des opinions de M. de Hartmann sur la conscience et la connaissance de soi-même.

La conception fondamentale de la *Philosophie de l'inconscient* et les théories métaphysiques ou sociales qui en avaient été déduites ont été discutées et ramenées à leur juste valeur [1]. Au point de vue psychologique, cette doctrine contient incontestablement une grande part de vérité. Comme le dit avec beaucoup de justesse, et en termes excellents, M. Colsenet, dans la conclusion de son intéressant ouvrage, il y a un travail intérieur qui prépare dans l'ombre les faits de notre existence consciente, et qui nous échappe. « Les perceptions et les sensations ne parviennent au *moi* que profondément modifiées par les centres qu'elles traversent; l'œuvre créatrice de l'imagination qui combine suivant des lois inconnues les données acquises, nous échappe entièrement et toujours; des représentations déterminantes, devenues tendances, habitudes ou instincts, provoquent, du fond le plus caché

---

1. L. Dumont, *Rev. scientif.*, 28 décembre 1872. — Renouvier, *Critique philos.*, 1874, t. I et II. — Nolen, traduction de la *Philosophie de l'inconscient*, introduction, 1877. — P. Janet, *Rev. des Deux-Mondes*, 1er juin 1877. — Franck, *Journal des savants*, juillet 1877. — Caro, le *Pessimisme au dix-neuvième siècle*, 1879. — Enfin, la thèse de M. Colsenet, sur la *Vie inconsciente de l'esprit*, 1880.

de nous-mêmes, des actes dont nous avons peine à nous rendre compte; nos volontés conscientes sont elles-mêmes, à notre insu, préparées par des influences secrètes, et nos émotions nous révèlent des penchants que nous ne soupçonnions pas. La conscience du *moi* est un point lumineux dans la vie de l'esprit; mais pour en avoir une entière connaissance, il faudrait tenir compte de cette infinité d'éléments psychiques diversement groupés en nous, auxquels, depuis des siècles, les générations successives ont apporté leur part[1]. »

I

Y A-T-IL DES IDÉES INCONSCIENTES?

Qu'on se représente l'âme inconsciente comme formant en chacun de nous un agrégat d'activités subordonnées les unes aux autres, un ensemble de dispositions, d'aptitudes, de tendances, de puissances actives harmonieusement coordonnées entre elles, une monade dominante groupant autour d'elle des monades inférieures qui en sont les organes et comme le corps invisible, une sorte d'*organisme psychique,* pour employer l'expression de M. Colsenet[1], c'est une hypothèse qui n'a rien d'invraisemblable, et qui paraît plus propre que beaucoup d'autres à expliquer les faits les mieux établis de la vie inconsciente de l'esprit, ainsi que leurs rapports avec

1. Colsenet, *Vie inconsciente de l'esprit*, p. 277.
2. *Id.*, p. 274. — Voir une opinion analogue, dans un article de Karl Boehm, *Philosophische Monatshefte*, 1876, vol. XII, fasc. 4, p. 181-182; dans une étude de L. Ferri, la *Coscienza, Filosofia delle scuole italiane*, décembre 1876, p. 264.

l'organisme corporel et avec les actes et les phénomènes de notre existence consciente. C'est d'ailleurs une conception dont on pourrait trouver l'origine chez un des plus grands philosophes. Leibnitz voyait dans la monade non seulement un principe de changement, mais aussi un *détail de ce qui change,* une multitude enveloppée dans une unité, une infinité de *replis* qui ne se développent sensiblement qu'avec le temps, un ordre dans des perceptions qui sont innombrables, puisqu'elles représentent tout l'univers. De plus, il n'admettait pas qu'une monade pût former une substance complète sans être unie à un organisme, non pas à un corps, mais à des monades inférieures.

Mais supposer que cet organisme psychique se compose de consciences multiples, subordonnées hiérarchiquement à une conscience centrale qui serait seule le siège du *moi*, et, d'autre part, concevoir des volontés et des idées existant comme idées et volontés en dehors de toute conscience, c'est une rêverie qui peut passer un instant devant l'esprit, mais qui se dissipe comme un léger nuage, dès que la réflexion entreprend de juger de sa consistance. En considérant l'âme comme une sorte d'organisme spirituel, dont les monades subordonnées seraient les organes, et les perceptions et tendances les fonctions, Leibnitz avait eu soin de ne pas confondre les états inconscients avec les manières d'être accompagnées de conscience. Il donnait aux premiers le nom de *perceptions*, laissant à ce mot une signification très générale, et entendant par là le fait, pour la monade, d'éprouver un changement d'état, qui consistait à envelopper et à représenter une multitude d'autres états, tant de la monade elle-même, que de toutes les autres monades de l'univers. Si nous voulions employer le langage de Kant, nous dirions que ce que Leibnitz appelle perception est une synthèse non dans l'unité de la pensée, mais seulement dans l'unité de la substance. Il réservait aux faits de conscience le nom d'*aperception*[1]. Il affirme bien l'existence d'idées innées, et, par suite, d'idées qui seraient dans notre esprit sans être dans notre conscience, mais on sait qu'il appelle ainsi non pas des idées en acte, mais des idées à l'état virtuel, c'est-à-dire des dispositions et des puissances. Il est impossible, en effet, d'essayer de concevoir ce que devient une idée en dehors de la conscience, sans reconnaître qu'elle a perdu ce qui fait son caractère spécifique, son existence propre, et qu'il ne reste d'elle qu'un ensemble de dispositions organiques et psychiques qui constituent non pas une idée inconsciente, mais un pouvoir inconscient de reproduire l'idée consciente.

Je ne puis être clair sans insister un peu. Le mot *idée*, εἶδος, fut primitivement métaphorique Il signifiait, dans son sens propre, une image, une peinture. Les philosophes, abusés par la métaphore, traitèrent de l'idée comme d'une chose qui représentait à l'esprit les réalités et qui était un intermédiaire entre l'esprit qui connaît et l'objet qui est connu. Cette idée ou représentation était tantôt considérée comme une véritable peinture matérielle faite en raccourci dans le cerveau, et ce fut l'opinion de Démocrite et d'Épicure; tantôt, ce qui n'est pas moins naïf et ce qui est plus inintelligible, comme une peinture spiritualisée; cette croyance, due à des commentateurs d'Aristote, fut assez répandue au moyen âge. Ces deux opinions sont les deux formes d'une même théorie, qui a reçu le nom de théorie des *idées-images*. On se sert encore aujourd'hui du terme d'images pour désigner certains phénomènes de conscience; mais, en

1. *Monadologie*, § 14.

général, on ne donne plus ce nom aux idées proprement dites ; d'autre part, on ne considère plus les images comme des représentations ou des peintures des choses, mais seulement comme des représentations de sensations passées et de sensations possibles. On reconnaît avec Descartes que nos images ressemblent aussi peu à leurs objets qu'une piqûre à une pointe d'épingle. Une autre opinion célèbre est celle des *idées représentatives*. Locke considérait les idées comme des représentations intellectuelles des choses, images exactes et directes des qualités premières des corps, et images indirectes et non ressemblantes des qualités secondes. Ces représentations intellectuelles, disait-il, sont ce que notre esprit aperçoit en lui quand il pense aux objets ; ce sont des intermédiaires entre lui et les réalités du dehors, et ce sont les seules choses qu'il connaisse directement. On a fait remarquer que si nous ne connaissons les choses que par l'intermédiaire d'idées qui en sont comme des copies, rien ne nous garantira la ressemblance des portraits ; rien même ne nous prouvera qu'il y ait des originaux ; et, partant de cette théorie, Berkeley sera naturellement conduit à l'idéalisme, et pourra considérer le monde comme une fiction produite par des idées mises en nous par Dieu. Malebranche considérait aussi les idées comme des entités représentatives, objets de notre pensée, et intermédiaires entre notre esprit et les choses réelles. On sait à quelles conséquences il aboutissait, et comment Arnauld avait signalé l'illégitimité et l'inutilité de son hypothèse.

Ces diverses théories étaient fondées sur une analyse psychologique inexacte ou incomplète. En réalité, l'idée n'est ni une image sensible, ni une représentation intellectuelle. C'est un acte de l'esprit, l'acte de l'esprit pensant à un objet, matériel ou immatériel, réel ou fictif,

particulier ou général. Elle n'est pas l'objet de la pensée,
car il est évident que quand je pense au soleil, l'idée et
l'objet sont deux choses différentes; mais elle en peut
devenir l'objet au moyen de la réflexion et de l'abstraction, comme nous le verrons tout à l'heure. Elle n'est
pas non plus un acte sans objet, car mes idées ne sont
pas ce que je veux, elles sont déterminées par des choses
qui agissent sur moi et qui me sont plus ou moins étrangères. Il faut donc, pour définir l'idée, tenir compte des
deux termes qu'elle implique, et c'est pourquoi nous
avons dit qu'elle est l'acte de l'esprit pensant à un objet.
Elle est liée à d'autres actes de l'esprit, à des souvenirs,
à des images, à des signes de la parole extérieure ou
intérieure, à des mouvements ou à des commencements
de mouvements musculaires propres à parcourir, à tracer, à figurer ou à réaliser les choses qu'elle représente;
elle est, si l'on veut, la fin d'un *processus* nerveux
sensible, et le commencement d'un *processus* nerveux
moteur, et en même temps un *processus* d'activité psychique, si l'on peut ainsi parler. Mais elle n'est, en aucune façon, une entité distincte du sujet pensant; elle
n'a d'existence que dans l'activité de ce sujet et par elle.
Il n'y a donc absolument rien qui nous autorise à regarder les idées comme des entités subsistant en elles-
mêmes, des matériaux qui entreraient dans l'intelligence,
puis qui en sortiraient, des richesses que l'on pourrait
accumuler et que l'on pourrait perdre, qui laisseraient
l'esprit plus ou moins vide ou plus ou moins rempli;
elles ne sont rien que l'esprit lui-même, considéré dans
les différents actes que déterminent en lui les objets
dont il s'occupe, ou dans les pouvoirs, les dispositions à
reproduire ces actes lorsqu'ils ont cessé.

Voilà pour le point de vue psychologique, mais il y
en a un autre, le point de vue logique, et c'est ce qui

fait qu'il est si difficile d'arriver à une définition unique
et invariable. Au lieu, en effet, de prendre l'idée dans
sa réalité, comme acte de l'intelligence, nous pouvons,
au moyen d'une abstraction toujours facile, la considérer
comme élément du jugement, objet de la réflexion, matière de tout travail intellectuel, c'est-à-dire comme
chose produite par l'esprit et qui peut se séparer de lui,
après avoir été fixée ou représentée par un nom. Sous
cette forme, l'idée semble distincte de l'acte qui lui a
donné naissance; elle en est le produit, et un produit qui
peut lui survivre. Dès lors, elle paraît avoir une existence propre; elle devient une chose dont nous faisons
l'objet de notre attention, dont nous analysons le contenu, dont nous découvrons les rapports avec d'autres
choses de même nature; que nous faisons entrer dans
notre intelligence, et que nous en laissons sortir, pour la
ressaisir quand il nous plaît; qui semble ainsi devenir
extérieure à notre pensée, impersonnelle; qui entre dans
d'autres esprits comme elle est entrée dans le nôtre;
qui partout porte avec elle son contenu et ses conséquences, qu'elle déroule avec le temps et par la seule
force de la logique, produisant ainsi des effets dans les
âmes, et, par là, dans les événements et dans le monde
réel, de sorte qu'elle semble posséder une puissance
active, et que pour mieux marquer sa vertu efficace on
a cru récemment pouvoir lui donner le nom d'idée-
force [1].

On peut même dire que c'est sous cette forme abstraite
que les idées sont le plus connues, et c'est parce que
beaucoup de philosophes les ont vues sous cet aspect
qu'ils se sont souvent égarés dans leurs recherches sur
l'origine et la formation de nos connaissances. Encore

[1. M. Fouillée.](#)

une fois, l'idée ainsi entendue n'est qu'une abstraction, à laquelle le mot qui y est attaché peut seul prêter une apparence de réalité. C'est le mot, en effet, qui permet de la retrouver au besoin, de la communiquer à nos semblables, d'en faire quelque chose de distinct de notre pensée, d'extérieur et d'impersonnel. Mais qu'est-ce que retrouver une idée, sinon retrouver par la pensée l'objet auquel elle se rapporte, ou, simplement, y penser de nouveau? Qu'est-ce que la communiquer, sinon au moyen du mot provoquer en autrui une pensée correspondant à la chose qu'elle représente? Ce qui, d'ailleurs, ne serait pas possible si la personne avec laquelle nous nous entretenons ne connaissait déjà cet objet ou quelque autre semblable ou analogue, car on ne peut donner à un aveugle de naissance l'idée de la lumière ou des couleurs. Qu'est-ce, enfin, que se représenter une idée comme une entité indépendante de toute pensée actuelle? C'est supposer, d'une part, que le nom qui l'exprime pourrait la suggérer dans d'autres intelligences que celles qui y pensent actuellement, et, d'autre part, que l'objet, le fait, le rapport auquel elle correspond pourrait être connu par d'autres esprits que ceux qui, présentement, le connaissent. Dans tous les cas, l'idée n'est qu'un acte réel ou possible, soit de notre pensée, soit d'une autre. Faites abstraction de cet acte de l'esprit, il ne reste que le nom qui rappelle l'idée; l'objet, particulier ou général, phénomène ou rapport, qui y correspond; enfin, la puissance de la reproduire, puissance dont les conditions sont à la fois psychiques et physiologiques, mais qu'il est impossible de déterminer positivement, parce que les unes sont à peu près inconscientes, et les autres à peu près inconnues.

Quand nous disons que l'idée est un acte de l'esprit, nous parlons de ce que nous connaissons, c'est-à-dire

d'idées conscientes et d'actes conscients. Des idées inconscientes nous paraissent être quelque chose, sinon de contradictoire, du moins de tout à fait différent des idées
que nous connaissons. Examinons cependant s'il est possible d'en concevoir l'existence, et si cela est nécessaire,
ainsi qu'on l'a affirmé.

Où pourrait être une idée en dehors de la conscience?
Je ne vois que trois hypothèses possibles : ou elle serait
dans des centres nerveux dépourvus de conscience, ou
dans des centres de conscience subordonnés à la conscience principale et distincts de cette dernière, ou dans
l'esprit inconscient. Dans le second cas, elle ne serait
inconsciente que d'une manière relative; dans les deux
autres, elle serait absolument inconsciente.

Je ne crois pas qu'on puisse soutenir sérieusement que
les centres nerveux inconscients soient capables d'avoir
des idées ou de penser. Les matérialistes eux-mêmes ne
l'ont entrepris qu'après avoir fait de la conscience une
propriété de la substance nerveuse, ce qui était spiritua-
liser la matière. On a dit, il est vrai, que l'habitude avait
le pouvoir de faire descendre, pour ainsi dire, dans nos
organes, nos idées et nos volontés, de telle sorte que nos
membres finissent par se gouverner eux-mêmes, dans
des mouvements souvent fort compliqués, sans que nous
y fassions attention, et d'une façon plus sûre même et
plus prompte que si nous restions chargés de leur direction. C'était une métaphore ingénieuse, mais, évidemment, ce n'était qu'une métaphore. On ne saurait oublier
qu'il y a dans toute idée une synthèse d'intuitions ou
de représentations. Une telle synthèse est-elle possible
ailleurs que dans l'unité d'une pensée? N'implique-t-elle
pas dans son sujet l'existence de moyens d'union ou de
liens intellectuels et logiques, tels que les principes formels d'identité, de ressemblance, de causalité, d'espace,

de temps, etc.? Les idées directrices de nos actions sont des notions concrètes, contenant des enchaînements de moyens appropriés à des fins, ou d'effets sortant d'une cause, de conséquences découlant d'un principe; peuvent-elles exister sans un pouvoir de découvrir ou d'établir des rapports logiques? Placera-t-on un pareil pouvoir dans des centres nerveux? Sur quelles preuves? On objectera peut-être que ces idées, qui semblent résider dans les centres inférieurs, et y rendent possibles non seulement les combinaisons motrices dues à l'habitude, mais aussi celles qui sont attribuées à l'instinct, à l'action réflexe, ne sont, en définitive, que des images, c'est-à-dire des représentations de choses sensibles et de mouvements corporels. Il faut se rappeler qu'une image ne représente pas des choses, mais des perceptions ou des sensations, c'est-à-dire les impressions que les choses provoquent dans une conscience. En dehors de la conscience elle serait donc inutile, si toutefois elle était possible. De plus, elle ne représente rien que pour une conscience; si l'on fait abstraction de cette dernière, elle n'est plus une représentation. Peut-être est-elle encore une modification psychique inconsciente; mais si l'on supprime toute présence de l'âme ou de l'esprit, comme dans l'hypothèse proposée, il ne reste plus que des actions cérébrales et nerveuses diversement combinées et accompagnées vraisemblablement d'excitations imperceptibles d'actions musculaires. Il n'y a aucune raison pour donner à des phénomènes de cette nature le nom d'idée, pas plus qu'il ne conviendrait d'appeler arc-en-ciel les gouttes de pluie qui tombent d'un nuage abstraction faite des rayons du soleil qui s'y réfractent. Que des associations de ces excitations et de ces mouvements se fassent dans l'organisme, nous pouvons le comprendre, mais nous ne comprenons pas que des idées y descendent.

Répondra-t-on qu'il ne s'agit pas d'idées dans un organisme purement physique, mais dans des centres subordonnés? C'est la seconde hypothèse, hypothèse absolument gratuite, fondée sur de vagues et insuffisantes analogies, qui soulève des objections insurmontables, et qui en réalité n'explique rien. S'est-on demandé auparavant quelles sont les conditions de la conscience? Suffit-il d'un centre nerveux quelconque, simple organe de transmission et de coordination automatique, ou faut-il un centre directeur et régulateur de tous les autres, siège de mouvements spontanés, de coordinations nouvelles, d'une activité maîtresse? Peut-il y avoir une conscience qui ne soit qu'une double face des phénomènes nerveux, une diversité et multiplicité sans unité, ou faut-il aussi un sujet sentant ou percevant capable d'opérer dans son unité cette synthèse qui nous paraît être un caractère distinctif de tout fait de conscience?

Est-il nécessaire, d'ailleurs, d'imaginer une hiérarchie de consciences pour expliquer la transmission de nos déterminations intellectuelles et volontaires dans nos organes et jusqu'aux extrémités de nos membres, comme les ordres du commandant d'une armée passent, par l'intermédiaire des officiers, dans l'esprit des soldats et déterminent leurs mouvements? Mais l'on n'admet plus que l'âme soit renfermée dans le cerveau comme un général sous sa tente; si elle n'est pas matière, il n'y a pas plus de raison pour la placer en un point de l'encéphale que dans le corps tout entier. Elle est partout où s'exerce son action; et si on la conçoit comme un organisme d'activités subordonnées les unes aux autres, il est difficile de ne pas lui attribuer des rapports plus ou moins directs avec les diverses parties de l'organisme physiologique. Tout ce que l'on peut dire, c'est que son activité supérieure et directrice est en relation plus immédiate

avec les hémisphères cérébraux qu'avec tout le reste du
système nerveux ; du moins son existence consciente a
pour condition un certain état du cerveau. Mais le siège
de ses sensations, de ses sentiments, de ses idées, de ses
volontés, est nécessairement aussi le sien. Or, quel est le
fait de l'âme qui puisse être regardé comme circonscrit
dans une portion déterminée de l'encéphale, qui n'implique pas une participation des centres inférieurs et même
des extrémités périphériques du système nerveux, ainsi
que de certains organes excités et mis en mouvement par
les nerfs, et qui ne change pas complètement de caractère si les parties éloignées de l'organisme cessaient de
contribuer à sa production? Pour parler des idées en
particulier, il est impossible que l'une d'elles se présente,
sans entraîner à sa suite des images, soit l'image du mot
qui l'exprime, soit celles des perceptions sensibles qui
correspondent à l'objet, s'il est matériel, ou à un symbole, à une expression figurée de l'objet, s'il est de nature intellectuelle et morale; ces images, à leur tour,
provoquent des excitations, des impulsions, des commencements d'action dans les organes de la voix ou dans les
organes des sens; la parole intérieure n'est qu'une petite
partie du mécanisme interne de l'imagination, des sens
et des organes, auquel nous avons naturellement et continuellement recours pour fixer, éclaircir, préciser nos
idées. Nous ne concevons pas même une ligne sans la
tracer en imagination, et sans qu'il y ait un commencement de mouvement, un mouvement réprimé, soit de
notre main, soit de nos yeux, pour la parcourir. Le fait
est encore plus manifeste quand il s'agit de l'idée d'une
action que nous nous proposons d'accomplir : le mouvement de nos membres semble faire partie de l'idée, tant
il est prêt à la suivre, à la réaliser. C'est après avoir
observé et analysé tous ces phénomènes que M. Bain a

pu dire : « Si l'idée tend à produire l'action, c'est qu'elle est déjà l'action même sous une forme plus faible [1]. »

Il est évident qu'il y a un lien naturel entre notre esprit et notre corps, et que toute modification de l'un produit son impression dans l'autre, ainsi que le pensait Leibnitz, comme Spinoza. Pour que la dépendance existe, il n'est pas nécessaire que nous trouvions soumises à notre autorité des consciences dociles, capables de recevoir nos ordres et de les exécuter. Il suffit que nos ordres soient connus de nous, parce que c'est à nous qu'il appartient de les contrôler, de les choisir, de les coordonner; mais, en dehors de notre esprit, ce ne sont plus des ordres qui se transmettent : c'est une série d'actions cérébrales, nerveuses, musculaires, associées par la nature ou par l'expérience, qui se provoquent mutuellement. Toute idée est liée à une action nerveuse qui se propage dans l'organisme. S'il n'y avait pas une corrélation naturelle entre notre pensée et nos mouvements, comment l'établirions-nous? Si une idée, en naissant, était détachée et indépendante de toute action nerveuse, comment pourrait-elle jamais agir sur les nerfs, et mouvoir l'organisme? Nous nous servons de cette corrélation, nous la développons, nous lui donnons des applications diverses, mais nous ne la faisons pas. Pour certains actes, la nature a établi elle-même entre certaines perceptions et certains mouvements une correspondance parfaite; pour d'autres, elle ne nous a donné qu'une disposition générale, dans laquelle l'expérience développera peu à peu des aptitudes spéciales : c'est une sorte de pouvoir d'association qui a besoin d'essais longuement répétés pour lier tels mouvements à tels autres, et tous ensemble à certaines perceptions sensibles [2].

1. *Sens et intell.*, p. 298.
2. Voir Cournot, *Fondements de nos connaissances*, t. II, p. 285.

L'hypothèse d'une hiérarchie de consciences multiples subordonnées à la conscience principale paraît donc superflue. D'ailleurs, elle n'explique rien, car, à moins de supposer que notre être, corps et âme, ne se compose que de consciences, et qu'il n'y entre pas autre chose, il faudra bien toujours, en descendant de consciences en consciences, finir par arriver à l'obstacle qu'on aura inutilement reculé : je veux dire à un rapport entre une conscience inférieure et la matière organisée. De plus, par quelle sorte de transmission secrète la conscience centrale communiquera-t-elle ses idées aux consciences subordonnées? Nous connaissons, entre consciences, la communication par le langage, par des signes sensibles. Faudra-t-il supposer ici quelque chose de pareil, et attribuer à tous ces centres conscients de petits organes des sens? On nous répondra qu'ils ont entre eux la communication nerveuse, beaucoup plus directe et plus intime. Une idée passe-t-elle par les nerfs? On en est réduit à supprimer la transmission des idées, pour ne laisser à la place qu'une transmission d'activité nerveuse. Mais alors à quoi bon des consciences, et de quel secours seront-elles? De simples centres nerveux sont autrement propres à remplir les fonctions dont il s'agit : ils reçoivent l'excitation sensible ou motrice, la transmettent, la coordonnent, soit sous l'impulsion régulatrice des centres supérieurs, si les mouvements sont inaccoutumés ou peu ordinaires, soit par eux-mêmes, si l'action est réflexe et si les ressorts en sont depuis longtemps ajustés dans les cellules et les fibres dont ils se composent. *Entia non sunt multiplicanda præter necessitatem,* disait la sagesse scolastique.

Cependant, il est incontestable que la vie de l'âme ne s'accomplit pas tout entière sous le regard de la conscience. Nos idées, comme nos joies et nos peines, nos déterminations volontaires, comme nos inclinations, ne sont pas toujours présentes; de plus, dans toute perception, émotion ou action consciente, il y a des détails, des termes intermédiaires, des associations d'antécédents ou de conséquents qui n'apparaissent pas, mais dont le concours est pourtant nécessaire pour produire le résultat final, qui apparaît; enfin, il y a au fond de notre être des tendances instinctives, des aptitudes naturelles, des penchants héréditaires, qui, avec le concours des circonstances extérieures, impriment à chaque existence individuelle son caractère et sa direction, et qui nous marqueraient un but, lors même que notre volonté ne s'occuperait pas d'en choisir un. Que sont toutes ces choses hors de la sphère de la conscience? La conception d'une vie inconsciente de l'esprit est une thèse trop bien justifiée, trop conforme aux faits, et aujourd'hui trop bien établie pour qu'il soit possible de la remettre en question. Il s'agit seulement de savoir si dans cette existence inconsciente il peut y avoir des idées. C'est la troisième et dernière alternative que nous avions à examiner.

Renonçons à concevoir les idées d'une manière abstraite, dans un entendement abstrait comme elles, à en faire des ombres d'idées dans l'ombre d'un esprit. Essayons de les observer dans leur réalité concrète, dans l'homme vivant, où elles se produisent. Nous sommes bien forcés alors de voir en elles un développement d'activité mentale, précédé, accompagné et suivi d'un développement d'activité nerveuse et musculaire, ou, selon l'expression des biologistes, un *processus* à la fois psychique et physiologique. Si c'est une perception, l'excitation nerveuse commence aux extrémités périphériques; si c'est un souvenir, une image, il est probable qu'elle commence dans les centres cérébraux, mais dans des centres subordonnés aux centres modérateurs[1]; il en doit être de même pour une idée abstraite, car toute pensée, quelque spiritualisée qu'elle soit, contient encore des éléments sensibles, tels que les images, les symboles, les mots, qui lui servent de soutien, et qui en sont, pour ainsi dire, le corps. L'action nerveuse sensible ou centripète paraît être inévitablement suivie d'une excitation centrifuge ou motrice. Dans les perceptions, le fait est manifeste : l'impression sensible provoque des mouvements des organes du toucher, du globe de l'œil et de quelques-unes de ses parties, de parties internes de l'oreille, et aussi un commencement d'excitation des organes de la voix, ainsi que l'avait fait remarquer Maine de Biran. Pour les images ravivées, les souvenirs, les idées abstraites, il est difficile de nier qu'il ne se passe pas quelque chose d'analogue. M. Bain l'avait déjà démontré ; M. Taine et d'autres encore en ont donné aussi de nombreux exemples. « En rappelant une idée, dit de son côté un physiologiste, ou en considérant attentivement une ou quelques idées, nous mettons en mouvement, mais d'une manière restreinte ou étouffée, les actes auxquels sont associés, dans la cohésion organique, les facteurs sensitifs de l'idéation.

« Nous pensons à la forme, en commençant puis en arrêtant les mouvements des yeux et des mains par lesquels les idées de forme ont été acquises et persistent. Et de même que les impressions ou les idées sensitives tendent par l'association à rappeler des mouvements idéaux ou actuels, de même, inversement, l'excitation des mouvements tend à appeler par l'association les divers facteurs sensitifs qui se combinent à ces mouvements particuliers pour constituer des idées complexes. Dans le cas d'idées dont l'élément moteur n'est pas apparent, le mode

1. D. Ferrier, *Fonctions du cerveau*, ch. XI, § 102-104.

d'excitation peut être rapporté aux mouvements d'articulation auxquels sont associées les idées comme à des symboles. De fait c'est ici le mode le plus usuel du rappel des idées en général. Nous rappelons un objet à l'idée en prononçant le nom d'une manière étouffée. Par conséquent, nous pensons et nous dirigeons le courant de la pensée, en grande partie, au moyen du parler intérieur.

« Tel est surtout le cas en ce qui concerne le rappel d'idées abstraites par opposition aux idées concrètes et particulières. Les qualités abstraites et les relations des objets n'existent qu'en vertu des mots, et nous pensons aux exemples concrets et particuliers d'où a été formé le général ou abstrait en effectuant les mouvements articulaires symboliques auxquels sont attachées ces idées.

« Un aphasique est incapable d'idéation abstraite ou de pensée suivie. Il ne pense qu'à des choses particulières, et ses pensées sont conditionnées principalement par les impressions présentes faites sur les organes de ses sens, impressions qui éveillent des idées selon les lois habituelles de l'association [1]. »

Il y a donc dans toute idée une sorte de courant nerveux, analogue à celui qui constitue l'action réflexe, mais beaucoup plus complexe et avec participation des centres supérieurs.

Il est possible, sinon d'observer, du moins de se représenter le *processus* physiologique qui est une condition de l'idée; mais il n'en est pas de même du développement d'activité mentale qui est proprement ce qui la constitue. Nous découvrons en nous, à la vérité, l'acte de la pensée consciente qui est l'achèvement de l'idée, mais nous ne saisissons pas, à tous ses degrés, l'activité psychique qui

1. D. Ferrier, *Fonctions du cerveau*, ch. XI, § 103. — Voir aussi V. Egger, *Parole intérieure*, notamment ch. v; — Cournot, *Fondement de nos connaissances*, t. I, pp. 234-237.

la prépare, qui en réunit les éléments, qui les lie et les façonne, y imprimant, sans que nous le sachions, la marque de toutes nos expériences antérieures, dont nous ne nous souvenons pas, et la forme, le moule des catégories ou des lois originelles de la pensée que nous ne faisons pas, que nous ne pouvons pas changer, et qui s'appliquent malgré nous, en dehors de notre conscience. Nous percevons un produit, mais non ses éléments ou ses facteurs primitifs ; une fleur tout éclose, mais non les actions secrètes qui se sont passées dans le germe dont elle est née, et dans le sol au-dessus duquel elle apparaît. L'analyse du composé, telle que l'ont faite Kant et après lui M. Renouvier d'une part, MM. Spencer, Bain, de Hartmann, etc., de l'autre, nous permet de reconnaître les parties intégrantes, et d'affirmer avec certitude, qu'elles sont produites et associées par quelque activité cachée ; mais le mécanisme de cette production et de cette association nous échappe à peu près entièrement. Sans doute, il y a dans nos idées des éléments qui peuvent tomber sous le regard de la conscience parce qu'ils se sont autrefois produits isolément, et qu'ils peuvent encore se reproduire de cette manière. C'est pourquoi nous nous apercevons aisément que toute idée est une synthèse, soit d'intuitions, soit de représentations ; en d'autres termes, qu'elle est un acte intellectuel comprenant d'autres actes, dont les uns sont aussi des actes de la pensée, c'est-à-dire des idées ; les autres, des actes de l'imagination ou des sens, c'est-à-dire des images ou des sensations. Par exemple, dans l'idée concrète d'un corps particulier, nous distinguons sans peine la représentation des sensations diverses qu'il pourrait nous donner, et des mouvements variés que nous devrions exécuter pour le percevoir. Dans une idée abstraite, nous pouvons retrouver la représentation de propriétés communes à plusieurs objets indivi-

duels, de rapports associés par nous au mot qui exprime
l'idée, et aussi, en poussant plus loin l'analyse, d'opérations que notre pensée a dû ou devrait accomplir pour
comparer, abstraire, généraliser, extraire enfin des expériences concrètes ce qui est l'objet de la conception
générale ou abstraite. Ces actes élémentaires ne sont pas
absolument insaisissables pour notre conscience ; elle les
distingue lorsque nous voulons y être attentifs. Mais le
plus souvent nous ne nous en apercevons pas ; par l'effet de l'habitude, ils s'effacent, disparaissent et finissent
aussi par devenir inconscients. Ils forment la matière
d'une sorte de mémoire abstraite dont les éléments ne
sont attachés à aucun moment de la durée, à aucun fait
concret, qui sont toujours disponibles et prêts à entrer,
sans même que nous nous en doutions, dans toutes les
opérations ultérieures de notre esprit. Mais la mémoire,
abstraite ou concrète, n'est encore qu'une faible partie de
l'activité psychique mise en jeu par la production de chacune de nos idées[1]. Elle représente, dans le développement de notre esprit, la part due à celles de nos expériences personnelles dont nous avons connaissance. Mais
outre celles-là, que d'expériences dont nous n'avons plus
depuis longtemps aucune idée, et dont le résultat subsiste
en nous ! Que de perceptions peut-être inaperçues qui ont
laissé leur trace ! Que d'impressions fugitives, à jamais
oubliées, qui contribuent cependant à donner à nos impressions actuelles le ton ou la couleur avec lesquels elles
se présentent à nous ! A nos acquisitions personnelles ajoutons celles que nous tenons des générations qui nous ont

1. Voir les exemples cités par Stuart Mill, *Philosophie de
Hamilton*, ch xv ; — H. Spencer, *Principes de psychologie*, t. I,
p. 419 ; — M. Bain, *Sens et intelligence*, seconde partie, ch. v ; —
M. de Hartmann, *Philosophie de l'inconscient*, seconde partie,
ch. vii ; — Colsenet, *Vie inconsciente*, première partie.

précédés, et dont nous sommes les héritiers, ces manières de penser qui sont la marque d'un siècle, d'une nation, d'une race. Joignons-y les principes et les lois mêmes de la pensée, ce qui constitue la forme fondamentale de l'intelligence humaine, et donne à toutes ses conceptions ces caractères qui les rendent intelligibles pour tous les hommes. Nous reconnaîtrons alors que le courant de la conscience que nous apercevons n'est, pour ainsi dire, qu'un mince filet qui coule à la surface, et qu'il y a au-dessous, dans notre âme, des profondeurs où nous ne saurions pénétrer, et où se prépare, se conserve et s'effectue même, pour la plus grosse partie, l'œuvre de notre esprit. Les doctrines de l'évolution et de l'inconscience nous aident à comprendre ce qu'il pouvait y avoir de vrai dans la pensée de Leibnitz, lorsqu'il disait que toute monade est le miroir de l'univers, et que dans chaque perception subsiste quelque chose de toutes celles qui ont précédé.

Il est donc impossible d'expliquer les faits les mieux constatés de la pensée, sans admettre la réalité de tout un travail intérieur de formation, d'adaptation et de conservation des éléments des idées. Il est impossible aussi de ne pas reconnaître que cette préparation et cette conservation s'accomplissent en dehors de la conscience. Mais nous ne voyons cependant aucune raison d'appeler *idées* ces fonctions de l'activité inconsciente de l'âme. Ce sont des éléments des idées, des conditions psychiques de leur existence, mais ce ne sont pas des idées véritables. Il y manque une condition essentielle, la présence de la conscience. Si l'on se servait du langage d'Aristote, on dirait que ce sont des idées en puissance, mais non pas des idées en acte, et que, pour les faire passer de l'idée en puissance à l'idée en acte, il faut une cause motrice et formelle, qui est l'activité consciente. On pourrait dire encore, avec Leibnitz, que

ce sont des dispositions, des tendances, des virtualités naturelles ou acquises, et non des actes complets,
quoique ces virtualités soient toujours accompagnées de
quelques actes cachés qui y répondent. Il ne faut pas y
voir des possibilités vides, qui ne sont que des abstractions, et qui ne produiraient ni n'expliqueraient rien,
mais des puissances actives, qui ne sont jamais sans
effectuer quelque action, bien que cette action n'arrive
pas à la lumière de la conscience et manque ainsi de
l'achèvement nécessaire pour devenir une pensée. Pour
employer les expressions des psychologues physiologistes, nous dirons que c'est un *processus* d'activité physiologique et psychique qui n'arrive pas jusqu'à son
terme ou son point culminant, l'activité consciente; qui
s'accomplit dans les fonctions psychiques inférieures,
sans intéresser la fonction dominante, qui est la pensée
consciente; qui ne dépasse pas les centres cérébraux
subordonnés et ne subit pas l'action des centres directeurs ou modérateurs, dont l'activité peut être très vraisemblablement considérée comme étant la condition
physiologique de la conscience. Ces diverses expressions
employées pour désigner et expliquer le fait qui pourra
être l'idée, mais qui ne l'est pas encore, sont toutes
plus ou moins intelligibles. L'hypothèse qu'elles représentent n'a rien d'inacceptable. Elle a l'avantage de ne
pas nous jeter dans la confusion des langues, la principale cause de l'impuissance de la pensée. Comment, en
effet, espérer de jamais s'entendre en philosophie si l'on
appelle du même nom, d'une part, le fait complet, et,
d'autre part, des éléments partiels du même fait, des
éléments auxquels il manque précisément la condition
qui donnera au fait son caractère spécifique? Que dirait-
on aujourd'hui d'un physicien qui identifierait cette sensation spéciale appelée le son d'une cloche avec les

vibrations mêmes de la cloche? Les vibrations du bronze
ne sont qu'une condition; pour qu'elles deviennent un
son, il faut qu'elles soient perçues par un sens de l'ouïe.
De même la matière qui s'étale sur la corolle de la fleur
la plus brillante n'est pas par elle-même une couleur : il
faut d'abord que la lumière s'y réfracte et s'y réfléchisse;
il faut, en outre, qu'elle soit aperçue; les rayons lumineux ou colorés ne sont pas des couleurs ou de la lumière, mais seulement des ondulations de l'éther, c'est-
à-dire des mouvements d'atomes matériels, tant qu'une
conscience n'a pas perçu leur action sur le sens de la
vue. Il ne saurait en être autrement pour les idées : hors
de la pensée consciente, il ne reste d'elles que des conditions partielles de leur existence. Pour qu'elles existent
à l'état d'idées, il faut qu'elles soient aperçues par une
conscience [1].

La grosse objection qu'on tient en réserve pour nous
opposer à la fin, et qu'on croit insurmontable, c'est celle
qui est tirée de la difficulté de comprendre un commencement de la pensée ou de la conscience. « Nous ne comprenons pas, dit M. Colsenet, répétant une argumentation
connue, que la conscience s'ajoute à des sensations, à
des perceptions, à des jugements, qui en auraient été
dépourvus d'abord. Nous comprenons moins encore qu'à
la suite d'un fait physiologique la qualité de fait psychique naisse subitement par une sorte de génération
spontanée [2]. » Cependant, à moins de retourner en arrière jusqu'à Héraclite et Anaxagore, et de prendre à la
lettre leur maxime que tout est dans tout, se condamnant
ainsi à une confusion universelle, il faut bien admettre
que les formes successives de l'existence diffèrent les

1. Voir L. Ferri, *la Coscienza, Filosofia delle scuole italiane*,
febbraio 1876, pp. 21-27.
2. *Vie inconsciente de l'esprit*, p. 274.

unes des autres par quelque chose qui n'était pas dans les plus simples et qui commence avec les plus complexes. S'il y a des existences supérieures et des existences inférieures, ainsi que le croit naïvement le sens commun, ainsi que le pensait Aristote aussi bien que Platon, ainsi que l'affirmait Aug. Comte comme Leibnitz, ainsi que le reconnaît la philosophie de l'inconscient comme celle de l'évolution, il faut bien avouer que ce qui fait l'infériorité des unes et la supériorité des autres, ce sont des qualités qui ne se trouvent pas dans les premières et qui sont dans les secondes, qui, par conséquent, ont eu un commencement. Qu'elles soient nées « subitement, par une sorte de génération spontanée », c'est une autre question. Nous sommes toujours libres d'admettre que les formes supérieures de l'être ont eu, dans les formes inférieures, quelques-unes des conditions de leur existence, puisqu'elles paraissent en être sorties et les reproduisent en elles ; mais il faut bien nous accorder aussi qu'elles n'y avaient pas toutes leurs conditions, puisqu'elles n'y existaient pas. Pour essayer de comprendre la possibilité de leur apparition, nous avons le choix entre deux hypothèses, bien connues dans l'histoire de la philosophie : ou les qualités les plus hautes ont été contenues de toute éternité dans les qualités les plus humbles, c'est-à-dire que la pensée, la liberté, le génie, la vertu, le dévouement sont des propriétés de l'atome matériel, au même titre que la pesanteur ou l'impénétrabilité ; mais on sera bien forcé d'avouer qu'elles n'y sont qu'en puissance, et il restera toujours à chercher par quelle influence elles sont amenées à s'y manifester en acte ; ou bien les formes successives de l'existence ont leur source dans un principe supérieur à toutes, contenant dans sa perfection la cause de toutes les qualités qui existent et de toutes celles qui peuvent exister, faisant sortir les existences plus parfaites des existences moins parfaites, par une action secrète qui nous échappe, et dont nous ne percevons que les effets, avec les lois invariables selon lesquelles elle les produit et les enchaîne les uns aux autres. Il y a longtemps que les intelligences les plus hautes et les plus puissantes dont s'honore la philosophie ont déclaré quelle était la plus raisonnable de ces deux hypothèses.

Ce n'est pas seulement la conscience qui s'ajoute à des modifications organiques précédemment inconscientes, ou la qualité de fait psychique qui commence dans ce qui n'était d'abord qu'un fait physiologique : c'est aussi la vie qui apparaît au milieu des forces inorganiques, comme une chose qui n'y était pas contenue; ce sont les propriétés physiques et chimiques elles-mêmes qui se soudent aux forces mécaniques, apportant avec elles des forces spécifiques que les autres ne possédaient pas[1]. Les phénomènes d'ordre inférieur peuvent être conçus comme étant des conditions des phénomènes d'ordre supérieur; mais, ou il faut renoncer à avoir des idées distinctes et à attacher aux mots des significations déterminées, ou il faut reconnaître que les seconds phénomènes sont autre chose que les premiers; qu'ils n'en sortent même pas par voie de simple transformation, mais parce qu'une condition nouvelle, qui ne se trouvait pas dans les uns, s'y est ajoutée pour donner l'existence aux autres. Leibnitz disait : *Nihil est in intellectu quod non prius fuerit in sensu, nisi ipse intellectus.* On peut ajouter, avec autant de raison : *nihil est in sensu quod non prius fuerit in vita, nisi ipse sensus;* — *nihil est in vita quod non prius fuerit in materia et motu, nisi ipsa vita,* etc.

1. Cournot, *Fondement de nos connaissances.* t. I, pp. 263, 269; — Renouvier, *Logique rationnelle,* t. III, p. 117 et suiv.; — Boutroux, *Contingence des lois de la nature.*

Pour les conditions inférieures des êtres, pour ce qui en est la matière au sens d'Aristote, il n'y a pas de commencement. Pour les conditions supérieures et métaphysiques qui les rendent possibles, pour le principe divin de leur être, nous n'en concevons pas non plus. Mais il y en a pour les formes spécifiques de leur existence réelle. Un phénomène psychologique naît d'un phénomène organique, mais en y ajoutant ce qui fait son caractère propre; un fait psychique inconscient peut devenir un fait de conscience, mais par la présence d'un élément nouveau. Il est évident que l'addition reste toujours difficile à comprendre; cependant, penser que le total résulte d'une addition est encore un miracle moins grand que de reconnaître un total sans vouloir de l'addition.

Ainsi l'activité inconsciente ne peut être considérée que comme une condition de l'idée; il faut que la conscience s'y joigne pour que l'idée existe. La même analyse et la même critique appliquées à la volonté conduiraient à la même conclusion : il n'y a pas de volonté sans un pouvoir de se représenter plusieurs actions possibles et de choisir parmi elles; autrement dit, il n'y a pas de volonté sans idées et sans réflexion, ce qui implique la conscience. Otez en pensée la conscience, il peut rester une tendance intime et secrète vers une fin, c'est-à-dire un développement d'activité inconsciente avec une direction et des adaptations déterminées, un processus psychique et physiologique tout prêt à produire certaines idées, certaines actions, certaines joies ou certaines peines, ou encore à modifier celles que d'autres causes produiront; mais ces dispositions psychiques et physiologiques ne sont pas une volonté. Elles seront peut-être une volonté, elles l'ont peut-être été déjà et pourront le redevenir encore, mais pour cela il faudra qu'elles apparaissent dans la conscience, que le *moi* les accepte, se les approprie, et fasse d'elles avec réflexion, et autant qu'il les connaîtra et qu'elles dépendront de lui, son activité personnelle. Même alors un grand nombre de détails dans les moyens d'exécution resteront inconscients et étrangers au *moi*, mais deux choses au moins seront en son pouvoir : le choix du but ou de l'action principale, et l'impulsion première à donner. L'important est d'examiner si ces tendances qui sont la matière de la volonté, ainsi que les dispositions, aptitudes ou puissances actives, qui sont les conditions des sentiments, des souvenirs, des images et des idées, ne sont plus que des faits organiques ou physiologiques une fois qu'elles ont disparu de la conscience, ou si elles restent des faits psychiques inconscients. Il est clair que la question est une des plus difficiles et des plus obscures que la psychologie ait à discuter. Mais les travaux considérables auxquels a donné lieu la philosophie de l'inconscient permettent d'affirmer que ce ne sera pas une recherche sans résultat.

II

L'ORIGINE DE LA CONSCIENCE

La seconde théorie que nous avons signalée chez M. de Hartmann est celle qui est relative à l'origine de la conscience. C'est un conte fantastique beaucoup plus qu'une conception philosophique. On se rappelle que, suivant lui, la conscience est produite par l'étonnement douloureux de l'inconscient, à la suite de l'émancipation d'une idée ou représentation qui ose s'affranchir de la tutelle de la volonté, malgré cette dernière. Il faut avouer que si l'étonnement est le commencement de la science, ainsi

que le disait Aristote, et si la possession de la science a
pour effet de le faire cesser, l'inconscient doit être fort
ignorant, ou n'en être encore qu'aux premiers éléments
de son éducation scientifique. Nous ne perdrons pas
notre temps à réfuter sérieusement cette fiction[1]. Nous
nous bornerons à dire que l'origine de la conscience étant
impénétrable, comme toutes les origines en général, il
est inutile d'imaginer, pour l'expliquer, une hypothèse
qui, par la nature des choses, est nécessairement invé-
rifiable. M. de Hartmann le reconnaît lui-même, lorsqu'il dit[2] que pour expliquer le passage de l'inconscient
à la conscience, il faudrait pouvoir se placer en dehors
des deux, ou plutôt être à la fois dans l'un et dans l'autre,
ce qui nous est impossible.

Au lieu de chercher en vain à comprendre le commencement de la conscience, il serait sage de se contenter
d'étudier les conditions tant physiologiques que psychologiques qui en accompagnent invariablement l'apparition et la continuation. La tâche serait encore ardue, car
en cette matière l'expérimentation directe est à peu près
impossible ; l'expérimentation indirecte, préconisée par
quelques philosophes allemands, ne s'étend qu'à un très
petit nombre de phénomènes et ne fait que commencer[3].
On en est réduit à essayer d'interpréter les faits produits
par la nature, tels qu'ils sont dans toute leur complexité,
sans pouvoir les diviser, et à imaginer des hypothèses
propres à en expliquer les diverses circonstances, sans
pouvoir les contrôler dans des conditions méthodique-

1. On en peut lire si on veut, une réfutation dans le travail
déjà cité de M. Beohm, *Philosophische Monatshefte*, 1876, XII
Band, IV Heft, p. 161.
2. T. II, p. 53.
3. Ribot, *Psychologie allemande contemporaine*; — Séailles,
Revue philos., avril 1882.

ment choisies. Maine de Biran avait vu la condition psychologique de la conscience dans l'effort de la volonté appliqué à l'action musculaire; M. Spencer, dans une différenciation et intégration d'états psychiques, à condition qu'elles ne soient pas automatiques [1]; M. Bain, dans le fait de percevoir un changement [2]; M. Wundt, dans un acte de raisonnement ou une conclusion qui se répète à chaque instant [3]; M. Bœhm la voit dans la fixation des représentations, qui, d'un centre sensible inférieur, pénètrent jusqu'au centre supérieur de la conscience [4]; M. L. Ferri, qui a écrit sur la conscience et le moi des pages qui me paraissent être d'une importance capitale, dans la production d'actes par une activité présente à elle-même [5].

Quant aux conditions physiologiques de la conscience, les uns les trouvent dans l'excitation de certaines cellules cérébrales constituant une sorte de *sensorium* [6]; les autres, dans la désintégration des éléments nerveux des centres cérébraux [7]; d'autres, dans l'intensité différentielle des excitations nerveuses [8]; d'autres encore placent, sinon la condition de la simple conscience, du moins celle de la conscience attentive et claire, dans l'action de centres modérateurs situés dans les lobes frontaux [9]. Mais tous s'accordent à dire qu'un état normal de la conscience exige l'état normal du cerveau; l'anémie de cet

1. *Princ. de psychol.*, t. II, pp. 303-315.
2. *Sens et Intelligence*, p. 279.
3. Ribot, *Psychol. allem.*, p. 292.
4. Article cité, *Philosophische Monatshefte*, 1876.
5. *Filosofia delle scuole italiane*, juin 1875, février et décembre 1876, octobre 18.7.
6. Carpenter, *Principes de physiologie mentale*, 1874; — Luys, *le Cerveau*, 1876.
7. Herzen, *Revue philosophique*, avril et juin 1879.
8. Weber, Fechner et les partisans de la psycho-physique.
9. D. Ferrier, *Fonctions du cerveau*, § 101.

organe entraîne la faiblesse, les lacunes de la conscience,
et si celle-ci s'évanouit pendant le sommeil, c'est parce
qu'il se produit alors une diminution de l'afflux du sang
au cerveau [1].

III

DISTINCTION DE LA CONSCIENCE ET DE LA CONNAISSANCE DE SOI-MÊME

M. de Hartmann sépare la simple conscience de la
conscience de soi; de plus, dans la conscience de soi il
distingue deux choses qui, bien qu'ordinairement unies,
ne lui paraissent pas inséparables : d'une part, la conscience du sujet actuel dans sa modification présente;
d'autre part, la notion de la personnalité permanente ou
de l'identité continue du sujet à travers tous les événements de sa vie et tous les moments de sa durée. Cette
dernière notion dépasse, en effet, la portée de la conscience, puisqu'elle a pour objet notre existence dans le
passé aussi bien que dans le présent; c'est un produit
complexe de l'intelligence, une idée dont la synthèse est
faite par l'entendement et la raison, et dont le contenu
est fourni en partie par la conscience, plus encore par la
mémoire, et quelquefois aussi par l'imagination, une représentation et non une intuition. Quant à la distinction
de la simple conscience et de la conscience de soi, elle est
assez généralement admise en psychologie, mais a été
entendue de plusieurs manières. Nous allons examiner si
l'interprétation de M. de Hartmann est fondée.

1. Voir Claude Bernard, *Fonctions du cerveau*, *Revue des
Deux-Mondes*, 15 mars 1872.

La pensée de M. de Hartmann est qu'au fond la conscience est une ; son objet seul varie : c'est tantôt la
représentation d'un objet étranger, et tantôt la représentation de nous-mêmes ; la différence du contenu
constitue seule la différence des formes. Se représenter
un objet extérieur, c'est la conscience simple ; se représenter soi-même, c'est la conscience de soi. Il ajoute, ce
qui est à remarquer, que sous cette dernière forme la
conscience a pour terme non le moi lui-même, mais seulement sa représentation ; elle consiste à prendre pour
objet l'idée du sujet, et non sa réalité. Il affirme, en outre,
que la conscience de soi est une application toute spéciale, accidentelle, de la conscience ordinaire, que cette
dernière ne suppose essentiellement que la représentation d'un objet sans aucun retour sur le sujet ; en d'autres
termes, qu'il peut y avoir conscience sans un degré quelconque de conscience de soi.

Or, il nous est impossible de comprendre, d'une part,
comment la conscience de nous-mêmes ne serait que la
conscience d'une idée, et, d'autre part, comment nous
pourrions avoir conscience de quoi que ce soit, sans avoir,
en même temps, d'une manière aussi indistincte qu'on le
voudra, conscience de nous-mêmes.

L'idée d'un objet quelconque, extérieur ou intérieur,
suppose toujours un sujet qui le perçoit ou qui y pense.
L'idée de nous-mêmes ne saurait échapper à cette loi
nécessaire. Elle implique, comme toute autre, les deux
termes essentiels : l'objet représenté et le sujet pensant.
Nul ne s'avisera de croire, en effet, que réfléchir sur soi-
même, ce soit passer tout entier à l'état d'objet : il y a
quelqu'un sur qui on réfléchit, mais il reste quelqu'un qui
réfléchit. Il se produit, ainsi qu'on l'a remarqué depuis
longtemps, une sorte de dédoublement de nous-mêmes. Le
langage, qui est l'expression naturelle des choses, mar-

que parfaitement cette division que la personne établit en
elle : *je* réfléchis sur *moi, je* pense à *moi, je me* représente *moi-même.* Je reste le sujet de ma pensée en même
temps que j'en deviens l'objet. Il est évident que je ne
suis pas à la fois sujet et objet sous le même rapport : la
logique s'y oppose, et la psychologie découvre aisément
des explications pour montrer que la logique n'a pas tort.

Toute pensée est une synthèse d'intuitions ou de représentations dans l'unité de l'activité intellectuelle. Quand
ma pensée, au lieu de s'appliquer à connaître des choses
du dehors, se replie sur moi-même, l'unité, principe de
la synthèse, subsiste nécessairement; elle est, dans ce
cas comme dans tous les autres, mon activité mentale,
consciente dans le centre où elle est présente à elle-même
et se possède elle-même, où elle subit l'action d'activités
étrangères et d'où elle rayonne pour mouvoir et diriger
des activités subordonnées. Mais la multiplicité, contenu
de la synthèse, a une source spéciale; au lieu d'être
une diversité de sensations ou de représentations relatives à des choses extérieures, elle est une pluralité
d'intuitions ou de représentations relatives à mon
existence propre. Elle se compose, soit de mes actions
ou de mes modifications présentes, soit de mes éléments passés, soit de mes projets futurs, soit encore de
tous à la fois. Quelquefois, je les vois et les parcours
sans y arrêter ma pensée; quelquefois aussi je fais un
effort d'attention et y concentre mon esprit. Mais quelle
que soit la manière dont je me les représente, distraite
ou attentive, spontanée ou réfléchie, mes événements
présents, passés ou futurs ne m'apparaissent jamais
comme des fragments détachés, épars, ne tenant à rien,
et pouvant être attribués à d'autres personnes aussi
facilement qu'à moi. En me représentant chacun d'eux, je
le conçois lié à moi-même; je le vois avec le rapport

qu'il a eu autrefois, qu'il a actuellement ou qu'il aura plus tard avec moi. Si c'est une action passée, je ne m'en souviens pas sans me la rappeler comme accomplie par moi; si le fait est présent, je ne le sépare pas dans ma pensée de moi qui en suis le sujet; si enfin l'événement prévu ou projeté est futur, c'est encore moi qui me trouve représenté comme le produisant ou y participant. Me représenter chacun de mes actes, chacune de mes modifications, c'est me représenter chaque fois moi-même comme exécutant cet acte ou subissant cette modification; non pas exclusivement moi tel que je suis présentement, mais moi tel que je crois avoir été ou tel que je crois pouvoir être dans les moments passés dont je me souviens, dans les moments à venir que je prévois. Il se fait ainsi dans ma pensée une sorte de projection de représentations multiples de moi-même, situées à des instants différents de ma durée, les unes en arrière, les autres en avant, et dans les différents points de l'espace où se sont accomplis et peuvent s'accomplir les événements que je conçois comme ayant fait ou pouvant faire partie de mon existence. Ce sont ces représentations, dont la matière est fournie par la mémoire, l'imagination, le raisonnement, que ma pensée relie les unes aux autres, et qu'elle unit aux intuitions présentes, pour former la notion complexe de moi-même ou l'idée concrète de ma personalité. Par quels moyens? C'est ce que nous verrons plus loin.

Dans cette idée, comme dans toute autre, on retrouve donc un sujet et un objet. Le sujet est mon activité mentale qui, présentement, opère la synthèse; l'objet est l'ensemble des représentations et intuitions de moi-même actuellement réunies dans cette synthèse. La conscience de cette idée comprend nécessairement les deux termes qu'elle implique, avec le rôle de chacun dans le rapport qui les unit, c'est-à-dire qu'elle est à la fois la conscience de moi-même comme sujet pensant, et d'un ensemble de représentations de moi-même comme objet fourni à ma pensée par ma mémoire ou mon imagination. En un mot, pendant que mon existence représentée devient l'objet de ma pensée consciente, mon existence actuelle et représentative en reste le sujet, de sorte que la conscience de nous-mêmes peut être considérée comme étant à la fois la conscience d'une idée, ce qu'affirme M. de Hartmann, et la conscience d'une activité mentale; ce qu'il refuse de reconnaître.

Mais, s'il nous est impossible d'avoir conscience de l'idée de nous-mêmes sans conscience du sujet qui la conçoit, n'en sera-t-il pas ainsi de toutes les autres idées? Comment alors soutenir que nous pouvons avoir conscience d'une idée ou pensée quelconque sans avoir en même temps conscience de nous-mêmes, qui pensons? Je parle des idées, qui impliquent un certain degré d'activité de l'esprit, ou de ce que Kant appelait la spontanéité de l'entendement; mais cela est vrai aussi des images, des perceptions, de tous les faits que les philosophes allemands désignent sous le nom de *représentations*. Ou une représentation n'existe pas pour moi, selon la remarque de Kant, et je ne puis ni ne dois en parler, ou j'en ai conscience comme étant *ma* représentation, ce qui veut dire qu'elle apparaît dans la conscience avec son rapport avec moi. « Avoir conscience, le mot le dit de lui-même, c'est *savoir avec soi, en soi* [1]. Il est absolument impossible de concevoir l'existence d'une conscience sans celle d'un sujet conscient, d'un *moi*, et un fait de conscience autrement que comme un rapport du moi avec un de ses

1. F. Ravaisson, *Étude sur la philos. contemp.*, *Revue des Deux-Mondes*, 1er novembre 1840.

modes. Les sensations les plus faibles, les sentiments les plus confus ne sauraient faire exception à cette règle. Ou ils restent en dehors de la conscience, et alors il est clair qu'ils n'ont aucun rapport actuel avec le moi; mais ce ne sont plus, à proprement parler, des sensations ni des sentiments : ce sont des faits physiologiques et psychiques qui pourraient devenir des sensations ou des sentiments, si certaines conditions, qui leur manquent, s'y ajoutaient. Ou ils pénètrent dans la conscience, et alors ils sont pour moi des sentiments et des sensations, ce qui veut dire qu'ils sont *mes* sentiments et *mes* sensations, ou que j'en ai conscience comme de modifications de moi-même. Comment, d'ailleurs, pourrait-il en être autrement, et que serait un fait de conscience si le moi en était absent? Serait-ce une sensation qui aurait conscience d'autres sensations, ou une idée d'autres idées, par exemple l'idée de Français de l'idée d'Allemand, ou la sensation du doux de celle de l'amer? Ou bien chaque sensation, chaque idée aura-t-elle conscience d'elle-même? Mais tout état de conscience implique un changement, ainsi que le fait observer M. Bain. Où le changement peut-il se produire et être perçu ou senti, sinon dans quelque chose de permanent, dans quelque chose qui, après avoir été modifié dans un premier état, se trouve modifié autrement dans un second et s'en aperçoit? Cette existence permanente est précisément celle du sujet conscient ou du *moi*.

Mais, dira-t-on avec M. de Hartmann, à qui n'est-il pas arrivé tantôt de rentrer, pour ainsi dire, au dedans de soi-même, afin d'observer ses sentiments et ses impressions, et dans cet effort de concentration interne de rester étranger aux choses du dehors? tantôt, au contraire, de suivre le cours de ses rêveries, de se laisser emporter au loin par son imagination, sans aucun retour sur soi, de s'oublier dans l'admiration d'un paysage, d'un tableau, d'un drame émouvant, d'une œuvre musicale ravissante, ou de s'absorber dans l'étude, dans une recherche difficile, de perdre ainsi de vue, pendant un instant, sa propre personnalité et de paraître sortir de soi-même? Dans le premier cas, le sentiment de soi a effacé tout le reste ; et, dans le second cas, il s'est effacé lui-même. Ne doit-on pas en conclure qu'il peut y avoir conscience de soi exclusive, et aussi simple conscience sans conscience de soi?

Non, le sujet intérieur et les choses extérieures ne nous sont jamais donnés que dans leur relation. Les choses ne peuvent être présentes à notre conscience que par les impressions qu'elles produisent en nous, ou par les idées qu'elles y suscitent ; ainsi, ce qui est présent, ce sont des modifications de nous-mêmes. Nous ne pouvons en avoir conscience que dans le sujet modifié, c'est-à-dire en nous, de même que nous ne pouvons avoir conscience de notre être ailleurs que dans les modes par lesquels son existence se détermine. Le sujet personnel et ses modes, le premier toujours en rapport avec les seconds, les seconds toujours en rapport avec le premier, tel est le domaine unique de la conscience. Ce qui est vrai, c'est que notre pensée, avec les instruments dont elle dispose, l'imagination et les sens, peut se diriger de préférence vers les choses extérieures pour les analyser ou les contempler, ou se replier, au contraire, sur nous-mêmes pour nous observer, nous étudier, nous gouverner. Dans le premier cas, elle paraît être tout entière tournée vers le dehors, et, dans le second, renfermée en nous-mêmes. La conscience suit naturellement la pensée comme un témoin inséparable et fidèle attaché à ses pas. Il semble alors, pour une vue superficielle, qu'elle devient, dans le premier cas, conscience des objets représentés, sans retour sur nous-mêmes; et dans le second, conscience du sujet sans mélange d'éléments extérieurs. C'est une illusion provenant de ce que, d'une part, on confond la conscience avec la pensée, et de ce que, d'autre part, on ne voit dans la pensée qu'un des deux termes qu'elle implique.

La pensée est, par essence, tournée vers ses objets qui la déterminent; ce sont eux qu'elle voit, et quand elle se détache des choses du dehors pour se replier sur nous-mêmes. c'est encore un objet qu'elle considère, et non pas un sujet. Quand nous réfléchissons sur nous, ce n'est pas un sujet qui s'observe lui-même; ce n'est pas non plus un sujet qui quitte sa place et qui la laisse vide pour se mettre tout entier à celle de l'objet : c'est un sujet qui, par réflexion et abstraction, détache quelque chose de lui-même pour en faire un objet; ce sont des intuitions internes séparées de nous par abstraction ou des représentations de nous-mêmes produites par l'imagination, le raisonnement, la mémoire, et que nous nous donnons en spectacle à nous-mêmes, ainsi que nous l'avons expliqué précédemment. Un objet intérieur se trouve ainsi substitué à un objet extérieur. Mais que l'objet de la pensée soit interne ou externe, il ne faut pas oublier qu'il y a toujours un sujet pensant pour le saisir, s'y appliquer, et faire la synthèse de ce qu'il contient. Les deux termes sont inséparables.

D'autre part, si la pensée ne voit que son objet et ne peut s'appliquer à rien sans lui donner la position d'objet, il n'en est pas de même de la conscience. Celle-ci est le simple témoin des faits subjectifs, c'est-à-dire des actes et des états du sujet personnel en tant que produits en lui ou par lui. Si ma pensée paraît s'absorber dans la contemplation des choses extérieures, ce ne sont pas ces choses que ma conscience saisit, mais leur action sur

mon esprit, c'est-à-dire une de mes manières d'être. Si
je rentre en moi-même, si je réfléchis sur moi, si je me
trace après délibération un plan de conduite et me prépare à agir, c'est encore en rapport avec des modes intérieurs que je suis présent à ma conscience. Les objets
extérieurs, les modes internes qui y correspondent, et
moi sujet modifié, ce sont là des éléments que l'intelligence apprend à distinguer, mais qui peuvent aussi rester confondus dans le fait concret produit par leur relation. Ordinairement, le *moi* sait s'opposer de bonne heure
aux êtres qui lui sont étrangers; il se sépare aussi de ses
modes, puisque autrement il lui serait impossible de trouver aucun attribut à joindre au sujet *je*, et d'exprimer une
seule proposition relative à lui-même. Cependant, pour
voir distinctement un de ces modes dans le sujet où il se
produit, et pour le détacher en quelque sorte de ce sujet,
afin d'en faire un objet d'observation et d'analyse, il faut
un effort de réflexion et d'abstraction, de mémoire délicate, d'imagination précise, de dédoublement des représentations dont tous les hommes sont loin d'être capables.
C'est, ainsi que le dit M. de Hartmann, l'œuvre d'une tête
philosophique. Mais cette réflexion concentrée au dedans
de nous-mêmes est une forme de la pensée, et non une
forme de la conscience. La conscience en est le spectateur,
et non l'acteur. Elle voit les faits intérieurs tels qu'ils sont,
tantôt comme un rapport entre des termes distincts, tantôt
comme un tout dont les éléments n'apparaissent pas, selon
que la pensée, qui seule est capable d'éclairer et d'analyser, s'y est appliquée ou non. Quand, par le travail de
la réflexion ordinaire, l'enfant a appris à distinguer les
actions subies par lui de celles qu'il produit, et à opposer
ainsi aux causes extérieures la cause interne qui est lui-
même, sa conscience se fait l'écho de cette distinction :
elle voit séparément ce qu'a séparé la pensée. Lorsque

plus tard, par un nouveau progrès, l'intelligence a reconnu les différences qui existent entre une sensation et une idée, un sentiment et une volonté, et s'est représenté ces faits comme des modes multiples d'un même sujet, la conscience reproduit encore cette séparation nouvelle : elle voit le sujet intérieur dans sa relation non seulement avec des causes externes, mais avec des modes internes de lui-même. Mais tant qu'une impression reste un fait concret, dans lequel ma raison inexpérimentée n'a pas encore reconnu ce qui vient de *moi* et ce qui vient du dehors, ce qui est mobile et ce qui est permanent, ma conscience ne peut pas être autre chose que le reflet de ce rapport concret, dans lequel le *moi*, sa modification e¹ a représentation de l'objet correspondant demeurent confondus.

En un mot, la conscience n'est jamais que l'intuition immédiate de nos états et de nos actes, dans leur rapport confus ou distinct avec nous-mêmes, ou l'intuition immédiate de nous-mêmes dans notre rapport distinct ou confus avec nos actes et nos états. Je me sers du mot *intuition*, parce qu'il désigne dans la langue de Kant un fait élémentaire, mais je n'entends pas même par là le fait le plus simple de la connaissance, l'acte le plus primitif de la pensée : je ne veux pas désigner autre chose que la présence claire ou obscure du sujet dans chacun de ses modes, ou la présence de chaque mode dans son sujet, autrement dit, ce rapport spécial, indéfinissable, que le terme de *conscience* exprime seul, en définitive, d'une manière exacte. Ce n'est ni une connaissance, ni un sentiment qui s'ajouteraient aux autres, car, dire que j'ai conscience d'une sensation, ce n'est pas dire que je l'ai d'abord, puis que je la sens ou la connais : c'est dire simplement que je l'ai, puisque éprouver une sensation, c'est en avoir conscience, et que supprimer la cons-

cience, c'est supprimer la sensation[1]. Toute conscience
est à la fois conscience du sujet et d'un de ses modes,
tantôt confondus en un fait conci et, tantôt distincts pour
la pensée, mais en réalité inséparables.

W. Hamilton avait dit : « Dans l'acte de la perception
sensible je suis conscient de deux choses, de moi-même
comme sujet percevant, et d'une réalité externe en rapport avec mes sens comme objet perçu : chacune d'elles
est conçue à la fois dans le même moment indivisible
d'intuition. » — Stuart Mill fait observer avec raiso que
je n'ai pas conscience des réalités extérieures, mais seulement des sensations qu'elles provoquent en moi[2]. Herbert Spencer, qui ne fait pas cette distinction, déclare être
d'un avis opposé à celui de Hamilton[3]. Suivant lui, la
conscience du *moi* et celle du *non-moi*, ou du sujet et de
l'objet, tendent toujours à s'exclure réciproquement; c'est,
dit-il, la conséquence d'une loi générale, d'après laquelle
la conscience ne saurait exister en même temps dans deux
états distincts.

Il est probable que M. Spencer confond ici la conscience
avec la pensée attentive ou réfléchie. C'est pour la pensée, en effet, et non pour la conscience qu'il y a des objets. De plus, il est impossible que la pensée s'applique
simultanément à deux choses conçues par elle comme
distinctes, et les connaisse à la fois distinctement. Il en
résulte que le sujet percevant ne peut lui être donné
comme objet en même temps que la chose perçue; mais
il n'en résulte pas que toute connaissance n'implique deux
termes, un objet connu et un sujet connaissant simultanément donnés. Ces deux termes ne sont pas présents

1. Voir James Mill, cité par Stuart Mill, *Phil. de Hamilton*,
pp. 135, 136.
2. *Phil. de Hamilton*, p. 140.
3. *Princ. de psychol.* t. II, pp. 457, 458.

dans la conscience, parce que la réalité extérieure ne peut pas y être; mais leur relation détermine dans le sujet intérieur un changement qui est sa perception ou son idée; et c'est ce changement qui est aperçu par la conscience en même temps que le sujet modifié et dans son rapport avec lui. En un mot, il ne peut pas y avoir simultanément pensée distincte d'une chose et pensée distincte de *soi*, mais il y a toujours conscience de *soi* en même temps que conscience d'un mode de *soi-même*.

A l'appui de l'opinion qui croit possible une simple conscience sans conscience de *soi*, on a plusieurs fois invoqué l'argument suivant. Un jeune enfant ne se sert guère de l'expression *moi*, en parlant de lui-même, avant sa troisième année. Auparavant il ne se désigne que par son nom : *Paul*, *Pierre* ou *bébé* veut ceci ou cela. On en conclut qu'il n'a ni idée, ni conscience de *soi* avant trois ans, bien qu'il doive posséder depuis longtemps la simple conscience. — A cela nous répondrons deux choses : 1° l'enfant se désigne d'abord par son nom, parce que c'est ainsi qu'il s'entend appeler, et il lui faut une réflexion singulièrement compliquée pour qu'il s'avise de se donner le nom *moi*, qu'il a toujours entendu appliqué à d'autres, et qu'on ne lui a jamais donné à lui-même ; mais soutenir qu'il n'a pas conscience de *soi*, parce qu'il n'emploie pas le mot *moi*, c'est un argument de même force que si l'on prétendait qu'il n'a pas de sensations, parce qu'il ne comprend pas le mot *sensation*[1]; 2° pour se désigner par un nom quelconque, il faut non seulement savoir parler, ce qu'on paraît un peu oublier, mais aussi avoir une idée distincte de soi. Or, il n'est pas douteux que la conscience ne puisse et ne doive précéder la connaissance. Nous

[1]. Voir ce singulier argument chez M. Spencer, *Princ. de psychol.*, t. II, p. 385.

accorderons sans difficulté qu'un enfant de quelques se-
maines ne possède ni les notions du *moi* et du *non-moi*,
ni celles de l'objectif et du subjectif. Il y a cependant en lui une conscience, mais qui semble se borner à
sentir les différences de ses impressions affectives[1]. Les
sensations ne sont encore distinguées, ni de l'être qui les
éprouve, ni des objets qui les provoquent. Peut-on en
conclure que l'enfant a conscience de ses impressions,
sans avoir conscience de lui-même? Non, mais simplement qu'il a conscience des faits dans leur réalité concrète, sans y séparer le sujet modifié de sa modification.

On a parlé également des somnambules, qui semblent
avoir perdu le sentiment et la notion de leur personnalité,
et qui cependant accomplissent des actions compliquées
et difficiles, pour lesquelles des perceptions, des souvenirs, des idées, et, par suite, une certaine conscience,
paraissent indispensables. Ce n'est qu'une supposition, et
l'on peut en faire d'autres. Les idées, images, sensations,
excitations nerveuses, actions musculaires, se lient, s'enchaînent, se coordonnent, et forment un mécanisme de
plus en plus automatique, à mesure qu'elles ont eu plus
fréquemment l'occasion de se reproduire, de s'associer et
de se provoquer mutuellement. L'idée de sortir, par
exemple, éveillera les images des mouvements que je dois
faire pour me lever de mon siège, me diriger de tel côté,
ouvrir telle porte, prendre mon chapeau à tel endroit,
ma canne à tel autre, descendre les marches d'un escalier,
tourner à droite ou à gauche, ouvrir telle autre porte, etc.
Les images à leur tour susciteront les mouvements appropriés. La perception des objets vus ou touchés contri-

1. Voir L. Ferri, *Sopra una bambina, Filosofia delle scuole
italiane*, 1870.

buera, avec la représentation des actes, à diriger, modifier, corriger mes mouvements. Après avoir répété plusieurs fois l'action avec ses détails multiples et successifs, je la reproduis avec une demi-conscience, et en pensant à autre chose; il y a même des mouvements, parmi ceux dont elle se compose, dont je n'ai conscience à aucun degré, et avec le temps et l'habitude un grand nombre seront dans ce cas. Ce sont là des faits depuis longtemps parfaitement connus.

Il y a, dans les différents cas de somnambulisme, des coordinations automatiques de cette espèce entre des idées, des images, des impressions et des mouvements, avec exclusion de tout ce qui est étranger à la série actuelle des faits dont le sujet est occupé, ou, selon les expressions de M. Renouvier, « avec une distraction puissante par rapport à toutes les données survenantes qui ne se classent pas dans la série qu'il suit sous l'empire d'une passion » (c'est-à-dire sous l'influence de l'idée d'un but et de la tendance vers ce but); il n'entre en lui « ni délibération, ni comparaison volontaire, ni mémoire libre, aucune fonction dont l'effet puisse être de varier les actes[1]. » Dans le somnambulisme naturel, l'idée dominante, qui dirige, s'éveille spontanément dans le sujet; dans le somnambulisme artificiel, elle est provoquée par une autre personne. Deux hypothèses paraissent possibles.

1° Il resterait une conscience réduite à l'intuition de l'état présent du sujet, tel qu'il est dans cette activité limitée, avec sa portion restreinte de mémoire, d'imagination, de perception, d'association automatique de représentations et de mouvements, sans souvenir du passé,

---

1. Renouvier, *Psychologie rationnelle*, t. I, p. 347. — Voir aussi Maury, *le Sommeil et les rêves*; — Taine, *de l'Intelligence*; — Ch. Richet, *le Somnambulisme provoqué*, *Revue philos.*, oct. et nov. 1880.

sans connaissance de la réalité présente complète, et, par suite, sans notion de sa personnalité. Il y aurait encore conscience de *soi*, en même temps que conscience des faits internes, mais simplement conscience d'un fragment isolé de l'existence du *moi*, qui ne se rattacherait ni au passé, ni au présent tout entier, et qui ne pourrait se rattacher à l'avenir, parce qu'au réveil les conditions de la mémoire seront changées et ne pourront le reproduire. Il n'y aurait pas idée distincte de *soi*, parce que la condition qui fait de nous, pour nous-mêmes, une réalité distincte, l'activité volontaire, est absente.

2° Il pourrait n'y avoir aucune espèce de conscience. Les impressions et les mouvements, avec leurs stimulants et leurs régulateurs internes pourraient former des coordinations automatiques dans les centres cérébraux subordonnés, particulièrement et partiellement excités, sans intervention des centres modérateurs, dont l'action est peut-être la condition exclusive de l'éveil de la conscience[1]. Ce qui, dans l'état conscient, est idée, image, perception, sentiment, ne serait plus alors que le *processus* physiologique et psychique, qui est la condition cachée des faits de conscience, le courant inférieur et profond dont le courant de la conscience ne forme que la surface. On ne voit pas pourquoi des associations et coordinations inconscientes ne pourraient pas s'y effectuer, par le seul effet des lois de la vie et de l'âme, puisqu'il s'agit de coordinations qui ne sont pas l'œuvre de l'activité volontaire, pour laquelle seule la lumière de la conscience et de la pensée est nécessaire.

M. de Hartmann donne aussi à ce qu'il appelle simple conscience le nom de *conscience spontanée*, et à ce qu'il

---

1. Sur le caractère de cette action, voir D. Ferrier, déjà cité, et aussi Ch. Richet, *Revue philos.*, oct. 1880, p. 369, et nov. 1880, p. 477.

entend par conscience de *soi* le nom de *conscience réfléchie*. D'autres psychologues ont employé les mêmes termes, et aussi ceux de *conscience simple* et de *conscience
double*[1]. Il importerait de se mettre d'accord sur les
choses, et il serait facile ensuite de s'accorder sur les
noms. Si la conscience était une connaissance, rien ne
s'opposerait à ce qu'on vît en elle une forme simple ou
directe, et une forme double ou réfléchie. De même, en
effet, qu'après avoir perçu des phénomènes extérieurs,
je puis réfléchir sur ma perception même, ce qui est
prendre pour objet de ma pensée non plus une réalité
externe, mais un mode de ma pensée, une idée; ainsi,
après avoir perçu en moi un plaisir, une douleur, une
opération de mon esprit, une résolution de ma volonté,
je puis aussi réfléchir sur ces faits internes, c'est-à-dire
donner à ma pensée comme objet non pas le fait lui-même,
qui est passé, mais la représentation mentale de ce fait.
Dans un cas comme dans l'autre, la réflexion est un dédoublement de la pensée, une opération de l'activité intellectuelle qui, selon la définition de Bossuet, au lieu de
tendre *directement* vers les objets, *se retourne* sur elle-
même et sur ses propres opérations, pour juger, soit des
choses, soit de nos sensations et de nos jugements, qu'elle
redresse ou qu'elle confirme[2]. Elle est, comme l'attention, un mode d'exercice de notre intelligence, et, comme
l'attention encore, trouve son emploi dans la connaissance
des choses extérieures au moins aussi fréquemment que
dans la connaissance de nous-mêmes. Chacun ne réflé-
chit-il pas sur ses affaires, sur ses travaux, sur ses études, aussi souvent que sur ses sentiments ou ses volontés?

1. Voir notamment M. Bouillier, *de la Conscience en psychologie et en morale*, 1872.
2. Bossuet, *Connaiss. de Dieu et de soi-même*, ch. 1, § 12.

Ne réfléchit-on pas sur les actions de son prochain, tout autant que sur les siennes propres? La faculté de réfléchir est-elle le privilège exclusif du psychologue, qui se replie habituellement sur lui-même? N'appartient-elle pas aussi au mathématicien, au physicien, à l'historien, dont la pensée est plus fréquemment tournée vers le dehors? Locke avait réservé spécialement le nom de réflexion pour la connaissance que nous prenons des opérations de notre esprit, et quelques psychologues ont suivi son exemple; mais, ainsi que le fait remarquer avec beaucoup de raison Ampère, dans une lettre à Maine de Biran, le philosophe anglais a été mal compris pour s'être servi de ce mot dans un sens que n'autorisaient ni l'étymologie ni l'usage [1].

Bossuet regarde la réflexion comme une des deux causes du progrès, et c'est parce qu'elle est, suivant lui, une faculté essentiellement humaine, que les hommes sont capables d'inventer, tandis que les animaux ne le sont pas. Il la considère comme le pouvoir de se détacher de ses pensées, de ses sentiments ou de ses actes, pour les apprécier, les comparer, les rapprocher de leurs objets, les rattacher à leurs causes, et par ce moyen entendre et raisonner, c'est-à-dire connaître la vérité, et d'une vérité aller à une autre [2]. Arnauld y reconnaît un acte de perception ou de pensée, par lequel nous examinons une autre pensée ou une autre perception [3]. Vauvenargues aussi y voit la puissance de se replier sur ses idées, de les examiner, de les modifier, ou de les combiner de diverses manières. Maine de Biran, à son tour, l'entend de la même façon, et cherche à expliquer comment nous

1. *Philosophie des deux Ampère*, 2e édit., p. 273.
2. *Connaiss. de Dieu et de soi-même*, ch. v, § 8. — Voir des vues analogues chez M. Renouvier, *Psychol. rationn.*, t. I, p. 101.
3. *Des vraies et des fausses idées*, ch. vi, p. 58.

pouvons séparer ainsi une pensée du groupe où elle est contenue, et de nous-mêmes qui la concevons pour en faire l'objet distinct de notre analyse. Tous ces écrivains sont d'accord avec l'opinion commune pour voir dans la réflexion une opération intellectuelle susceptible de s'appliquer à nos idées du monde extérieur aussi bien qu'à notre connaissance de nous-mêmes.

S'il y avait une conscience réfléchie, elle ne pourrait être qu'une application de cette faculté générale de réfléchir; elle serait la réflexion dirigée vers nos idées des faits intérieurs. Mais pour cela il faudrait que la conscience fût un pouvoir de la pensée, une faculté intellectuelle. Or, sauf les principaux représentants de l'école écossaise, et aussi Schopenhauer, M. de Hartmann et quelques autres, il y a peu de psychologues qui aient regardé la conscience comme une faculté de connaître, et il est difficile de comprendre qu'il s'en soit rencontré pour penser autrement[1]. La conscience nous donne la matière de notre connaissance de nous-mêmes, comme les sens nous donnent la matière de notre connaissance du monde extérieur; mais les éléments qu'elle nous présente ne seraient pas des connaissances relatives à nous-mêmes si la pensée ne les percevait dans la conscience, pas plus que les sensations ne sont par elles-mêmes des connaissances, abstraction faite du travail de l'esprit qui y puise les éléments de ses perceptions et de ses idées. Sans doute, chez l'homme la pensée suit presque toujours la conscience, de même qu'elle suit la sensation; cependant il est possible de reconnaître qu'elle en diffère.

Je ne saurais ici entrer dans les détails, rappeler les particularités qui sont senties sans être connues, les sensations modifiées par les idées, dénaturées par l'imagi-

1. Voir Bouillier, *la Conscience*, ch. IV, V et VI.

nation, interprétées par l'entendement; d'autre part, les éléments affectifs de nos perceptions, les sensations générales ou diffuses, les sentiments confus, dont nous avons conscience sans en avoir la connaissance. D'ailleurs, si tous les faits de conscience étaient des connaissances, d'où viendraient les caractères distinctifs que nous attribuons aux sentiments, aux affections, aux plaisirs et aux douleurs, aux actes de la volonté? Comment y aurait-il en nous autre chose que des pensées? Pourquoi une joie et une peine sont-elles autre chose que la particularité qu'elles ont d'être connues? Pourquoi, lorsque nous supprimons en pensée cette particularité, paraissent-elles conserver les caractères propres qu'elles ont dans la conscience? Puisque les faits de notre vie consciente ne se résolvent pas en connaissances, il faut bien admettre que la conscience, qui donne ces faits, n'est pas une faculté intellectuelle, ou qu'elle n'est pas seulement une forme de notre pensée, mais la forme générale de notre existence dans ses manifestations diverses.

Que devient alors la conscience réfléchie? Ce qui est surprenant, c'est que des philosophes qui ont refusé de prendre la conscience pour un pouvoir de connaître et pour une faculté distincte, et qui voient en elle un élément fondamental commun à tous les phénomènes de l'âme, et, pour ainsi dire, l'étoffe dont ils sont faits, persistent à parler d'une conscience réfléchie et d'une conscience double. Mais, si elle n'est pas un pouvoir distinct, comment peut-elle se saisir de soi, se replier sur soi? Comment peut-elle se dédoubler et se donner en spectacle à elle-même, sans établir par le fait en elle la distinction du sujet connaissant et de l'objet connu? Et n'est-ce pas là le caractère propre de la pensée, et cela n'implique-t-il pas l'acte d'une faculté intellectuelle? On admet qu'une impression, une sensation affective, une odeur, une saveur, un sentiment de douleur ou de plaisir sont par eux-mêmes des faits de conscience, indépendamment de l'acte spécial de connaissance par lequel ils deviennent des objets de la pensée ; mais alors, que sera la conscience réfléchie d'une sensation ou d'un sentiment? Sera-t-elle un sentiment double, une sensation de sensation, le son d'un son, l'odeur d'une odeur? Pour qu'il y ait réflexion sur une sensation, ou, ce qui est la même chose, réflexion sur soi éprouvant une sensation, il faut, de toute nécessité : 1° sentir ; 2° connaître ce que l'on sent, ou connaître sa sensation, ce qui est, dans le premier cas, percevoir un objet extérieur, et, dans le second, percevoir un fait de conscience ; 3° prendre pour objet de sa pensée l'une ou l'autre de ces deux perceptions, ou plutôt les représentations mentales qui en sont le prolongement ou la reproduction, ce qui est réfléchir sur un fait extérieur ou sur soi-même.

Cette réflexion, d'ailleurs, n'aurait pas de raison d'être, si elle n'était provoquée par une question que l'on se pose à propos de ce que l'on vient de percevoir, par une sorte d'hypothèse à vérifier, ou de simple conjecture sur la nature, les circonstances du fait perçu et ses rapports avec d'autres. Par exemple, j'entends, dans une pièce voisine, où se trouvent plusieurs personnes, une voix qui semble m'appeler. J'étais occupé et n'ai pas entendu distinctement. Pendant un instant, je me demande : Est-ce bien mon nom qui a été prononcé? Qui m'a appelé? Je me représente d'une part le son que j'ai entendu et que j'ai encore, comme on dit, dans l'oreille, et d'autre part mon nom, tel que je suis habitué à l'entendre prononcer par les diverses personnes qui sont à côté de moi, et je compare, puis je juge ; je crois qu'on m'a appelé et que c'est telle personne, ou qu'on ne m'a pas appelé, ou bien encore je reste dans le doute. Tous ces faits se suivent rapidement. C'est un exemple de réflexion dans un cas très simple. J'avais lu que MM. Wundt et de Hartmann affirment que les faits de plaisir et de douleur, pris en eux-mêmes, peuvent bien présenter divers degrés d'intensité, mais aucune différence de qualité; qu'avoir mal aux dents et avoir mal au doigt, ce n'est qu'une même douleur, sauf la localisation et le degré. A la première occasion, j'entrepris de vérifier cette assertion. Un matin j'éprouve une légère douleur au bras. Je me pénètre aussi distinctement que possible de la sensation que j'éprouve, puis je m'efforce de me représenter ce qu'elle serait abstraction faite de la place qu'elle paraît occuper. N'a-t-elle pas un caractère propre, indépendant de la perception de l'endroit endolori? N'ai-je pas éprouvé ailleurs des sensations douloureuses absolument semblables? N'ai-je pas déjà ressenti à la même place quelque douleur complètement différente? C'est un exemple de réflexion appliquée à la connaissance d'un fait intérieur. Ce qui la constitue, c'est, dans ce cas comme dans le précédent, une représentation mentale devenue l'objet de ma pensée, et comparée à une autre par mon esprit.

Un savant qui réfléchit sur la production d'un phénomène, qui pour l'expliquer imagine une hypothèse et compare les conséquences qu'il en déduit avec les faits que l'expérience lui présente, ne fait pas autre chose. Un homme qui réfléchit sur sa conduite, et qui cherche à reconnaître si les fins qu'il poursuit sont conformes à son intérêt ou à son devoir, fait encore de même. Toujours la réflexion consiste à se détacher par la pensée de ses représentations, pour les analyser, les comparer, les juger. Elle est manifestement l'acte d'un sujet pensant. Un être qui n'aurait que la sensibilité, sans avoir en même temps la pensée, c'est-à-dire l'entendement et la raison, ne posséderait pas la faculté de réfléchir. Cependant

il devrait lui rester une certaine conscience, puisque sans
la conscience nous ne concevons pas que la sensation
puisse exister. Un être qui réfléchit est doué d'une conscience qui lui donne l'intuition immédiate de sa réflexion,
comme elle lui donne, du reste, celle de tous les autres
actes et de tous les autres états de son esprit. Mais c'est
une pensée réfléchie consciente, et non une conscience
réfléchie; autrement dit, c'est une conscience de la réflexion, et non une réflexion de la conscience, ce qui est
bien différent.

Il n'y a donc, en réalité, ni conscience double, ni conscience réfléchie, ni conscience de soi distincte d'une simple conscience. La conscience n'est ni l'intuition d'un phénomène séparé du *moi*, ni l'intuition du *moi* séparé de
ses actes ou de ses modifications : elle est la conscience
du *moi* dans les changements qu'il subit ou qu'il produit
en lui-même. Le *moi* et ses modes sont inséparables
dans la conscience comme ils le sont dans la réalité.
Lorsqu'ils paraissent être des termes distincts, c'est que,
au lieu de les observer dans la réalité, on les voit dans la
pensée. Alors il peut y avoir d'un côté une sensation,
une perception, un sentiment, une opération de l'intelligence, une détermination de la volonté, et de l'autre côté le *moi* avec tous ses autres modes, avec ses souvenirs, ses idées, ses inclinations, ses facultés; d'un
côté un mode abstrait, de l'autre l'être concret. En fait, il
n'y a alors, d'un côté comme de l'autre, que l'idée d'un
objet : là, une simple idée d'un acte ou d'un état particulier, d'un fragment isolé de mon existence; ici, une notion
complexe de mon existence personnelle, avec l'ensemble
des particularités que je me représente comme m'appartenant. La conscience saisit alors des termes distincts,
mais elle les saisit où ils sont, c'est-à-dire à travers la
pensée, qui se les représente comme distincts, en les

posant comme objets avec leurs contenus différents. Ces
idées d'objets distincts impliquent un sujet pensant qui
les distingue, un sujet réel et non représenté. Ce sujet est
le *moi* dans son activité présente, dans son énergie consciente, et non dans les représentations de lui-même, qu'il
a le pouvoir de détacher de lui-même après les avoir produites, d'évoquer de nouveau après les avoir laissées disparaître, de lier, de grouper, ou de séparer, d'opposer,
de comparer, absolument comme il a la faculté de le
faire pour les représentations des objets extérieurs.

En un mot, s'il est illégitime de distinguer une conscience de soi d'une simple conscience, il n'en résulte pas
qu'il ne puisse y avoir une connaissance de soi-même distincte de la connaissance de tel ou tel état particulier de
soi, avec conscience de cette connaissance. Sous la réserve de cette explication, il est possible de donner un
sens à l'expression *conscience de soi*. Avoir conscience
de soi, distinctement et séparément, c'est se connaître
soi-même et avoir conscience de cette connaissance. Mais,
ne l'oublions pas, nous ne saurions avoir conscience d'être
pour nous un objet mentalement représenté, sans avoir
en même temps conscience d'être actuellement un sujet
pensant qui se représente objectivement sa propre existence. Pour éviter toute confusion, comme toute distinction mal fondée, il conviendrait de réduire à deux les
trois termes de la division de M. de Hartmann : 1° la conscience sans épithète; 2° la connaissance de soi-même.

IV

L'UNITÉ ET L'IDENTITÉ DU MOI

On avait fait remarquer fréquemment que le fait de la comparaison suppose l'unité du sujet qui compare ; mais on n'en avait pas conclu qu'il la produit, ce qui eût été d'une logique douteuse. M. de Hartmann a pensé autrement. Suivant lui, les représentations diverses, qui se rapportent les unes au présent et les autres au passé, ou bien encore, imagination bizarre ! les idées qui naissent dans des parties distinctes du cerveau, seraient par elles-mêmes accompagnées de consciences multiples ; s'il n'y avait qu'elles, notre esprit se trouverait être non pas une unité, mais une multitude. Survient la comparaison qui rassemble les représentations, et qui réunit par ce moyen les consciences multiples en une conscience unique, la conscience de la comparaison. Ainsi se trouve constituée l'unité de l'esprit. Cette explication mérite-t-elle d'être discutée ? Comment deux ou plusieurs termes pourraient-ils être comparés, s'il n'étaient préalablement réunis dans une même conscience ? L'unité est une condition, au lieu d'être un résultat. On affirme qu'en comparant une représentation qui se rapporte au présent à une représentation qui se rapporte au passé, j'en compose une seule cons-cience, celle de la comparaison ; ce qui veut dire que si un moment passé et un moment présent de mon existence me paraissent se rapporter à une même personne, c'est parce qu'ils sont comparés entre eux. Mais avant de les comparer, je sais déjà qu'ils m'appartiennent, qu'ils sont des événements du même *moi*, et sans cela il n'y a pas

de comparaison au monde qui puisse me donner le droit
de me les attribuer. Est-ce qu'il suffit de comparer des
faits présents ou passés pour me les approprier ? De plus,
quand il s'agit d'évènements antérieurs, ce n'est pas une
représentation passée, assurément, que je rapproche
d'une représentation présente : ce sont deux représentations actuelles dont l'une se rapporte à une de mes actions
passées. Et comment me serait-il possible de savoir que
cette dernière se rapporte au passé, si je ne possédais
préalablement l'idée de moments distincts et successifs de
mon existence, en d'autres termes, si je n'avais déjà la
notion de mon identité personnelle à travers le temps ?
L'unité et l'identité du *moi* sont un principe de la comparaison comme du souvenir et de tous les autres actes de
la pensée, au lieu d'en être un produit.

Il faut en revenir aux analyses de Kant et à leur conclusion, qu'on n'a pas réussi à remplacer. Je regarde
mes représentations comme *miennes*, parce qu'elles sont
dans ma conscience liées au même *moi*; parce qu'elles
n'existent qu'à la condition de former une synthèse dans
l'unité d'un même sujet pensant. D'autre part, je considère comme *miens* les évènements dont se compose mon
existence, aux divers moments de sa durée, parce que je
me les représente, quand la mémoire me les rappelle,
avec les caractères qu'ils ont eus dans ma conscience et
ma pensée lorsqu'ils se sont produits, c'est-à-dire comme
liés les uns aux autres sous les rapports de contiguïté, de
succession, de causalité, de ressemblance, etc., et comme
liés tous et chacun à *moi-même* par la conscience que
j'ai eue d'en être le sujet et la cause.

Il y a ainsi, dans l'unité et l'identité du *moi*, deux
points de vue qui se confondent ordinairement dans la
réalité, mais qu'il est possible et utile de distinguer dans
une analyse psychologique précise.

Il y a d'abord une unité réelle, et non simplement en idée, qui est celle de la conscience du sujet personnel dans l'action qu'il produit ou qu'il subit présentement. Mais il peut y avoir en même temps, et il y a presque toujours, une unité du *moi* représenté, tel qu'il est actuellement pour lui-même, c'est-à-dire comme objet de sa pensée, avec la notion plus ou moins complète, plus ou moins distincte ou confuse, de son corps, de ses facultés, de ses sentiments, des fins qu'il poursuit, du temps présent, du lieu où il se trouve, des personnes qui l'entourent. La première unité est celle de notre activité consciente, modifiée présentement par elle-même ou par des causes extérieures. La seconde est l'unité d'une représentation actuelle de nous-mêmes, qui comprend dans une synthèse des intuitions ou représentations élémentaires, et qui est la notion du *moi* toujours plus ou moins présente à la pensée. La première est la conscience immédiate de nous-mêmes, en tant que sujet actif ou passif; la seconde est la conscience d'une idée de nous-mêmes, ou de notre existence actuelle en tant qu'objet de notre pensée. Logiquement distinctes, elles sont en fait inséparables, puisque chez l'homme la pensée réfléchie, ou au moins réfléchissante, suivant l'expression d'Arnauld[1], accompagne toujours la conscience, se développe en elle et lui donne, ainsi que nous l'avons déjà remarqué, un caractère particulier.

Il en est absolument de même pour l'identité du *moi*, et ici les deux aspects sont encore plus faciles à discerner. Il y a d'abord l'identité immédiatement aperçue par la conscience, et qui, comme cette dernière, ne saurait dépasser le moment présent, non pas ce présent simple

---

1. *Des vraies et des fausses idées*, p. 58; c'est la distinction de la réflexion en acte et de la réflexion en puissance.

et indivisible qu'on a quelquefois rêvé, et qui, comme le point mathématique, n'est qu'une abstraction; mais un présent réel, un fait concret, puisque notre conscience ne saisit que des réalités concrètes. Lorsqu'un fait interne succède à un autre, la conscience perçoit le changement, mais il faut bien qu'elle perçoive en même temps ce qui ne change pas; elle est la conscience du *moi* faisant succéder un acte à un autre, ou passant d'une sensation, d'une émotion, d'une idée, d'une modification quelconque à une autre. Elle est donc l'intuition de l'identité du sujet actuel, en même temps que celle du changement de ses modes; elle donne la permanence du *moi* dans le passage d'un état à un autre.

Mais mon identité personnelle est bien autre chose encore. Elle est, comme nous l'avons vu dans toutes les théories que nous avons examinées, comme nous l'avons répété tout à l'heure, la continuité de notre existence propre à travers tous les instants de notre durée. Cette continuité, sentie par la conscience dans un changement actuel, lui échappe dans tout le reste de son extension; elle n'est plus une intuition immédiate, mais une connaissance dont les éléments sont fournis par la mémoire, une idée. Elle peut même anticiper sur l'avenir au moyen de l'imagination et du raisonnement. Elle est un prolongement de la conscience par la pensée. Je n'ai pas besoin d'ajouter que cette notion de moi-même n'embrasse pas à la fois tous les faits de mon existence; elle ne s'étend qu'à ceux dont je me souviens, et pas à tous dans chaque occasion, les revoyant par fragments, selon les coordinations d'idées et d'images remémorées, ainsi que l'a expliqué M. Taine, comblant les vides par la représentation des divisions du temps, groupant autour des événements principaux les faits de moindre importance, formant des séries que ma mémoire me représente plus ou moins fréquemment, selon le cours des associations qui provoquent mes souvenirs.

Il est facile de remarquer que cette notion de la continuité de mon existence individuelle, avec les événements multiples qui la déterminent, ne doit pas être confondue avec l'intuition directe de mon identité. Elle n'est plus la conscience d'un fait immédiat, mais celle d'une idée ou d'une synthèse de représentations de faits passés et futurs reliés aux faits présents par la pensée. En d'autres termes, à mon existence consciente s'ajoute mon existence représentée ; à l'intuition actuelle succède une perception interne présente comme elle, laquelle se lie à des images et à des idées d'événements personnels remémorés ou prévus. Le *moi* représenté est un et identique comme il l'a été dans la conscience, source et matière de la représentation. C'est une unité et une identité objectives[1], qui sont, à chaque instant de notre état normal, l'extension et le complément de l'unité et de l'identité subjectives.

Cette explication a l'avantage de rendre compte, d'une façon claire et satisfaisante, de ce qu'on a appelé les anomalies et les illusions de la conscience, l'amnésie périodique, le dédoublement de la personnalité, les défaillances ou perturbations de l'idée de soi-même. Nous aurons l'occasion d'y revenir dans le cours de ce travail, et ici nous n'en dirons qu'un mot. Pour pouvoir conserver une notion exacte de notre existence personnelle, il faut que nous nous représentions les divers moments de notre vie comme nous appartenant et comme liés entre eux. Or, il peut se faire que la mémoire troublée, affaiblie, ne nous

1. Je prends le mot objectif non dans le sens allemand, mais dans l'ancien sens français, désignant par là le caractère d'une chose prise pour objet par la pensée, ou qui est dans l'esprit représentativement. (Voir Renouvier, *Logique*, t. I, p. 19.)

fournisse plus les éléments réels, ou que l'imagination déréglée, mal contrôlée, insère des éléments fictifs dans la série des éléments vrais. Il peut arriver aussi qu'une perturbation brusque et profonde se produise dans les sensations, les sentiments, la puissance motrice, de sorte qu'il se fait comme une rupture entre l'état présent et l'état antérieur[1]. Alors on ne trouve que difficilement le lien qui serait nécessaire pour les unir l'un à l'autre, pour se les attribuer au même titre comme états successifs d'un même individu. Il n'y a plus de raccord possible entre le présent et le passé. Si cette impuissance se prolonge, le malade est porté à croire qu'il a un autre corps, une autre intelligence, une autre volonté ; il finit souvent par perdre la raison et par croire qu'il est une autre personne en réalité. D'après la distinction établie par nous précédemment, il convient de voir dans ces faits, non pas des erreurs directes de la conscience, mais des erreurs qui se produisent dans la représentation ou la connaissance objective de notre existence totale. C'est, pour employer les termes de Kant, une synthèse inexacte, incomplète, morcelée, soit parce que les représentations partielles qui en sont les éléments font en partie défaut, soit parce que les liens de succession, de causalité, de ressemblance, qui permettent à la pensée de les unir et d'en faire un tout paraissent supprimés. La conscience, qui n'est que l'intuition immédiate des faits internes, tels qu'ils sont pour nous, ne saurait nous tromper ; mais quand nous avons de nous-mêmes une idée fausse, il est clair qu'elle ne la rectifie pas ; elle ne peut que nous informer fidèlement de ce que nous pensons, dans ce cas comme dans les autres.

1. Voir observations du docteur Krishaber citées par M. Taine, *de l'Intelligence*, note à la fin du second volume.

V

LA CONSCIENCE DU VOULOIR

Il nous reste à discuter une dernière assertion de M. de Hartmann. Est-il vrai que la volonté soit en elle-même inconsciente, et que les représentations, qui en formeraient le contenu, soient seules directement saisissables? En d'autres termes, dans l'acte volontaire, faut-il croire que nous n'avons conscience que de l'idée du vouloir, qui fait partie de l'idée de nous-mêmes, et, en même temps, des motifs qui précèdent notre volition, des sentiments qui l'accompagnent et des mouvements corporels qui la suivent?

Mais, pourrions-nous demander, d'où nous vient la croyance que le vouloir diffère des idées, des sentiments et des actions motrices, si ces faits seuls nous sont connus, et si le vouloir lui-même nous échappe? M. de Hartmann définit la volonté en général comme étant l'effort pour passer d'un état présent représenté à un état futur également représenté. Le plus souvent, les deux représentations sont inconscientes, et alors la volonté a évidemment aussi le même caractère; quelquefois, accidentellement, les représentations sont dans la conscience, et le vouloir paraît aussi devenir conscient; mais en réalité il ne l'est pas, il n'est jamais que l'effort insaisissable, indéfinissable, pour passer d'un état à un autre, un pouvoir général et purement formel, qui n'est déterminé que par son contenu, la représentation, et dont nous ne percevons que le contenu, lorsque, par exception, celui-ci apparaît dans la conscience.

L'effort ainsi compris offre une certaine analogie avec l'*appétition* de Leibnitz, ou la tendance interne des monades à passer d'une perception à une autre. C'est un effort métaphysique. Il est peut-être une des conditions du vouloir, mais assurément il n'est pas la volonté tout entière. D'ailleurs, M. de Hartmann déclare que c'est ce même effort qui, au fond, constitue l'instinct, l'habitude, l'activité réflexe, l'activité automatique et spontanée, comme il constitue la volonté. Mais alors, quelle différence y a-t-il entre un acte conscient volontaire et un acte conscient involontaire? Dira-t-on que l'un est accompagné de représentations conscientes de l'état où nous sommes et de l'état vers lequel nous tendons, tandis que l'autre ne l'est pas? Mais ce serait une distinction très insuffisante. Que d'actions accomplies machinalement, avec la conscience faible peut-être, mais réelle cependant de ce que nous faisons, et de notre passage d'un état à un autre, sans aucune intervention de la volonté, et pour obéir sans réflexion et sans choix à un sentiment, à une idée, à une sensation! La plupart des mouvements que nous exécutons chaque jour pour procéder à notre toilette, prendre nos repas, vaquer à nos occupations habituelles, ne rentrent-ils pas dans cette catégorie? Pour prendre un exemple plus particulier, un livre nouveau vient de paraître; j'ai le désir de le lire, et après réflexion je me décide à me le procurer. Voilà un acte de volonté. Mais une fois que j'ai le livre entre les mains, que je l'ai ouvert, que j'ai commencé à en lire la première page, est-il besoin encore que ma volonté intervienne pour aller d'une page à une autre, de chaque ligne à la suivante, de chaque mot au mot voisin, et, si l'ouvrage m'intéresse, pour tourner tous les feuillets jusqu'à la fin? Cependant tous ces actes impliquent une certaine représentation de l'état présent et d'un état

futur, conformément à la définition de M. de Hartmann.
Si la volonté n'était que cela, on pourrait se dispenser
d'en parler, car on n'aurait pas besoin d'elle pour expliquer les faits. M. Renouvier, après avoir montré que le
vouloir ne saurait être compris comme l'entendent
MM. Spencer et Bain, c'est-à-dire le premier comme une
activité avec simple représentation antécédente de l'acte,
et le second comme une activité déterminée par la conscience d'un plaisir ou d'une douleur, affirme avec raison
qu'une volonté ainsi définie n'ajoute absolument rien au
simple automatisme, de sorte qu'on en pourrait retran-
cher le nom du vocabulaire de MM. Bain et Spencer, sans
que leurs explications y perdissent en clarté[1]. La même
remarque s'applique exactement à la théorie de M. de
Hartmann.

Parmi nos actions, il en est qui sont prévues par nous
et qui restent absolument involontaires : ce sont celles
qu'il nous est impossible d'empêcher. Il en est encore
qui sont prévues et qui ne sont volontaires qu'à demi et
d'une façon indirecte : ce sont celles que nous croyons
pouvoir ne pas accomplir si nous le voulions, et qui sont
l'effet d'un désir violent, d'un penchant invétéré, d'une
habitude, par lesquels notre volonté se laisse vaincre.
Elles sont consenties plutôt que voulues. Il en est enfin
qui sont voulues expressément et dont notre volonté
paraît être la cause directe. Nous savons fort bien reconnaître ces différences : il faut donc qu'elles nous soient
données avec la conscience de nos actes.

En quoi l'action pleinement volontaire se distingue-
t-elle des autres ? On en a fait souvent l'analyse, et outre
les deux représentations qu'y découvre M. de Hartmann,
outre les motifs, les sentiments, les mouvements corpo-

1. *Crit. philos.*, 1878, t. I, pp. 388 à 392

rels qu'il y ajoute, on s'accorde, en général, à y reconnaître certains autres éléments dont il ne parle pas et dont il est difficile cependant de nier la présence.

On y trouve d'abord un choix entre divers actes possibles, ou au moins, ce qui revient au même, entre agir et s'abstenir. Sans ce choix, il n'y a pas de volonté, car si je ne me représentais qu'un seul état futur à réaliser, selon l'expression de M. de Hartmann, sans l'idée d'un autre ou de la continuation de l'état actuel, ce que je me représenterais ne serait plus une chose simplement possible, mais une chose nécessaire ; l'idée de l'acte en entraînerait par elle-même et fatalement l'exécution. Le fait serait accompli avant qu'on eût même pensé à le vouloir. Un grand nombre de nos actions se produisent de cette manière ; mais elles sont machinales, automatiques et non volontaires.

Outre le choix, il faut l'intention, c'est-à-dire une tendance déterminée, sentie et connue par nous, vers l'acte choisi, qui devient alors pour nous une fin à poursuivre, ou un moyen à employer en vue d'une fin. Une chose n'est voulue qu'autant qu'elle se rapporte à l'une des fins qui sont pour nous des biens, autrement dit, autant qu'elle nous paraît propre à servir à notre plaisir, à notre intérêt ou à l'accomplissement de notre devoir. Et il ne suffit pas que nous en jugions ainsi et que notre raison seule se prononce : il faut encore qu'un sentiment s'éveille en nous pour intéresser, animer, soutenir ou stimuler notre activité. Locke avait remarqué avec beaucoup de justesse que nous pouvons juger une chose bonne et utile sans la vouloir pour cela : pour déterminer notre volonté, il faut que l'idée de ne pas posséder ce bien provoque en nous une sorte de sentiment de privation et de malaise. En un mot, pour qu'une action soit voulue, elle doit nous apparaître comme propre à réaliser non seulement un bien désirable en général, mais un bien désiré par nous. Alors nous ne nous la représentons pas sans tendre à l'accomplir, sans avoir l'intention de la faire. De plus, c'est l'intention avec laquelle nous avons fait un acte qui marque ce que nous avons réellement voulu. Celui qui donne un secours à un pauvre avec une intention charitable, et celui qui fait l'aumône par ostentation, veulent-ils la même chose? Le premier ne veut-il pas soulager la misère d'autrui, tandis que le second ne veut que satisfaire sa vanité?

A l'intention doit s'ajouter le pouvoir, non pas réel et ignoré, mais senti et connu par nous. La croyance que je possède ce pouvoir est sans aucun doute une condition essentielle de ma volonté. Si elle fait défaut, mon intention restera à l'état de simple désir, de velléité impuissante; elle ne deviendra pas un vouloir réel. On peut désirer l'impossible, mais on ne le veut pas. Je sais bien qu'on dit communément que vouloir c'est pouvoir, ce qui, dans la pensée de tous, semble signifier qu'un effort énergique de volonté peut quelquefois nous faire accomplir des choses dont nous ne nous étions pas crus capables. Faut-il en conclure que dans ce cas nous voulons, sans croire que nous pouvons? Nullement : ce que nous voulons alors, ce n'est pas accomplir l'acte, mais essayer de l'accomplir. Nous savons que nous avons le pouvoir, sinon d'y réussir, du moins de l'entreprendre, et notre volonté ne va pas au delà. A la volonté de faire un essai, qui dépend de nous, s'ajoute le désir du succès, qui peut-être n'en dépend pas, et l'effort provoqué, coupant court aux hésitations, à la défiance de nous-mêmes, peut devenir une cause de réussite. Un bon nageur qui se jette à l'eau pour nager, veut réellement nager, parce qu'il sait qu'il le peut. Un débutant qui n'a fait que s'exercer aux mouvements de la natation sans quitter un point d'appui, et

qui, un beau jour, s'enhardit à lâcher pied, veut essayer
de nager. A proprement parler, il ne veut pas se soutenir sur l'eau, parce qu'il ignore s'il le peut, mais il le
désire.

Enfin, il ne suffit pas de choisir une action entre plusieurs possibles, ni d'avoir l'intention de la faire, ni de le
pouvoir, il faut encore le vouloir. Que d'intentions sont
restées stériles, non parce que nous n'avons pas pu y
donner suite, mais parce que nous ne l'avons pas voulu !
On dit, il est vrai, que si une intention s'arrête à mi-chemin, c'est parce qu'elle n'est pas accompagnée d'une idée
assez prédominante ou d'un sentiment assez impérieux
pour entraîner l'exécution. Mais il y a deux manières
d'obéir à un sentiment et à une idée : ou bien nous y
cédons malgré nous, par faiblesse, par aveuglement ; ou
bien nous les suivons de notre plein gré, avec réflexion.
Dans le premier cas, l'action n'est volontaire que d'une
façon indirecte et incomplète ; elle peut même cesser de
l'être, comme dans ces cas de vertige mental si bien analysés par M. Renouvier[1]. Dans le second cas, l'action est
réellement voulue, parce qu'avant de la faire nous étions
maîtres de nous, et que nous nous sommes déterminés
par nous-mêmes à réaliser l'idée et à suivre l'inclination
qui nous sollicitaient.

Tout acte volontaire, en effet, considéré dans sa source
est une détermination de nous par nous-mêmes. Ma volonté n'est pas autre chose que *moi* considéré dans la
forme supérieure de mon activité, l'activité maîtresse
disposant avec conscience et réflexion d'aptitudes naturelles ou acquises, qui sont des activités subordonnées.
On ne saurait la regarder comme une des facultés dont je
me sers, qui sont plus ou moins soumises à mon autorité,

1. *Psychol. rationn*, t. II, ch. XII.

telles que la mémoire, les sens, l'imagination, les diverses habitudes d'activité motrice, qui peuvent s'exercer parfois sans que je les dirige, par l'effet de leurs lois propres et l'action des causes extérieures : elle est le sujet personnel en tant qu'il gouverne ses facultés, et qu'il met en mouvement les organes soumis à son pouvoir pour atteindre une des fins qu'il s'est proposées. Une sensation, une idée, un sentiment, naissent en moi, se développent, suivent leur cours avec ma participation, mais sans dépendre entièrement de moi, et quelquefois malgré moi : que serait une volonté qui apparaîtrait en nous malgré nous et sans notre action propre ?

Il est plus facile de dire ce que n'est pas la volonté, que d'expliquer ce qu'elle est, et nous en verrons plus loin la raison. Ma volonté est inséparable de moi, non seulement en fait, comme toutes mes autres facultés, mais aussi en idée, parce qu'elle est une forme d'activité qui n'existe pas en dehors de moi, qui n'a pas d'autre sujet, pas d'autre cause que *moi*, dans mon existence consciente et concrète. Les perceptions, les sentiments, les idées mêmes sont les effets d'activités organiques et psychiques, en partie étrangères à la conscience, dont le sujet personnel n'est informé qu'autant qu'il en est affecté, qu'il réagit contre leur action et la dirige. L'acte volontaire n'est pas un fait qui puisse naître hors de la conscience et du *moi*, de telle sorte que ce dernier n'ait plus qu'à le percevoir et à le gouverner : c'est une détermination dont le siège et la cause sont le sujet conscient lui-même. Pour les idées et les sentiments, la conscience n'est qu'une condition d'existence consciente, ce qui est beaucoup sans doute, puisque c'est la seule forme sous laquelle nous les connaissons; mais, si on fait abstraction de la conscience, il peut rester des virtualités d'idées et de sentiments, qui sont encore des activités détermi-

nées, bien qu'inconscientes. Pour le vouloir, la conscience est quelque chose de plus : elle est une condition
absolue d'existence; en dehors d'elle, il n'est plus rien,
il ne subsiste pas à l'état de virtualité déterminée : sa
virtualité n'est pas autre chose que celle de la conscience
elle-même. Quand celle-ci reparaîtra, il redeviendra
possible. C'est dans la conscience seule que la volonté
est en puissance. Ce qui demeure en puissance hors de la
conscience, ce sont les aptitudes physiques ou intellectuelles, qui ont été soumises à l'activité directrice du
moi, et qui peuvent l être encore, dont je pourrai me saisir pour agir volontairement; mais ces aptitudes ne sont
pas une volonté en puissance, pas plus qu'un cheval bien
dressé n'est le cavalier qui a appris à le diriger.

Pour employer, comme nous l'avons fait déjà, le langage de la biologie, nous pourrions dire, en faisant une
hypothèse : si tout autre fait est un *processus* d'activité
physiologique et psychique, que je provoque indirectement, dont je fournis quelques conditions au moyen de
l'attention et des mouvements musculaires dépendant de
moi, dont je suis en petite partie acteur et en grande
partie témoin : le vouloir peut être considéré comme
l'excitation directrice et modératrice d'un *processus* psychique et organique, gouverné directement par *moi*.
Cette excitation régulatrice ne peut avoir son point initial, sous le rapport physiologique, que dans les centres
modérateurs, dont l'action paraît être une condition de
la conscience. Au point de vue psychologique, elle serait
l'acte de la cause active et consciente, de l'activité maîtresse, présente à elle-même, qui constitue le *moi*.

De ce que toute activité volontaire est une activité directe du *moi*, il ne faudrait pas conclure que, réciproquement, toute activité du *moi* est un acte de volonté.
La volonté n'est qu'une forme supérieure de notre acti-

vité, et non pas notre activité tout entière. Avant de vouloir agir, il faut savoir qu'on le peut, et par conséquent il faut avoir agi sans volonté. Maine de Biran avait expliqué comment notre activité voulue a été précédée d'une activité spontanée. M. Bain, de son côté, a montré clairement l'existence et les conditions de cette spontanéité[1]. Récemment encore, M. L. Ferri étudiait avec une admirable pénétration les commencements de la volonté chez une petite fille, et faisait voir qu'après l'activité spontanée sans but, et avant la volonté véritable, il y a une activité intentionnelle dirigée exclusivement par les sentiments et qu'on peut appeler une activité intentionnelle affective[2]. Du dehors on la prend pour une volonté réelle, on y croit même voir une volonté énergique, parce qu'elle est souvent accompagnée d'une grande opiniâtreté, mais il y manque le caractère essentiel du véritable vouloir : une réflexion maîtresse d'elle-même.

La volonté commence lorsque l'activité spontanée et l'activité livrée au sentiment font place à une activité réfléchie. Avant la réflexion, ainsi que nous l'avons déjà dit, le *moi* ne se distingue pas de ses manières d'être, et n'est pas réellement en possession de *soi*. Quand, au contraire, il peut, en réfléchissant sur *soi*, sur ses impressions, ses idées, ses inclinations, ses actes, qu'il se représente, se détacher, pour ainsi dire, des fins qu'il poursuit, et les juger presque comme des choses étrangères, alors il se connaît lui-même, il est maître de *soi* et, s'il accomplit ensuite l'acte représenté, c'est qu'il y consent ou qu'il le veut. Ce n'est plus une idée qui se réalise en moi toute seule ou sous l'impulsion d'un sentiment, et où je ne suis que spectateur, c'est une activité où l'idée et le

1. *Sens et intelligence*, pp. 50 à 55.
2. *Filosofia delle scuole italiane*, ottobre 1881.

sentiment jouent leur rôle, mais qui n'entre en mouvement que sous ma direction et mon impulsion propres. En d'autres termes, ce qui agit alors, ou plutôt ce qui règle l'action, ce n'est plus une activité inférieure, partielle, plus ou moins automatique ou aveugle, c'est le *moi* tout entier ou le sujet personnel dans sa réalité concrète, en possession de lui-même, avec la conscience du but qu'il poursuit, des moyens dont il dispose pour y atteindre et du pouvoir qu'il a d'y tendre ou de s'en éloigner.

Si telle est la nature de la volonté, il est superflu de démontrer que j'en ai conscience. Comment, en effet, échapperait-elle à la conscience, puisqu'elle n'est que la forme supérieure et réfléchie de l'activité dont l'intuition directe constitue la conscience même? Contrairement à M. de Hartmann, Schopenhauer avait dit que la volonté est l'unique objet de l'intuition interne. C'était une exagération, car il y a des actions subies, des réactions automatiques, des actions spontanées, des actes intentionnels affectifs, qui sont manifestement accompagnés de conscience, et auxquels cependant la volonté reste étrangère. Il n'en est pas moins vrai que c'est l'énergie de la volonté qui fait la clarté de la perception intime et qui donne au sujet conscient une idée distincte de lui-même. Plus l'activité interne est maîtresse d'elle-même, plus elle se possède avant de s'exercer, plus aussi le sentiment de la personnalité est net et vivant. Au contraire, s'il arrive qu'un homme soit absorbé dans une contemplation extérieure, troublé, dominé par une passion, la notion du *moi* s'affaiblit. Il peut même y avoir des cas où le sentiment de l'individualité personnelle n'est plus qu'un vague souvenir, une faible lueur. C'est quand l'organisme et l'esprit s'affaiblissent, quand l'homme ne peut plus commander ni à ses membres ni à ses idées, de sorte qu'il lui semble que ce soient des forces étrangères qui gouvernent en lui [1].

Avoir le sentiment de soi et de sa personnalité, c'est, avant tout, avoir le sentiment de sa volonté. Mais si le vouloir, en lui-même, n'est pas insaisissable pour la conscience, il n'en résulte pas qu'il soit susceptible d'être distinctement connu et représenté par la pensée. On peut affirmer, au contraire, qu'il se dérobe en grande partie à l'entendement et à la raison. En d'autres termes, il est clairement senti, mais il n'est pas distinctement perçu et ne saurait être compris. Si tel était le sens de l'assertion de M. de Hartmann, il serait difficile de ne pas en reconnaître la vérité.

Une raison décisive s'oppose à ce que nous nous représentions le vouloir d'une manière intelligible : c'est que le vouloir, en lui-même, est l'acte propre du sujet conscient en tant que sujet, de sorte que faire abstraction du sujet, dans sa fonction subjective, c'est supprimer ce qui fait le fond et l'essence du vouloir. Or, c'est ce que nous faisons lorsque nous essayons de nous le représenter. Nous cherchons alors à prendre pour objet de notre pensée ce qui ne peut quitter la situation de sujet sans cesser d'exister. Quelques explications sont nécessaires.

Une sensation, une perception, une idée impliquent un rapport entre notre esprit et des choses extérieures. Elles ont un contenu qui provient, soit de l'action des choses sur mon esprit, soit de mon action sur les choses, ou, plus exactement, des associations, combinaisons et transformations que je fais subir aux éléments produits en moi par l'action des choses. Par leur matière, ces représentations se distinguent aisément de moi, et paraissent se rattacher aux choses. Je puis sans peine, par un acte

1. Voir P. Janet, *Revue scient.*, 10 juin 1876, p. 574, en note.

d'abstraction et de réflexion, et à l'aide de la mémoire, de l'imagination et du langage, les prendre pour objets de ma pensée, en analyser les éléments, les caractères et les rapports. J'y reconnais des phénomènes dont je découvre en partie les conditions, les causes et les lois, ou des idées dont je saisis les principes, les conséquences, l'enchaînement logique. Je les comprends alors en partie. Et pendant ce temps, ces faits restent, sous le regard de mon esprit, quelque chose de déterminé, abstraction faite de l'acte subjectif par lequel je procède à leur synthèse et à leur analyse.

Il n'en est pas de même pour le vouloir. A proprement parler, il n'a pas de contenu, ou du moins pas de contenu représentable. Les fins que je me représente, les sentiments qui m'inclinent, les pouvoirs que je sens en moi sont des conditions de sa production beaucoup plus que des éléments dont il se composerait. En lui-même, il n'est pas le produit de l'action réciproque d'un sujet interne et d'objets extérieurs, un fait dans lequel je serais à la fois actif et passif : il est l'acte exclusif du sujet, le commencement subjectif d'une activité qui part du centre de moi-même. Ce qui est vrai, c'est que le terme, la fin choisie par cette activité est un objet pour la pensée, et que l'action dans son développement tendra aussi vers les objets et impliquera une relation avec eux. Je puis percevoir et me représenter ces conditions et ces effets du vouloir, mais ce n'est ni lui-même ni son contenu que je me représente et que je perçois. Ce sont les faits qui le précèdent, qui l'accompagnent et qui le suivent. M. de Hartmann a tort de voir dans ces choses l'objet exclusif de la conscience, mais il aurait eu raison d'y voir l'objet unique de la pensée.

Mais, pourrait-on objecter, un acte de volonté n'est-il pas le *moi* voulant une action déterminée, comme une pensée est le *moi* pensant à un objet, une sensation le *moi* sentant une impression extérieure? Et ne puis-je pas me représenter comme voulant ou ayant voulu produire tels mouvements, de même que je me représente comme percevant ou ayant perçu tel corps?

Il ne faut pas nous laisser abuser par une analogie qui n'est qu'apparente. Comme nous l'avons dit, la perception a un contenu représentable, de sorte que l'idée du *moi* percevant exprime un rapport objectivement concevable entre le sujet qui perçoit et l'objet perçu, mais il est clair que c'est ce dernier, au moyen du contenu qu'il fournit, qui fait la détermination distincte et objective du rapport. Où est le rapport représentable dans l'acte de volonté? Quand je me représente comme voulant une action, ce qui est l'objet de ma pensée, c'est d'une part l'action conçue comme extérieure, ou encore comme interne, mais détachée de moi, et représentée comme produite avec réflexion par moi; d'autre part, moi-même, mais dans ce que je puis me représenter de mon existence propre à un moment déterminé, c'est-à-dire *moi* assis devant ma table, entouré de livres, occupé de tel travail, attentif à telles idées, ou *moi* en voyage, au milieu de telle ville, éprouvant telles impressions, et, de plus, exécutant une action en vue d'une fin choisie par moi après réflexion. D'un côté, je me représente l'effet ou l'exécution du vouloir, mais non le vouloir en lui-même; de l'autre, le *moi* avec les diverses manières d'être, au milieu desquelles l'acte de la volonté a pris naissance, mais non cet acte même. C'est en vain que j'analyserais dans tous leurs détails les deux termes du rapport représenté, c'est-à-dire l'action voulue et le *moi* voulant, je ne trouverais ni dans l'un, ni dans l'autre, ni dans leur rapport, une représentation distincte de l'acte spécial du vouloir.

J'en ai cependant conscience, et même souvent une
conscience vive, nette et forte, qui est, comme nous
l'avons dit, l'élément essentiel du sentiment de ma personnalité. Mais cette conscience n'est pas une connaissance. On peut appliquer ainsi, à un certain point de
vue, au sujet de la volonté, ce que Kant avait dit du sujet de la pensée. La raison en est intelligible. La conscience saisit le sujet lui-même dans ses rapports avec les
objets; elle peut donc avoir le sentiment du vouloir, qui
est, dans son principe, une détermination subjective du
sujet conscient. Mais pour connaître complètement cette
détermination volontaire et se la représenter, il faudrait
en faire un objet de la pensée. C'est ce qu'il est impossible de faire, sans lui enlever ce qui constitue justement
son caractère spécifique, je veux dire la production par
le sujet conscient et en lui-même en tant que sujet. En
un mot, le vouloir est essentiellement un acte subjectif;
essayer d'en faire quelque chose d'objectif, c'est le faire
disparaître. Une idée du vouloir ne peut être qu'une idée
sans contenu, ou dont le contenu est autre chose que le
vouloir même.

De même qu'il nous est impossible de le percevoir et de
le représenter, il nous est impossible de le comprendre.
Comprendre un fait, c'est le voir dans ses rapports avec
les autres dans l'ordre du temps, de l'espace, de la causalité, etc. ; c'est savoir comment il agit sur d'autres et comment d'autres agissent sur lui; c'est connaître ses causes
et ses effets : en un mot qui résume tout, c'est pouvoir le
mettre à sa place dans l'ordre intelligible des choses. Mais
cet ordre intelligible est une synthèse totale des objets de
notre pensée, et il est clair que nous ne pouvons y faire
entrer ce qui ne peut devenir un objet pour notre intelligence. Chercher à comprendre le vouloir, ce serait entreprendre de se le représenter objectivement, lié d'une ma-

nière intelligible avec d'autres faits représentés de même, autrement dit, dans une relation invariable non seulement avec les faits qu'il détermine lui-même ou ses effets, mais aussi et avant tout avec d'autres faits qui en seraient la cause, ce qui signifie qu'ils en seraient les conditions déterminantes et qu'ils en contiendraient la raison explicative.

Tel est le problème. On voit que les données renferment une contradiction. D'une part, nous ne comprenons que les faits auxquels nous avons pu assigner une place dans un déterminisme universel, en nous les représentant comme objets liés dans l'ordre des choses. D'autre part, le vouloir ne nous est jamais donné en lui-même comme fait objectif, et nous ne pouvons pas essayer de le considérer ainsi sans l'anéantir. Il est donc impossible de le comprendre, dans le sens ordinaire du mot. En revanche, il est tout aussi impossible de prouver qu'il est soumis à la loi du déterminisme, comme tous les phénomènes.

Toute tentative d'explication complète du vouloir implique l'hypothèse que la volonté n'échappe pas au déterminisme, puisque c'est à cette condition seulement qu'elle pourrait devenir intelligible. Mais c'est une simple supposition, et si elle n'est pas légitime, il faut bien accepter la conséquence qui en résulte, et qui est l'impossibilité d'expliquer entièrement l'acte volontaire. Toutes les explications intelligibles doivent contenir uniquement des termes représentables, et les seuls objets susceptibles d'être représentés sont les sensations, les mouvements, les images et les idées. Aussi qu'arrive-t-il presque toujours, lorsque l'on entreprend de faire comprendre la détermination volontaire? On prend pour elle ce qui en est l'effet ou le résultat, c'est-à-dire, d'une part, l'action motrice qui se termine par un mouvement de

nos membres, ou, d'autre part, la concentration de nos
sens et de nos facultés intellectuelles, qui constitue l'acte
d'attention, et à cette action externe ou interne on assi-
gne pour cause un motif ou un mobile. Mais dans cette
série de faits on omet justement l'essentiel, l'acte même
du vouloir. Et il est impossible de ne pas l'omettre parmi
les faits représentés, puisqu'il n'est pas représentable.

Répondra-t-on qu'il faut bien que nous ayons une idée
de la volonté, puisque nous en parlons, et qu'un grand
nombre de philosophes l'ont considérée comme une cause
réelle, une activité interne, dont l'existence est aussi certaine que celle des forces extérieures? Encore une fois, la
conscience saisit l'acte du vouloir, sans nous en donner
une idée. Mais à cette conscience peut s'ajouter une idée
indirecte ou médiate. Au lieu d'avoir pour objet le vouloir lui-même, cette idée a pour objet l'existence concrète
du sujet voulant avec les diverses manières d'être qui
peuvent être perçues en lui et représentées. Comme j'ai
conscience de sentir, de percevoir, de penser, de produire
un mouvement corporel, en même temps que de vouloir,
ces divers modes de moi-même sont liés dans l'unité de
ma conscience ; si l'idée de moi-même ne contient expressément que les modes représentés, elle renferme implicitement les autres. C'est ainsi que le vouloir y est contenu,
sans pouvoir y être perçu. Il forme un élément de l'idée
du *moi*, mais un élément toujours et partout confondu
avec le *moi*, sans pouvoir en être distingué.

Il en résulte qu'il n'y a qu'un moyen de nous représenter l'acte volontaire sans en altérer la nature : c'est
de le concevoir comme compris dans le fait concret avec
lequel et dans lequel il se produit, où il est implicitement renfermé, et dont il ne peut être séparé même logiquement, puisqu'il n'y est pas séparément perçu. Ce fait
est notre existence consciente, ou le *moi* présent à lui-

même dans sa réalité concrète. Dans une explication des actions volontaires, le *moi* est un antécédent invariable qu'il ne faut pas oublier. Les mobiles et les motifs sont des conditions déterminantes partielles, mais si l'on n'y ajoute pas le *moi* lui-même, on n'aura pas le total des conditions déterminantes ou la cause complète.

En résumé, nous avons conscience de vouloir en tant que sujet personnel; l'acte de la volonté est un fait essentiellement subjectif; il est impossible d'en faire un objet de perception ou de pensée, sans lui faire perdre son caractère spécifique. Nous nous représentons notre existence dans plusieurs de ses événements ou de ses modes; mais le fait du vouloir est une détermination subjective dont nous ne sommes capables qu'en tant que sujets conscients, et dont le fondement n'apparaît jamais dans ce que nous pouvons nous représenter de nous-mêmes en qualité d'objet.

D'une manière générale, M. de Hartmann a exactement déterminé quelques-unes des conditions de la connaissance de soi-même, mais il a eu, suivant nous, le tort de penser que la conscience n'était pas autre chose qu'une connaissance.

CHAPITRE IX

Herbart, M. Wundt, M. Renouvier.

LA CONSCIENCE, PRODUIT OU FORME DES REPRÉSENTATIONS

I

Il nous reste à rechercher, dans la philosophie de Herbart et dans quelques autres théories psychologiques plus récentes, les opinions qui rentrent aussi dans la seconde de nos trois divisions. Nous ne toucherons qu'aux points principaux parmi ceux qui se rapportent à notre sujet.

Les diverses doctrines allemandes que nous avons passées en revue, en commençant par celle de Kant, avaient conservé, dans leur conception de l'esprit humain, un principe d'unité. C'était, chez Kant, le sujet de l'aperception pure; chez Fichte et Schelling, le *moi,* sujet et objet de l'intuition intellectuelle; chez Hégel, l'idée; chez Schopenhauer, la volonté; chez M. de Hartmann, la volonté unie à la représentation. Herbart reconnaît bien aussi, parfois, une unité, celle de l'âme, mais il ne lui fait jouer aucun rôle dans l'explication de l'unité de la conscience et de la personnalité. L'âme n'agit pas, suivant lui, dans la conscience. Elle n'a pas non plus de facultés ou de pouvoirs qui s'y exerceraient. Les facultés ne sont que des classes générales de phénomènes, et c'est réaliser des

abstractions et transformer la psychologie en mytholo-
gie, que d'y voir, avec le vulgaire, comme l'ont fait Wolf
et Kant, des capacités distinctes. Il n'y a pas de réalité
positive en dehors du fait individuel. Tous les phénomènes psychologiques sont, au fond, d'une même espèce :
ce sont des représentations, et la vie de l'esprit se compose exclusivement de séries de représentations, avec
leurs rapports, leurs combinaisons, leurs qualités diverses
et les degrés variables de leur intensité.

Il ne faudrait pas cependant s'y tromper : cette prédi-
lection de Herbart pour le fait réel n'est qu'un amour
platonique. Malgré ses déclarations, l'observation attentive, patiente et prudente lui est à peu près inconnue, et
les conceptions spéculatives, les hypothèses nuageuses
ont pour lui le même attrait que pour la plupart de ses
compatriotes. Je laisse de côté son essai d'application des
mathémathiques à la psychologie et toutes ses autres
inventions, pour me borner à exposer brièvement ce
qu'il pense de la conscience et du *moi*.

Bien que l'âme reste étrangère à notre existence consciente, c'est de l'âme que dérivent, au moins métaphysi-
quement, nos représentations. Elles naissent des rapports
et de la lutte de l'âme avec les autres êtres, et sont les
efforts qu'elle fait pour se conserver. Les représentations,
à leur tour, entrent en lutte les unes avec les autres pour
arriver à la lumière de la conscience et s'y maintenir. Les
plus fortes chassent naturellement les plus faibles, pour
être dépossédées à leur tour. Les unes sont alors conscientes, et les autres obscurcies, *arrêtées* ou, comme nous
dirions aujourd'hui, inconscientes. Toutes peuvent passer
par ces deux états : quand elles ont assez de force, elles
sont accompagnées de conscience ; quand elles sont trop
faibles, trop simples, trop élémentaires, ou quand elles
sont repoussées par de plus puissantes, elles restent hors

de la conscience. Dans leur antagonisme elles peuvent être considérées comme des forces et possèdent, en effet, divers degrés d'intensité.

Mais quand nous disons qu'elles apparaissent dans la conscience ou qu'elles demeurent en dehors, nous nous servons d'un langage figuré. La conscience n'est ni un théâtre, ni une faculté ou activité d'un sujet pensant, ni une chose quelconque distincte des représentations. Elle n'est que la somme formée à un moment donné par les représentations conscientes, c'est-à-dire par les représentations douées d'un degré suffisant d'intensité et devenues prédominantes. Elle est ainsi le résultat d'une certaine force des représentations. Ces dernières, en passant de l'état inconscient à l'état conscient, semblent franchir une limite : c'est ce que Herbart nomme *le seuil de la conscience* (*Die Schwelle des Bewusstseins*). Au-dessus du seuil, une représentation est consciente, au-dessous, inconsciente ; dans le second cas elle est au-dessous de l'horizon, dans le premier elle monte à l'horizon. Mais il faut entendre cette expression de *seuil* selon son véritable sens. Il ne s'agit pas d'un point qui serait comme l'entrée d'un domaine particulier, ou d'un champ visuel et d'une sorte de cercle de perception de la conscience : il s'agit seulement d'un degré d'intensité de la représentation, d'un minimum déterminé de force qu'elle doit atteindre pour être consciente, ne fût-ce que d'une façon indistincte, et au-dessous de laquelle elle demeure ou redevient inconsciente. Ainsi, le seuil de la conscience, cette ligne de l'horizon visible, n'est le commencement d'une qualité que parce qu'elle est l'augmentation d'une quantité.

Que sera le sujet personnel, le *moi*, dans ce jeu des représentations ? Sera-t-il un autre degré d'intensité des représentations ? Moins que cela ; le *moi* n'est par lui-même qu'une place vide, une sorte de *dedans* indéterminé, analogue à celui que devait plus tard imaginer M. Taine, et que les séries de représentations déterminent peu à peu en s'y entremêlant. Il est le point où toutes nos séries de représentations se rencontrent. Si nous croyons avoir une représentation distincte du *moi*, qui est ce qu'on appelle ordinairement la conscience de soi ou le sentiment de la personnalité, c'est parce que nous établissons une différence entre ce point et les séries particulières de représentations qui s'y entre-croisent et s'y entrecoupent.

Ainsi, à ce qu'on a appelé le monisme idéaliste, Herbart oppose une sorte de pluralisme qu'on a qualifié de réaliste, mais qui, au fond, n'a pas plus de souci des faits réels que les doctrines qu'il combat. Herbart appelait Kant un *abstracteur* des facultés de l'âme. On pourrait le nommer lui-même, au moins à aussi juste titre, un *abstracteur* des représentations. La représentation n'est-elle pas un terme plus général et par conséquent plus abstrait que la sensibilité, la mémoire, l'imagination, l'entendement ou la raison ? Quand Herbart en fait une force, quelque chose qui semble subsister en soi-même, et déclare que la psychologie doit construire l'esprit avec des représentations, comme la physiologie construit le corps avec des fibres, n'est-ce pas une entité qu'il substitue à d'autres ? Et faut-il comparer bien longtemps sa conception à celle de Kant, pour reconnaître laquelle des deux est la plus chimérique et la plus creuse ?

Herbart a été le chef d'une école nombreuse, qui compte encore aujourd'hui des représentants. Il a eu, en outre, une influence marquée sur des philosophes qui, tout en repoussant beaucoup de ses doctrines, ont accepté quelques-unes de ses manières de voir. Ainsi Beneke, Fechner, pour ne citer que les principaux, affirment avec lui que la conscience n'est pas autre chose qu'une certaine force

des représentations. Le premier, conséquent avec lui-
même, avoue qu'entre un fait de conscience et un fait
inconscient, il n'y a pas de différence essentielle, mais
seulement une différence de degré. Il ajoute que toute
représentation qui disparaît et qui reparaîtra peut-être
plus tard subsiste dans l'intervalle, en qualité de trace spirituelle, bien qu'inconsciente. Ces traces (*Spüren*) ne
sont nulle part, puisqu'elles ne sont pas de nature matérielle. Ce sont des activités psychiques en partie virtuelles, incomplètes, des tendances [1]. Les forces de l'âme
développée, ses facultés, se composent de traces laissées
par les excitations et les impressions. L'éducation devient
ainsi le facteur principal de notre nature intellectuelle,
et l'on comprend que Beneke n'ait pas négligé d'étudier
son influence et ait entrepris de la régler. Il avait commencé la publication d'une *Revue de psychologie pratique appliquée à la vie.*

Les recherches de Fechner, grâce aux publications de
MM. Ribot, Delbœuf, etc., sont très connues en France.
On sait comment il a entrepris de mesurer les sensations
et leurs rapports avec les excitations extérieures, et comment il est arrivé à sa formule fameuse : *La sensation
croît comme le logarithme de l'excitation.* On connaît
les critiques nombreuses qui lui ont été adressées, au
point de vue mathématique, aussi bien qu'au point de
vue psychologique. On se rappelle comment un mathématicien, dans deux lettres contenant peut-être autant
de véritable science et assurément plus d'esprit que certains mémoires volumineux, a montré ce qu'il fallait penser d'une arithmétique ou d'une mécanique des sensations, et, en général, d'une application de la science des
mesures à des faits où l'on ne trouve ni égalité, ni somme,

1. Voir Th. Ribot, *Psychol. allem.*, p. 64.

ni différence quantitative précise, ni unité de mesure [1]. Mais ces questions sont étrangères à notre sujet. Nous devons seulement signaler l'hypothèse bizarre imaginée par Fechner, pour expliquer comment la sensation n'est pas le produit direct de l'excitation extérieure, et ne devient pas deux, trois, quatre fois plus grande quand l'excitation s'accroît elle-même dans cette proportion. Entre l'action produite par un objet et la sensation consciente qui en résulte, les uns ne reconnaissent pas d'autre intermédiaire que la transmission par les nerfs et les centres nerveux; d'autres veulent que l'on tienne compte, en outre et avec raison, suivant nous, de l'activité inconsciente de l'âme. Au lieu de cette énergie psychique inconsciente, Fechner introduit un élément mixte, qu'il appelle les *mouvements psycho-physiques*. C'est l'agent psycho-physique qui est chargé d'expliquer les rêves, la réminiscence, toute la vie automatique, et qui sert d'intermédiaire entre l'âme et le corps. Il joue à peu près le même rôle que les *esprits animaux* de Descartes, et l'on ne peut s'empêcher de penser qu'il ne tardera pas à aller les rejoindre dans ces musées d'archéologie philosophique où sont pieusement conservées les hypothèses désormais hors d'usage.

Comme Herbart, comme Beneke, Fechner admet que les représentations, préparées ou conservées hors de la conscience deviennent conscientes sans aucune participation de l'activité propre d'un sujet personnel, et uniquement parce qu'elles atteignent un certain degré d'intensité.

Dans une étude sur la conscience, à laquelle nous avons déjà plusieurs fois renvoyé le lecteur [2], M. Bœhm, profes-

1. Voir la *Revue scientifique* du 13 mars et du 24 avril 1875.
2. *Philos. Monatshefte*, 1876, XII Band, IV Heft.

seur à Bude-Pesth, dirige contre cette théorie une critique qui nous paraît aussi juste que complète. Nous ne saurions adopter toutes ses vues, mais les objections que nous allons indiquer sont en partie les siennes.

Pour montrer qu'une représentation est accompagnée de conscience lorsqu'elle est assez forte, et qu'il existe des représentations qui demeurent inconscientes parce qu'elles sont trop faibles, Fechner s'était servi de l'exemple suivant qui est devenu classique : s'il y a près de moi, dans une forêt, une chenille occupée à ronger les feuilles, je ne l'entends pas ; mais qu'il y ait toute une armée de chenilles, je les entendrai. Cependant le bruit de toutes les chenilles n'est que la somme des bruits de chaque chenille en particulier. Leibnitz avait cité un exemple du même genre, pour prouver qu'il y a des perceptions insensibles. Nous entendons le murmure lointain de la mer, et nous n'entendons pas séparément le bruit d'une vague ; cependant, il faut bien que chaque vague fasse une impression sur nos sens, puisque, sans cela, le bruit de la mer serait un total composé de zéros. W. Hamilton ayant reproduit cet argument, Stuart Mill lui répond avec raison que la conclusion n'est pas justifiée. Il est possible qu'une action physique ne puisse produire un effet sans être d'une certaine intensité. Par exemple, il faudrait des ondulations de l'air d'une force et d'une rapidité déterminées pour mouvoir la membrane du tympan et exciter les fibres du nerf acoustique. Alors il n'y aurait aucun effet sans une certaine quantité de force dans la cause. Ce serait un *minimum* de cause en réalité indivisible, puisqu'il serait nécessaire tout entier pour produire le *minimum* d'effet possible. Il ne serait plus permis de supposer qu'une moitié de la cause eût produit une moitié de l'effet, un dixième, un centième de l'une, un dixième ou un centième de l'autre, et ainsi de suite, puisqu'il n'y aurait pour l'effet ni centième, ni dixième, ni moitié [1].

Il en est de même pour la conscience. Qu'elle ne puisse pas être éveillée à moins que le phénomène qui deviendra sensation ou représentation ne soit d'une certaine intensité, on peut fort bien l'admettre; mais doit-on en conclure que la conscience elle-même n'est pas autre chose que ce degré d'intensité ? Un degré faible est inconscient; un autre s'y ajoute, qui l'est également, puis un troisième, un quatrième et ainsi de suite, et, en s'ajoutant les uns aux autres, ces degrés de force, dont chacun est inconscient, formeraient un degré total qui deviendrait la conscience! Mais des éléments inconscients ne peuvent donner par eux-mêmes qu'un total inconscient comme eux. Si le tout semble être d'une autre nature que les parties, ne devez-vous pas en conclure que votre intégration n'est pas exacte? Il faut la compléter par l'addition de l'élément négligé, et c'est cet élément qui doit être regardé comme la condition essentielle de la qualité nouvelle qui apparaît. Nous ne verrons donc dans les activités inconscientes, quel que soit leur degré de force, que des conditions partielles du fait de conscience; il restera toujours pour nous une condition complémentaire, qui est une activité supérieure, subissant l'action des autres, réagissant contre elles, et qui peut être considérée comme le principe essentiel de la conscience.

Beneke affirme qu'entre une représentation consciente et une représentation inconsciente il n'y a pas de différence essentielle, mais seulement une différence de degré. Qu'est-ce que cela veut dire? Cela ne signifie-t-il pas qu'une perception inconsciente n'est qu'une perception consciente plus faible, et qu'une perception consciente

---

1. Voir Stuart Mill, *Philos. de Hamilton*, p. 327.

n'est qu'une perception inconsciente plus forte? Nous aurons alors un inconscient conscient et une conscience inconsciente. Merveilleux résultat! Il ne reste plus qu'à chercher comment il peut y avoir conscience sans conscience, et des états inconscients qui ne soient pas inconscients!

Dans leurs rêveries psycho-physiques et psycho-mathématiques, les philosophes allemands marquent du signe + les représentations conscientes, et du signe — les représentations inconscientes. Ils n'en persistent pas moins à dire que les premières ne sont qu'un accroissement d'intensité des secondes. Ingénieux système, mais qu'il serait dangereux d'appliquer ailleurs. Car, que penserait-on, par exemple, d'un homme qui, pour se constituer des créances, s'imaginerait qu'il suffit d'augmenter la quantité de ses dettes? Si nos philosophes ne reconnaissent pas, dans leurs deux espèces de représentations, de véritables contraires, pourquoi les marquent-ils de signes contraires? S'ils découvrent dans les unes un caractère essentiel, qui n'appartient pas aux autres, il faut bien qu'ils l'attribuent à une action spéciale, et il leur est impossible d'expliquer cette action sans admettre l'activité particulière dont nous avons parlé.

En résumé, il faut renoncer à faire sortir de cette fantasmagorie des représentations ce qu'elle ne contient pas, je veux dire la conscience et le sujet pensant. Nous sommes complètement d'accord avec M. Bœhm lorsqu'il affirme que la conscience doit être regardée non comme un effet des représentations, mais comme une activité déterminée de l'âme, et que ce qui a été appelé le *seuil de la conscience* n'est pas un degré imaginaire d'intensité des phénomènes internes, un degré que personne n'a pu fixer, qui n'est susceptible ni de définition ni de mesure, mais le commencement et le point d'application d'une activité

réelle, qui a sa source dans l'âme comme toutes les autres fonctions psychiques, et à laquelle on pourrait,
sans invraisemblance, assigner pour condition physiologique une action directrice déterminée dans les centres
supérieurs du cerveau. Si cette activité purement interne
est un facteur essentiel de tout fait de conscience, il est
clair que toute sensation ou perception contient un élément de force extérieurement insaisissable. Que faut-il
penser alors des tentatives faites pour y appliquer une
mesure?[1]

II

M. WUNDT

La conscience, conclusion d'un raisonnement.

Il est difficile de parler des philosophes qui ont entrepris de mesurer les faits psychiques, sans citer au moins

1. M. Bœhm estime qu'il n'est pas possible d'expliquer que les
représentations reçoivent le caractère de faits de conscience,
sans admettre deux conditions, qui font défaut dans la théorie
psycho-physique : 1° une coopération de l'âme; 2° un *seuil* réel
ou un centre réel de conscience. Il considère l'âme comme une
force organogénique, une spiritualité qui n'est pas concentrée en
un point, qui est unie au corps tout entier, et dont l'unité n'est
qu'idéale. Il serait donc contradictoire de lui chercher un siège
dans le cerveau. Il n'en est pas de même de la conscience; elle
peut avoir un centre où elle apparaît particulièrement. Ce centre
n'est pas un point ou un organe déterminé du cerveau, car il est
prouvé que les deux hémisphères peuvent se substituer l'un à
l'autre : il peut se porter indifféremment dans diverses parties
des hémisphères. Lorsqu'une représentation, développée dans
les centres inférieurs, arrive jusqu'au centre de la conscience,
elle y détermine une réaction et y est *fixée* pendant un moment
plus ou moins long par une action propre à ce centre : cette *fixation* est ce qui constitue la conscience. L'activité centrale qui se
fortifie en répétant son action est le moi.

le nom de M. Wundt, qui doit être considéré, suivant un juge des mieux informés et des plus compétents, comme étant, à l'heure actuelle, le principal représentant de la psychologie expérimentale en Allemagne[1]. Mais nous sommes obligé de laisser de côté les travaux d'expérimentation qui font son principal mérite, pour jeter un simple coup d'œil sur le seul point qui nous intéresse : son opinion sur la nature et les conditions de notre existence consciente.

Comme plusieurs d'entre les philosophes dont nous avons parlé précédemment, M. Wundt déclare inacceptable l'opinion traditionnelle d'après laquelle la conscience embrasserait toute notre vie intérieure. Dans la conscience, les actes psychiques sont très distincts les uns des autres : les désirs, les sentiments, les sensations, les idées nous sont donnés comme des modes d'activités différentes. Faut-il attribuer à chacune de ces activités un domaine séparé ? Il n'y a qu'une science encore dans l'enfance qui puisse croire que sa tâche se borne à montrer les différences entre les objets qu'elle analyse. La science adulte vise à l'unité. Il est temps que la psychologie, à son tour, recherche l'unité des faits qu'elle étudie. « Or, ce qui unit les phénomènes psychiques est en dehors de la conscience ; celle-ci ne connaît que les résultats du travail opéré dans ce laboratoire obscur, situé au fond d'elle-même. Par moments, jaillit une pensée nouvelle : nous ne savons pas d'où elle vient, car depuis longtemps déjà les conditions qui pouvaient la produire ont disparu. L'analyse intime des *processus* psychiques nous prouvera que l'inconscient est le théâtre des phénomènes spirituels les plus importants. Partout la conscience suppose l'inconscient comme condition[2]. »

1. Th. Ribot, *Psychol. allem.*, p. 215.
2. Wundt, cité par M. Ribot, *Psychol. allem.*, p. 219.

Ce qui fait l'originalité de M. Wundt, c'est la prétention d'expliquer les fonctions de cet inconscient et d'en
découvrir les lois au moyen de l'expérimentation et de la
mesure. Il ne doute pas d'y réussir. Sans doute, il est impossible d'observer et de mesurer l'activité inconsciente
en elle-même, directement. Mais ce ne sont pas non plus
les forces motrices que le physicien soumet directement
à son expérimentation : ce sont leurs effets et leurs conditions qu'il atteint, et c'est par leurs conditions et leurs
effets qu'il les mesure. Pourquoi, demande M. Wundt, le
psychologue n'en ferait-il pas autant? Les forces qu'il
étudie n'ont-elles pas dans les excitations extérieures
des conditions observables, et dans les mouvements corporels des effets visibles et palpables, et ne peut-on pas
les mesurer et les soumettre comme les autres aux divers
procédés de l'expérimentation? M. Wundt espère arriver, par ce moyen, à la découverte des véritables lois
psychologiques. Qu'il nous soit permis de dire, en passant, que nous ne saurions partager sa confiance, et la
raison, c'est précisément que nous adoptons les vues de
M. Wundt, sur l'importance du rôle que joue dans la vie
de l'âme l'activité inconsciente. Si les faits de conscience
avaient pour antécédents directs les impressions produites sur les organes des sens, et s'ils étaient eux-mêmes les antécédents immédiats des mouvements corporels,
il est certain que l'expérimentation appliquée aux phénomènes du dehors serait extrêmement féconde, et pourrait nous conduire à la découverte des lois scientifiques
de la réalité intérieure. Mais puisqu'on affirme qu'entre
les deux termes il existe un intermédiaire insaisissable,
l'inconscient, qui est le « théâtre des faits spirituels les
plus importants », qui modifie profondément l'impression
nerveuse avant qu'elle ne devienne une perception, de
même qu'elle transforme complètement l'idée, avant

qu'elle ne soit suivie d'un mouvement, comment peut-on croire encore que l'analyse expérimentale et la mesure des phénomènes organiques observables fourniront des conclusions valables pour l'explication des faits de conscience? Un exemple nous fera mieux comprendre la portée de cette objection. Voici deux personnes dont l'une a la passion de la musique, tandis que l'autre y demeure à peu près indifférente; la première y trouve la source de ses plaisirs les plus vifs, tandis que la seconde s'y intéresse tout juste assez pour distinguer un air bien joué d'un morceau mal exécuté, une note juste d'une note fausse. La cause de cette différence ne se trouve-t-elle pas dans les dispositions et aptitudes inconscientes qui échappent à l'expérimentation? Et alors, comment la mesure des sons et des impressions qu'ils produisent sur l'oreille pourrait-elle nous faire découvrir l'explication du plaisir de la première personne et de l'indifférence de la seconde?

Nous ne voulons pas dire que l'expérimentation soit impuissante et inutile, mais seulement que les résultats ne seront pas ceux qu'on ambitionne. Elle fera connaître les conditions physiologiques et matérielles des fonctions mentales, du moins en partie, et ce sera déjà beaucoup. L'œuvre vaut la peine qu'on l'entreprenne; ce sera une science nouvelle, aussi utile qu'intéressante, et qui jusqu'à présent était à peine ébauchée. Quant aux lois de l'activité psychique inconsciente, il est probable que pour longtemps on en sera réduit à faire des hypothèses pour les expliquer.

Telle paraît être, d'ailleurs, la manière de voir de M. Wundt lui-même, car en attendant les explications scientifiques que doit lui procurer l'expérimentation, il ne s'abstient pas d'explications imaginaires, qui ne sont, sans doute, que provisoires. Il estime, avons-nous dit, que tous les faits psychologiques doivent être ramenés à l'unité. Or, cette unité, qui s'opère dans le laboratoire inconscient, il croit l'avoir entrevue. Tout fait de conscience, sensation, perception, idée, jugement, volition, sentiment, est, suivant lui, le produit d'un travail plus ou moins complexe qui s'accomplit dans la région inconsciente, et dont le résultat seulement apparaît dans la conscience. Or, ce travail secret est toujours, au fond, le même : c'est un raisonnement. Les différences ne viennent que de la diversité des matériaux ou de la complexité plus ou moins grande de l'acte primitif qui les met en œuvre. Mais l'acte en lui-même est toujours une synthèse de prémisses ; tout fait de conscience est une conclusion ; l'esprit est une chose qui raisonne [1].

Pour tout le monde, le raisonnement est une synthèse logique de jugements ; mais pour M. Wundt, le jugement lui-même est un composé, le résultat d'une opération logique qui suppose des prémisses ; seulement, au lieu de s'accomplir dans la conscience, cette opération a lieu dans l'inconscient. La sensation la plus simple est elle-même un raisonnement : elle a aussi des prémisses, qui sont les *processus* nerveux, les faits inconscients ; elle en est l'interprétation, à la suite des syllogismes qui se développent dans les profondeurs inconnues. La conclusion seule apparaît dans la conscience, et constitue la sensation telle que chacun l'observe en soi-même.

Tout fait de conscience est donc un acte de raisonnement. Or, si ce raisonnement, au lieu de s'appliquer à distinguer et à interpréter les impressions des sens, s'exerce à établir une différence entre les objets extérieurs et moi-même, et à reconnaître ce qui appartient à l'un et aux autres, il constituera ce qu'on appelle la cons-

---

1. Voir Th. Ribot, *Psychol. allem.*, p. 235.

cience de soi. Mais cette conscience spéciale est, comme toute autre, le produit d'un travail logique qui nous échappe et qui ne s'opère que dans l'inconscient[1]. Cette théorie dispense de fournir d'autres explications. Demandera-t-on, en effet, ce qui constitue le *moi*, en quoi il diffère des êtres extérieurs, à quelle marque la conscience reconnaît ce qui lui appartient de ce qui lui est étranger? Il sera facile de répondre que nous l'ignorons et que nous n'avons pas besoin de le savoir, puisque c'est dans l'inconscient que chacun reconnaît son bien, et que les signes distinctifs du personnel et de l'impersonnel ne sont utiles que dans l'inconscient.

En somme, si l'on s'en tient à la manière de concevoir la conscience et les fondements qu'elle a dans l'inconscient, la seule différence essentielle qui sépare la psychologie expérimentale de M. Wundt de la psychologie spéculative de Schopenhauer ou de M. de Hartmann, c'est que la première voit dans la raison la racine et le fond de tous les faits de conscience, au lieu de les placer dans la volonté comme la seconde. Le point de vue de M. Wundt n'est pas moins vrai que celui de M. de Hartmann, mais il ne l'est pas davantage. Si le premier se bornait à dire qu'il y a de la raison en toutes choses, que tous les phénomènes de l'univers sont gouvernés par une logique secrète affirmée par nous avant d'être connue et pourtant toujours admirée lorsque nous parvenons à la découvrir; s'il ajoutait que les faits de l'âme humaine ne peuvent pas être, plus que les autres, dépourvus de cette logique intérieure, et que vraisemblablement même il faut y voir une raison plus haute, plus délicate et plus belle que dans les phénomènes organiques, nous n'aurions aucune objection à faire, et nous nous contenterions

1. Voir Th. Ribot, *Psychol. allem.*, p. 292.

de dire que ce sont là des vérités qui, depuis Socrate, Platon et Aristote et même depuis Anaxagore, ont été proclamées par la philosophie comme par la science, mais qu'on a toujours le droit de les répéter, parce qu'elles sont toujours vraies. Si M. de Hartmann, de son côté, en affirmant qu'il y a une volonté et une intelligence cachées au fond de toutes les forces de la nature, entendait simplement par là que tous les événements de l'univers, avec les lois qui les régissent, révèlent l'action souveraine d'une volonté intelligente, nous ne pourrions que l'approuver, et pour les mêmes motifs. Mais quand l'un transforme toute activité particulière inconsciente en une volonté, et l'autre en une raison, nous ne pouvons plus approuver, parce que nous ne comprenons plus. Nous avons discuté assez longuement l'hypothèse des idées inconscientes de M. de Hartmann, pour avoir le droit de ne pas insister davantage sur la théorie de la raison inconsciente de M. Wundt. Au fond, toute leur argumentation, avec les exemples et les analyses de phénomènes dont ils l'accompagnent, ne prouve qu'une chose : c'est que, si les faits inconscients qu'il s'agit d'expliquer devaient être produits par un être conscient, il lui faudrait de la volonté et de la raison pour les produire. Mais elle ne démontre pas qu'une activité inconsciente, pourvue de tendances, de dispositions, d'aptitudes ou de *processus* déterminés, ne puisse les produire en dehors de la conscience, sans posséder pour cela ni volonté, ni raison.

III

M. RENOUVIER

La consoience, fonction des représentations.

Si les doctrines que nous venons de parcourir se rattachent en général à celle de Kant, en ce sens qu'elles font
du *moi* une représentation, il faut reconnaître cependant
que la plupart n'y tiennent que par un fil. Il en est tout
autrement de la philosophie de M. Renouvier. L'esprit
de Kant, sa méthode et quelques-uns de ses principes y
revivent. On l'a appelée le *néo-kantisme* français, et l'on
peut dire qu'elle est une critique de la raison pure et de
la raison pratique renouvelée, complétée, fortifiée par
une nouvelle analyse des lois de la pensée et de la liberté, et par les applications qu'on a su faire, dans les
directions les plus diverses, un esprit des plus puissants
et des plus pénétrants.

Je n'ai pas à exposer, pour le sujet que je traite, les
principes généraux de la philosophie de M. Renouvier[1].
Je me bornerai à montrer comment quelques-unes de ses
idées sont favorables à l'opinion que j'essaie de dégager
de l'examen des théories de la personnalité. Je ne dissi-
mulerai pas celles qui paraissent contraires, mais en indiquant les objections auxquelles elles peuvent donner
lieu. C'est par cette dernière partie que nous allons com-

1. Voir l'excellente étude de M. Beurier, *Rev. philos.*, avril,
mai et juin 1877.

mencer, et ce sera la seule dont nous nous occuperons
dans ce chapitre. Voici pour quelles raisons :

M. Renouvier est à la fois un logicien, un psychologue,
un moraliste, et, ainsi qu'on l'a dit, le moraliste et le
psychologue ne sont pas en lui inférieurs au logicien. Il
serait difficile de trouver une œuvre plus fortement conçue que sa *Science de la morale*, des analyses psychologiques plus approfondies et plus ingénieuses que celles
de la volonté et de la liberté dans sa *Psychologie rationnelle*. Il n'en est pas moins vrai que la *Logique générale*
est son point de départ, et qu'il y pose les fondements de
l'œuvre entière. C'est elle qui a donné le cadre de sa
psychologie. Peut-être en résulte-t-il que les événements
et les conditions de notre vie mentale lui apparaissent
moins comme des faits de conscience avec leurs conditions
psychiques, que comme des éléments et des formes de la
connaissance. Au point de vue logique, il avait été naturellement amené à faire de la représentation l'objet élémentaire de ses analyses ; mais pouvait-il légitimement
conserver le même point de vue en passant de la logique
à la psychologie, ou d'une science dont la matière est un
ensemble d'éléments abstraits avec leurs rapports et leurs
combinaisons, à une autre science qui a pour objet
des faits dans leur réalité concrète ? Heureusement que
M. Renouvier porte partout avec lui une haute intelligence des choses, et que ses analyses sont presque toujours précises, de sorte que si les principes généraux de
son système l'empêchent parfois de remarquer certaines
conditions d'un fait, il les laisse voir aisément aux autres,
parce qu'il les indique malgré lui. Il est certain, par
exemple, que ses analyses de l'acte et de la puissance, de
la volonté et de la liberté, nous font entrevoir des éléments qui agrandissent singulièrement le contenu de la
représentation. Les idées de tendance, de force, d'effort

efficient, d'activité automotrice qui s'y ajoutent, impliquent des réalités qui ne trouveraient guère leur place dans ce que désignait par lui-même le terme de *représentation*. Si le fait primitif ainsi conçu s'appelle toujours représentation, il faut reconnaître que le mot reçoit alors une signification nouvelle. Ce qu'il désigne, bien que M. Renouvier ne veuille pas en convenir, n'est plus un élément abstrait de la connaissance, isolé de tout le reste, centre unique et fondement de toute réalité, mais un véritable fait de conscience, un fait réel, concret, considéré au milieu de ses conditions réelles et dans sa dépendance des activités concrètes qui concourent à sa production.

Nous pouvons donc distinguer deux points de vue dans notre examen des idées de M. Renouvier sur la conscience et la personnalité : le point de vue logique, selon lequel la conscience est une relation ou une loi des représentations, la personnalité une catégorie de l'intelligence ; le point de vue psychologique, où nous retrouverons comme caractère distinctif de la personne ce que M. Renouvier appelle la représentation *automotive*. Au premier point de vue, nous devons classer la doctrine de M. Renouvier à la suite de celles que nous venons d'examiner ; au second, nous ne pouvons la rattacher qu'à celle de Maine de Biran. Nous ne prétendons pas, assurément, établir un lien de filiation entre les deux systèmes, mais les idées de M. Renouvier sur l'effort volontaire, et les rectifications qu'il a apportées aux vues de Maine de Biran ne peuvent trouver leur place qu'après l'exposé de la doctrine de ce dernier.

Quoi que nous connaissions ou pensions, nous ne pensons ni ne connaissons que ce qu'on appelle, en prenant le mot dans son acception la plus générale, des *choses*. Toutes les choses réelles ou possibles ont pour nous un caractère commun, celui d'être représentées. La *représenta-tion* est « *cela qui se rapporte aux choses, séparées ou composées d'une manière quelconque, et par le moyen de quoi nous les considérons*[1]. » On peut remarquer que la définition de M. Renouvier non seulement implique l'idée d'un objet représenté et celle d'un sujet connaissant, mais que les deux termes, *nous* et *les choses*, s'y trouvent exprimés. C'est une confirmation nouvelle de la vérité établie par M. Spencer relativement aux connotations extrinsèques inséparables. M. Renouvier ne supprime donc pas les idées de sujet et d'objet; mais ce qu'il fait ne revient-il pas au même? Il retranche, comme nous allons le voir, les existences distinctes qui y correspondent, ou plutôt il les fait entrer dans la représentation même, et les y absorbe. D'une part, les choses, les phénomènes par lesquels les choses se manifestent, les représentations par lesquelles les phénomènes sont connus, se confondent. D'autre part, le sujet pensant ne fait qu'un avec la représentation par laquelle il entre en rapport avec les choses extérieures et par laquelle le phénomène lui apparaît. « Les choses en tant que représentations, je les nomme des *faits* ou des *phénomènes*[2]. » — « Ce qui frappe d'abord dans la représentation, ce qui en est le caractère déterminatif, c'est qu'elle est à double face et ne peut se représenter à elle-même que bilatérale. Ces deux éléments que toute représentation suppose, je les signale et ne les définis pas en les nommant l'un *représentatif* et l'autre *représenté*. — Ces deux termes de la représentation sont corrélatifs et tellement inséparables dans leur distinction que chacun à son tour les offre tous deux à l'analyse. Le représentatif est un représenté à *soi* plus ou moins distinct, et le représenté ne se comprend, le mot le dit, que

1. *Logique*, 2ᵉ édit., t. I, p. 8.
2. *Logique*, t. I, p. 9.

par un représentatif correspondant[1]. » Ces deux termes correspondent à ceux de sujet et d'objet. La représentation n'est ni une image d'un objet, ni une forme du *moi*, ni une espèce intermédiaire entre ce *moi* et cet objet. Elle est la chose même, double de sa nature, unité du représentatif et du représenté, synthèse de deux ordres de phénomènes distincts, également réels, mais inséparables, et inintelligibles hors de cette relation[2]. En d'autres termes, « toute représentation a la propriété de se dédoubler, et par ce dédoublement elle constitue la conscience. En même temps, elle nous offre, ou plutôt elle s'offre, en qualité d'objets, les séries de faits qui constituent le monde, la succession des sensations, pensées et volitions dont elle compose le *moi*[3]. »

La conscience n'est ni le mode d'une substance, ni la forme d'existence d'une cause active présente à elle-même, mais un phénomène, le plus complexe des phénomènes représentatifs, et a pour fonction « de rapporter à une représentation unique, à tous moments, un nombre indéfini d'autres représentations agglomérées, de toute nature[4]. » C'est un phénomène général, ou une relation entre tous les phénomènes qui s'accomplissent dans l'homme ; à ce titre, on peut encore l'appeler une loi. Mais ce n'est pas assez dire : une loi nous fait envisager les relations en elles-mêmes à l'état d'immobilité ; la conscience, au contraire, comprend des rapports qui varient avec d'autres et en raison de la variabilité des autres, c'est-à-dire qu'elle est une fonction, ou un phénomène enveloppant des relations variables dont les variations sont concordantes.

1. *Logique,* 2ᵒ édit., p. 13.
2. *Id,,* p. 41.
3. Beurier, *Rev. philos.,* avril 1877, p. 346.
4. Renouvier, *Logique,* t. I, p. 106.

Toute relation représentée contient une matière ; mais en même temps elle est affectée par une forme générale. Ces formes générales sont les catégories, et l'on sait que M. Renouvier en construit tout un système, à l'exemple d'Aristote et de Kant. La dernière et la plus élevée des catégories est la *personnalité*. Elle contient toutes les autres, puisque c'est dans l'activité représentative qui lui est propre que les autres catégories trouvent leur centre et leur application ; mais elle n'est pas un produit ou un composé formé par les autres ; elle est une catégorie dans toute la force du terme, c'est-à-dire une forme spéciale, logiquement irréductible, d'existence ou de représentation. Il est donc inutile d'imaginer des systèmes sur la nature et l'origine de la personnalité ou de la conscience ; on ne peut la faire dériver d'aucun autre phénomène, ni la ramener à aucune autre manière d'être [1]. Il faudrait entrer dans trop de détails pour expliquer — et avec la certitude de ne pas réussir à nous faire comprendre — comment la personnalité, ainsi que toute autre catégorie, se détermine par la synthèse d'une limite, qui est le *soi*, et d'un intervalle, qui est le *non-soi*. Cette détermination au moyen de cette synthèse est la conscience.

De tout ce qui précède il ne faudrait pas conclure que les personnes ne sont par des êtres réels. Assurément ce ne sont pas des choses en soi, et d'ailleurs M. Renouvier s'applique à démontrer qu'il n'y en a pas : toute chose, suivant lui, doit être connue ou connaissable, par suite soumise à toutes les relations qu'elle doit subir pour pouvoir entrer dans une représentation, soit réelle, soit supposée. Elle n'existe qu'à la condition de pouvoir se manifester à une intelligence actuelle ou possible, ce

1. *Logique*, t. II, p. 493.

qui revient à dire qu'elle ne peut être qu'un phénomène. Il n'y a pas d'autres réalités que les phénomènes. Mais le phénoménisme de M. Renouvier diffère de celui de Hume; il ne se résout pas, comme ce dernier, en une multitude de fragments épars, aussi nombreux que les sensations et dont la sensation est le seul juge : il admet des phénomènes généraux, complexes, durables, qui sont des synthèses, des lois, des fonctions d'autres phénomènes. L'homme est un phénomène de ce genre, et à ce titre on peut le regarder comme un être réel.

Pour apprécier exactement et justement ces théories, il faudrait les suivre dans tout leur développement, dans leurs explications multiples, ainsi que dans les diverses formes d'exposition qu'elles ont reçues et qu'elles reçoivent encore chaque jour de l'auteur. Le cadre de ce travail ne le comporte pas. Nous n'avons donc pas la prétention d'en présenter une critique approfondie. Nous voulons seulement, ainsi que nous l'avons dit, exprimer quelques réserves, poser quelques questions.

Le terme *représentation*, qui, dans le sens que lui donne M. Renouvier, est une importation allemande (*Vorstellung*), n'est-il pas impropre et de nature à induire en erreur? D'abord il ne désigne pas certains faits élémentaires de conscience, tels que la sensation affective, le plaisir, la douleur, l'amour, la haine, la joie, la tristesse, l'acte de la volonté. Il n'exprime que d'une manière figurée les idées des qualités morales et celles de ces choses purement intelligibles que M. Renouvier appelle un phénomène général, une loi, un ordre de rapports. Il s'applique mal à certaines perceptions, telles que celles de chaleur, de son, d'odeur, de saveur. On l'emploie en général pour désigner les souvenirs et les conceptions de l'imagination, mais il ne convient guère qu'aux images ou souvenirs qui se rapportent aux perceptions de la vue, et encore ne leur convient-il qu'en vertu d'une fiction, car, en allant au fond des choses, on s'aperçoit sans peine que ces faits ne sont pas, à proprement parler, des représentations. M. Renouvier le sait mieux que personne ; aussi ne parle-t-il pas de représentations qui représentent quelque chose, mais de représentations qui sont les choses mêmes.

Admettons que le terme puisse être accepté, malgré l'équivoque, pour ne pas dire la contradiction qu'il renferme. Peut-on faire de la représentation un point de départ, sans la prendre telle qu'elle est, c'est-à-dire comme un fait qui n'est pas isolé dans l'univers, mais qui a des éléments, des facteurs, des conditions, des lois? Or, elle peut être un fait concret de deux manières :

1° On peut la concevoir comme étant le centre de toute réalité, et placer en elle toutes les conditions de sa réalité, c'est-à-dire, en y réfléchissant bien, l'univers tout entier. Ce sera alors une sorte de monde concentré et concrété en une unité indivisible. De cette façon on pourra tout en faire sortir sans inconséquence logique, puisqu'on y aura tout renfermé.

2° On peut la considérer comme un moment déterminé d'un *processus* qui s'accomplit dans la réalité, un terme d'un développement qui implique un commencement, un acte qui suppose une puissance, un fait qui a besoin d'éléments, de conditions, des causes concourantes. Alors, par une analyse poursuivie avec sagacité, on pourra essayer de reconnaître les éléments intégrants et de découvrir leurs conditions distinctes. Ces conditions seront encore dans la réalité, des réalités mêmes, en rapport avec cette autre réalité qui est la représentation. En d'autres termes, une réalité est donnée d'abord dans une synthèse, comme indéterminée et indistincte, contenant avec la représentation ses termes et ses conditions inséparables. L'analyse s'y applique ensuite, en isolant le fait de la représentation au milieu des autres, et en cherchant à découvrir tout ce qui s'y trouve inhérent et adhérent. Après l'analyse, une nouvelle synthèse peut retrouver une réalité mieux déterminée, mais qu'elle ne fait pas, qui existait sans elle, puisqu'elle avait été donnée préalablement.

L'autre système, au contraire, qui prend la représentation comme un centre isolé dont elle fait le fondement exclusif et comme le contenant de toute réalité, ne peut y découvrir que des choses de même nature qu'elle, c'est-à-dire d'autres représentations. Les éléments, les conditions, les causes, les lois de la représentation, les objets qui y correspondent, l'esprit qui en est affecté, l'univers tout entier avec les êtres qu'il contient, ses phénomènes et ses lois, Dieu, sa cause suprême, tout est dans la représentation sous forme de représentation. La représentation totale projette de toutes parts ces représentations diverses qu'elle contient, pour en faire une synthèse, un tout, qui sera l'univers; mais il est trop clair qu'elle n'obtiendra ainsi qu'un univers représenté, une représentation d'univers. Supprimez l'appareil à projection, il n'y a plus rien, plus qu'une nuit noire et silencieuse.

Quand on considère la représentation comme le fait originel, suffisant à tout et se suffisant à lui-même, on est nécessairement amené à regarder la conscience comme une simple synthèse interne des représentations, une sorte de représentation embrassant les autres. C'est ce que fait M. Renouvier. « La conscience a pour fonction de rapporter à une représentation unique, à tous moments, un nombre indéfini d'autres représentations agglomérées, de toute nature. » Mais alors quelle différence y a-t-il entre une conscience et une pensée? Cette définition ne s'applique-t-elle pas à l'acte de la connaissance, beaucoup plus qu'à un fait de conscience en général? Faut-il en conclure que pour M. Renouvier la conscience ne diffère pas de la connaissance et qu'elle n'est pas autre chose qu'une perception interne? Or, si la perception externe n'est pas considérée comme un acte exclusif des sens, mais comme un acte synthétique de l'intelligence tout entière provoqué par l'impression des sens, pourquoi n'en serait-il pas de même de la perception interne? Est-ce que la mémoire, l'imagination, l'entendement, la raison n'y collaborent pas? Le fait intérieurement perçu est dans la conscience, et nous avons conscience aussi de l'activité intellectuelle qui le perçoit : à ce double titre, la perception interne est un fait de conscience ; mais dire qu'elle est un acte de la conscience ou que c'est la conscience qui perçoit, n'est-ce pas comme si l'on affirmait que c'est aussi la conscience qui se souvient, qui imagine, qui veut et qui raisonne? Je n'insiste pas, car j'ai développé cette objection à propos de M. de Hartmann.

Lorsque, plus loin [1], M. Renouvier déclare que pour se connaître soi-même il faut qu'un sujet se fasse objet et subisse les lois de l'objectivité, et qu'*un réalisme qui voudrait qu'un sujet se connût comme sujet demanderait une connaissance qui ne fût pas une connaissance*, il exprime une vérité incontestable, mais à condition d'avoir en vue la connaissance proprement dite, et non la conscience. Pour qu'un sujet se fasse objet, il faut qu'il existe d'abord comme sujet, et qu'est-ce qu'exister comme sujet, sinon avoir conscience de son existence propre, ou être conçu comme tel par un être pourvu de conscience et qui se représente les êtres extérieurs par une sorte d'analogie plus ou moins éloignée avec ce qu'il est lui-même? On pourrait rétorquer contre M. Renouvier son

1. *Logique*, t. I, p. 120.

affirmation précédente, et dire, avec autant de raison : Un sujet conscient ne peut avoir conscience de lui-même que comme sujet, et *un idéalisme qui voudrait qu'un sujet eût conscience de lui-même comme objet demanderait une conscience qui ne fût pas une conscience.*

Comment la personnalité peut-elle être une catégorie, si elle consiste à être *soi?* Être *soi* n'est-ce pas se distinguer de toute autre chose, et par suite être plus qu'une forme générale d'existence, être une existence particulièrement déterminée, au moins d'une manière synthétique et concrète, avant de l'être d'une manière analytique et distincte? Pourquoi, d'autre part, la personne, le *moi*, la conscience, qui sont identifiés, ne sont-ils qu'un phénomène? Lors même que le *moi* ne serait pas une substance, si l'on conçoit la substance comme une chose en soi, en résulte-t-il qu'il ne soit qu'un phénomène? Entre la chose en soi et le phénomène n'y a-t-il aucune autre forme d'existence? Une activité qui serait en puissance en autre chose ne serait pas une chose en soi. Mais si cette activité se connaissait en elle-même, du dedans, en tant qu'elle serait en acte, elle ne serait pas non plus un phénomène.

Or, est-il impossible de concevoir le *moi* comme une activité qui serait alternativement en puissance et en acte, en puissance lorsque certaines conditions seulement seraient données, en acte lorsque certaines autres conditions s'ajouteraient aux précédentes; une activité qui n'existerait pas sans avoir conscience d'elle-même et sans connaître ses actes, ses modifications et quelques-uns de ses rapports avec d'autres activités; qui, une fois les conditions de son existence données, pourrait choisir les conditions de son développement, se proposer des fins, se marquer une direction, s'enrichir par elle-même de dispositions et d'aptitudes nouvelles, et être ainsi la cause directe des déterminations supérieures de son existence, et peut-être la cause indirecte de la plupart des autres, en tant qu'elle aurait le pouvoir, sinon de se les donner, du moins de les accepter et, si elle le voulait, de refuser de les recevoir? Une telle activité ne serait-elle réellement qu'un phénomène?

Un phénomène est une chose qui apparaît, c'est-à-dire qui se produit hors de l'être qui en est le témoin et se manifeste extérieurement. En ce sens, les actions d'une personne sont des phénomènes pour quiconque les voit du dehors; mais pour moi, les actes que je produis dans ma conscience, les déterminations de mon existence dont j'ai l'initiative, et qui ne sont des déterminations propres et personnelles qu'autant que je les crée, les possède et les pénètre, toutes ces choses sont-elles pour moi des manifestations de réalité contemplées du dehors, des phénomènes? Ne sont-elles pas tout le contraire? Kant disait que le *moi* ne peut être pour lui-même qu'un phénomène, parce qu'il n'a pas le pouvoir de se produire, et se trouve donné à lui-même tout produit. Pensée profondément juste, en ce sens qu'elle marque très exactement les conditions à remplir pour être pour soi autre chose qu'un phénomène. Mais si le *moi* est en grande partie la cause de son existence propre, la conclusion s'impose : sous ce rapport et dans cette mesure, il n'est point un phénomène[1].

On nous dira peut-être : En admettant que le *moi* et ses actes ne soient pas des phénomènes pour la conscience, n'en sont-ils pas pour la pensée? Puisqu'ils ne peuvent être connus qu'à la condition d'être donnés comme objets, cela ne veut-il pas dire qu'ils ne sont pas le sujet connaissant, mais qu'ils sont distincts de lui, opposés à

1. Voir plus loin l'opinion de M. L. Ferri.

lui, et que par conséquent ils ne sont pas connus en eux-
mêmes, ou comme choses telles qu'elles sont?

Nous répondrons que l'intelligence qui connaît juge
aussi des conditions de sa connaissance. Pour elle, un
phénomène est une chose qui se manifeste tantôt à la sensibilité à peu près seule, et alors ce n'est guère qu'une
apparence, tantôt aussi à la raison, et dans ce cas c'est
un fait auquel elle attribue de la réalité, une réalité d'autant plus certaine que la raison qui en juge est plus
éclairée, mieux pourvue de méthodes appropriées, plus
dégagée des causes particulières d'erreur, en un mot plus
parfaite. Chacun affirmerait même, sans hésitation, que
des phénomènes connus par l'intelligence la plus parfaite
seraient des choses dans leur plus grande réalité. Elles
seraient donc les choses telles qu'elles sont, à moins que
cette idée des choses telles qu'elles sont ne renferme une
contradiction, et ne signifie des choses qui ne peuvent
pas être connues, même par l'intelligence la plus parfaite.

Tel doit être le sens de la pensée de M. Renouvier,
lorsque, discutant l'objection que ce qui apparaît n'est
pas la réalité, il répond : « Conçoit-on rien de plus réel
que ce qui apparaîtrait non pas seulement longtemps,
mais constamment, toujours[1] ? » Et plus loin : « On dit
ordinairement que la vérité est la conformité de l'idée
avec son objet; » ce qui peut s'admettre à condition qu'on
entende par idée « une représentation particulière quelconque », et par objet « la représentation en général, ou
représentation possible, affranchie de l'intervention de
certains phénomènes variables ou perturbants[2] ». Ainsi,
suivant lui, le phénomène réel, c'est ce qui apparaîtrait

1. *Logique*, t. 1, p. 100.
2. *Id.*, t. 1, p. 102.

toujours; le vrai, une représentation qui serait conforme à la représentation la plus infaillible. La représentation, dégagée de toutes les circonstances accidentelles, variables, individuelles, devient le juge du réel et du vrai. Qu'est-ce que cette représentation infaillible, sinon la raison idéale, ou la raison conçue dans sa perfection la plus haute, comme étant une règle universelle et éternelle, une mesure fixe et un modèle pour notre raison changeante et périssable? Nous ne réclamons pas d'autre juge. Nous nous permettons seulement de demander si ce juge suprême de toute réalité et de toute vérité n'est pas lui-même quelque chose de vrai et de réel, quelque chose qui agit réellement sur notre intelligence, puisque notre raison s'y réfère spontanément dans toutes ses affirmations sur le vrai et le faux, sur le réel et le possible, et qu'elle ne peut ni s'en détacher ni se soustraire à son action, et que, si elle pouvait s'en séparer, elle perdrait ce qui la dirige et la soutient, autrement dit, ce qui la fait vivre.

Après ces explications, le mot *phénomène*, appliqué au *moi*, n'a rien qui doive nous humilier. Cependant nous devons remarquer que ces explications ont absolument la même portée pour les choses extérieures que pour nous-mêmes, et qu'elles supposent qu'il n'y a, d'un côté comme de l'autre, que des choses représentées. Ici encore, nous avons des réserves à faire. En disant que pour notre raison nous sommes un phénomène, M. Renouvier veut dire que nous sommes une représentation, que notre existence n'est rien qu'en tant que représentée. Pour que cette assertion soit vraie, il faudrait qu'il fût bien établi qu'aucun fait, aucune existence, aucune réalité ne peut nous être donnée qu'à travers la représentation et dans la représentation. M. Renouvier l'a-t-il démontré? Son argumentation se réduit en somme au rai-

sonnement suivant : une chose n'existe pour nous qu'en
tant qu'elle est représentée ou peut l'être; en dehors de
nos représentations réelles ou possibles, il n'y a donc
rien pour nous, puisque nous ne le connaissons pas. Ce
qui revient à dire : toutes les choses réelles étant représentables, ce qui n'est pas représentable n'est pas réel.

Je suis obligé d'avouer que cette assertion n'a pas
pour moi l'évidence d'un axiome. Je voudrais savoir
d'abord, d'une manière très précise, ce qu'on doit entendre par *représentable*. Ce mot signifie-t-il ce qui est susceptible d'être donné comme objet à l'imagination ou à
l'entendement, d'être réduit en images ou en notions,
d'occuper une place distincte dans l'ordre sensible ou
dans l'ordre intelligible de l'univers? Mais alors il y aurait beaucoup de choses réelles qui ne seraient pas représentables. Pouvons-nous considérer comme objets imagi-
nables ou intelligibles l'infini, le beau, le vouloir, le sujet
conscient? Notre imagination se représente-t-elle l'unité,
qui est conçue par l'entendement, et notre entendement
comprend-il le continu, qui est représenté par l'imagination? Il y a donc des choses qui peuvent être données,
sans être des objets connus ou connaissables. Il y a des
choses qui peuvent être connues d'une manière sensible
seulement, et d'autres seulement d'une façon intelligible.
Tantôt ce sont des images qui ne sauraient se réduire en
notions ou concepts; tantôt des idées régulatrices, des
idées modèles, qui ne correspondent à aucune matière
sensible, ni à aucun contenu intelligible déterminé; quelquefois encore des intuitions de la conscience sur lesquelles l'entendement n'a pas plus de prise que l'imagination,
et qui sont cependant des faits réels.

Toutes ces choses sont-elles au même titre des représentations? En d'autres termes, tout ce qui est senti,
perçu, imaginé, remémoré, conçu, entendu, compris,

cru, affirmé, aimé, désiré, voulu, présent dans la conscience comme mode ou comme sujet, comme acte ou
comme cause, comme tendance ou comme puissance, tout
cela est-il également compris parmi les choses représentées ou représentables? Dans ce cas, il y a des choses
représentées ou représentables qui ne sont pas, à proprement parler, connues ni connaissables, qui ne sont pas
et ne peuvent pas être en elles-mêmes des objets de la
pensée ni des faits intelligibles. De quel droit affirmer
alors qu'elles subissent les lois de l'objectivité et les formes des catégories ?

N'appellera-t-on représentations que les faits qui contiennent la distinction de sujet et d'objet, c'est-à-dire les
connaissances véritables? Alors nous serons obligés de
dire que certaines choses sont réellement pour nous sans
nous être données dans une représentation. Comment
admettre après cela que toutes les choses réelles sont
représentables ? Et si le sujet conscient est une des choses
qui ne sont pas directement représentables, et que la raison — la représentation éclairée de M. Renouvier —
comprenne pourquoi il ne l'est pas, de quel droit affirme-
t-on qu'il n'est qu'un phénomène, ce qui voudrait dire
ici qu'il n'est donné que comme représenté ?

Nous ne saurions nous empêcher de regretter que cette
conception de la représentation, qui nous paraît insuffi-
samment définie et, en fin de compte, arbitraire, soit res-
tée le fondement de la psychologie de M. Renouvier.

CHAPITRE X

Les doctrines dans lesquelles le moi est une activité consciente.

Toutes les théories que nous avons examinées, malgré leurs différences profondes, offrent un trait commun : c'est la prétention d'étudier le *moi* comme un objet du dehors.

Les psychologues anglais dont nous avons parlé ne voient dans le contenu de la conscience que des phénomènes internes, qu'ils traitent tout à fait comme des phénomènes externes, c'est-à-dire comme des manifestations perceptibles d'une chose inconnue, d'une chose dont on peut toujours faire abstraction, suivant les uns, et qui peut-être même n'existe pas, suivant les autres. Puis, après avoir analysé les associations et combinaisons de ces phénomènes et en avoir déterminé quelques lois, ils éprouvent le besoin de les rattacher à un sujet sentant et pensant, car ils n'oublient pas que ces faits n'existent jamais sans un sujet conscient qui se les attribue. Mais ce sujet qu'on avait mis à l'écart et qu'on rappelle après coup, que peut-il être, sinon une chose accessoire, une position, un contenant, un lien des phénomènes, un lien caché mais réel pour ceux qui croient à l'inconnaissable, un lien fictif et illusoire pour ceux qui n'y croient pas? Un pareil *moi* et une pareille conscience ne sont pas des réalités intérieurement perçues dans leur existence concrète : ce sont des choses détachées de la réalité par l'imagination, étalées par elle sous le regard de l'observateur et étudiées ainsi, comme le serait un acteur qui joue son rôle devant le public. Mais si par cette méthode il est possible de se représenter ce que serait le *moi* contemplé du dehors, le *moi* pour un témoin extérieur, il est impossible de découvrir ce qu'il est pour lui-même ; et pourtant ce serait l'essentiel, car c'est pour lui seul que le *moi* existe à proprement parler ou en tant que *moi*. Il est vrai que M. Bain a entrepris d'expliquer comment le sujet personnel se distingue de ce qui n'est pas lui, non seulement aux yeux d'autrui, mais aussi à ses propres yeux. Il a vu dans l'activité et la passivité les caractères qui permettent au *moi* de reconnaître ce qui lui est propre et ce qui appartient aux objets. Mais, ainsi que nous l'avons fait remarquer, l'activité et la passivité dont parle M. Bain ne sont encore que des qualités de phénomènes observés du dehors, et non des propriétés d'un sujet qui se connaîtrait lui-même intérieurement.

Quant aux philosophes allemands, la plupart ne voient dans le contenu de la conscience que des intuitions multiples et des représentations diverses, groupées et liées en séries. La conscience est tantôt une forme essentielle et tantôt un mode accidentel des représentations ; elle en est quelquefois le rapport et quelquefois le produit. Le *moi* n'est lui-même qu'une représentation : ici, une représentation formelle qui se joint à toutes les autres et dont les autres sont la matière ; là, une place vide qui est remplie et déterminée peu à peu par les séries des représentations, puis qui se représente à son tour ; ailleurs, un centre de la pensée, source de toutes les idées, sorte de représentation créatrice ; ailleurs encore, une existence inconsciente dont la représentation seule apparaît dans la conscience pour rallier autour d'elle les diverses représentations particulières. Tous ont une préoccupation dominante : expliquer au moyen du *moi* l'unité de la pensée. Le *moi* qu'ils cherchent est un principe qui, dans la conscience, puisse jouer le rôle de sujet pensant, s'unir par des liens formels et logiques à tous les modes et à tous les produits de l'intelligence, se distinguer des objets tout en se mettant en relation avec eux, et s'attribuer les diverses représentations des faits internes de la même manière qu'un sujet, dans le discours, se rattache différents attributs. On peut dire que pour eux la question de la personnalité se réduit à une question de logique. Il ne s'agit plus, comme pour les philosophes anglais, d'un lien permanent de phénomènes variables, mais d'un principe unique de synthèse en face de représentations multiples. Le problème est de découvrir comment le *moi* est une condition logique de toute perception, de toute pensée, de toute résolution volontaire ; comment ces faits, à leur tour, sont des conditions logiques du *moi*. En effet, pas d'attributs sans un sujet auquel ils se rapportent, mais pas de sujet non plus sans des attributs qui le déterminent.

Kant lui-même, qui de tous est celui qui a distingué le plus nettement le *moi* des représentations qu'il unit, n'a vu dans le sujet conscient qu'une aperception pure, une représentation *a priori* sans objet, une forme fondamentale de la pensée, c'est-à-dire, en somme, un sujet logique. Nous sommes loin encore du *moi* conçu comme une réalité qui se connaîtrait intérieurement dans son existence concrète. Le *moi* qu'on nous invite à contempler, au milieu des représentations dont il est le centre, le cadre ou le produit, n'est qu'une abstraction offerte en spectacle à notre pensée, et non un fait intuitivement saisi dans sa réalité. Disons le mot : c'est un *moi* qui joue le rôle d'hypothèse et qui est destiné à expliquer des faits qui ne peuvent pas se comprendre sans lui.

Mais ces faits expliqués, il en restait un autre, dont il eût fallu aussi rendre compte, et cet autre fait, qui est fondamental, c'est le *moi* lui-même. Le sujet personnel n'existe qu'à la condition de posséder la connaissance, ou au moins la conscience de soi. Ne convenait-il pas de rechercher ce que le *moi* est pour lui-même, comment et à quel signe il se distingue de tout ce qui lui est étranger, pourquoi le sentiment qu'il a de sa personnalité n'a pas toujours une égale vivacité, pourquoi il s'affaiblit dans certains cas, s'éteint pendant le sommeil pour renaître ensuite, à quoi il paraît principalement attaché et quel est le fait qui a ainsi le privilège d'être en nous ce qu'il y a de particulièrement personnel. Il est évident que pour répondre à ces questions il faut étudier directement le *moi* et ses modes dans la conscience et la perception intime. L'expérience externe et l'analyse logique ne sont plus que des instruments auxiliaires; rien ne peut suppléer à l'observation intérieure et à notre réflexion sur nous-mêmes.

I

MAINE DE BIRAN

Le moi sujet de l'effort voulu.

C'est ce qu'avait compris Maine de Biran. Ce qu'il a entrepris d'étudier, ce ne sont plus des phénomènes internes détachés du sujet personnel, ni des représentations

ou des pensées séparées de l'activité pensante, c'est le
sujet actif dans son existence concrète. Il a pensé qu'à
côté de la psychologie qui prend pour fait primitif une
sensation, c'est-à-dire un phénomène mixte, plus physiologique que psychologique ; à côté de celle qui trouve
son point de départ dans la représentation, dont elle
croit pouvoir faire l'élément fondamental de la réalité,
parce qu'elle est l'élément fondamental de la connaissance, il y avait place pour une autre psychologie, une
psychologie qui prendrait simplement pour fait primitif
un fait psychologique, c'est-à-dire un fait de conscience,
tel qu'il est donné dans la conscience même.

A voir pour point de départ et pour objet un fait, n'est-ce
pas la condition d'existence de toute science positive? Ne
faut-il pas que ce fait soit distinct de tout autre pour que
la science dont il est l'objet puisse se constituer à l'état
de science distincte? Ne suffit-il pas que cet objet et la
manière dont il est donné soient clairement déterminés,
pour que la méthode propre à l'étudier se trouve indi-
quée? La psychologie de Maine de Biran réalise toutes
ces conditions : elle a pour objet un fait, qui est distinct
de tout autre ; et comme il est donné dans la conscience,
c'est là aussi qu'elle l'étudie. C'est donc une science positive que Maine de Biran avait constituée. Si aujourd'hui
encore on remet en question, comme on le faisait au commencement de ce siècle, l'existence de la psychologie en
tant que science distincte, ne serait-ce pas parce que cette
science ne s'est pas attachée assez fortement au point de
vue de Maine de Biran?

On a dit quelquefois que la psychologie ainsi entendue
était une science impuissante. Mais les résultats obtenus
et qui ne devaient être considérés que comme un commencement, prouvaient manifestement le contraire. Non
seulement la doctrine de Maine de Biran a répandu une

lumière plus vive sur la connaissance de nous-mêmes, mais si elle était développée, complétée, poursuivie dans ses détails et ses relations avec d'autres sciences, comme l'ont été des systèmes allemands et anglais, on remarquerait aisément qu'elle est plus féconde que bien d'autres en applications pratiques ; on verrait en particulier que la morale et la pédagogie, la science de la vie et celle de l'éducation, peuvent en retirer une force nouvelle et des directions utiles.

Des amis de la psychologie expérimentale, qui apprécient particulièrement la science anglaise et quelques parties de la science allemande, regrettaient, il y a quelque temps, que l'analyse des mouvements et de leur rôle n'occupe pas la place qui lui est due à côté de l'analyse des sensations [1]. Si quelqu'un, en France, a senti mieux que personne cette lacune et a entrepris de la combler, traçant aux études psychologiques une direction nouvelle, n'est-ce pas Maine de Biran ?

D'ailleurs, la psychologie telle qu'on peut la comprendre à la suite et à l'exemple de Maine de Biran, n'exclut pas les recherches faites par d'autres méthodes ; elle les réclame, au contraire. Pourquoi donc serait-elle condamnée à se priver des secours que la biologie d'une part, la critique de la connaissance et la métaphysique, de l'autre, peuvent lui apporter ? Le fait de conscience qu'elle analyse a, comme tout autre fait, des conditions de natures diverses. Outre les conditions psychologiques qui en déterminent le contenu, les formes, les variations, le développement, il a des conditions physiologiques, puisqu'il apparaît dans un être vivant et qu'il est intimement lié à toutes les modifications de la force et de la structure

---

1. M. Ribot, *les Mouvements et leur importance psychologique,* *Rev. philos.,* octobre 1879.

nerveuses; il a des conditions historiques, puisque l'être
dans lequel on l'étudie aujourd'hui est le produit du travail accumulé de nombreuses générations, et un terme
d'une longue évolution ; il a aussi des conditions métaphysiques, puisque l'expérience est impuissante à en faire
comprendre l'origine, la nature intime et la fin ; il a
même, il serait difficile d'en douter, des conditions psychiques inconscientes, qui en sont les causes immédiates.
Quel vaste champ ouvert à l'expérimentation, à la pensée
spéculative, à la critique, aux hypothèses, aux recherches de toute nature destinées à contrôler et à compléter
l'œuvre de la psychologie, mais sans la dispenser jamais
de recourir à l'observation intérieure et à la réflexion,
seules capables de lui fournir la matière première de
ses travaux !

Mais ce n'est pas tout; une fois les faits bien étudiés
dans leurs éléments, leurs formes, leurs rapports, leurs
conditions et leurs lois, il convient d'en déterminer les
conséquences, de faire voir que les théories ont des applications possibles, car s'il est une science qui doive être
tournée vers la pratique, n'est-ce pas, par-dessus toutes
les autres, la science qui a pour objet la personne humaine? Socrate recommandait à ses disciples d'apprendre à se connaître pour apprendre à se conduire, et la
sagesse antique ne séparait pas la science de la nature
humaine de la direction et du gouvernement de la vie. Il
faut qu'à notre tour nous soyons bien convaincus que ce
serait une entreprise chimérique que d'essayer de nous
conduire nous-mêmes sans nous connaître, et que ce serait plus qu'une chimère, que ce serait une coupable folie
que d'enseigner aux autres à se conduire et de les former
au gouvernement de soi-même, sans savoir au moins
quels sont les caractères principaux et les lois essentielles de cette nature humaine dont il s'agit de surveiller et

de diriger le développement. D'excellents esprits l'ont compris, et grâce à eux on n'admet plus maintenant que la science de l'éducation reste entièrement séparée de la psychologie. Maine de Biran avait aussi entrevu les conséquences pédagogiques de sa doctrine; il avait donné, en passant, quelques conseils d'une admirable justesse; il est seulement regrettable qu'il se soit borné à des indications [1].

De même, bien qu'il soit loin d'avoir déterminé exactement toutes les conditions du fait de conscience, il a le mérite d'avoir nettement posé la question, marqué la méthode, tracé la voie; de plus, il a montré la fécondité de la science psychologique telle qu'il l'entendait, par quelques-uns des résultats qu'il a obtenus. Nous ne craignons pas de dire qu'on en aurait depuis longtemps reconnu l'importance, qu'on en aurait proclamé le mérite et la grandeur, si Maine de Biran était un philosophe allemand. Mais il faudra bien qu'on finisse par ouvrir les yeux à la vérité, à l'étranger comme en France.

Hâtons-nous de dire, d'ailleurs, que les services rendus à la philosophie par Maine de Biran sont loin d'être partout méconnus. Sans parler de l'introduction de M. Cousin aux *Œuvres* publiées par lui, de celle de M. Naville aux *Œuvres inédites*, M. Ravaisson avait fait comprendre, dès 1840, la révolution que Maine de Biran avait opérée dans la manière d'entendre la psychologie [2]. M. Lemoine reconnaissait dans sa doctrine une psychologie profonde, vivante et vraie [3]. M. Janet déclare que Maine de Biran a donné à la France une philosophie de l'es-

---

1. Voir *Œuvres inédites*, t. I, pp. 108 à 130.
2. *Revue des Deux-Mondes*, 1er nov. 1840.
3. *L'âme et le corps*, p. 401.

prit[1]. Plus récemment, dans un beau livre qui est un travail considérable, M. Gérard s'est appliqué à prouver que les jugements les plus favorables portés sur le grand psychologue français n'étaient pas immérités[2]. La cause est donc entendue et, pour beaucoup de juges, gagnée. Nous n'avons pas la prétention d'y apporter un argument nouveau. Nous voulons seulement montrer, dans quelques travaux postérieurs à ceux de Maine de Biran, des rectifications et des compléments de sa doctrine, et rechercher si l'on ne doit pas les considérer comme des interprétations nouvelles, des développements nécessaires, et, au fond, une confirmation de sa philosophie, plutôt que comme des critiques propres à l'affaiblir, ou des théories différentes destinées à la remplacer.

Rappelons d'abord brièvement les principes essentiels et les principaux résultats de cette psychologie. Nous aurions dû nous y arrêter longuement, car elle rentre tout entière dans notre sujet et contient le nœud de notre question, puisqu'elle est, ainsi qu'on l'a dit, la philosophie même de la personnalité[3]. Mais nous ne pourrions que répéter en grande partie les analyses dont elle a été récemment l'objet. Comme on ne les a pas oubliées, on nous permettra de passer plus rapidement.

Quel est, pour la psychologie, le fait fondamental et vraiment primitif? Et d'abord, qu'est-ce qu'un fait? «Tout ce qui existe pour nous, tout ce que nous pouvons percevoir au dehors, sentir en nous-mêmes, concevoir dans nos idées, ne nous est donné qu'à titre de fait. — Il n'y a de fait pour nous qu'autant que nous avons le sentiment de notre existence individuelle, et celui de quelque chose, objet ou modification, qui concourt avec cette existence

1. *Problèmes du dix-neuvième siècle*, p. 318.
2. *Maine de Biran, Essai sur sa philosophie*, 1876.
3. J. Gérard, p. 509.

et est distinct ou séparé d'elle. Sans ce sentiment d'existence individuelle que nous appelons en psychologie *conscience*, il n'y a point de fait qu'on puisse dire connu, point de connaissance d'aucune espèce ; car, un fait n'est rien s'il n'est pas connu, c'est-à-dire s'il n'y a pas un sujet individuel et permanent qui connaisse[1]. »

Pour apercevoir le fait le plus simple, il faut être *soi*, *en soi* (*conscius sui*, *compos sui*), et non *hors de soi*. Une sensation réduite à elle-même, comme la concevait Condillac, est un fait pour un témoin extérieur, mais non pas pour l'être en qui elle se produit, puisque cet être n'existe pas pour *soi*, avec la connaissance de lui-même et des modifications qu'il éprouve. Une sensation ne devient un fait que lorsqu'elle est objet perçu par un sujet qui s'en distingue. D'une manière générale, tout fait implique deux termes, un objet et un sujet inséparables dans leur relation. Le fait primitif interne sera celui qui est pour nous la condition de tous les autres, c'est-à-dire dans lequel nous sommes donnés à nous-mêmes, ou par lequel nous prenons connaissance de nous-mêmes et devenons capables de connaître tous les autres faits ; ce sera la conscience de notre existence personnelle.

Or, « nous ne pouvons nous connaître comme personnes individuelles sans nous sentir causes relatives à certains effets ou mouvements produits dans le corps organique. La cause, ou force actuellement appliquée à mouvoir le corps, est une force agissante que nous appelons *volonté*. Le *moi* s'identifie complètement avec cette force agissante. Mais l'existence de la force n'est un fait pour le *moi* qu'autant qu'elle s'exerce, et elle ne s'exerce qu'autant qu'elle peut s'appliquer à un terme résistant ou inerte. La force n'est donc déterminée ou actualisée que

1. Maine de Biran, *Œuvres inédites*, t. I, p. 36.

dans le rapport à son terme d'application, de même que
colui-ci n'est déterminé comme résistant ou inerte que
dans le rapport à la force actuelle qui le meut ou tend à
lui imprimer le mouvement. Le fait de cette tendance est
ce que nous appelons *effort* ou action voulue ou volition,
et je dis que cet effort est le véritable fait primitif du sens
intime[1]. »

L'effort voulu a le caractère d'un *fait*, puisque la cause
agissante s'y distingue nécessairement du terme qui résiste; il est *primitif*, puisqu'il ne peut y en avoir aucun
autre pour nous avant lui dans l'ordre de la connaissance;
c'est bien un fait de *sens intime,* car il se constate lui-
même intérieurement, sans sortir du terme de son application immédiate et sans admettre aucun élément étranger à l'inertie même de nos organes. En outre, il est « le
plus simple de tous les rapports, puisque toutes nos perceptions ou représentations extérieures s'y réfèrent
comme à leur condition primitive essentielle, pendant
qu'il n'en suppose aucune avant lui, et qu'il entre dans
toutes comme élément formel..., Enfin, il est le seul rapport fixe, invariable, toujours identique à lui-même,
puisque, n'admettant aucun élément variable étranger, il
est le résultat constant de l'action d'une seule et même
force déployée sur un seul et même terme[2]. »

La relation simple impliquée dans l'effort étant l'élément formel de toute perception ou représentation saisie
par le sens intime, ce sens peut être caractérisé d'une
manière plus expresse en recevant le nom de *sens de
l'effort.* Pour faire connaître clairement l'effort, rien ne
peut suppléer à la conscience que nous en avons. Mais il
importe de se rendre compte des limites de cette cons-

1. Maine de Biran, *Œuvres inédites*, t. I. p. 47.
2. *Id.*, t. I, p. 48.

cience. Son domaine est circonscrit par cette partie du système musculaire que l'action de la volonté met expressément en jeu. Le mouvement musculaire, considéré au point de vue physiologique, comprend deux moments successifs : 1° une action du centre cérébral sur les nerfs ; 2° la contraction du muscle. Mais ce n'est pas là ce qui constitue l'effort, ce n'en est que l'effet sensible et, pour ainsi dire, un signe ou un symbole. L'effort est tout entier dans le fait psychologique, que la conscience seule peut atteindre. Il comprend à la vérité deux termes : une cause agissante et une résistance organique; mais bien que ces deux termes soient distincts, ils ne sont pas séparés. Il ne faut pas croire que l'un soit connu du dedans, comme acte mental, et l'autre du dehors, comme phénomène organique : ils sont perçus tous deux dans un même acte de conscience, l'un comme détermination de la puissance de l'effort, l'autre comme résistance opposée par les organes, mais présente à la conscience au moyen de la sensation musculaire[1].

Les deux termes de l'effort sont séparés physiologiquement, puisque l'excitation motrice passe du centre cérébral dans les nerfs, avant d'arriver au muscle et d'y produire un effet qui est rapporté au centre, sous forme de sensation musculaire. Mais ils ne sont pas séparés sous le rapport psychologique. « Pour qu'ils pussent l'être, il faudrait que l'action immédiate exercée du centre sur les nerfs moteurs fût accompagnée d'une perception interne particulière, distincte et séparée de la sensation musculaire; mais alors la même perception interne consisterait dans un autre rapport encore plus intime entre la force hyperorganique exercée du centre, et les nerfs sur qui elle agit immédiatement. Ce serait donc l'inertie nerveuse

1. Maine de Biran, Œuvres inédites, t. I, pp. 208 à 216.

qui remplacerait en ce cas l'inertie musculaire, et il n'y aurait rien de changé dans le caractère de fait primitif[1].»

L'effort-cause ou la force agissante, qui est le *moi*, a l'aperception interne de son existence dès qu'il peut distinguer cette cause, qui est lui, de l'effet ou de la contraction rapportée au terme organique, qui n'est plus lui et qu'il met en dehors. Dès que le *moi* existe pour lui-même ou a le sentiment de soi, il devient, pendant l'état de veille, auteur ou spectateur de tout ce qui se passe dans les limites du sens de l'effort ou de la conscience. Il sent directement ses actes, puisqu'il les produit, et indirectement ses sensations et ses autres états passifs, par leur association avec le terme d'application de son effort et par leur contraste avec son activité, comme les contours de l'ombre se distinguent dans l'espace éclairé. « L'idée ou le sentiment du *moi* se joint à tout dans le fait de conscience, mais se distingue de tout, et ne se confond ni avec aucun des modes successifs qu'il éprouve, ni même avec aucun des actes qu'il détermine[2]. »

Il n'y a pas de fait de conscience ni d'existence personnelle sans un degré quelconque d'effort volontaire. Si l'homme n'était pas doué du pouvoir d'agir ou du moins de tendre à agir, il pourrait y avoir encore en lui une sorte de sens vital, mais qui n'éprouverait que des impressions vagues et diffuses ; il n'y aurait pas de sensations proprement dites, c'est-à-dire d'impressions rapportées à un sujet sentant, même d'une manière obscure ; il n'y aurait pas d'existence individuelle, même sentie d'une manière concrète et indistincte : l'homme vivrait d'une sorte de vie purement affective et végétative, comme les animaux les plus bas de l'échelle. Si nous ne possédions

1. Maine de Biran, *Œuvres inédites*, t. I, p. 216.
2. *Id.*, t. I, pp. 91, 92.

qu'une activité musculaire subordonnée aux affections, aux instincts et aux sensations, nous aurions assurément le sentiment de notre existence, mais d'une manière confuse, sans pouvoir nous distinguer ni de nos modifications successives, ni des objets extérieurs : Nous n'aurions pas un *moi* distinct et ne serions pas une personne. Par le sens de l'effort distinct de toutes les affections ou impressions passives, n'obéissant qu'à la volonté, l'homme parvient enfin à la dignité de personne morale, de *moi*[1].

Le commencement de notre existence personnelle est ainsi une dualité primitive, dont les deux termes doivent être donnés comme distincts, bien qu'inséparables. Si la résistance organique se produisait seule, comme elle peut se produire, par exemple, dans une action réflexe, il n'y aurait pas de conscience. Si la résistance et l'effort étaient simultanément donnés, mais sans se distinguer, ainsi que cela arrive dans certains mouvements qui ne sont pas l'effet d'une volonté expresse, mais une sorte de réaction spontanée, d'action automatique déterminée par une sensation, il n'y aurait qu'une conscience confuse, sans aucun sentiment de notre personnalité. Avec l'effort voulu commence la distinction des deux termes du fait de conscience, et, par suite, l'aperception interne.

Mais comment cette dualité peut-elle commencer, se poser avec ses deux termes distincts? D'une part, je ne puis me sentir *moi* sans faire acte de volonté; d'autre part, je ne puis vouloir ou agir par moi-même sans me sentir comme étant *moi*. C'est un cercle vicieux, dont il paraît difficile de sortir. Voyons si Maine de Biran y réussira.

« Des impressions affectives, excitées dans le système nerveux par des causes étrangères ou intestines, étant

1. Maine de Biran, *Œuvres inédites*, t. I, pp. 231, 214.

transmises au cerveau ou à quelque autre des centres
partiels, déterminent ces réactions énergiques qui vont
mettre en jeu des organes locomobiles : de là les contractions animales et tous les mouvements instinctifs.....
Tant que le centre organique, auquel les physiologistes
rapportent la détermination motrice, ne fait que réagir,
consécutivement aux impressions qu'il reçoit des divers
organes sensitifs avec lesquels il est en rapport, les mouvements ainsi produits, ne pouvant être aperçus ou sentis comme distincts de leurs causes excitatives, ne peuvent pas même commencer à être voulus. Car si la
perception distincte n'est pas antérieure, comme je le
crois, à un exercice quelconque de la volonté, celle-ci ne
saurait être non plus avant un degré quelconque de
perception; et quoiqu'il soit vrai de dire que l'être pensant ne peut commencer à connaître, qu'autant qu'il
commence à agir et à vouloir, il n'en est pas moins
vrai, suivant l'expression ordinaire, qu'on ne peut vouloir expressément ce qu'on ne connaît en aucune manière.....

« Par la suite indéterminée des progrès de l'être, simple dans la vitalité, mais destiné à devenir double dans
l'humanité, il arrive une époque où l'empire exclusif de
l'instinct va finir ou se rejoindre à un autre ordre de
facultés. Déjà les impressions commencent à devenir
moins vives, moins générales, moins tumultueuses; l'habitude en a émoussé la pointe d'abord très affective; les
appétits sont moins pressants, les mouvements moins
brusques, moins automatiques; les organes de la locomotion commencent à se raffermir, leur irritabilité propre diminue; ils cèdent moins promptement à toutes les
causes extérieures de contraction. Ainsi, d'un côté, ces
organes ont contracté des habitudes dans la locomotion
instinctive répétée, et ils sont disposés de manière à se

prêter avec plus de facilité aux contractions nouvelles que la volonté doit leur imprimer; d'un autre côté, le centre moteur a acquis aussi, en réagissant, des déterminations telles qu'il est capable d'entrer spontanément en action, en vertu de cette loi générale de l'habitude, qui fait qu'un organe vivant tend à renouveler de lui-même les impressions ou les mouvements qu'une cause étrangère a suscités plusieurs fois en lui, ou qu'il se rend propres les dispositions d'un autre organe qu'il a sympathiquement partagées.

« Lorsque le centre effectuera ainsi les mouvements par son action propre et initiale, ceux-ci prendront un tout autre caractère et deviendront *spontanés, d'instinctifs* qu'ils étaient d'abord. Or, cette spontanéité n'est pas encore la volonté ou la puissance de l'effort, mais elle la précède immédiatement. En vertu de la spontanéité de l'action du centre, qui est le terme immédiat ou l'instrument propre de la force hyperorganique de l'âme, cette force, qui ne pouvait apercevoir ou sentir distinctement les mouvements instinctifs, commence à sentir les mouvements spontanés, qu'aucune affection ne trouble ou ne distrait. Mais elle ne peut commencer à les sentir ainsi comme produits par son instrument immédiat, sans s'en approprier le pouvoir. Dès qu'elle sent ce pouvoir, elle l'exerce, en effectuant elle-même le mouvement. Dès qu'elle l'effectue, elle aperçoit son effort avec la résistance, elle est cause pour elle-même, et, relativement à l'effet qu'elle produit librement, elle est *moi*.

« Ainsi commence la personnalité avec la première action complète d'une force hyperorganique qui n'est pour elle-même, ou comme *moi*, qu'autant qu'elle se connaît, et qui ne commence à se connaître qu'autant qu'elle commence à agir librement. Il ne s'agit pas de savoir ce que cette force est en elle-même, comment elle existe ou quand elle commence à exister absolument, mais quand elle commence à exister comme personne identique, comme *moi*. Or, elle n'existe pour elle-même qu'autant qu'elle se connaît, et elle ne se connaît qu'autant qu'elle agit[1]. »

Le fait primitif, étant l'origine de la connaissance, semble devoir échapper dans sa source à toute expérience. Quelques exemples peuvent cependant éclaircir l'origine de la personnalité. — Dans le sommeil de la pensée ou du *moi*, il arrive quelquefois qu'on est réveillé en sursaut par des mouvements, des paroles, actes d'une spontanéité semblable à celle qui sert originairement d'intermédiaire entre l'instinct et la volonté. L'individu se les approprie, parce qu'il a le sentiment non pas de les avoir produits, mais de pouvoir les produire. Ainsi, à l'origine de la personnalité, le mouvement spontané donne l'éveil à l'âme, y fait naître comme le pressentiment d'un pouvoir qui détermine le premier effort voulu et, avec lui, la première connaissance. — Pendant un certain temps après la naissance, la locomotion et la voix ne sont mises en jeu que par l'instinct. Puis, indépendamment de l'action des affections, des besoins, des appétits de l'instinct, l'enfant crie et s'agite encore en vertu des déterminations ou des habitudes contractées par le centre moteur et par les organes de la locomotion ou de la voix. Ces mouvements spontanés sont sentis. Bientôt ils seront aperçus, puis voulus. Ainsi l'intermédiaire entre l'instinct et la volonté, c'est le mouvement spontané, accompagné d'un sentiment de pouvoir. L'animal ne dépasse pas l'instinct et la spontanéité; l'homme seul atteint le troisième terme, la volonté, et c'est ce qui le constitue une personne[2].

---

1. Maine de Biran, *Œuvres inédites*, t. I, pp. 222 à 220.
2. *Id.*, t. I, p. 220 à 231.

Ces descriptions et explications n'ont pas été contestées dans ce qu'elles ont d'essentiel. Entre l'instinct et la volonté on s'accorde à reconnaître l'existence de mouvements spontanés qui ne sont ni instinctifs, ni volontaires, mais qui sont accompagnés de conscience. Quelques psychologues y ajoutent même, avec raison, ce semble, un autre ordre de phénomènes : les mouvements que M. Renouvier, par exemple, attribue aux tendances du sentiment désignées par lui sous le nom général de *passions*, ou ce que M. Ferri signale chez les jeunes enfants sous le nom de *volonté affective*, mais qu'il est plus juste d'appeler une *activité intentionnelle affective*. Cependant, si ces faits n'échappent pas à la conscience, et Maine de Biran lui-même l'avoue, ne devrait-on pas en conclure que le sens intime ne se confond pas avec le sens de l'effort, puisqu'il peut y avoir conscience sans qu'il y ait eu acte de volonté? Maine de Biran veut dire, sans doute, qu'il n'existe pas de véritable aperception interne ou de connaissance distincte de nous-mêmes, tant que la volonté n'est pas éveillée, et, si telle est sa pensée, les faits semblent lui donner raison; mais peut-on prétendre que sans la volonté il n'existe aucune espèce de conscience, et ne convenait-il pas de séparer, plus nettement qu'il ne l'a fait, l'aperception interne du sens intime?

Il était utile de faire cette remarque avant de continuer notre exposé. Maintenant que nous avons vu quelles sont, suivant Maine de Biran, les conditions de l'existence de la personnalité, il faut rechercher quelles sont celles des formes diverses qu'elle présente dans son développement.

Il y a, nous l'avons vu déjà, différents degrés dans notre existence consciente. Maine de Biran les analyse séparément dans la deuxième partie de son *Essai sur les fondements de la psychologie.* Il est bien entendu que ces formes d'existence consciente, que le psychologue doit distinguer, se mêlent et se confondent en général dans la réalité, sauf peut-être pendant les premiers moments de la vie.

1° Avant que la vie de conscience ne commence, il y a des impressions reçues par la combinaison vivante, et des mouvements instinctifs qui y sont proportionnés. Maine de Biran appelle *affections* ces modes simples de notre sensibilité passive, et *système affectif* la forme d'existence qui en résulte. Il en exclut non seulement toute aperception distincte du *moi*, mais aussi toute conscience. Ces affections, qui comprennent certaines impressions des sens particuliers, aussi bien que des états variables de la sensibilité générale, ne sont ni localisées, ni distinguées : elles se fondent tantôt en un sentiment vague d'une sorte d'existence impersonnelle, tantôt en une impression générale de malaise ou de bien-être qui ne comporte ni comparaison avec des états antérieurs, ni attribution à un être déterminé, ni relation de temps, de lieu ou de causalité. Elles ont été seules en nous pendant les premiers instants de notre vie, et plus tard tiennent encore une large place dans notre existence. C'est ainsi que nous passons successivement, sans nous en apercevoir, par toutes les modifications générales relatives à la succession des âges, aux révolutions du tempérament, à l'état de santé ou de maladie, aux changements de climat, de saison, de température. C'est ainsi que nous subissons l'influence que peuvent prendre tour à tour tels organes internes, dont les impressions se confondent avec celles du sens général de la vie. Tel est aussi le principe de cette sorte de réfraction morale qui nous fait voir la nature tantôt sous un aspect riant, tantôt comme couverte d'un voile funèbre, et qui nous présente, dans les mêmes personnes et dans les mêmes choses, tantôt des objets d'affection, tantôt des sujets d'antipathie. Nous portons ainsi en nous les causes d'un grand nombre de nos sentiments que nous croyons motivés par les caractères des êtres extérieurs. Bichat a dit d'une manière très pittoresque que *le caractère moral est la physionomie du tempérament physique;* mais ce fond de notre caractère, dépendant de la sensibilité intérieure, est la partie de notre être sur laquelle nous sommes toujours le plus complètement aveuglés[1].

2° Lorsque les impressions affectives telles que les plaisirs ou les douleurs, le chaud ou le froid, les saveurs, les odeurs, ou les intuitions telles que les couleurs ou les sons, s'unissent au sentiment de notre existence individuelle, mais d'une façon concrète et indistincte, ces modes composés de notre sensibilité sont des *sensations*, et elles constituent la première forme de notre existence consciente, qui est le *système sensitif.* Le *moi* y participe comme spectateur intéressé, mais sans y concourir par son action propre. Mais comment le *moi* existe-t-il en tant que sujet sentant, puisque, d'une part, il est établi que le *moi* n'existe qu'à la condition d'agir, et que, d'autre part, on admet qu'il n'est pas actif dans la sensation? Il n'agit pas pour produire la sensation, mais il exerce une action sur le corps où la sensation est produite : il a ainsi le sentiment de son corps et des différents organes qu'il peut plus ou moins complètement mouvoir, et il y associe la sensation comme modification unie à la résistance organique et produite dans le siège de cette résistance. Il existe ainsi comme sujet capable d'avoir conscience des impressions sensibles et de les localiser, ou comme sujet sentant. Le *moi* n'éprouve

1. Maine de Biran, *Œuvres inédites*, t. II, p. 11 à 39.

donc des sensations que parce qu'il a le sentiment de son corps, non pas le sentiment de son corps en tant qu'affecté par des causes extérieures, mais en tant que placé sous sa dépendance et tenu partiellement en son pouvoir. C'est ce sentiment de l'action continue du *moi* sur le corps pendant la veille et l'état normal qui est le fondement durable et toujours identique de notre existence personnelle. Il ne s'agit pas encore ici de cet effort d'attention qui s'applique à tel ou tel organe des sens pour transformer en perceptions distinctes les impressions qu'il reçoit, mais de ce degré inférieur d'activité, de cet effort permanent et général qui constitue simplement pour tous nos sens à la fois l'état de veille.

« Cet effort non intentionné, qui s'étend à tous les muscles volontaires, constitue, avec le durable du *moi* ou de la personne identique, l'état de veille de ces sens divers, qui concourent à la vie de relation ou de conscience. C'est ainsi que le sens de la vue veille dans les ténèbres, *usque in spissis tenebris;* celui du toucher, hors de toute pression accidentelle; celui de l'ouïe, dans le silence. Périodiquement suspendu pendant le sommeil, tandis que la vie organique roule sans interruption dans son cercle accoutumé, l'exercice de la volonté redevient présent à lui-même, dès que la même force recommence à se déployer sur la même inertie organique. Le sujet de l'effort reconnaît immédiatement son identité, sa durée continuée, il sent qu'il est le même qu'avant le sommeil, sans qu'aucune impression accidentelle vienne motiver des souvenirs distincts ou quelque relation déterminée entre un temps présent et un temps passé [1]. »

L'identité personnelle repose ainsi sur un sentiment

1. Maine de Biran, *Œuvres inédites*, t. II, pp. 51, 52.

immédiat uniforme, le sentiment interne du pouvoir
exercé constamment sur notre corps pendant la veille.
Elle ne résulte pas des sensations extérieures ni des impressions affectives internes, qui sont variables tandis que
ce sentiment est fixe et permanent. Elle n'est pas non
plus le produit de la mémoire ou de la réminiscence de
manières d'être antérieures et successives dans une même
conscience, comme le pensait Locke, puisqu'elle est, au
contraire, la base de la mémoire et une condition de sa
possibilité.

A notre état sensitif se trouve lié une sorte de jeu automatique de diverses facultés; mais le *moi* y restant
passif, il faut se garder de confondre ces faits avec nos
opérations réellement actives. On y trouve des *désirs*
avec leur cortège d'émotions agréables ou pénibles, mais
qu'il ne faut pas confondre avec les déterminations volontaires, puisque ce sont des affections d'une sensibilité
toute passive directement opposée à la volonté. On y peut
reconnaître aussi une espèce d'*attention*, qui n'est que
la sensation devenue exclusive de toute autre ; une sorte
de *mémoire*, qui n'est qu'une prolongation d'excitation
ou de vibratilité de certains organes; un semblant de
comparaison, qui se réduit à des associations passives
de sensations ou d'images liées à des associations organiques, une *imagination spontanée*, ou un mouvement
d'images subordonné à l'action des organes et aux affections de la sensibilité intérieure ; enfin une sorte de *réflexion automatique*, où les images se trouvent répétées et multipliées comme par un jeu de miroirs. Mais
en appliquant ces noms à de pareils phénomènes, il ne
faut pas oublier que nous nous servons d'un langage très
impropre : ce sont, en effet, les noms de facultés actives,
d'opérations intellectuelles dont les faits que nous venons
d'indiquer ne sont que des imitations sensitives, aux-

quelles l'activité de l'esprit reste complètement étrangère[1].

3º Lorsqu'au lieu d'exister seulement comme spectateur
intéressé des sensations, grâce à ce premier degré d'effort appliqué simultanément à tous les organes dépendant de l'activité motrice, et dont le résultat est l'état de
veille, le *moi* déploie un degré supérieur d'énergie personnelle, pour diriger ou fixer tel ou tel organe par une
volonté expresse, et rendre ainsi plus nettes et plus claires les impressions qui y sont reçues, les modes ainsi
produits sont des *perceptions,* et cette forme d'exercice
de notre puissance d'effort est le *système perceptif.* C'est
ici que commencent l'intelligence et les facultés actives.
L'action du sujet personnel devient un élément de tous les
faits produits et leur imprime un caractère particulier.
Il reste cependant une différence entre cette forme d'activité et celle qui suivra : c'est que dans le système perceptif l'action du *moi* est encore subordonnée à celle des
objets extérieurs, tandis que dans le système suivant elle
dépendra du *moi* seul.

Cet effort plus énergique de la volonté, qui est la condition de toute perception, de toutes les opérations actives de l'intelligence et de toute conscience claire, est
l'attention. « J'appelle attention, dit Maine de Biran, ce
degré de l'effort supérieur à celui qui constitue l'état de
veille..., un effort déterminé par une volonté positive et
expresse qui s'applique à rendre plus distincte une perception d'abord confuse, en l'isolant, pour ainsi dire, de
toutes les impressions collatérales qui tendent à l'obscur-
cir[2]. » L'influence de l'attention ne consiste point, comme
on l'a dit souvent, à rendre l'impression plus vive, car la

---

1. Maine de Biran, *Œuvres inédites,* t. II, p. 76 à 80.
2. *Id.,* t. II, p. 86.

volonté ne saurait agir directement sur la sensibilité des nerfs. Elle n'agit que sur les muscles et par eux sur certains organes. Tout le pouvoir de l'attention consiste donc à fixer les organes des sens sur l'objet présent, à les détourner de toutes les autres causes d'impression, et à rendre ainsi l'intuition non pas plus vive que ne le comporte l'état sensible de l'organe combiné avec l'action de l'objet, mais relativement plus claire, plus nette, par une véritable concentration de la faculté représentative. Il faut remarquer aussi que tout ce qui excite et charme les sens empêche le développement de la faculté d'attention, bien loin de le favoriser. Aussi est-ce une erreur qui a une influence funeste sur la première éducation, que de se persuader qu'il faut mener les enfants par l'attrait du plaisir, et faire toujours marcher en avant les sensations et les images. L'attention n'est pas une concentration spontanée des sens, mais un effort de la volonté, et c'est comme aptitude et développement de la volonté qu'elle est féconde [1].

Quand il s'agit, non plus d'impressions sensibles à percevoir, mais d'images ou de souvenirs de perceptions à connaître, autrement dit, quand l'attention, au lieu d'être extérieure, devient interne, son caractère essentiel ne change pas. Elle n'est jamais qu'un effort pour diriger et fixer des organes soumis à l'action motrice de la volonté. Ce que le *moi* a mis du sien dans une impression reçue peut seul revivre en lui sous forme de réminiscence ou de souvenir. Or, quel est l'élément qui provient du *moi* dans les représentations sensibles ? Il faut distinguer trois cas : 1º les impressions qui se sont produites sans conscience ; elles pourront se reproduire sans que le *moi* les connaisse ; 2º les intuitions dont le *moi* a

1. Maine de Biran, *Œuvres inédites*, t. II, p. 87 à 90.

été spectateur passif ; elles se reproduiront sous la forme d'images dont le *moi* sera encore un témoin passif ; 3° les perceptions auxquelles le *moi* a participé par son action propre ; en se reproduisant, elles seront liées à une représentation des mouvements que nous avons accomplis. Nous pourrons alors répéter intérieurement ces mouvements et fixer ainsi sous le regard de notre esprit les images auxquelles ils sont associés. C'est en cela que consiste l'attention interne. Il faut remarquer toutefois que l'action volontaire qui accompagne la perception est, en général, subordonnée à l'impression même, et ne dépend pas de notre volonté seule, sauf en ce qui concerne le langage articulé. De là l'impossibilité de provoquer nous-mêmes le réveil de la plupart de nos images, de celles de la vue en particulier, et la nécessité d'attendre qu'elles se représentent spontanément pour pouvoir y être attentifs.

Nous ne saurions suivre Maine de Biran dans son analyse détaillée du rôle de l'effort d'attention appliqué aux diverses perceptions des sens et aux diverses opérations de l'esprit, et dans la recherche et l'explication des connaissances qui en résultent. D'ailleurs, il n'est pas douteux que sur ce point son système ne soit incomplet. Il s'applique à montrer, d'une manière ingénieuse, comment toutes nos idées résultent des données des sens et de l'activité volontaire qui les modifie, les combine et les transforme, en y ajoutant un élément nouveau qui n'est que la connaissance qu'elle a d'elle-même et de ses actes. Mais il ne remarque pas assez — du moins il ne le remarquera que dans ses derniers ouvrages — qu'il y a une chose qu'aucune déduction, quelque puissante ou subtile qu'elle soit, ne peut faire sortir de l'effort volontaire, parce qu'elle n'y est pas contenue : c'est l'activité intellectuelle avec ses formes propres, ses principes et ses lois.

N'oublions pas toutefois de signaler un résultat de l'exercice de l'attention ou de l'énergie motrice appliquée aux perceptions du toucher. Les impressions subies du dehors par le tact, comme toutes les autres sensations passives, ne pourraient nous suggérer que l'idée d'un *non-moi* indéterminé, conçu comme cause générale de nos impressions. Le sens du toucher uni au sens de l'effort ou à l'activité motrice nous fait connaître des objets extérieurs distincts. Qu'un mouvement produit par nous soit arrêté par une cause étrangère, nous aurons d'abord l'idée d'une cause, mais inconnue, qui s'oppose à notre effort. Qu'à cette résistance indéterminée se joigne une pression tactile exercée avec attention par notre main, l'objet étranger se déterminera dans notre imagination en se revêtant d'une forme sensible, l'étendue tactile. La forme colorée et d'autres qualités sensibles pourront également s'y ajouter. Dès lors, l'individu ne pourra plus éprouver une pression tactile, ni voir une étendue colorée, sans y joindre l'idée d'une cause présente opposée à son effort actuel ou virtuel. «L'idée d'une force vraiment substantielle, qui a, pour ainsi dire, une affinité plus particulière avec les représentations d'étendue, s'associant également avec toutes les modifications passives et non étendues de chaque sens, sera comme le noyau autour duquel viendront se grouper toutes les sensations non affectives, pour former notre idée composée des corps extérieurs, substantiels et permanents quant à la force de résistance, multiples et variables quant aux modes que l'expérience de chaque sens associe au groupe objectif [1]. » De plus, cette résistance opposée par les objets ne cède pas toujours à nos efforts, et, quand elle cède, elle annihile une partie de notre impulsion motrice : la simple

1. Maine de Biran, *Œuvres inédites*, t. II, p. 110.

résistance musculaire obéit, au contraire, à l'effort voulu. La première est un terme médiat de l'effort, dont elle est séparée par des sensations extérieures; la seconde est un terme immédiat aperçu intérieurement. Nous saisissons ainsi sans peine une différence essentielle entre notre corps propre et les corps étrangers. La conclusion est que la résistance est pour nous la marque de l'extériorité, et que, si elle se manifeste dans une sensation, il faut remarquer que cette sensation ne reçoit une signification que par l'effort volontaire [1].

4° Enfin, au-dessus de la perception, mode actif dans lequel la causalité du *moi* se trouve subordonnée à la présence et à l'action de causes extérieures, il y a des modes plus actifs encore : ce sont ceux dont le *moi* a seul l'initiative, ceux qui ne peuvent ni commencer ni persister sans un acte exprès de la volonté motrice, alors même qu'ils se réfèrent à un objet, but du vouloir ou terme de l'effort. Dans les perceptions, l'activité du *moi* reste étroitement liée aux impressions sensibles et tend encore à se confondre avec elles; ici, au contraire, le *moi* se distingue des effets sensibles que son action détermine, et reconnaît son existence propre en qualité de cause productrice, une et identique au milieu de la multiplicité et de la diversité de ses modes. Cet état du *moi* est l'*aperception*, et constitue ce que Maine de Biran appelle le *système réflexif*, en s'appropriant la définition de Leibnitz : *Aperceptio est perceptio cum reflexione conjuncta* [2].

La réflexion est, en effet, dans cette forme supérieure d'activité consciente, la faculté maîtresse. C'est par elle que la cause agissante, qui est le *moi*, se distingue de ses

1. Maine de Biran, *OEuvres inédites*, t. II, p. 111 à 117.
2. *Id.*, t. II, p. 9.

effets; ensuite, que dans ses effets et dans les sensations qui s'y joignent, elle distingue la résistance qui en est le centre d'attribution; qu'enfin, par extension, elle sépare les autres causes de leurs phénomènes, les substances de leurs modes, l'uni é de la multiplicité. «J'appelle *réflexion* cette faculté par laquelle l'esprit aperçoit, dans un groupe de sensations ou dans une combinaison de phéno-mènes quelconques, les rapports communs de tous les éléments à une unité fondamentale, comme de plusieurs modes ou qualités à l'unité de résistance, de pl sieurs effets divers à une même cause, des modifications varia-bles au même *moi*, sujet d'inhérence, et, avant tout, des mouvements répétés à la même force productive ou à la même volonté *moi*[1]. »

La réflexion a son principe dans l'effort volontaire, et se trouve contenue dans la première manifestation de cet effort; mais elle y reste enveloppée. Pour qu'elle puisse s'en dégager, il faut que les deux termes de l'effort trou-vent l'occasion et le moyen de se distinguer l'un de l'au-tre, que la cause ne se confonde plus avec son effet, le sujet avec ses modes, l'acte intérieur de la volonté avec les impressions qui en résultent. Cette séparation pour-rait se faire dans les divers ordres de mouvements que nous produisons, et que nous sentons après les avoir produits; mais elle ne se ferait que difficilement, car l'habitude nous fait ordinairement perdre de vue notre activité propre, pour ne laisser subsister sous notre regard que les termes extérieurs, les impressions, les images et les modes passifs. C'est là, dit Maine de Biran, une loi remarquable de notre nature agissante et pensante. Nous ajoute ons que c'est une confirma-tion de ce que nous avons dit relativement à la cons-

1. Maine de Biran, *Œuvres inédites*, t. II, p. 228.

cience et à la connaissance de la volonté : notre pensée est naturellement tournée vers les objets extérieurs, et nos propres modes ne peuvent devenir des objets pour elle qu'autant qu'ils sont liés aux choses du dehors, qu'ils en contiennent une impression ou une image, ou qu'ils sont mêlés d'éléments passifs; ce qui est activité ne peut être que difficilement détaché du sujet par la pensée, et jamais que d'une manière indirecte et incomplète. Il y a cependant en nous, ainsi que le fait très justement remarquer Maine de Biran, un ordre de faits où la distinction entre l'action qui vient de nous et la sensation qui en résulte se fait naturellement, parce que l'action est dans un organe et la sensation dans un autre. Il s'agit de la voix et de l'ouïe. L'organe de la voix est soumis à la volonté, qui, par les mouvements qu'elle y détermine, produit les sons. L'oreille les recueille, et nous en apporte la sensation. D'autre part, les sons du dehors perçus par l'ouïe mettent immédiatement en jeu, par une sorte d'affinité ou de sympathie naturelle, l'instrument vocal, mais d'une manière tout intérieure, presque insensible, et dont on ne s'aperçoit que lorsqu'on étudie le fait avec la plus grande attention.

« A chaque impression de son reçue par l'ouïe extérieure correspond une détermination motrice instantanée qui va mettre en jeu la touche correspondante de l'instrument vocal; le son du dehors est imité, redoublé. Pendant que l'ouïe externe est frappée d'une sensation directe, l'ouïe intérieure est frappée d'une impression réfléchie, comme par un écho animé. Mais cet écho d'une impression externe a une activité indépendante des choses du dehors. L'être doué de la faculté de rendre des sons, d'articuler et de s'entendre dans cette libre répétition, emploie un organe ou instrument dont il dispose pour impressionner un sens passif en lui-même. Il se

donne une suite de perceptions dont sa volonté motrice
tire du dedans la matière en même temps que la forme.
C'est ici la harpe animée qui se pince elle-même. Les
autres sens sont comme ces harpes éoliennes qui atten-
dent que les vents fassent frémir et vibrer leurs cordes
sensibles[1]. »

L'action volontaire exercée pour mouvoir les organes
de la voix est immédiatement sentie en tant que mouvement musculaire, et d'un autre côté son effet est perçu
en tant que son. L'individu qui émet le son et s'écoute a
la perception redoublée de son activité. Il aperçoit la
cause dans son acte, il perçoit l'effet lié à sa cause. « Il
a donc le sentiment distinct des deux termes de ce rapport fondamental; en un mot, il *réfléchit*[2]. » Nous dirions, du moins, qu'il est prêt pour la réflexion, et que
dans cet acte qui est une sorte d'image ou de symbole
sensible de la réflexion, il peut aisément saisir une distinction plus intellectuelle entre le sujet et ses modes, qui
est une condition pour atteindre à la réflexion véritable.

De plus, et c'est l'essentiel, par l'action de la volonté
sur l'organe de la voix, l'homme crée le langage articulé,
et entre ainsi en possession d'un système de signes qu'il
associe à ses idées et dont il fait le corps de sa pensée.
De même qu'il peut distinguer les sons qu'il émet de lui-
même qui les produit, il pourra, en fixant les idées au
moyen des mots, les considérer comme modes séparés de
lui, les prendre pour objets distincts de sa pensée, ce qui
est réfléchir. La voix articulée unie à l'ouïe constitue
ainsi le sens immédiat de la réflexion. C'est celui qui répète ou redit tout, jusqu'aux modes les plus intimes de

1. Maine de Biran, *Œuvres inédites*, t. II, pp. 229, 230.
2. *Id.*, t. II, p. 232.

la pensée, auxquels il fournit des signes de distinction et
de rappel. « Mais les sons articulés ne communiquent
un caractère plus réfléchi à tous les modes ou idées auxquels ils s'associent que parce qu'ils ont eux-mêmes un tel
caractère. Ils ne rendent l'exercice de nos facultés diverses disponible que parce qu'ils sont eux-mêmes à la disposition de la volonté qui les crée sans avoir besoin
d'auxiliaire étranger ; ils ne donnent l'ordre successif de
la pensée à tout ce qui est simultané dans la sensation
que parce qu'il est dans la nature de la voix et de l'ouïe
de procéder par succession ; enfin, ils ne communiquent
une forme sensible aux notions abstraites ou aux produits intellectuels, que parce qu'ils sont eux-mêmes des
actes de vouloir sensibilisés[1]. »

Le langage est donc l'auxiliaire de la réflexion ; mais
la réflexion est elle-même la condition du langage. Sans
la réflexion, l'être sentant pourrait encore manifester ses
impressions affectives par des mouvements ou des cris ;
ces faits seraient des signes pour ceux qui les interprête-
raient au dehors, mais non pour l'être qui les produirait.
Que faut-il pour que des sons ou des mouvements soient
réellement des signes ? Il faut qu'ils soient volontaires, ou
qu'ils soient produits avec intention, pour une fin représentée. C'est ce qui serait impossible pour un être qui
serait incapable de se distinguer des actes qu'il a le
pouvoir de produire, et de reconnaître les effets qui doivent résulter de ses actes, c'est-à-dire pour un être qui
ne serait pas doué de la faculté de réfléchir[2].

La réflexion, qui est la condition du langage humain,
est aussi celle de la mémoire distincte et intellectuelle,
ou de la mémoire qui, sous les signes, rappelle toujours
les faits, ainsi que les opérations de l'esprit qui ont été

1. Maine de Biran, *Œuvres inédites*, t. II, p. 234.
2. *Id.*, t. II, p. 233 à 244.

nécessaires pour concevoir les idées à propos de ces faits; elle est la condition du raisonnement, de l'abstraction, de l'intuition rationnelle, ou de cette aperception immédiate qui saisit directement dans les idées les rapports logiques simples, tels que les relations de cause à effet, de mode à substance, d'unité, d'identité. On peut dire qu'elle est la clef de l'intelligence humaine, et que par elle s'ouvre une séparation profonde entre l'homme et l'animal. Il est important de rappeler que Maine de Biran a fait cette remarque après Bossuet et avant M. Renouvier.

C'est par la réflexion, ouvrant la raison et préparant la liberté, que l'homme devient réellement une personne; c'est par elle qu'il prend possession de soi-même, qu'il se distingue de tout ce qui n'est pas le fond de son être, qu'il reconnaît d'un côté l'empire que la nature extérieure, l'habitude, l'éducation, le milieu social exercent sur lui, et d'un autre côté le pouvoir qu'il possède, sa portée, ses limites, ce qui en fait la force et la faiblesse; c'est par elle qu'il apprend à se gouverner, à discerner, parmi les fins qui l'attirent, la fin dominante vers laquelle il doit orienter sa vie, à se corriger, à prévenir ou surmonter les défaillances, à être libre, maître de soi, à donner enfin en lui-même à la personnalité toute la perfection dont elle est susceptible.

La réflexion, l'attention qui la précède et l'accompagne, le jugement qui en résulte, sont, dit Maine de Biran, *les facultés mères de l'esprit humain.* « C'est sur elles que se fondent tous les titres de notre prééminence; ce sera donc sur ces facultés, dont une sage psychologie aura d'avance déterminé la nature, assigné le caractère et circonscrit les limites que devront se diriger les premiers soins d'une éducation bien entendue, ou d'un régime et comme d'une sorte de gymnastique appropriés à leur développement.

« Pour être sage et heureux, l'homme n'a pas besoin de tout le brillant de l'imagination et de tous les signes d'emprunt d'une science *livresque,* comme disait Montaigne. Ce dont il ne peut se passer, c'est de la raison, qu'il faut bien distinguer du raisonnement. Quelle que soit sa portée naturelle, et dans quelque position que le sort l'ait placé, il importe qu'il sache se commander à lui-même, maîtriser son attention, suspendre son jugement, sentir et apprécier ses véritables rapports dans la société dont il fait partie, mettre les choses à leur juste valeur, n'être ni l'esclave des préjugés, ni le jouet es passions. C'est en cela que consiste son *métier d'homme,* et il faut d'abord savoir bien faire ce métier principal avant de s'occuper des avantages accessoires. Si, ensuite, cet accessoire devait nuire au principal, il faudrait l'écarter au lieu d'en faire l'objet de nos soins et de notre étude [1]. »

D'autre part, s'attacher à la culture des facultés actives de l'esprit humain, c'est développer le germe de la moralité.

« Il n'est pas difficile de prouver que l'attention et la réflexion sont des facultés vraiment morales. On ne peut, en effet, apprendre à se rendre maître de son attention en la fixant sur les objets, en cherchant à pénétrer le fond des choses, à en voir nettement toutes les faces, sans acquérir par là même cet empire sur soi, qui est la source de toutes les grandes qualités de l'âme et de toutes les vertus qui font l'ornement de notre espèce. Au contraire, les habitudes d'inattention et de légèreté contribuent à engendrer une multitude de vices. C'est à elles qu'il faut rapporter même, en grande partie, la dureté apparente du cœur, les passions personnelles et antisociales. Si, plus maîtres de notre attention, ..ous savions l'arrêter sur les

1. Maine de Biran, *Œuvres inédites,* t. I, p. 112.

maux d'autrui, combien nous frémirions à la seule idée d'en être les causes! Comme nous sentirions mieux le besoin de les soulager ou de les prévenir! Ainsi pourrait se développer une sensibilité vraiment morale, savoir celle qui naît de l'exercice même de nos facultés actives et de nos jugements, au lieu de les former ou d'en être le principe.

« L'habitude de suspendre son jugement et de ne se rendre qu'à l'évidence ou aux motifs raisonnés de croyance, habitude sans laquelle il n'y a point de véritables progrès intellectuels, n'est-elle pas aussi le fondement des qualités morales les plus essentielles, de la prudence dans la conduite de la vie, de la rectitude et de l'équité dans nos jugements sur les actions des hommes? N'est-elle pas un exercice de cette liberté sans laquelle l'homme, incapable de science et de vertu, n'est pas même une personne?

« ..... Que dirons-nous de la réflexion, de cette faculté éminemment active, sur laquelle se fondent les premiers et peut-être les seuls titres de notre prééminence, de cette faculté qui, s'unissant à toutes les créations de l'esprit et à tous les mouvements du cœur, peut seule nous initier à la fois à la connaissance de l'un et aux secrets les plus intimes de l'autre? Sans doute, l'homme peut connaître une multitude d'objets et s'ignorer lui-même. Mais dès qu'il cherche à pénétrer jusque dans le fond de son être, il ne saurait entièrement isoler deux sortes d'éléments qui le constituent, ni, comme on l'a dit, se sauver de son cœur dans son esprit. Le même retour qui sert à éclairer celui-ci sur ses actes, lève aussi en partie le voile dont l'autre cherche toujours à s'envelopper. Aussi l'habitude de l'observation intérieure ne diffère-t-elle pas de l'habitude de la bonne foi et du désintéressement dans les questions de tout ordre que l'esprit

aborde, non pour faire parade de sa sagacité ou de sa
force, mais pour connaître ce qui est vrai. Et comme
l'exercice de la réflexion, ou la culture habituelle du sens
intime, impose à l'homme l'obligation d'être vrai, d'être
juste, c'est-à-dire bien ordonné dans ses rapports avec
lui-même et avec ce qui l'entoure, réciproquement l'habitude des vertus, le contentement, la paix d'une conscience élevée et pure, tout ce qui peut enfin rendre
l'homme ami de lui-même, le porte à la réflexion, et lui
fait un besoin d'entretenir une communication intime et
habituelle avec ses idées, ses sentiments et ses souvenirs,
et de s'instruire à la grande école de la conscience qui ne
trompe point [1]. »

L'exercice de la réflexion nous apprend à ne pas placer hors de nous par l'imagination ce qui est en nous-
mêmes, à ne pas nous en prendre aux choses ou aux
personnes qui nous entourent, quand nous sommes tristes
ou chagrins ; à ne pas nous exposer aux échecs et aux
mécomptes, faute de connaître nos capacités et nos forces. « Combien ne serions-nous pas plus constants, plus
modérés, plus justes, plus tolérants, plus patients, si
nous pouvions nous rendre plus attentifs à ces modifications intimes, à ces variations spontanées de notre sensibilité intérieure, à ces saillies de tempérament, qu'il
faut avoir étudiées en soi-même pour apprendre à les
rapporter à leur véritable source.....! » — « Combien on
éviterait de fautes et de malheurs, si, avant de s'engager
dans la vie active, on avait pris l'habitude de connaître
ses facultés, de consulter ses forces et de compter avec
son caractère! [2] »

La psychologie serait donc encore nécessaire comme

1. Maine de Biran, *Œuvres inédites*, t. I, pp. 120, 122.
2. *Id.*, t. I, pp. 124, 125.

étude pratique, lors même qu'elle ne pourrait pas être certaine comme science théorique. Quand même elle ne pourrait arriver à constituer une doctrine généralement démontrée et acceptée, un système clairement et complètement établi des faits et des facultés de l'âme, une science rigoureuse et positive, elle n'en serait pas moins indispensable comme moyen de culture et de développement personnel, comme condition de tout perfectionnement. « On ne la connaîtrait pas elle-même, elle n'aurait pas de nom propre dans nos langues, mais on n'en sentirait que mieux son influence, comme celle d'une divinité cachée qui gouverne ou dirige tout sans se montrer [1]. »

J'ai tenu à citer ces passages pour montrer qu'il ne faudrait pas voir dans la psychologie de Maine de Biran une simple analyse de l'effort musculaire. L'effort, sans doute, y tient une large place, mais comme étant une condition fondamentale, et non pas le tout de notre existence consciente. C'était un centre d'observation autour duquel l'observateur comprenait qu'il lui était possible de rayonner. Les perspectives qu'il avait découvertes et qu'il nous fait entrevoir pourraient prouver, peut-être, que le point de vue n'était pas mal choisi. En ce qui nous concerne, nous pensons que celui qui a écrit les pages dont nous venons de citer quelques fragments avait conçu de la psychologie une idée qui en vaut d'autres. Peut-être la psychologie ainsi entendue ne saurait-elle suffire à tout, ni remplacer celles qui ont été comprises autrement ; mais elle peut du moins tenir sa place à côté de celles qui se complaisent à rechercher si la sensation est proportionnelle au logarithme de l'excitation, ou qui sont absorbées dans la mesure de la durée des actes psychiques.

1. Maine de Biran, *Œuvres inédites*, t. I, p. 127.

Comment Maine de Biran, dans ses dernières années, a-t-il été amené à reconnaître, au-dessus de l'existence consciente et personnelle, qui est la forme propre de la vie humaine, une sorte de vie mystique de l'esprit, dans laquelle il n'y aurait plus ni personnalité, ni conscience, nous n'avons pas à le rechercher ici, puisque l'objet de notre travail n'est pas l'histoire des philosophies ni des philosophes, mais seulement l'exposé et l'examen des théories relatives à la personnalité. Nous trouvons l'expression la plus complète des idées de Maine de Biran sur ce sujet dans son œuvre principale, qui est l'*Essai sur les fondements de la psychologie*. Les deux principes généraux qui sont les marques caractéristiques de sa doctrine sont les suivants :

1º Le *moi* est l'activité volontaire qui a conscience d'elle-même en s'exerçant, qui a le sentiment immédiat de son corps en tant qu'elle le tient sous sa dépendance et peut s'appliquer à en mouvoir certains organes, qui perçoit les impressions du dehors comme modifications de son propre corps, qui affirme son existence en qualité de cause opposée à des causes extérieures, qui perçoit son identité dans l'identité de l'effort général exercé sur les mêmes organes dans l'état de veille, qui a un sentiment d'autant plus vif d'elle-même que ses états se composent davantage de mouvements produits par elle, enfin qui atteint, au moyen de l'acte libre et de la réflexion, la connaissance distincte d'elle-même et des autres êtres.

2 L'effort volontaire est le fait primitif non seulement de notre conscience, mais aussi de notre pensée; il est la source unique de ce qu'on a appelé les formes de la connaissance, les catégories, les idées innées; de là viennent les notions d'unité, d'identité, de cause, de substance, de force, de liberté, de nécessité, etc. L'intelli-

gence ne contient aucun élément inné, puisque pour cela il faudrait qu'elle fût innée elle-même ; or, elle ne l'est pas, quoi qu'en ait dit Leibnitz, car le sujet pensant est constitué tel dans un fait primitif, qui est l'effort voulu et conscient.

Nous n'avons pas développé les théories qui se rapportent à ce second point de vue, parce qu'elles sont en dehors de notre question et que Maine de Biran a fini par en reconnaître lui-même l'exagération. Les fragments publiés par M. Gérard, à la suite de sa thèse, le prouvent. Maine de Biran y déclare qu'il est impossible de tirer d'un fait particulier et individuel des notions et des vérités universelles, « que nous n'ajoutons le caractère universel à des propositions individuelles ou particulières, qu'autant que cet universel est donné indépendamment d'elles, en vertu d'un principe antérieur de croyance inhérent à notre nature[1] ». La connaissance proprement dite commence avec le fait primitif et les autres faits d'expérience, mais elle ne reçoit son caractère intellectuel que par les croyances qui s'y ajoutent et qui dépassent les données sensibles. Or, ces croyances ont leurs principes dans les lois de la pensée qui n'ont pas d'autre cause que la nature ou l'essence de l'esprit humain, et que pour cette raison on peut dire « nées avec lui, ou innées, dans l'acception de Descartes et de Leibnitz, non comme préexistantes sous leur titre, avant d'être conçues, mais comme prédisposition de l'esprit à les former et à les adopter comme siennes[2] ».

En d'autres termes, le fait primitif du sens intime est le commencement du sujet conscient ou du *moi*, mais il est clair qu'il n'est pas celui de l'âme, pas plus que celui

1. *Fragments*, p. LXV.
2. *Id.*, p. XXVII.

du corps, et que la production de ce fait implique l'existence préalable de l'âme et du corps.

« Le fait primitif de la conscience ou du moi, qui comprend un effort voulu et une résistance organique, a un double principe nécessaire : 1° dans l'activité absolue d'une substance ou force, que nous sommes obligés d'admettre, sans la concevoir, sous le nom d'âme, ou tout autre, quel qu'il soit; 2° dans une résistance ou inertie absolue, aussi nécessaire, d'une autre substance que nous appelons corps. Nous croyons à ces deux existences, nous sommes certains qu'elles restent, qu'elles durent quand tout effort, toute résistance s'évanouit avec le *moi*, quoique nous n'ayons aucune idée de cet absolu hors du sentiment ou de la connaissance présente. Par suite, l'identité, la permanence de notre *moi*, ou le sentiment de notre identité ou individualité constante, a son principe nécessaire dans le durable même de la substance de l'âme et du corps [1]. »

Maine de Biran, se rendant à l'évidence, avait donc corrigé lui-même sa doctrine et en avait comblé une des lacunes les plus regrettables. Il avait compris qu'il ne suffît pas de montrer que tout ce qui est dans la conscience apparaît après le fait primitif pour en conclure que tout sort de ce fait même comme d'un principe unique. Ce raisonnement ne serait pas plus irréprochable que celui des logiciens qui prennent la représentation pour le fondement et la source de toute réalité, sous prétexte qu'elle est la condition de toute connaissance de la réalité. Que rien ne nous soit donné en acte avant le fait par lequel nous existons pour nous, c'est trop évident; mais que rien n'existe non plus ou ne soit en puissance, ce serait inadmissible, car comment le fait se

---

[1] *Fragments*, p. XXXII.

produirait-il si la plupart de ses conditions n'étaient pas
préalablement données? Et quand il se produirait, comment des éléments déterminés en seraient-ils tirés plutôt
que d'autres? Pourquoi les deux termes, le *moi* et son
mode ou son effet, ne resteraient-ils pas éternellement
confondus en un tout concret? D'où viendrait cette abstraction par laquelle ils se séparent? Pour que la distinction s'effectue, ne faut il pas qu'elle soit contenue
virtuellement dans le sujet pensant, ou qu'il y ait en
lui une prédisposition à concevoir les faits sous le rapport de cause et d'effet, de sujet et d'objet, d'unité et de
multiplicité, d'existence identique et de modes variables, etc.? En un mot, ne faut-il pas que la raison soit
virtuellement en lui, n'atten lant que l'excitation de l'expérience pour agir effectivement[1]? L'empirisme intérieur, ou du sens intime, ne serait pas plus vrai que l'empirisme extérieur ou sensualisme, et le mot de Leibnitz :
*Nihil est in intellectu quod non prius fuerit in sensu,
nisi ipse ntellectus*, qui a été opposé à Locke, pourrait
l'être également à Maine de Biran, s'il n'avait pas lui-
même expliqué et amendé sa doctrine.

Nous ne nous occuperons donc plus de cette partie de
sa psychologie; mais il nous reste à examiner l'autre
côté de son système, c'est-à-dire sa manière de concevoir
la conscience, le *moi* et le développement de la personnalité. Pour reconnaître avec plus de précision la part
de vérité qui y est contenue, il convient de voir d'abord
comment les mêmes questions ont été comprises par
quelques autres philosophes, qui ne méconnaissent pas
non plus le rôle prépondérant de l'activité dans notre
existence consciente.

1. Voir plus loin les observations d'Ampère.

II

AMPÈRE

C'est la raison, ou intuition des rapports nécessaires, qui donne à l'effort sa signification.

« En même temps que Maine de Biran signalait le fait capital qui nous révèle à nous-mêmes comme une existence placée en dehors du cours de la nature..., un penseur, qui devait plus tard s'illustrer par d'importantes découvertes dans les sciences, mais qui alors s'occupait principalement, avec Maine de Biran, de recherches psychologiques et logiques, et qui tour à tour recevait de lui et lui fournissait des idées, Ampère, dans des mémoires et des lettres qui n'ont été livrés au public que tout récemment, amenait comme au grand jour tout une partie de notre nature que laissaient encore dans l'ombre et Condillac, attentif surtout aux sensations, et Maine de Biran, occupé presque uniquement de la volonté. C'était la faculté qu'applique aux éléments fournis par les sens l'action de la volonté; c'était la faculté de comparer, par laquelle, réunissant en des rapports les termes simples que nous fournissent les facultés d'intuition, nous les enchaînons les uns aux autres; c'était, en d'autres termes, la faculté du raisonnement et du discours, la raison. Connaître, avait dit Kant, c'est réunir; — c'est réunir, disait Maine de Biran, par un acte, par un vouloir; — c'est réunir, ajoutait Ampère, au moyen d'un rapport... Il faisait consister le génie dans la faculté d'apercevoir des rapports... Nul ne vit mieux que lui et ne fit mieux ressortir l'importance des rapports et la valeur du rôle qui appartient, dans la formation de la connaissance, à la faculté qui les découvre et qui les combine [1]. »

C'est en ces termes que M. Ravaisson appréciait la part d'Ampère dans l'œuvre de régénération de la philosophie française au commencement de ce siècle. A côté de l'intuition du fait de conscience, qu'il appelait l'aperception interne, Maine de Biran reconnaissait une faculté d'établir et d'affirmer des rapports entre les termes donnés dans l'aperception. Pour lui, ce pouvoir était non pas une intuition, mais un jugement intuitif; nous ne voyons que les éléments, disait-il; quant à leurs relations, nous les faisons en les apercevant; elles sont le résultat d'une synthèse[2]. Ampère répondait que ce q fait l'évidence immédiate de ces jugements synthétique primitifs, c'est la vue intuitive de la relation simple qu' existe entre leurs termes. Les éléments simples no étant donnés en relation entre eux, ne peuvent ê aperçus que comme ils sont donnés, c'est-à-dire vec leur relation. Le rapport simple qui unit les éléments est donc objet d'intuition au même titre que les éléments eux-mêmes. Et il définissait cette intuition intellectuelle ou rationnelle *la vue immédiate des rapports nécessaires*[3].

Dans l'exercice de la réflexion, cette intuition intellectuelle, qui distingue les éléments d'un fait interne, s'ajoute à ce que Maine de Biran considérait comme une simple intuition du sens intime, qui ne les distingue pas. C'est un acte de la raison réfléchie s'appliquant à un fait de conscience[4].

1. F. Ravaisson, *Rapport sur la philosophie en France*, 1868, p. 15.

2. Voir Maine de Biran, *Œuvres inédites*, t. II, p. 274 à 279.

3. *Philosophie des deux Ampère*, 2e édition, pp. 269, 272, 274, 278, 283.

4. *Id.*, pp. 269, 270.

Il n'y a pas, à proprement parler, remarque avec raison Ampère, d'aperception immédiate sans une intervention de cette faculté supérieure. L'effort volontaire, en effet, n'est-il pas un fait intellectuel en même temps qu'un fait sensible? Comme fait sensible, on y trouve une sensation musculaire; comme fait intellectuel, un rapport de causalité. Si l'acte de la pensée ne s'y appliquait pas, le *moi* et l'effet qu'il produit pourraient encore être donnés à la conscience, mais dans un tout complexe, confondu en un fait sensible, sans signification intellectuelle. L'intuition de la raison découvre dans ce fait de conscience un rapport de causalité ; dès lors le *moi* apparaît comme cause agissante distincte de son effet, et la sensation musculaire devient le signe d'une résistance à l'effort de la cause. Sans l'intuition du rapport, le sensation musculaire ne serait jamais qu'une sensation comme les autres, sans signification spéciale ; c'est par la présence et l'aperception immédiate du rapport de causalité qu'à son caractère sensitif s'ajoute la propriété d'être signe de la résistance à un effort, ce qui est un fait intellectuel [1].

Ampère n'accorde à la sensation musculaire qu'un privilège sur les autres : la propriété d'être intimement unie au sujet conscient par le rapport de causalité. Il blâme vivement Maine de Biran d'avoir vu en elle l'objet d'une perception immédiate. En admettant que nous puissions percevoir immédiatement autre chose que nos modifications subjectives, ce qui, dit-il, sera toujours absurde aux yeux de ceux qui auront lu et compris Kant, pourquoi la contraction musculaire serait-elle l'objet d'une connaissance immédiate, plutôt que la chaleur ou le froid, le son ou l'odeur? Maine de Biran comprenait, comme

---

1. *Philosophie des deux Ampère*, 2e édition, pp. 275 et 322.

Ampère, que les perceptions ordinaires ne sont pas des
faits primitifs, ainsi que Reid se l'était imaginé ; ce qui
est primitif en elles, c'est la sensation simple, telle que
l'odeur, le son, la saveur, ou la sensation composée avec
la forme de l'étendue, telle que la couleur. Mais l'association de ces éléments à une résistance matérielle, à un
lieu dans l'espace, à une force ou cause active dont les
phénomènes sont devenus des signes, à l'idée d'un objet
distinct du sujet qui perçoit, c'est là un résultat complexe de l'exercice de notre activité, un ensemble de faits
liés à des signes que l'habitude nous a appris à interpréter, et ce qu'Ampère appelle, pour ce motif, des *concré-
tions d'habitude*[1]. Or, la perception du mouvement musculaire avec son attribution à un point déterminé du
corps et à une force qui résiste, n'est-elle pas une concré-
tion d'habitude comme toutes les autres? La contraction
musculaire n'est-elle pas perçue à travers la sensation
qui en résulte et dans cette sensation seule, comme tous
les autres phénomènes sensibles ? Pourquoi alors parler
de perception immédiate? Est-ce une ressource désespérée
pour éviter l'idéalisme, qui est la conséquence de toute
théorie d'après laquelle nous ne connaîtrions directement
que nos sensations ou nos représentations? — « Mais,
répond Ampère, nous avons le moyen d'éviter cet incon-
vénient par la théorie que nous soutenions en commun à
la *Société philosophique* sur la nouménalité de l'obstacle
rencontré dans un mouvement volontaire perçu dans
l'étendue phénoménale. Cette théorie, une fois jetée dans
le monde, pourra être plus ou moins bien expliquée, modifiée, commentée; mais que vous y renonciez ou non,
elle sera infailliblement un jour universellement adoptée;
seule elle détruit tout idéalisme[2]. »

1. *Philosophie des deux Ampère*, 2e édition, p. 316.
2. *Id.*, p. 308. — Voir aussi, pp. 302 et 303, 320 et 321, comment

Ampère était d'accord avec Maine de Biran sur beaucoup de points. Il reconnaissait comme lui le rôle essentiel de l'activité dans la conscience et la connaissance. Il le loue aussi tout particulièrement d'avoir distingué le *moi* de l'âme. « Le *moi conscient,* dit-il (nous laissons de côté le mot barbare d'*émesthèse*), est le produit de l'activité de l'âme. Ce produit est un de ses modes, mais un mode qu'elle ne reçoit pas d'une cause étrangère; le *moi conscient* n'est pas plus l'âme substance que l'intuition du bleu n'est la substance d'indigo qui donne lieu à cette intuition. De même que Descartes a fait un grand pas, confirmé par tout ce qu'on a dit depuis lui, en distinguant deux choses, savoir : l'intuition et l'indigo, longtemps confondues, parce que l'usage les nommait également couleur bleue; de même, et c'est là une de vos plus importantes découvertes, vous avez distingué deux choses : le *moi conscient* et l'âme substance, qu'on avait confondues jusqu'à vous, parce que l'usage est de les désigner l'une et l'autre sous le nom de *moi...* Le *moi conscient* n'est certes pas la substance, mais un mode de la substance de l'âme. C'est ce que j'ai toujours entendu en l'appelant un phénomène[1]. »

Il est vrai que la distinction du *moi* et de l'âme est fondamentale chez Maine de Biran; mais y a-t-elle le sens que lui donne Ampère? L'interprétation de ce dernier ne porte-t-elle pas plutôt la trace des idées de Kant et de l'opposition des *phénomènes* et des *noumènes?* Maine de Biran a-t-il réellement regardé le *moi* comme un phénomène par lequel se manifesterait une substance

l'exercice de notre activité est le fondement de notre connaissance des corps, parce qu'elle dispose d'organes moteurs unis à des organes sentants et pouvant, par leurs mouvements, modifier les sensations.

1. *Philosophie des deux Ampère*, 2ᵉ édition, pp. 305, 306.

cachée, qui serait l'âme? Il est vrai qu'en discutant la
proposition de Descartes : *Je pense, donc je suis,* il se sert
de l'expression de *sujet phénoménal* pour caractériser le
moi conscient; mais il entend par là un sujet existant
pour soi par opposition avec une chose existant d'une
manière absolue. Il est vrai aussi qu'on trouve plusieurs
fois dans l'expression de sa pensée quelque hésitation[1];
cependant, quand il s'applique à distinguer le *moi* de
l'âme et à définir l'existence du *moi,* ce ne sont plus les
termes de phénomène et de substance qu'il emploie en les
opposant l'un à l'autre. Il remarque d'abord, comme l'a
fait à son tour M. Spencer, que l'idée de substance représente beaucoup mieux le fond de l'existence matérielle que
celui de l'esprit. Elle se rapporte, en effet, à deux choses :
1º à ce qui subsiste au sein des modifications variables; 2º à
ce qui, étant au-dessous de ces modifications, leur sert de
lien commun. Sous le second point de vue, il est difficile
de la dégager de l'idée d'un continu résistant, ou de la
séparer de la matière. Sous le premier, elle peut se confondre avec la force, et ce n'est que dans ce cas qu'elle
peut s'appliquer à notre être[2]. Si le *moi* n'est pas une
force subsistant d'une manière permanente, comme l'âme,
il n'est pas pour cela un phénomène. Maine de Biran le
déclare expressément : « Le sentiment de notre être est
celui d'une individualité très précise. Ce n'est point un
phénomène, ni un objet qui se représente; car le *moi* se
distingue très nettement de tout objet représenté ou senti
au dehors; c'est un fait intérieur *sui generis,* très évident sans doute pour tout être réfléchi, mais qui demande
à être aperçu à l'aide de son sens propre et spécial[3]. »

1. Voir M. Gérard, p. 447.
2. Maine de Biran, *Œuvres inédites,* t. I, p. 248 à 255.
3. *Id.,* t. I, p. 142.

Pour lui, le véritable caractère du *moi*, c'est d'être une activité, une cause. Le considérer comme un mode de substance ou une substance modifiée, ainsi que l'ont fait la plupart des philosophes, c'est une conception arbitraire, puisque ce n'est pas ainsi que le *moi* est donné à lui-même dans le fait primitif. Le sentiment de notre existence est inséparable de celui de notre activité ; nous ne pouvons pas nous connaître comme étant des personnes sans nous apercevoir que nous sommes des causes actives[1].

La relation qui unit le *moi* à l'âme n'est donc pas pour Maine de Biran celle du phénomène ou du mode avec sa substance. Peut-on dire qu'elle est celle de l'acte et de la puissance ? Nous ne le pensons pas : ce serait, suivant nous, une erreur que rien ne nous autorise à prêter à Maine de Biran. Sans doute, en un sens, l'existence consciente de l'individu est en puissance dans son existence inconsciente ; mais, d'une part, il y a dans l'âme des fonctions inconscientes qui n'entrent jamais dans la sphère de la conscience, et, d'autre part, il est impossible de soutenir que pendant les intermittences de la conscience l'existence de l'âme est suspendue, ce qui arriverait pourtant si elle ne restait pas en acte d'une certaine façon. Ce qu'on doit dire, et ce qui est la pensée de Maine de Biran, c'est que le *moi* est une forme de l'existence de l'âme, et que l'âme est l'être durable « auquel l'existence individuelle du *moi* est attachée », comme à son principe ou à sa condition nécessaire[2]. La distinction de l'âme et du *moi* serait donc une distinction entre l'âme et une des formes de son existence.

1. Maine de Biran, *Œuvres inédites*, t. 1, pp. 46, 47.
2. *Fragments* publiés par M. Gérard, p. LVIII.

III

JOUFFROY

Le pouvoir personnel, condition de la personnalité.

En 1828, quatre ans après la mort de Maine de Biran, mais avant la publication d'une première partie de ses œuvres par M. Cousin, Jouffroy exposait à son point de vue, dans un article sur les *facultés de l'âme*, les caractères de la personnalité. Bien que ce morceau, dont nous avons déjà cité quelques lignes, soit dans la mémoire de tous ceux qui ne sont pas étrangers aux études philosophiques, nous devons en résumer les idées principales.

Le fait qui constitue la personnalité dans un être est la *liberté,* ou, si l'on aime mieux, le *pouvoir personnel,* cette capacité suprême qui donne aux êtres qui en sont doués le privilège de disposer d'eux-mêmes. Plus le pouvoir autonome est parfait dans un être, plus aussi cet être est une *personne.*

Mais l'empire du pouvoir personnel sur nos capacités naturelles ne s'exerce point sans interruption. « Comme un ouvrier prend et quitte tour à tour ses instruments, nous sentons la volonté tantôt se saisir des capacités de notre nature et les employer à ses desseins, tantôt les délaisser et les abandonner à elles-mêmes; et ce qu'il y a de remarquable, c'est que, dans ce dernier cas, nos capacités naturelles n'en marchent pas moins pour être délaissées par le pouvoir personnel. Elles se développent sans son secours et vont fort bien sans lui; seulement, quand elles vont sans lui, elles ne vont pas pour lui; leur développement, en cessant d'être sous sa direction, cesse de s'opérer au profit de ses volontés [1]. » C'est ainsi que nos sens et nos diverses facultés intellectuelles s'exercent fréquemment sans que nous les dirigions. « La plus soumise de nos capacités naturelles, cette énergie intime par laquelle nous mettons notre corps en mouvement, et qu'on peut appeler *activité locomotrice*, cette énergie même ne périt pas quand nous cessons de nous en servir : au sein du repos le plus profond, nous la sentons vivre au-dedans de nous et presser de toutes parts les ressorts du mécanisme qu'elle anime; elle se développe dans ces instants mêmes, et produit dans tout le corps une foule de mouvements que nous n'avons pas voulus. Mais, soit qu'un reste de surveillance volontaire ne cesse jamais entièrement de la retenir, soit qu'ayant affaire à des organes matériels rudes à manier, elle ne puisse les ébranler sans que toutes ses forces soient concentrées sur un point par le pouvoir personnel, elle ne produit point à elle seule de grands mouvements ; et bien nous en prend : car, s'il n'en était pas ainsi, elle pourrait nous conduire dans la rivière pendant que notre volonté s'occuperait d'autre chose [2]. »

Ordinairement notre pouvoir personnel ne se retire pas en même temps de toutes nos facultés, et c'est presque toujours parce qu'il est très occupé à en diriger une qu'il délaisse les autres. Mais il arrive aussi quelquefois que la défaillance est générale, c'est-à-dire que le pouvoir personnel abdique entièrement, et lâche en même temps les rênes à toutes nos facultés. C'est ce qu'on peut observer, par exemple, dans ces états de repos pendant lesquels nous nous laissons aller à la rêverie. Notre per-

1. *Mélanges philosophiques*, 4e édition, p. 249.
2. *Id.*, p. 251.

sonnalité n'est pas éteinte, mais, pour le moment, elle ne gouverne pas. « Jamais nous n'apercevons mieux qu'alors la distinction de ce qui est nous et de ce qui n'est que nôtre en nous. Nos capacités sont nôtres et ne sont pas nous; notre nature est nôtre et n'est pas nous; cela seul est nous qui s'empare de notre nature et de nos capacités, et qui les fait nôtres; nous sommes tout entiers dans ce pouvoir que nous avons de nous posséder; c'est l'acte de ce pouvoir qui nous crée, qui nous constitue; sans cet acte, il n'y aurait rien de nôtre en nous, parce qu'il n'y aurait rien en nous qui fût nous. Tout ce qui est nôtre cesse de l'être dès que ce pouvoir cesse d'agir, dès que cet acte ne se fait plus; ou si dans le repos de ce pouvoir, dans l'absence de cet acte, nous sommes encore nous et regardons encore comme nôtres et cette nature et ces capacités qui vont sans nous, c'est uniquement parce que nous avons la conscience que ce pouvoir vit dans son repos, qu'il garde la vertu de faire cet acte et de reprendre par lui tout ce qu'il a momentanément délaissé[1]. » C'est cette même défaillance de la personnalité qui constitue l'état de l'âme pendant le sommeil. Le sommeil n'est que l'inertie du pouvoir personnel avec toutes ses conséquences. L'état de rêve n'est que l'état de rêverie plus prononcé. Dans celui-ci, la personnalité ne gouverne pas plus, mais elle veille davantage.

Non seulement le pouvoir personnel ne gouverne pas toujours nos capacités naturelles, mais il est facile de prouver qu'elles se sont primitivement mises en mouvement et développées sans lui. Comment l'enfant aurait-il songé à se servir volontairement de ses facultés, si elles ne s'étaient pas d'abord révélées à lui en s'exerçant

---

1. *Mélanges philosophiques*, 4e édition, p. 252.

spontanément ? « Ainsi la personnalité est en nous un fait postérieur au développement de nos capacités naturelles ; en d'autres termes, avant de s'emparer d'elle-même, notre nature était douée de certaines capacités qui, d'abord, se sont développées en elle comme les propriétés se développent dans les choses. C'est ce développement spontané qui lui a donné la conscience des différents pouvoirs dont elle est douée ; et c'est alors seulement qu'elle a pu vouloir s'emparer de ces capacités, les diriger et s'en servir. Le jour où elle l'a fait, elle est sortie de la classe des choses, et la personne humaine a brisé l'œuf où elle avait sommeillé jusque-là [1]. » On peut remarquer même que la volonté ne devient pas maîtresse du premier coup ; il lui faut du temps pour substituer sa direction au développement spontané.

Chez les hommes dont la volonté paresseuse néglige la direction de certaines facultés, ces facultés semblent s'accoutumer à cette indépendance, et ne se laissent reprendre et gouverner de nouveau qu'avec une incroyable résistance. C'est ainsi qu'il nous devient si difficile de fixer notre faculté de penser, lorsque nous avons pris l'habitude de la laisser flotter à son gré ; c'est ainsi encore que certaines personnes ne peuvent contenir la fougue de leurs sentiments. « En général, notre autorité sur nous-mêmes ne s'entretient que par un exercice continuel ; c'est aussi par là seulement qu'elle peut croître et qu'elle devient facile. La mesure de cette autorité est aussi celle de la dignité de l'homme, parce que cette autorité est l'homme même [2]. »

Il y a trois degrés principaux dans l'établissement de cette autorité. — Les capacités étant naturellement in-

1. *Mélanges philosophiques*, 4e édition, p. 254.
2. *Id.*, p. 256.

soumises, la plupart des hommes les laissent dans cet état
d'insubordination, ou tout au plus en soumettent une ou
deux, dont le service docile est indispensable à la profes-
sion qu'ils exercent. Il suit de là que tout en eux est
anarchie et désordre, qu'ils sont esclaves de toutes les
passions, de toutes les erreurs, sans empire sur soi, sans
courage, sans valeur morale. — Il n'y a qu'un moyen
d'échapper à cette déplorable destinée, c'est d'établir en
soi, à la sueur de son front, l'empire de la volonté.
Beaucoup d'âmes entreprennent la lutte de temps à autre,
mais manquent de constance pour la soutenir; elles passent par des alternatives de courage et de faiblesse qui
les rendent tour à tour heureuses ou malheureuses, fières
ou mécontentes d'elles-mêmes. Si leur dignité morale se
sauve, c'est le plus souvent parce qu'elles n'ont pas eu
l'occasion de la perdre. — Enfin, quand la lutte a été
persévérante, la volonté finit par soumettre à ses ordres
l'être tout entier; son autorité est établie, elle règne
sans résistance et sans effort, elle est sûre d'elle-même,
calme et heureuse. C'est le plus haut degré de dignité
personnelle et de perfection auquel il nous soit donné d'atteindre.

Ce sont là les trois degrés principaux de l'empire que
nous pouvons prendre sur nos capacités, mais il y a des
nuances, des variations infinies. Une même personne
peut passer par ces divers états aux différentes époques
de sa vie, ou encore exercer un grand pouvoir sur quelques-unes de ses facultés et n'en point avoir sur d'autres.
« Ainsi le philosophe, accoutumé à réfléchir, dispose
avec la plus grande facilité de ses facultés intellectuelles,
et souvent n'a aucun empire sur ses passions; d'autres
ont beaucoup d'autorité sur leurs passions, qui ne sauraient fixer leur intelligence et l'attacher à un sujet; on
trouve des hommes qui n'ont rien de soumis en eux que

leurs doigts; enfin, d'un jour, et presque d'une minute à l'autre, la puissance volontaire s'affaiblit ou s'accroît dans le même individu : tantôt molle et languissante, tantôt énergique et active, elle monte et descend incessamment, et, avec elle, la personnalité qu'elle constitue[1]. » On remarque enfin, chez les vieillards, un affaiblissement progressif du pouvoir personnel : il semble que la volonté, fatiguée du long service qu'elle a fait, abandonne sa tâche au soir de la vie, et s'assoupisse peu à peu en attendant le sommeil de la mort.

Il y a donc en nous deux éléments très distincts, quoique l'un ait sa racine dans l'autre : la chose d'une part et la personne de l'autre, la nature humaine avec ses capacités soumises à des lois fatales, et le pouvoir extraordinaire que cette nature développe dans cette vie, et au moyen duquel elle s'empare de la fatalité en elle et s'en sert comme d'un instrument. Il y a une vie impersonnelle et une vie personnelle qui se succèdent en nous, et qui peuvent se mêler dans des proportions variables.

Toute faculté a deux modes de développement : ou elle se développe simplement en vertu des lois fatales de la nature humaine, ou elle se développe sous la direction du pouvoir personnel. Mais de même que le pouvoir personnel ne crée pas nos différentes facultés, de même aussi son empire ne va pas jusqu'à changer les lois selon lesquelles elles agissent naturellement. «Quand le pouvoir personnel arrive, il tourne à son but ces forces qui existent et se meuvent sans lui; mais il ne les crée point, et ne saurait changer leurs lois naturelles, pas plus que le meunier ne crée la puissance et ne change les lois du cours d'eau qu'il exploite. Nous nous servons de l'intelligence, de la mémoire, de la sensibilité, de la capacité

1. *Mélanges philosophiques*, 1e édition, p. 259.

locomotrice; mais nous trouvons en nous ces capacités toutes faites et soumises à leurs lois propres, et nous sommes obligés de nous en servir telles qu'elles sont, et de nous plier à leurs lois pour en tirer parti. En un mot, avant de s'emparer d'elle-même et de se gouverner, notre nature existait et était douée de certaines capacités qui se seraient développées en elle comme de simples propriétés, si, devenant tout à coup maîtresse d'elle-même, elle ne les avait assujetties à son empire, subordonnées à son mouvement et transformées en instruments de ses volontés. Nos facultés ne sont donc que des forces naturelles apprivoisées à notre service [1]. »

Quelle est donc l'action du pouvoir personnel sur nos capacités? Cette action se réduit à deux circonstances : il *dirige* et il *concentre*. Il les soustrait autant que possible au flot des phénomènes qui les emporte, pour les appliquer où il veut et seulement où il veut. Il les fixe sur un seul point, et, les y retenant, concentre sur ce point toute leur puissance, et, par la durée de cette concentration, la multiplie. « De là, la puissance prodigieuse d'une volonté forte; de là, les miracles de l'attention; de là, ceux de la patience, qui ont fait dire que le génie n'était qu'une longue persévérance. Tous ces grands effets sont le résultat de la concentration de nos facultés par le pouvoir personnel : l'autorité du pouvoir personnel sur nos facultés fait donc notre puissance comme elle fait notre dignité [2]. »

Telles sont les vues de Jouffroy sur les caractères et les conditions essentielles de la personnalité. On voit que l'importance de l'action de la volonté ne lui avait pas plus échappé qu'à Maine de Biran, mais qu'il l'entendait tout autrement.

1. *Mélanges philosophiques*, 4e édition, p. 265.
2. *Id.*, p. 268.

1º Maine de Biran voit surtout la volonté en acte, appliquée à tenir en éveil, à tendre, à mouvoir : aussi se sert-il ordinairement du terme d'*effort*. Jouffroy considère beaucoup plus dans la volonté la puissance, une puissance qui a le sentiment d'elle-même et des facultés sur lesquelles elle peut s'exercer ; qui ne gouverne pas toujours, même pendant la veille, mais qui alors sait encore qu'elle peut gouverner : aussi emploie-t-il plus volontiers l'expression de *pouvoir*.

2º Chez Maine de Biran, la volonté n'agit directement que sur l'organisme, et toutes ses manifestations se réduisent à une forme essentielle : l'action motrice. Dans les perceptions, les images, les idées, les souvenirs, les sentiments, son action n'est qu'indirecte : elle ne s'exerce immédiatement que sur les mouvements musculaires, qui modifient l'état des organes des sens et, par suite, les sensations, et qui restent associés aux intuitions dans les souvenirs ; elle ne dirige ni ne rappelle directement les idées, mais elle produit le langage articulé, qui est l'instrument organique des idées et qui sert à les fixer, à les réveiller, à les gouverner. Chez Jouffroy, la volonté se saisit et s'empare également des diverses capacités naturelles ; elle agit sur la sensibilité, sur la mémoire, sur toutes les facultés intellectuelles, aussi bien que sur l'activité locomotrice, et celle-ci n'a pas d'autre privilège que d'être « la plus soumise de nos capacités naturelles ».

3º Enfin, Maine de Biran croit que sans la volonté il n'y aurait en nous qu'une sorte de réceptivité passive ; toutes nos facultés actives, mouvement locomoteur, attention, perception, réflexion, mémoire intellectuelle, comparaison, faculté de combinaison, raisonnement, ne sont constituées que par l'activité volontaire et ne sont que des modes de cette même activité. Jouffroy pense, au contraire, que toutes nos capacités naturelles, celles qui font partie de l'intelligence aussi bien que celles qui appartiennent à la sensibilité, et la faculté locomotrice elle-même, peuvent exister, s'exercer et se développer suivant leurs lois propres, indépendamment de toute action volontaire. La volonté s'y ajoute, mais elle ne les constitue pas et ne les crée pas. Quand le pouvoir personnel arrive, il ne fait que tourner à son but ces forces qui existent et se meuvent sans lui. Il modifie non leur nature, mais leur mode d'exercice.

En un mot, pour Jouffroy, notre existence consciente comprend une vie personnelle et une vie impersonnelle, tandis que pour Maine de Biran elle n'est jamais qu'une vie personnelle ou volontaire, tantôt confuse et tantôt distincte.

IV

M. RENOUVIER

L'effort mental et la représentation automotive.

W. Hamilton, reproduisant un argument de Hume, avait affirmé que dans nos mouvements volontaires nous ne saurions avoir conscience du rapport de causalité, parce qu' « entre le fait du mouvement corporel dont nous prenons connaissance et l'acte interne de la détermination mentale dont nous prenons également connaissance, se place une nombreuse série d'actions intermédiaires dont nous n'avons aucune connaissance ; et qu'en conséquence nous ne pouvons avoir conscience d'une connexion causale entre le premier et le dernier anneau de la chaîne, la volonté de mouvoir et le membre mu... Personne ne connaît par une aperception immédiate qu'il meut son bras par sa volonté. Antérieurement à ce mouvement final, des muscles, des nerfs, une multitude de parties solides et liquides, sont mis en jeu par la volonté, mais la conscience ne nous en apprend rien. » Stuart Mill, qui cite ce raisonnement, déclare y adhérer entièrement [1]. M. Renouvier, à son tour, pense que le raisonnement est concluant, « et qu'il doit nous faire classer la théorie, encore célèbre chez nous, de Maine de Biran parmi les moins défendables erreurs qu'il y ait en philosophie [2]. »

Cependant, M. Renouvier n'en conclut pas, avec Stuart Mill, que notre idée de cause n'est qu'une illusion, et que tout rapport de causalité se réduit à un rapport de succession entre un fait antécédent et un fait conséquent. Il affirme, au contraire, que nous avons une conscience directe, immédiate, de la causalité, et que cette connaissance nous est bien donnée dans l'acte de volonté, mais dans un acte « qui ne franchit pas les bornes de l'entendement ».

« Les philosophes aprioristes ont gâté leur cause, dit-il, en se préoccupant à l'excès du mouvement musculaire, qui non seulement n'est un effet de volonté qu'à travers les intermédiaires, ainsi que l'a objecté Hamilton, mais qui, fait tout autrement grave, résulte également bien de certains autres états psychiques dans lesquels il est difficile de reconnaître, même à l'état de mélange, une volition. Il n'en est pas ainsi de la volonté dans l'ordre purement intellectuel ou passionnel, en dehors de tout signe externe visible, et surtout de la locomotion. Là des phénomènes s'enchaînent sous une action directrice, sans qu'on puisse douter de l'existence de quelque chose

1. Stuart Mill, *Phil. de Hamilton*, p. 351.
2. M. Renouvier, *Logique*, t. II, p. 326.

de déterminant entre l'antécédent et le conséquent. Le
savant, soit observateur, soit calculateur, ou dans l'œuvre de la méditation, qui fixe son attention sur tel ou tel
point, qui de celui-là passe à un autre, qui possède ses
idées, qui les dirige; dans un autre ordre, l'homme qui
contient ses passions, ou qui se prépare à les déchaîner
en s'animant et s'excitant lui-même, ne sont pas dans
cet état de spontanéité passive qu'envisagent si volontiers, trop exclusivement, les philosophes association-
nistes. Au contraire, l'intelligence est alors ou se sent
automotrice; on peut nier que ce sentiment soit autre
chose qu'une illusion, mais on ne peut pas nier sérieusement qu'il existe; on ne peut donc pas contester le sens
de l'effort dans cette sphère [1]. »

Tout acte bien marqué d'attention, tout exercice volontaire de la mémoire ou de l'imagination, toute impulsion
communiquée à la pensée, est un effort de ce genre. Nous
voyons ensuite quelque chose d'analogue et une sorte de
symbole de ce fait mental dans toute pression exercée
par un corps sur un autre, puis dans l'acte de tension
intellectuelle par lequel nous dirigeons et soutenons une
tension musculaire employée à vaincre une résistance;
mais il faut chercher le premier et véritable type de l'effort dans l'acte purement mental consistant à diriger, à
fixer, à maintenir présente la pensée, à l'encontre de ce
qui se produirait si elle s'abandonnait. Placer l'effort
dans l'organisme, c'est lui faire perdre ce qu'il a de propre, et le réduire à ne représenter qu'une sensation passive, ce qui n'est pas assez.

Qu'est-ce que cet effort mental? En quoi consiste-t-il?
D'où sort-il? Quel en est le point initial, le terme d'application, les conditions d'existence? Quelle sorte de rapport

[1]. *Logique*, t. II, pp. 328, 329.

exprime-t-il? Peut-être est-il impossible de répondre
complètement à ces questions; M. Renouvier, du moins,
n'y répond que d'une façon très incomplète. L'effort est,
suivant lui, le caractère d'une certaine catégorie de représentations, ce qui distingue les représentations volontaires des représentations simples. Quand l'effort s'ajoute
à une représentation, elle devient volontaire; quand une
représentation est volontaire, elle contient un effort. On
ne peut rien dire de plus. «Dans une conscience individuelle, le caractère joint à une représentation particulière, et qui la fait volontaire, peut prendre le nom d'*effort*... On peut se demander si l'effort est suffisamment
défini quand je le qualifie de caractère d'une représentation. Mais que dire de plus? De ce caractère ressort
une représentation *sui generis*, et toute investigation
doit s'arrêter là. L'effort est un fait de conscience, un fait
représentatif et représenté, objectif et subjectif dans la
conscience. Si l'on essaye de fixer le représenté, le sujet,
indépendamment de la conscience, c'est une idole qu'on
posera; et on se fera au fond cette illusion de placer derrière l'homme incomplet, privé de volonté, un second
homme, complet celui-ci, qu'on chargera d'être la volonté du premier. Mais ne séparons pas des phénomènes
qui ne se comprennent point les uns sans les autres; alors
nous constaterons seulement la distinction profonde de la
représentation simple et de la représentation volontaire;
cette distinction sera celle du penser et du vouloir, et la
seule définition possible de l'effort en résultera, puisque
le sentiment en lui-même est toujours indéfinissable[1]. »

Remarquons en passant que ces vues de M. Renouvier
sur l'impossibilité de se représenter le sujet voulant « indépendamment de la conscience », sans en faire un vain

---

1. *Psychol. rationn.*, t. I, pp. 303, 304.

fantôme, se rapprochent beaucoup de l'opinion que nous avons exprimée précédemment, à propos d'une théorie de M. de Hartmann. Dire que nous ne pouvons pas nous représenter l'acte du vouloir indépendamment des faits auxquels il est uni dans la conscience, et que, si nous essayons de le faire, ce n'est pas la réalité que nous verrons, mais une illusion, « une idole », et que nous ne ferons pas autre chose que nous représenter d'abord un homme incomplet, privé de volonté, puis, derrière celui-là, un second homme, complet celui-ci, que nous chargerons d'être la volonté du premier, cela ne revient-il pas à dire que le fond du vouloir est quelque chose d'essentiellement subjectif, quelque chose que le sujet conscient ne peut pas détacher de lui-même ni de sa conscience pour se le représenter distinctement et séparément, comme objet de sa pensée, et que le seul moyen de se représenter réellement la volonté, c'est de se représenter le *moi* tout entier dans son existence concrète, ou « l'homme complet », dans lequel la volonté est contenue?

Mais s'il est difficile de découvrir et d'analyser les conditions et la nature de l'effort mental, on peut du moins déterminer son rôle. Cet effort est le principe de la réflexion, de la liberté et de la personnalité.

Il n'est pas douteux que l'animal ne perçoive des rapports entre les phénomènes, puisqu'il les distingue et les interprète; mais concevoir des rapports séparés des phénomènes, d'une manière abstraite et générale; en comparant, se représenter non seulement les choses comparées, mais la comparaison même; faire un retour sur soi et sur ses représentations propres pour en faire l'analyse et la synthèse dans l'abstrait : c'est le fait de l'homme seul. « Cette conscience de la conscience, cette relation des relations comme telles, a reçu le nom de *réflexion*. Elle est aussi la *raison*, en tant que la catégorie d'espèce y intervient d'une manière toute particulière et comme loi essentielle de ses applications..... le nom de *réflexion* est très exactement approprié à la fonction que je viens de définir. En l'appliquant à la simple conscience, on tomberait dans la puérile hypothèse qui assimile le *moi* à une plaque polie où se réfléchissent des rayons envoyés par les sujets externes. Mais envisageons cette loi par laquelle des phénomènes que l'expérience donne, et que les diverses catégories règlent et déterminent, sont par-dessus tout coordonnés : la loi d'opposition et de synthèse de *soi* et de *non-soi*. Nous verrons la *réflexion*, ou, plus généralement, le *retour*, paraître au moment où, la limite qui les sépare venant à se déplacer, le soi se tourne en non-soi, et le représentatif en représenté. La conscience revient sur ses propres formes, et les prend pour objets [1]. »

Comment l'homme posséderait-il cette fonction supérieure, s'il n'était pas doué de la puissance de l'effort? Réfléchir, c'est arrêter, fixer, modifier, remonter même le courant naturel de ses pensées, que mènent l'instinct, l'habitude et les accidents externes; c'est se soustraire à l'influence des causes étrangères par un acte de volonté. Si l'homme ne sentait pas en lui-même ce pouvoir de résister à tout ce qui attire et distrait sa pensée, comment pourrait-il avoir l'idée de ne pas suivre le courant? L'homme qui réfléchit sait qu'il peut retenir, abandonner, reprendre ses représentations; il fait présentement acte de volonté, et croit pour l'avenir à la puissance de sa volonté. Il sent que la réflexion est une fonction volontaire, qu'il en est le maître, l'auteur, et que, quand il la possède, c'est qu'il se la donne. « Mais il faut pouvoir se

1. *Psychol. rationn.*, t, I, p. 102.

la donner. Cette puissance paraît manquer aux animaux. Le caractère distinctif que l'on s'accorde à reconnaître entre eux et l'homme, la réflexion, implique, on le voit, la volonté, la possibilité de la volonté. C'est le développement du vouloir, c'est le passage de la spontanéité simple à la spontanéité libre qui marque l'avènement de la conscience humaine au sein de la nature[1]. »

L'effort mental ou l'acte volontaire considéré en lui-même n'est qu'un caractère particulier de certaines représentations. Ces représentations ne semblent produites par aucune autre ; elles paraissent être leur propre cause, puis être la cause déterminante d'autres représentations. Pour marquer leur caractère, M. Renouvier les désigne sous le nom de *représentations automotives*. C'est la représentation automotive qui appelle, éloigne, suspend ou maintient les autres, et qui apparaît elle-même comme entièrement indépendante de toute autre, pouvant également se produire ou ne pas se produire sans autre cause qu'elle-même. Cette propriété, généralisée, abstraite, considérée en tant que puissance inhérente à la conscience, est la volonté. On voit que son caractère essentiel est la liberté. « *J'entends par volition le caractère d'un acte de conscience qui ne se représente pas simplement donné, mais qui se représente pouvant ou ayant pu être ou n'être pas suscité ou continué, sans autre changement apparent que celui qui se lie à la représentation même en tant qu'elle appelle ou éloigne la représentation.* — La volonté est le terme général qui répond à la volition... — Il est permis d'envisager dans la conscience une représentation toujours, à tout instant possible, une représentation qui aurait ce caractère d'être sa propre cause, ou d'être la cause d'une autre qui, dès lors, s'iden-

1. *Psychol. rationn.*, t. I, p. 316.

tifle avec elle. Cette représentation est un effort pour se
maintenir, un effort pour s'éloigner, un effort pour appeler et se substituer telle représentation différente avec
laquelle elle forme, par cela même, une synthèse causale,
dont il est impossible de rien dire de plus. En acte, c'est
la volition ; en puissance, c'est la volonté[1]. »

La volonté est ainsi la puissance des représentations
autres ou contraires[2]. A mesure qu'elle s'exerce, dans
les actes d'attention, de réflexion, de délibération, elle
se fortifie. L'empire sur soi et la liberté sont une habitude, susceptible d'être cultivée et développée comme
toutes les autres habitudes. « Sous l'empire de l'instinct
et des lois de l'habitude commune, l'homme, aussi bien
que l'animal, suivrait naturellement des séries d'actes
de conscience auxquels se rapportent les modifications
extérieures convenables. La volonté est une habitude en
quelque sorte inverse, un empire sur les habitudes, une
habitude pourtant. Par elle se modifient les séries logiques ou naturelles de la pensée, et jusqu'à l'instinct, jusqu'à la nature, jusqu'aux lois fondamentales de l'intelligence, puisque le libre exercice de la raison peut nier la
raison. A l'avènement d'une fonction d'un genre si nouveau, on peut dire que les choses cessent d'*être* simplement, mais *se font elles-mêmes*, et qu'une nature se produit par-dessus la nature[3]. »

La puissance de l'effort ou de la représentation automotive, qui est une condition de la réflexion et qui avec
elle constitue la liberté, est aussi le véritable fondement
de la personnalité. Une représentation qui en contient
d'autres ne constitue en nous qu'un groupe de phénomènes. La mémoire établit en nous une certaine perma-

1. *Psychol. rationn.*, t. I, pp. 301, 304.
2. *Id.*, t. I, p. 323.
3. *Id.*, t. I, p. 325.

nence, mais ce n'est que la permanence d'un fragment
dans l'ordre total des phénomènes. Les passions ou tendances maintiennent dans notre être et dans notre vie
une certaine continuité, une certaine unité ; mais ce n'est
encore là qu'un degré inférieur d'individualité, quelque
chose d'analogue à l'individualité animale. « Mais lorsque
paraît ce pouvoir, non point une entité, cette puissance,
selon toute la valeur logique du mot, cette représentation
toujours possible qui se pose avant toutes les représentations, pour elles, contre elles, pour elle-même et contre
elle-même, on peut dire l'individualité humaine constituée. La synthèse de la mémoire avec ce pouvoir élève
la conscience au point culminant, et constitue essentiellement ce que nos langues et nos lois nomment une personne [1]. »

Tels sont les caractères ainsi que les principaux effets
de l'effort mental. Nous n'avons pas parlé de son action
sur l'organisme et du mouvement musculaire qui en résulte. Mais il n'y a rien de particulier à en dire, parce
qu'il n'y a pas là d'action spéciale. En laissant de côté les
mouvements purement biologiques, que nous ne percevons pas, on peut reconnaître en nous, suivant M. Renouvier, cinq classes de mouvements ayant leur origine
plus ou moins distinctement dans la conscience : les
mouvements instinctifs, les mouvements consécutifs aux
passions, les mouvements consécutifs à l'imagination, les
mouvements consécutifs à l'entendement et les mouvements consécutifs à la volonté. Or, tous ces modes de l'action motrice ont un même point de départ dans la conscience : tous dérivent d'une représentation confuse ou
distincte à laquelle ils sont liés par les lois de notre nature. En cela les mouvements appelés volontaires ne

1. *Psychol. rationn.*, t. I, p. 306.

diffèrent pas des autres : ils ne résultent pas directement de l'acte volontaire, mais de la représentation du mouvement. La volonté n'a pas d'autre rôle que d'appeler les représentations et de leur assurer la prépondérance en les maintenant dans la conscience. Le reste ne la regarde plus. La représentation est naturellement suivie du mouvement qu'elle représente, en vertu des lois qui rattachent les fonctions organiques à celles de la sensibilité, de la passion et de l'entendement[1]. »

En résumé, M. Renouvier pense, comme Maine de Biran, que la puissance de l'effort volontaire est le principe de deux attributs essentiels de |la nature humaine, qui sont la réflexion et la liberté, et qu'elle est ainsi le véritable fondement de la personnalité.

Mais il conçoit cette puissance autrement que Maine de Biran : 1° il y voit non pas un pouvoir réel ou l'activité d'une cause distincte, mais une simple possibilité, qui ne correspond à rien qu'à un caractère indéfinissable de certaines représentations; 2° l'effort, suivant lui, n'a pas pour terme d'application une résistance organique, mais une représentation ; c'est une représentation qui se meut elle-même et qui meut d'autres représentations, un effort purement mental ; 3° enfin, il ne croit pas non plus que cet élément soit présent comme condition intrinsèque dans tout fait de conscience.

1. *Psychol. rationn.*, t. I, p. 394 à 408.

V

M. W. JAMES

Le sentiment de l'effort.

M. William James, professeur de physiologie à l'Université d'Harvard, à Cambridge, près de Boston, « écrivain dont divers articles de psychologie ont été universellement remarqués [1] », a publié sur le sentiment de l'effort un mémoire dont la *Critique philosophique* a donné une traduction presque entière [2]. Cette analyse de l'effort et du sentiment que nous en avons, nous paraît être une des plus précises et des plus intéressantes que nous connaissions. Il est impossible de ne pas en tenir compte dans une discussion de la théorie de Maine de Biran.

M. James nie d'abord, nous l'avons déjà dit, que nous ayons le sentiment immédiat de l'action nerveuse motrice, malgré l'opinion de J. Müller et, après lui, de MM. Bain et Wundt. Les fibres motrices sont insensibles dans une direction afférente. A quoi servirait, d'ailleurs, qu'elles ne le fussent point? Un mouvement volontaire se compose des éléments suivants : 1° une idée de la fin à atteindre; 2° un *fiat*; 3° une contraction musculaire appropriée; 4° la fin sentie comme effectivement atteinte. L'idée de la fin et la contraction musculaire appropriée ont dû être associées au moyen d'essais fréquemment

répétés; plus tard, quand la connexion est établie, il suffit que la fin soit conçue pour que, par association, la
contraction musculaire suive. A quoi bon placer entre
ces deux éléments un sentiment d'innervation? Il ne serait
d'aucune utilité, et la conscience n'a pas besoin de sentir
l'action des nerfs sur les muscles, car ce que veut la volonté, ce n'est pas contracter tel muscle de telle ou telle
façon, mais produire tel ou tel mouvement du corps ou
des membres; c'est le résultat qu'elle a en vue, et non
les détails organiques de l'exécution. Quand nous parais-
sons sentir d'avance l'impulsion que nous allons donner
à l'un de nos organes, c'est que nous nous représentons
l'ensemble des sensations qui résulteront du mouvement
produit. Si l'on objecte qu'un homme dont un membre
est paralysé a le sentiment de l'effort qu'il déploie pour
mouvoir ce membre, bien qu'il ne le meuve pas en réalité, M. James répond qu'une contraction musculaire a
lieu dans d'autres parties du corps, notamment dans les
muscles des organes de la respiration, de sorte que,
même dans ce cas, le sentiment de l'effort ne se compose
que d'une sensation musculaire afférente, produite par
un mouvement exécuté, plus une image ou attente des
sensations qui auraient dû résulter du mouvement voulu.

Le sentiment direct de l'action nerveuse motrice étant
écarté, en quoi consiste l'effort volontaire proprement
dit? Pour M. James, comme pour M. Renouvier, l'acte
volontaire est renfermé dans les limites de la représentation. Se représenter un mouvement, puis donner son
assentiment à cette représentation ou la maintenir dans
la pensée jusqu'à ce qu'elle soit suivie d'effet, tel est le
rôle exclusif de la volonté. En un mot, sa fonction se réduit au *consentement* ou à l'*intention;* dès qu'il y a
intention ou consentement, la volonté est complète, lors
même que l'action physique ne suivrait pas. Je veux

écrire, et l'acte se produit ; je veux éternuer, et il ne se produit pas ; je veux que la table vienne à moi, et elle ne vient pas. La volition est aussi complète dans les deux derniers cas que dans le premier. Ce qui manque, c'est une connexion entre le mouvement représenté et ma représentation ; mais cette connexion est étrangère à la volonté, et s'établit sans elle et en dehors d'elle, quand elle s'établit. L'effort volontaire est purement psychique ou mental [1].

L'effort mental se distingue nettement de l'effort physique. Il y a des faits où tous deux sont présents ; mais il en est d'autres où le premier se produit sans le second, et d'autres encore où le second se produit sans le premier. Dans une tempête, un marin épuisé par le travail, brisé de fatigue, a pris un instant de repos : à peine était-il couché qu'il entend l'ordre de courir aux pompes ; il lui faut un grand effort moral aussi bien qu'un grand effort physique pour obéir. Un patient qui va subir une opération chirurgicale, un soldat condamné à être fusillé qui attend, debout, le commandement : *Feu !* n'ont besoin d'aucun effort musculaire, mais d'un effort de volonté. Or, si l'on observe différents cas, on remarque aisément que l'effort moral consiste toujours à faire ou à subir une chose désagréable. Et puisque l'action suit naturellement l'idée, l'effort volontaire se réduit, au fond, à affirmer et maintenir une idée, bien que désagréable, ou à écarter une idée, bien qu'agréable. « L'effort que le vouloir exige n'est que la transition purement mentale de la simple *conception* à *l'attente* des sensations, attente maintenue fermement devant l'esprit, quelque désagréable qu'elle soit. » L'effort de la volonté est donc indépendant de l'effort des muscles, et ne saurait être confondu avec lui,

1. Voir *Crit. phil.*, t. cité, p. 206.

bien qu'il y soit fréquemment associé. Définir le vouloir
l'action de rendre durs des muscles mous, en raison de
l'association fréquente des deux faits, ce serait comme si
un cuisinier, à cause aussi d'une association, définissait
l'effet du feu l'action de rendre molles des pommes de
terre dures [1].

Si la volition, considérée en elle-même, ne consiste
qu'à agir sur les idées, pour les maintenir, les suspendre,
les écarter, en quoi diffère-t-elle de la croyance, qui est
aussi un acte par lequel nous acceptons ou repoussons
des idées ? M. James, à l'exemple encore de M. Renouvier, pense que la différence n'est pas grande. On ne
trouve, suivant lui, dans les deux cas qu'un même fait
fondamental : l'assentiment à une idée. Toute volition,
comme toute croyance, se réduit à dire, en dernière analyse : *Que ceci soit réel pour moi.* Seulement, dans le
cas de la croyance, la réalisation de notre idée dépend
de forces externes indépendantes de nous, tandis que
dans le cas de la volition elle dépend d'une force externe
qui semble obéir à notre esprit et que nous appelons notre corps. Comment le réel suit-il le possible ou y cor-
respond-il ? Nous l'ignorons, dans un cas comme dans
l'autre.

Nous savons seulement que moins un esprit possède
d'idées, plus sa croyance et sa volition sont promptes,
spontanées, intrépides ; le nombre et la variété des pensées amènent à leur suite les hésitations de la croyance
et celles de la volonté. C'est à la réflexion qu'il appartient alors de nous rendre la certitude et les fermes réso-
lutions. Mais si la solidité de la croyance, comme celle
du caractère, repose sur l'effort mental, et si cet effort
est ainsi à la fois la clef de la science et celle de la mo-

1. Voir *Crit. phil.*, t. cité, pp. 224, 225.

rale, il serait de la plus haute importance de savoir comment il apparaît et quelles en sont les conditions. La puissance de l'effort dépend-elle d'une entité qui, par son énergie propre, assure la victoire à l'idée qu'elle a choisie, ou la victoire résulte-t-elle seulement de la force intrinsèque des idées en conflit? Il est difficile de se prononcer; mais les partisans de la seconde hypothèse ne sauraient donner tort à ceux qui ont adopté la première, car les uns, comme les autres, n'ont fait que suivre l'idée la plus forte. La liberté de choisir entre la thèse du libre-arbitre et celle du déterminisme restant entière, l'auteur annonce qu'il en use pour opter en faveur de la liberté du vouloir [1].

VI

M. L. FERRI

Les faits de conscience sont des actes, et le moi est une activité intellectuelle.

M. Luigi Ferri, professeur de philosophie à l'Université de Rome, ancien élève de notre École normale, et dont les travaux sont très appréciés en France, a publié, dans une Revue philosophique italienne, dont il partageait naguère la direction avec le comte Mamiani, une série d'articles contenant une étude approfondie de la conscience et du *moi* [2]. Nous devons faire connaître ici brièvement les principales vues qu'il y a exposées.

La conscience, suivant M. Ferri, fait partie de notre

1. Voir *Crit. phil.*, t. cité, pp. 228 à 231.
2. *La Filosofia delle scuole italiane*, Giugno, 1875, febbr. et dicemb. 1876, ottob. 1877.

faculté générale de connaître ; c'est une fonction de la connaissance. Pour le prouver, l'auteur montre qu'il n'y a pas de connaissance sans conscience ; mais il eût fallu établir aussi, ce semble, qu'il n'y a pas de conscience sans connaissance, et nous ne trouvons pas cette seconde partie de la démonstration. Toute connaissance, continue M. Ferri, implique un sujet et un objet ; bien que ces deux termes soient réunis dans tout acte intellectuel concret, l'analyse peut les distinguer et établir une différence entre connaître le sujet et connaître l'objet, d'autant plus que l'attention et la réflexion peuvent effectivement se porter, avec une intensité variée, tantôt sur l'un, tantôt sur l'autre. Or, la conscience est particulièrement la connaissance du sujet.

Mais l'objet connu, en tant qu'il est une détermination de la connaissance, devient, en quelque sorte, mode du sujet et prend le caractère subjectif. De même le sujet ne peut être élément de la connaissance sans être embrassé par elle, sans devenir en quelque sorte son objet et prendre le caractère objectif. Il ne faut donc pas voir entre le sujet et l'objet une opposition irréductible ; c'est l'abstraction qui les sépare et qui les oppose ; mais avant l'abstraction ils étaient étroitement unis comme termes simultanés et parties intégrantes d'une même connaissance concrète. Objectera-t-on que si la connaissance devait être ainsi comprise, elle ne serait plus un fait simple ? Mais il n'y a pas non plus de connaissance absolument simple. Toute connaissance est une synthèse qui implique plusieurs termes. Entendre, c'est juger avec la connaissance des raisons qui motivent le jugement ; juger, c'est affirmer un rapport entre plusieurs choses ; la simple appréhension elle-même, ne fût-elle que celle d'un point mathématique, contient encore une distinction entre ce point et d'autres éléments, par conséquent multiplicité et unité; tous ces faits sont des synthèses. La conscience, cette connaissance intérieure, n'échappe pas à la loi générale ; tout fait de conscience est une synthèse primitive unissant dans une relation inséparable le sujet connaissant et l'acte par lequel il connaît. Autrement dit, la conscience est la présence du sujet à lui-même dans un de ses actes[1].

Il faut distinguer une conscience intuitive ou immédiate et une conscience médiate et réfléchie. La première est cette intuition dont nous venons de parler, par laquelle nous nous saisissons nous-mêmes dans tout acte intellectuel concret; la seconde est d'abord un degré plus intense de cette première connaissance, de même que l'attention est une perception plus énergique; mais il s'y joint souvent aussi un souvenir de ce que nous avons été antérieurement, une représentation de nous-mêmes. Au sujet actuel se joint le sujet représenté. C'est un nouvel élément qui s'ajoute au premier et qui forme une sorte de connaissance double[2].

A un autre point de vue, la conscience étant un élément de toute connaissance, aux modes de celle-ci devront correspondre les modes de celle-là. Puisque la connaissance est successivement sensible, imaginative et rationnelle (*sensibile, fantastica e razionale*), la conscience devra passer par les mêmes phases ; et puisque ces formes de la connaissance peuvent coexister dans une même période de la vie intellectuelle, il devra en être de même dans la conscience. Celle-ci, enfin, suivra aussi la connaissance dans ses états exceptionnels comme dans son état normal. Mais que la conscience soit philosophique, rationnelle, intellectuelle ou simplement représen-

1. Giugno 1875, p. 256.
2. *Id.*, p. 257.

tative; qu'elle contienne tout un système sur le *moi*, qu'elle le connaisse au moyen d'une idée de la raison ou au moyen de simples concepts dans le sens de Kant, qu'elle n'en ait qu'une représentation empirique, toutes ces manières de connaître le *moi* ont un point de départ commun : la conscience intuitive et immédiate. Celle-ci seule donne l'existence concrète, la réalité. Que dire de cette intuition? La définir est impossible, car on ne définit pas le simple, l'irréductible, les genres premiers; l'intuition est, comme les trois dimensions, comme l'activité, comme l'être, quelque chose d'absolument premier donné à notre connaissance. C'est un sentiment immédiat de nos modes subjectifs, ce qui ne veut pas dire qu'on doive y voir un état affectif seulement. C'est un commencement de connaissance, sans être une connaissance complète, car elle ne contient ni concept, ni élément général ou abstrait, ni rapport intelligible de cause à effet, de mode à substance, ni même distinction de sujet et d'objet. Il ne faut pas dire qu'elle a un objet, mais des termes. Le sujet de l'intuition est l'activité à la fois sentante et connaissante qui saisit en elle-même, dans un fait particulier, l'acte qu'elle produit ou qu'elle subit. Cette simple appréhension précède l'abstraction et la réflexion; mais comme elle est le fait d'une activité qui est à la fois intellectuelle et sensible, il est permis d'y voir « une première lueur de la fonction connaissante (*il primo albore della funzione conoscitiva*). »

Si depuis la simple sensation jusqu'à la conception philosophique la plus élevée, tous les faits de la sensibilité, de l'intelligence et de la volonté, paraissent former le développement d'une même existence et sont tous présents dans une même conscience, c'est parce qu'ils

1. Giugno 1875, p. 273.

sont les modes d'une même activité. Disons mieux : c'est parce que tous sont des actes d'une même énergie. « Les diverses espèces de faits psychologiques sont toutes comprises dans la classe générale des actes; est acte la notion, acte le sentiment et tout mode d'affection; la sensation même, qui est le seul mode vraiment passif et qui constitue d'une manière constante notre état passif, à cause de son lien avec le corps, la sensation n'a pas exclusivement ce caractère : elle participe au caractère opposé par son lien avec le sujet sentant, et par la réaction qui succède immédiatement à la passion ou à l'impression externe. La passivité elle-même, d'une manière générale, n'est intelligible que dans un être actif, c'est-à-dire dans un sujet qui existe pour lui-même et qui agisse de quelque manière, qui soit énergie ou force... L'âme est un principe actif qui, limité par une autre force, devient passif et éprouve des sensations, mais réagit en même temps; d'ailleurs, elle ne réagit pas au hasard, mais par ses fonctions, et dans les modes de ses fonctions se trouve la raison des formes de la conscience et de la connaissance[1]. »

Les faits de conscience ont fréquemment reçu le nom de phénomènes. Ce terme convient-il pour les désigner et n'amène-t-il pas une confusion regrettable? Qu'est-ce qu'un phénomène? On a donné primitivement et on donne ordinairement encore ce nom aux faits par lesquels les forces matérielles se manifestent à nous. Le sentiment et la perception des choses corporelles s'exercent dans quatre domaines distincts : 1° le domaine interne du tact passif; 2° le domaine externe du toucher actif; 3° le champ de la vision; 4° le champ de l'imagination. Les trois dernières sphères sont l'extension et le développe-

---

1. Giugno 1875, pp. 275, 276.

ment de l'espace primitif du tact passif, répandu dans l'organisme. Or, tout ce qui apparaît dans ces quatre sphères a une essence commune : c'est d'être étendu et mobile. La force matérielle ne se manifeste à nous que par des mouvements dans l'étendue; l'étendue mobile est ce que nous sentons ou percevons, ce qui nous apparaît; en d'autres termes, elle est le contenu de tout phénomène, son essence commune. Elle est objective, comme multiplicité étendue, opposée à l'unité inétendue du sujet sentant. Elle est subjective, comme dépendant de la sensibilité, variant avec elle, changeant de grandeur, d'ordre, de position, de direction, selon les changements de la sensibilité organique. Ainsi, le phénomène, c'est-à-dire le sensible qui a pour *substratum* l'étendue, pour détermination commune le mouvement et pour condition l'espace, est à la fois objectif et subjectif, en partie l'un et en partie l'autre. Il n'est pas la force matérielle, mais seulement sa manifestation; il n'est pas la sensation, mais seulement son inhérence. La *force matérielle* et le *sujet sentant* sont les anneaux extrêmes d'une chaîne qui comprend, entre ceux-là, deux anneaux intermédiaires, savoir : *le sensible* et *la sensation*. Le sensible est, dans cette série de quatre termes, ce qui est particulièrement désigné sous le nom de *phénomène*. Il est en rapport d'un côté avec la force matérielle, dont il est l'apparition, et d'un autre côté avec le sujet percevant, par la sensation dans laquelle il apparaît.

« Ce que certaines écoles allemandes appellent *représentation* (*Vorstellung*), et certaines écoles anglaises *sensation* ou *état de sentiment,* est proprement le groupe non analysé, ou mal analysé, de tous ces éléments de nature diverse, que nous avons brièvement indiqués et développés du tout qu'ils formaient. L'idée de la sensation et du sensible renferme plusieurs choses très distinc-

tes, parmi lesquelles l'intuition ou perception qui lie le
sentant au sensible, et le sentiment que le sentant a de
lui-même et qui le distingue du sensible. Celui qui ne
fait pas ces distinctions s'expose ou à confondre dans la
vie psychique ce qui est phénomène avec ce qui ne l'est
pas, ou à en exclure, contrairement au témoignage de
l'expérience, les phénomènes qui y pénètrent, et avec
eux le sensible corporel qui y exerce une influence. Il
n'est pas besoin de dire combien contribuent à entretenir
ces désaccords et ces incertitudes sur la notion de la vie
psychique et la manière de comprendre la nature et la
sphère propre de la conscience, l'oubli de fixer la signification du mot *phénomène,* les hésitations sur l'idée qui
y correspond, et l'application que l'on en fait à des choses diamétralement opposées ou du moins très différentes[1]. »

Sans doute, les faits de l'âme et ceux du corps sont également des *faits;* mais les seconds sont des modes d'une
réalité qui n'est pas présente à elle-même, des *apparitions* ou *apparences* d'autres faits; les premiers, c'est-
à-dire tous les faits psychologiques dont nous avons
conscience, sont les modes d'un sujet qui est présent à
lui-même, qui a l'intuition de lui-même, ainsi que de ses
modes et de leur lien avec lui. Tandis que les uns sont
des manifestations d'actes auxquels ils ne ressemblent
point, les autres sont tels qu'en eux le *paraître* et l'*être*
sont identiques. Les faits de conscience ne sont donc ni
des apparitions ni des apparences, et c'est se servir d'un
langage impropre que de les appeler des phénomènes.

« Mais que sont-ils donc enfin?

« Ce sont des actes et rien que des actes; des actes
tantôt spontanés, tantôt contraints et limités sous cette

1. Febbraio 1876, pp. 15, 16.

forme qui se manifeste dans la passivité, des actions et des passions. Le *moi* dans lequel ils se produisent est essentiellement un sujet actif, lequel devient passif par l'influence d'un autre être actif; de sorte que la passivité entendue comme limitation de la force spirituelle, sur laquelle influe la force corporelle, permet de réunir tous les faits propres de l'esprit sous la notion d'acte, et d'en classer toutes les espèces au moyen d'un seul principe taxonomique, de les opposer à la réalité extérieure, c'est-à-dire au dynamisme de la nature, sans rompre l'unité fondamentale qualitative de l'être, et de les réunir à leurs contraires dans la réalité du phénomène, mobile, intermittent et intermédiaire entre le sujet et l'objet. Et, de fait, si la sensation est regardée par les physiologistes eux-mêmes et par les plus empiriques des philosophes comme une réaction, qui d'ailleurs n'exclut pas cette détermination particulière qui s'appelle passivité, à combien plus forte raison ne devra-t-on pas appeler acte la perception qui la suit, l'attention et la réflexion qui la secondent, et le jugement et le raisonnement qui la développent! Dans tous ces *processus* du développement intellectuel, il y a une énergie simple ou complexe, volontaire ou fatale; et quand la volition apparaît, avec son cortège de conditions intellectuelles, de relations réfléchies, et finalement avec la décision qu'elle applique à l'exécution extérieure, combien plus clairement encore se manifeste dans ces états composés du *moi* le principe générique élémentaire de l'acte? Dans la détermination de soi-même, point le plus élevé du développement volontaire, que prépare et qu'accompagne la conscience réfléchie de soi-même, le *connaître* et le *vouloir* se réunissent en une activité d'aspects différents, sans doute, mais tellement entremêlés dans la nature identique de l'énergie, que l'on ne sait pas bien où finit l'un et où commence l'autre. Dans les modes affectifs et dans le mouvement des passions l'activité intérieure est aussi très évidente. En séparant en eux la partie qui regarde le physique, et dont c'est à la physiologie à rendre compte, ce qui reste est tout acte : est acte l'élément comme le résultat composé; est acte le désir comme l'aversion, l'expansion de la joie comme la concentration de la tristesse, que l'on peut regarder comme les phases principales et les germes de toutes les passions. La conscience, à son tour, n'est pas autre chose que l'activité présente à elle-même, qui s'affirme dans le *moi* sous diverses formes, c'est-à-dire comme sentante, pensante et voulante, et qui trouve ces formes impliquées et conditionnées l'une par l'autre [1]. »

Cette manière d'entendre la conscience est aussi la seule qui établisse et qui explique sa certitude, ainsi que la nécessité d'admettre préalablement cette certitude pour fonder les autres. Je puis douter de la réalité extérieure de ce que je crois sentir et percevoir, quand je considère la dépendance de ce qui est senti et perçu à l'égard de ma subjectivité; mais je ne puis douter que je sente et que je perçoive, parce que ces faits internes sont mes propres actes, qui sont en moi et s'achèvent en moi, et non des choses qui apparaîtraient à un être différent d'elles. Il n'est pas vrai non plus que le fait de conscience et le phénomène organique puissent être considérés comme les deux aspects d'une même réalité, comme la face et le revers d'une même médaille, ou comme deux langues exprimant les mêmes idées. L'un est beaucoup plus voisin que l'autre du fond intime de l'être, d'où il jaillit directement dans la conscience du sujet pensant; l'un exprime l'être au sens propre, tandis

que l'autre ne fait que le figurer d'une manière métaphorique. En fait, la seule réalité interne que nous puissions
dire vraiment connaître en elle-même est la nôtre. Les
seuls modes de notre existence qui soient directement
dans la conscience sont nos actes. Les phénomènes, qui
résultent de la relation entre notre pensée et notre corps,
ou les corps extérieurs, n'appartiennent à la conscience
qu'indirectement. Le phénomène est lié à la sensation, et
la sensation est dans la conscience : nous n'avons pas
conscience du son, de la couleur, de la résistance, du
chaud et du froid, mais de la sensation ou de la perception de ces phénomènes; autrement, il faudrait affirmer
que le *moi* est chaud ou froid, coloré, résistant, etc.

Telles sont les limites de la conscience du côté du
corps et des phénomènes sensibles ; quelles sont-elles du
côté de l'âme? Le *moi* est l'activité de l'âme en tant
qu'elle est consciente : les intermittences de la conscience
sont des intermittences du *moi*. Mais pendant que la
conscience et le *moi* sont suspendus, soit dans le sommeil, soit dans d'autres cas, la vie de l'âme ne cesse pas
pour cela. D'ailleurs, pendant la veille, nos diverses facultés n'agissent pas toujours, du moins sous le regard
de la conscience; cependant, il faut bien que les conditions de leur exercice subsistent toujours dans la partie
cachée de l'âme, et ce sont précisément ces conditions qui
sont les facultés, sinon en acte, du moins en puissance.
Dira-t-on que ces puissances ne sont jamais sans des actes élémentaires, infinitésimaux, imperceptibles ? Il n'en
reste pas moins vrai que nous n'en avons pas conscience
et que, par suite, une grande partie de l'activité de notre
âme nous échappe. Percevons-nous, enfin, l'âme dans sa
substance, dans cette force unique et fondamentale dont
les facultés ne sont que des aspects multiples? Notre
conscience ne nous montre pas ce principe psychique

avec les faits originaires qu'il contient, d'où sortent les fonctions spirituelles avec la conscience elle-même, et dont se forment les habitudes et les inclinations. La seule conservation, dans la mémoire, des connaissances et des sensations reproductibles suffirait, à défaut d'autres preuves, pour établir l'existence de l'inconscient dans l'âme. Mais puisque les faits psychiques dont nous parlons demeurent en dehors de la conscience, il faut bien admettre que tout acte dont la conscience est une condition en est exclu. La volition, le désir, le sentiment, la représentation mentale et tous les actes intellectuels en général ne peuvent se séparer de la conscience sans perdre leur forme propre et leur caractère spécifique ; il ne reste d'eux qu'une activité psychique, qui en est une suite, un accompagnement, une condition de reproduction, mais qui ne saurait être confondue avec eux. M. Ferri déclare que M. de Hartmann est tombé dans une contradiction en prenant pour bases de son système la volonté et la représentation mentale inconscientes. Pas de connaissance sans conscience ; pas de volonté sans connaissance et sans un sujet présent à lui-même [1].

Les écoles philosophiques qui nient les facultés de l'âme sont celles qui ont banni de la psychologie les idées si importantes d'*acte* et de *puissance*. Cependant, l'acte et la puissance sont la base de tout dynamisme; c'est une catégorie dont toute étude un peu approfondie de l'homme ou de la nature ne saurait se passer. Après avoir été exclues de la métaphysique, elles y rentrent par la voie de la science. Les idées de force, d'énergie ne se comprennent que par celle d'activité, et cette dernière a sa source dans la conscience que nous avons de nous-mêmes. Celui qui n'admet pas la conscience de l'acte ne peut s'élever à une idée exacte de la puissance : sans un

1. Febbraio 1876, pp. 21 à 28.

acte quelconque, en effet, il n'y a pas de puissance véritable, mais seulement une possibilité vide, c'est-à-dire
une abstraction creuse; Aristote et Leibnitz l'avaient bien
compris. La puissance est une relation entre un état d'activité et un autre, avec cette condition que l'un est antérieur et l'autre postérieur, l'un relativement constant et
l'autre passager, le premier *condition,* le second *condi-
tionné.* Le mouvement n'en donne pas l'idée, car il est
changement vu du dehors, succession de positions ou
d'états distincts, et non évolution, c'est-à-dire changement dont les phases sont impliquées l'une dans l'autre,
de façon que jusqu'à un certain point l'une soit l'autre.
Seule, la conscience de notre activité nous offre ce spectacle ou plutôt ce sentiment : la pensée sort de la pensée,
l'affection de l'affection, la volonté de l'une et de l'autre
et aussi de la conscience de nous-mêmes contenue déjà
en elles sous une forme concrète et préparée pour la détermination de nous-mêmes. Le changement et le mouvement se réalisent au dehors comme au dedans de nous :
l'*agir,* le *causer,* le *devenir* ne se réalisent proprement
qu'en nous-mêmes [1].

Maine de Biran et l'école de Cousin ont dit que pour
les volitions nous découvrons en nous la puissance avant
l'acte, mais que pour les autres faits de conscience nous
ne saisissons que nos modes actuels, parce qu'ils ne sont
pas l'effet d'un pouvoir personnel et que nous n'en disposons pas directement. M. Ferri combat cette opinion : il
affirme que nous avons conscience du lien entre le virtuel et l'actuel dans tout ordre de faits psychologiques.
Seulement nous ne saisissons directement ce lien que
dans l'exercice de la volonté, parce que nous sentons que
nos actes volontaires dépendent de nous seuls. Nous le
connaissons indirectement dans la conscience du cours de

1. Dicembre 1876, p. 278.

notre pensée ou de nos sentiments, parce que nos impressions et nos idées dépendent en partie des choses extérieures et en partie de nous-mêmes.

Au lieu de s'appliquer à connaître les modes internes dans leur rapport avec le sujet personnel, la conscience peut se tourner particulièrement vers ce sujet lui-même : elle devient ainsi ce qu'on a appelé *la conscience de soi*. Le *moi* est alors spécialement son objet, mais il y reste toujours inséparable de ses modes; ce n'est pas, en effet, une entité située en dehors et au-dessus des faits de conscience : c'est le sujet de ces faits, présent à lui-même en chacun d'eux. Il est donc impossible d'analyser les faits psychologiques sans faire en même temps l'analyse du *moi*.

Le *moi* est-il un mode particulier de la conscience ou un groupe de modes, une forme ou un produit des états de conscience, ou encore une substance? L'auteur discute, d'une façon un peu sommaire, l'opinion d'après laquelle le *moi* ne serait qu'un groupe ou une série de phénomènes internes. Il montre qu'il est impossible de concevoir un fait de conscience autrement que comme une synthèse intuitive ou réfléchie; que cette synthèse n'aurait aucun fondement dans une conscience qui ne contiendrait qu'une collection ou multitude confuse de phénomènes; qu'elle n'est pas non plus un acte unique, indéfiniment répété, car un acte qui se répète, produit aussi une multiplicité, et l'on ne voit pas comment l'unité continue de la conscience et de la mémoire pourrait en sortir; qu'elle n'est pas davantage un acte permanent, toujours identique, car cette hypothèse n'expliquerait pas les changements qui se produisent dans les états du *moi* et les phases diverses de son évolution. Mais ce qui ne se trouve ni dans une collection, ni dans un acte unique, peut se trouver dans la suite continue d'une fonction uniflante, cause et fondement de toute synthèse de la conscience. Que je sente, aime, pense, veuille, perçoive, me souvienne ou agisse, c'est toujours pour le sens commun un seul et même *moi;* c'est toujours pour nous, dit M. Ferri, une même énergie uniflante qui se revêt de formes diverses. Unité confuse dans l'intuition de soi, unité qui distingue dans la réflexion sur soi, unité reconstituée d'éléments distincts dans l'intelligence de soi, la conscience de soi-même est toujours l'activité intellectuelle en relation avec ce qu'il y a de fondamental dans son développement. Ce n'est pas une aperception transcendantale, une unité abstraite sans variété, ainsi que l'entendait Kant. C'est une activité réelle qui se développe, par un *processus* continu, depuis les formes les plus humbles de la sensibilité jusqu'aux formes les plus hautes de l'intelligence, en produisant des modes qui sont tous également objets d'intuition, également conscients, parce qu'ils ne sont que des déterminations d'une même énergie consciente. C'est une activité non seulement évolutive, mais aussi directrice. Tant qu'elle reste spontanée, les faits qu'elle produit se groupent d'eux-mêmes par des associations fortuites, et, pour ainsi dire, sans son intervention; le *moi* n'en est que spectateur ou collaborateur subalterne. Mais dès qu'elle se fixe elle-même des fins à poursuivre, et qu'elle dirige ses actes vers un but choisi par elle, elle n'est plus un simple témoin; elle sent qu'elle a l'initiative et la plénitude de l'action. Ses propres réflexions deviennent la condition déterminante du cours de ses idées, du pli de ses affections, de l'ordre de ses mouvements extérieurs. Plus cette activité synthétique et centralisatrice devient puissante, plus aussi le *moi* sent qu'il se possède, qu'il se gouverne, ou plus il a le sentiment de sa personnalité [1].

1. Ottobre 1877, p. 155.

La personnalité est attachée à l'activité consciente ; elle a donc moins d'étendue que l'individualité, qui comprend tout le développement des forces organiques et psychiques. De même la sphère du *moi* est plus restreinte que celle de l'âme. L'existence du *moi* dépend de deux conditions extrinsèques : la vie organique et l'activité psychique ; si elles disparaissaient, il n'existerait plus ; mais elles peuvent exister et existent de fait sans lui. Elles subsistent d'une manière permanente, tandis que le *moi* naît, meurt et renaît chaque jour avec l'activité consciente.

Peut-on dire qu'il est une substance ? Non, car il n'a pas la permanence qui semble bien être le caractère essentiel de la substance. La substance est l'âme, qui est l'énergie consciente et inconsciente ; le *moi* n'est qu'une manifestation partielle ou une partie de la vie de l'âme. Il est l'énergie actuelle et consciente contenue et limitée par l'énergie virtuelle et inconsciente « *è l'energia attuale e cosciente contenuta e limitata dalla virtuale et incosciente* [1]. » Le *moi* n'embrasse qu'une partie des faits psychiques ; l'âme embrasse tous les faits psychiques, et, de plus, contient toutes les conditions intrinsèques de leur production. Il y a des faits internes inconscients qui contribuent à produire et à caractériser les états conscients, qui rendent possibles la conservation et la représentation des souvenirs, qui marquent l'esprit et le caractère des individus de certains traits de race, de famille, et qui y impriment aussi certaines différences personnelles. Tous ces effets qui se manifestent dans notre existence consciente doivent avoir leur cause dans la force psychique inconsciente, et leur persistance implique la continuité de leur principe. « L'unité et la continuité individuelles

1. Ottobre 1877, p. 167.

reconnues par intervalles dans les séries psychiques du jugement conscient personnel sont donc rendues possibles par une unité et une continuité supérieures et ininterrompues, par une permanence d'énergie unifiante qui reçoit, à bon droit, le nom de substance et s'appelle *âme*[1]. »

Nous venons d'indiquer les principales idées contenues dans l'étude de M. Ferri, mais nous devons ajouter qu'il est difficile de les résumer. Elles sont exprimées dans un langage sobre, déduites d'analyses délicates, soutenues par une dialectique serrée, appuyées sur des discussions et réfutations concises; pour les faire bien comprendre et pour les faire apprécier comme elles le méritent, il eût fallu citer le travail tout entier. Bien que nous ne soyons pas d'accord avec M. Ferri sur tous les points, nous pensons qu'il est un des philosophes contemporains qui ont répandu le plus de lumière sur la question de la nature du *moi* et du fait de conscience, et nous devons déclarer que c'est la lecture de son travail qui nous a suggéré l'idée de l'étude que nous avons entreprise.

Sa doctrine, comparée à celle de Maine de Biran, offre avec elle des ressemblances fondamentales, mais aussi quelques différences manifestes.

Les principales ressemblances sont les suivantes :

1º Comme Maine de Biran, M. L. Ferri pense que le *moi* est une énergie ou activité présente à elle-même dans la conscience ;

2º Il regarde la conscience comme essentiellement inhérente à l'activité du *moi*, le fait de conscience n'étant que le rapport ou la synthèse qui unit au *moi* chacun de ses actes;

3º Enfin, il ne confond pas le *moi* avec l'âme, et considère le premier comme une fonction ou une forme d'acti-

1. Ottobre 1877, p. 164.

vité de la seconde, et l'existence consciente comme une partie de la vie de l'âme.

Voici maintenant les différences les plus importantes :

1° L'activité du *moi* n'est pas exclusivement, comme pour Maine de Biran, une énergie motrice ; elle s'applique aux sentiments et aux idées aussi bien qu'aux mouvements musculaires ; ce n'est pas une puissance d'effort seulement, mais un pouvoir de synthèse, une fonction de centralisation et d'unification ;

2° L'identité du *moi* ne résulte pas de l'identité des deux termes de l'effort volontaire, mais de la continuité d'une même fonction de synthèse et d'unification, dont le centre représente l'unité, et les termes la multiplicité et la variété ;

3° Ce n'est pas la volonté qui est le principe fondamental de la conscience et de l'existence du *moi*, mais la connaissance. Le fait de conscience le plus élémentaire est un commencement de connaissance ; les formes et les degrés du développement de la conscience suivent les degrés et les formes du développement de la connaissance, dont ils ne sont que le point de vue subjectif ; la conscience n'est que la connaissance appliquée au sujet et à ses modes internes, au lieu de se porter vers les objets extérieurs, c'est-à-dire vers les choses matérielles ou idéales ;

4° L'énergie consciente ne sent pas seulement son pouvoir sur ce que Maine de Biran appelait les mouvements musculaires disponibles, mais aussi sur le sentiment et la pensée ; seulement le pouvoir personnel n'est que partiel et indirect sur ces deux derniers ordres de faits, qui dépendent des causes extérieures autant que de nous-mêmes, tandis qu'il est entier et immédiat dans les actions motrices ;

5° Les degrés de la personnalité ne sont pas des degrés

différents dans l'empire et l'autonomie de la volonté, mais des formes plus ou moins élevées du développement de la pensée; sa perfection est dans la critique de l'esprit sur lui-même, condition de l'éducation de soi-même, du gouvernement de la vie pratique aussi bien que de la vie spéculative, et sinon des inspirations du génie, du moins de l'ordre, de la correction et de la règle, qui en sont l'achèvement.

CHAPITRE XI

Examen des théories précédentes et conclusion.

Parmi les philosophes dont nous venons d'exposer les opinions, les uns, comme Maine de Biran, voient dans l'activité volontaire et motrice la condition de la conscience et de l'existence personnelle; d'autres, comme Jouffroy et M. Renouvier, qui, d'ailleurs, n'entendent pas la volonté comme Maine de Biran, ni l'un comme l'autre, trouvent dans l'activité volontaire la condition de la personnalité seulement; d'autres encore, comme M. L. Ferri, découvrent dans l'activité intellectuelle ou dans l'acte de la connaissance, la condition de la conscience, aussi bien que celle de tout développement du sujet personnel. La distinction établie par nous précédemment entre la conscience et la connaissance de soi-même[1] nous permettra de reconnaître ce qu'il y a de vrai dans ces diverses théories et en quel sens elles peuvent se concilier.

Nous verrons que si l'activité est la condition de la conscience, cette activité n'est ni exclusivement volontaire, ni exclusivement motrice, ni exclusivement intellectuelle, et qu'elle peut même n'offrir aucun de ces caractères; mais qu'en revanche la connaissance de

1. Voir l'examen des théories de M. de Hartmann.

soi-même et le sentiment distinct de la personnalité impliquent l'exercice d'une activité où la volonté est présente aussi bien que l'intelligence, et où les mouvements musculaires eux-mêmes jouent un rôle important.

I

LA VOLONTÉ EST-ELLE UN ÉLÉMENT DE TOUT FAIT DE CONSCIENCE ?

Que la conscience soit une condition de la volonte, on ne saurait le nier; mais il est difficile d'admettre et même de comprendre la réciproque. Puisqu'il faut avoir conscience pour vouloir, comment la volonté pourrait-elle être une condition de la conscience? Maine de Biran n'a pu le penser que par suite d'une double équivoque et sur la nature de la conscience et sur celle de la volonté.

Pour prouver que l'activité volontaire est la condition de la conscience, il eût fallu établir deux choses : 1º que l'exercice de la volonté précède immédiatement la conscience ou du moins commence avec elle; 2º que l'activité volontaire est continue comme la conscience pendant toute la durée de la veille.

La première de ces deux assertions contient un cercle vicieux. Maine de Biran le reconnaît, et essaie en vain d'en sortir. Lorque le centre moteur, dit-il, après avoir réagi instinctivement dans les premiers moments de la vie contre les impressions organiques, a acquis la force et l'habitude d'agir, il effectue par son action propre et initiale des mouvements qu'on appelle *spontanés*. Le *moi*, qui n'existe pas encore, ne peut en avoir conscience, mais l'âme commence à les sentir. Elle ne peut les sentir comme produits par le centre moteur, son instrument immédiat, sans s'attribuer le pouvoir de les effectuer. Dès qu'elle s'attribue ce pouvoir, elle l'exerce. Voilà le commencement de l'effort volontaire et du sentiment de soi-même.

Substituer l'âme au *moi* pour la perception des mouvements spontanés, n'était évidemment qu'un appel désespéré à un *deus ex machina*. Mais ou bien les perceptions de l'âme sont inconscientes, et alors elles ne fournissent pas la condition qui doit rendre possible la volonté; ou elles sont conscientes, et, dans ce cas, il faut bien reconnaître que la conscience est antérieure à la volonté, et que, par conséquent, elle peut exister indépendamment d'elle.

Ce que l'on peut dire, c'est qu'avant l'exercice de la volonté, et dans la production de ces premiers mouvements spontanés si ingénieusement expliqués par Maine de Biran, le *moi* ne se distingue pas de ses modes, parce que la spontanéité irréfléchie ne lui fournit pas, comme le fera plus tard l'activité volontaire, l'occasion de prévoir les mouvements avant de les effectuer, et, par suite, de se les représenter séparément. La conscience ne peut encore être que confuse. Mais après avoir agi plusieurs fois spontanément et avoir senti du plaisir à agir, il est impossible que l'enfant n'éprouve pas une tendance à mouvoir de nouveau ses membres. Avec la répétition des actes naît peu à peu le sentiment du pouvoir qu'il possède de les accomplir. Le *pouvoir*, voilà un élément nouveau que l'analyse psychologique ne saurait négliger. Le pouvoir survit aux mouvements passés, précède les mouvements futurs et se distingue ainsi des manières d'être accidentelles et passagères. L'être qui commence à en avoir conscience sent en lui quelque chose qui subsiste dans le passage d'une action à une autre, quelque chose qui ne périt pas avec chacun de ses actes et qui ne change pas comme eux, qui, partant, s'identifie beaucoup plus qu'eux avec son existence propre. La conscience de ce qui dure à travers les sensations changeantes, la persistance de certains désirs ou penchants, l'éveil de l'intelligence avec ses puissances virtuelles provoquées par les impressions sensibles, toutes ces choses contribuent à donner au sentiment du pouvoir une signification de plus en plus distincte et féconde. Cependant, il manque encore une condition pour que le *moi* se connaisse nettement. Il faut pour cela que les pouvoirs dont i dispose lui paraissent complètement indépendants des forces extérieures. C'est ce qui arrivera quand, avec la réflexion, commencera la volonté.

Le pouvoir prépare la volonté, il la rend possible et l'éveillera; mais il se passera bien du temps encore avant qu'une volonté réelle apparaisse. Pendant de longs mois, pendant plusieurs années même, l'activité ne sera menée que par les sensations et les sentiments; ce sera une activité mêlée d'intentions, si l'on veut, mais d'intentions purement affectives, sans choix réfléchi, et, par conséquent, sans volonté proprement dite. Quand, enfin, la volonté sera constituée, et que l'être doué de conscience pourra, avant d'agir, prévoir ses actes comme dépendant de lui et pouvant être ou n'être pas réalisés par lui, alors, se connaissant comme cause dans toute la force du terme, et opposant son action à celle des causes extérieures, il aura une notion distincte de lui-même.

On peut donc dire, avec Maine de Biran, que l'aperception interne distincte ne commence qu'avec la volonté; mais il faut ajouter, contrairement à l'avis de Maine de Biran, qu'avant la connaissance distincte et l'exercice de la volonté, il y a une conscience plus ou moins confuse à laquelle est unie déjà une première et incomplète perception de notre existence personnelle fondée sur notre pouvoir d'agir.

Est-il vrai, d'autre part, que chez l'homme adulte, en possession de toutes ses facultés, la volonté agisse pendant tout le temps que la conscience reste éveillée? Ne faut-il pas dire, au contraire, que la plupart de nos actions de chaque jour sont déterminées par l'habitude, par les impressions du moment, par des idées antérieurement acceptées et arrêtées, et qui n'ont plus besoin d'être délibérées, beaucoup plus que par une volonté expresse? Ce que Xavier de Maistre appelle l'*autre*, ne reste-t-il pas chargé d'une grosse part de notre besogne? Et pour le travail que nous faisons nous-mêmes, est-il besoin que la volonté intervienne à chaque instant et en effectue elle-même tous les détails? La volonté est une faculté qui se fatigue vite et qui a souvent besoin de repos; elle sait se faire remplacer par des auxiliaires qu'elle a dressés elle-même, se réservant pour les occasions nouvelles, imprévues, ou pour les circonstances graves. Je crois qu'on peut affirmer, sans exagération, que les actes réellement volontaires ne sont qu'une exception dans le cours de la vie de la plupart des hommes.

Mais ce n'est pas ainsi que l'entendait Maine de Biran. Pour lui, la volonté est la puissance de l'effort, et il donne le nom d'*effort* non seulement à toute tension particulièrement voulue et sentie, mais à toute application aux organes de cette force propre dont nous avons conscience et avec laquelle nous avons coutume de nous identifier. Il lui arrive alors de voir un effort et un acte de volonté dans tout mouvement musculaire accompli avec conscience, quelque léger qu'il soit, et même dans ce degré inférieur de contraction musculaire générale et constante qui se remarque dans les diverses parties du corps pendant toute la durée de la veille. Grâce à cet effort habituel, nous sentons que notre corps est soumis à notre pouvoir. Ce serait même ce pouvoir uniformément senti et uniformément exercé sur le même organisme qui constituerait ce qu'il y a de durable et d'identique dans notre existence personnelle.

Peut-être conviendrait-il de distinguer ici deux faits que Maine de Biran semble confondre : d'une part, le simple état de tonicité des muscles, qui subsiste toujours tant que la vie n'est pas éteinte, mais qui est plus accentué pendant la veille que pendant le sommeil ; d'autre part, le commencement de tension ou de contraction musculaire effectué accidentellement par nous, et par lequel nous nous assurons que telle ou telle partie de nos membres ou de nos organes est en notre pouvoir. Le premier est considéré par les physiologistes comme une action réflexe qui s'effectue sans aucune intervention de la volonté[1]. Le second peut être voulu, mais avec ce caractère il n'est pas permanent, ni même fréquent. Il peut aussi être involontaire, spontané, et à ce titre être accompagné d'une conscience confuse ; mais, bien que plus ordinaire sous cette forme, il est loin encore d'être constant. Quelque fréquente, d'ailleurs, que soit la répétition de cette tension musculaire partielle, ce n'est pas elle, pas plus que la tonicité générale, qui pourrait nous fournir un argument en faveur de l'opinion de Maine de Biran. Comment serviraient-elles à établir le fait de la continuité d'une action volontaire, puisque la volonté est absente de l'une comme de l'autre ?

C'est donc pour n'avoir pas suffisamment distingué la

---

1. Voir A. Bain, *Sens et Intelligence*, p. 30.

volonté de l'activité motrice que Maine de Biran a été amené à croire à la persistance de l'effort volontaire. Les deux choses sont fréquemment séparées, et l'activité volontaire est loin d'être continue. Elle ne commence pas avec la conscience et ne dure pas autant qu'elle; par suite, elle n'en est pas une condition nécessaire.

II

L'ACTION MOTRICE EST-ELLE UNE CONDITION ESSENTIELLE DE LA CONSCIENCE?

Si l'on refuse de voir, dans les plus fréquentes et les plus durables de nos actions musculaires, une intervention de la volonté, alors on a le droit d'affirmer sans aucun doute qu'il peut y avoir conscience sans activité volontaire. Mais pourrait-on dire également qu'il peut y avoir conscience sans activité motrice, en comprenant sous ce nom toute action exercée sur les muscles avec ou sans volonté? Faut-il reconnaître, au contraire, dans cette activité une condition nécessaire de tout fait de conscience?

Si l'action motrice ou l'effort musculaire volontaire ou involontaire était l'élément essentiel de tout fait de conscience, toute action musculaire serait inévitablement accompagnée de conscience, et tout mode de conscience comprendrait une action musculaire.

Sans doute, il est impossible de trouver un seul instant de notre vie pendant lequel il n'y aurait en nous aucun muscle contracté. Un effort quelconque, dans le sens général que Maine de Biran donne à ce mot, se trouve donc toujours uni à nos autres états de conscience. La ques-

tion est de savoir si cet effort est seul directement senti,
et si les autres modes n'apparaissent dans la conscience
qu'indirectement et grâce à la propriété qu'ils ont de
s'associer à la résistance organique, terme de l'effort, ce
qui est de l'opinion de Maine de Biran, ou si, au contraire, les sensations, les idées et les sentiments sont unis
au sujet conscient par une relation immédiate, au même
titre que l'effort et sans que ce dernier serve d'intermédiaire.

Il me semble que la réponse ne saurait être douteuse.
Si l'effort comprend réellement une résistance sentie dans
les muscles, — et comment ne la comprendrait-il pas,
s'il est une action sur les muscles? — ce n'est pas lui qui
peut servir d'intermédiaire et de lien entre le *moi* et les
sensations, car il est moins immédiatement perçu que les
sensations elles-mêmes. C'est, en effet, à travers une sensation qu'un de ses deux termes, la résistance organique,
est donné à la conscience. Cette résistance n'est perçue
qu'au moyen de la sensation musculaire qui en est l'effet
et le signe. La sensation musculaire est dans la conscience, elle est un mode du *moi*; mais le mouvement
musculaire qui en est la cause et qu'elle révèle n'est ni
dans le *moi* ni dans la conscience. C'est un phénomène
extérieur qui, comme tous les autres, ne nous est donné
que par l'intermédiaire de l'impression organique et de la
sensation. La résistance organique, perçue à travers la
sensation musculaire, n'est pas plus l'objet d'une perception immédiate que le chaud ou le froid perçus à travers
une sensation de température. Sur ce point, il nous paraît impossible de ne pas donner raison à Ampère contre
Maine de Biran.

Si la sensation musculaire fait seule de l'effort un fait
complet, en faisant connaître la résistance qui est un élément de l'effort; si, d'autre part, la sensation est une mo-

dification du sujet conscient, tandis que la résistance organique est un terme extérieur médiatement perçu, comment pourrait-on prétendre que la sensation n'entre dans la conscience qu'au moyen de l'effort et par son intermédiaire? Comment l'effort serait-il ce qui donne à la sensation le caractère de fait de conscience, lorsque, au contraire, c'est par la sensation que l'effort devient lui-même un fait de conscience? Or, toutes nos autres sensations sont, comme la sensation musculaire, des modifications de nous-mêmes, des états du *moi* et non des changements produits dans les organes. Ce sont leurs causes immédiates, les impressions organiques, qui sont des changements produits dans les organes; ce sont elles qui s'associent à la résistance organique, parce qu'elles ont le même siège que celle-ci ; mais ces impressions organiques ne doivent pas être confondues avec les sensations; elles sont des phénomènes qui s'accomplissent dans le corps, tandis que les sensations sont des modes de la conscience; elles sont perçues indirectement et par l'intermédiaire des sensations, tandis que ces dernières sont directement et immédiatement conscientes.

Mais ce qui est vrai des sensations considérées comme modes d'un sujet sentant ne le serait plus des sensations localisées et rapportées à des objets extérieurs. Ces faits complexes, à la fois sensibles et intellectuels, appelés ordinairement *perceptions*, ont donné lieu, depuis quelques années, à des études approfondies, et les recherches des physiologistes comme celles des psychologues ont confirmé en grande partie les analyses de Maine de Biran. On a reconnu, comme lui, que l'activité motrice joue un rôle important dans la connaissance que nous prenons de notre propre corps et de ses diverses parties, et dans celle que nous formons des corps extérieurs et de leurs relations entre eux et avec nous-mêmes. On admet que

les idées d'effort et de résistance, les actions musculaires, les mouvements du toucher et de la locomotion,
soit actuels, soit possibles, s'associent dans notre pensée
à nos diverses sensations, font partie ainsi de toutes nos
perceptions, et constituent un élément essentiel de notre
connaissance du monde extérieur. Sur ce point, MM. Bain
et Spencer ne pensent pas autrement que Maine de Biran.

Si les mouvements réels ou représentés font partie de
toutes nos perceptions, ils feront partie aussi de nos
idées, dont les perceptions forment le contenu ou la matière; ils pénétreront dans nos sentiments, dont les idées
sont inséparables et qui, d'ailleurs, ont leur expression
naturelle dans les mouvements organiques ou musculaires qu'ils provoquent. Ajoutons que le langage est l'instrument nécessaire de la pensée, le lien et le support sensible des idées, et que les mots, ainsi que l'a fait remarquer
Maine de Biran, sont le résultat de mouvements organiques dont dispose la volonté. L'activité motrice et ses
produits tiennent donc une large place parmi les éléments de notre vie intellectuelle et morale.

Maine de Biran a eu le mérite de reconnaître ces faits,
d'y insister et d'attirer sur eux l'attention. Mais n'était-
ce pas aller trop loin que de ne voir dans les sentiments
et les pensées des faits de conscience que grâce à l'élément
d'activité motrice qui y est contenu ou associé? Que nous
ne puissions agir sur nos pensées et nos sentiments ni
même en faire les objets de notre attention que d'une manière indirecte et au moyen de quelque action musculaire, c'est une autre question que nous aurons bientôt
l'occasion d'examiner. Il s'agit seulement ici de savoir si
nous avons directement conscience de nos émotions, de
nos affections, de nos souvenirs, de nos idées, aussi bien
que de nos efforts musculaires et indépendamment de ces
efforts. Et comme on pourrait objecter que, suivant

Maine de Biran, ces faits contiennent encore des efforts ou des mouvements, réels ou représentés, nous devons examiner si leurs éléments propres et distinctifs nous sont immédiatement présents aussi bien que les éléments d'activité motrice qui y sont associés.

Ne suffit-il pas de poser nettement la question pour la résoudre ? Y a-t-il aujourd'hui un seul psychologue disposé à affirmer qu'une pensée et un sentiment ne sont pas par eux-mêmes des états de conscience directement donnés avec leurs caractères propres ? Il y a dans notre vie intellectuelle autre chose que de l'effort et du mouvement, autre chose même que des transformations et des interprétations d'efforts et de mouvements. Maine de Biran l'avait lui-même reconnu à la fin. Il est probable que s'il avait d'abord insisté un peu trop exclusivement sur le rôle de l'effort musculaire, c'était pour réagir contre une tendance générale de la philosophie alors régnante, qui réduisait à la sensation toute la vie de l'âme. A Condillac, qui cherchait dans notre passivité la source et le fond de l'intelligence, il avait opposé l'activité ; et, comme s'il était incapable de se dégager lui-même brusquement de toute tendance sensualiste, c'était d'abord dans l'activité la plus sensible, la plus palpable, la plus corporelle, dans l'activité musculaire, qu'il avait cherché l'explication de tous les faits dont la psychologie de la sensation ne pouvait rendre compte. Mais plus tard, il avait reconnu que le mouvement n'est encore, comme la sensation, qu'une source partielle et incomplète de l'intelligence, qu'il ne fournit, comme la sensation, que des éléments particuliers, individuels, empiriques et ce qu'on a appelé la matière de la pensée ; que l'élément réellement intelligible, celui qui seul donne un sens au mouvement et à la sensation, celui qui fait le caractère intellectuel et l'universalité de la pensée, et qui doit être considéré comme l'essence et le fond de toute connaissance, c'est ce que la raison tire d'elle-même et met d'elle-même dans tout acte de notre intelligence.

Bien que l'activité motrice et ses produits soient un élément essentiel de nos perceptions et de nos idées, ce n'est pourtant qu'un élément secondaire. Ce n'en est ni le fond ni la forme, mais seulement un signe que notre intelligence interprète. C'est par des mouvements que nous apprenons à localiser les sensations dans notre corps, à percevoir les figures, les volumes, les distances, la durée et ses divisions, à apprécier, en un mot, les rapports des choses dans l'espace et dans le temps; mais ce ne sont pas eux qui constituent le temps ni l'espace. De même encore, les mouvements nous servent à mesurer, à déterminer des rapports d'unité à multiplicité, d'égalité et d'inégalité; ils nous suggèrent les idées d'effort, de résistance, et, par suite, de force, de cause; mais ce ne sont pas eux non plus qui constituent l'unité, l'égalité, la cause, la force. Ils ne sont que les signes de ces diverses idées; ils les provoquent et les rappellent. Mais si la raison n'était pas donnée, avec sa puissance de concevoir d'elle-même les idées à l'occasion des mouvements, ceux-ci resteraient muets et stériles. Si l'effort musculaire est instructif, ce n'est pas par lui-même, ainsi que le fait remarquer Ampère; c'est parce que la raison y ajoute le rapport de causalité, et au moyen de ce rapport lui donne une signification.

Plus l'intelligence s'élève au-dessus des perceptions des objets matériels pour concevoir des faits d'ordre intellectuel ou moral, plus aussi l'importance du mouvement diminue. Quel est, par exemple, le rôle du mouvement dans les idées de progrès, de justice, d'honneur? A peine y est-il encore associé comme un symbole. Dira-t-on, avec Maine de Biran, que ces idées, comme toutes les autres, ne sont présentes, fixées ou rappelées dans la conscience qu'au moyen des mots, produits du mouvement volontaire? Mais le mot n'est qu'un signe, et un signe beaucoup plus distinct encore de l'idée et beaucoup plus séparable d'elle que les mouvements musculaires dont nous avons parlé précédemment. Le mot s'efface de la pensée et passe au second plan dès qu'il a rempli son rôle, c'est-à-dire dès qu'il a rendu l'idée présente. C'est aux idées, alors, ou plutôt aux choses mêmes et à leurs rapports que l'esprit est attentif, et le travail auquel il se livre est assurément autre chose qu'un travail sur les mots. Analyser des idées et des rapports n'est pas la même chose qu'analyser des mots. Grouper des pensées et en former des jugements et des raisonnements est une opération qui ne se confond pas avec la liaison des éléments du langage, et les lois de la logique diffèrent des règles de la grammaire, bien qu'elles les gouvernent en partie.

L'activité motrice et ses produits sont si peu l'élément dominant dans la pensée et le sentiment, qu'ils y ont presque toujours passé inaperçus. Même dans les perceptions de la vue, où leur rôle est si considérable, on avait négligé d'en tenir compte avant les analyses de Maine de Biran et celles des psychologues contemporains. Les actes intellectuels et les états affectifs sont si bien par eux-mêmes des faits de conscience indépendamment de toute action musculaire, qu'on en avait de tout temps distingué dans la conscience les caractères propres et reconnu les éléments essentiels, sans même s'apercevoir qu'un effort musculaire quelconque y fût associé. On avait analysé, par exemple, la comparaison, le jugement, le raisonnement, le souvenir; on avait étudié comment la joie et la tristesse, l'amour et la haine se combinent avec la plupart de nos autres sentiments; on avait contemplé tous ces faits dans la conscience, et on n'avait pas vu qu'ils n'y étaient présents que par leur lien avec un effort exercé sur le corps.

Nous ne voudrions pas exagérer l'opinion que nous examinons pour la réfuter plus facilement. Cherchons si elle ne pourrait pas être présentée sous une forme plus acceptable. Ne pourrait-on pas dire que tous les faits dont nous venons de parler sont donnés au *moi* à condition que le *moi* soit d'abord donné à lui-même, puis ajouter que c'est dans l'effort musculaire seulement que le *moi* apprend à connaître son existence propre, en se distinguant de ce qui s'oppose à son action? L'effort étant ainsi une condition nécessaire pour que j'existe pour moi, devient, par suite, une condition indispensable de tout ce qui sera un fait pour moi. Peu importe que les sensations, les sentiments et les idées contiennent ou ne contiennent pas un élément d'activité motrice; si c'est dans l'effort seulement et par l'effort que je me révèle à moi-même, ou que je deviens sujet conscient, il n'en est pas moins vrai que l'effort reste réellement la condition essentielle de tout fait de conscience.

Nous devons considérer ici, ainsi que nous l'avons dit, le terme d'*effort* comme étant synonyme d'action musculaire ou motrice en général. Nous ne pouvons pas prouver qu'il y ait jamais conscience sans un effort de ce genre, mais, ce qui nous conduit au même but, nous pouvons aisément reconnaître qu'il y a effort sans conscience. Il y a, en effet, des mouvements musculaires qui sont toujours inconscients : telle est cette contraction générale qui produit pendant la veille l'état de tonicité des muscles; tels sont aussi les mouvements qui déterminent les divers degrés d'ouverture de la pupille, la direction uniforme et concourante des deux yeux, le rythme du cœur, les mouvements des intestins, etc. Il en est d'autres qui sont tantôt inconscients et tantôt accompagnés de conscience : par exemple, le clignement des paupières, l'adaptation des yeux aux distances, les mouvements de la respiration, un grand nombre de mouvements de nos membres qui se produisent d'une manière réflexe pendant notre sommeil et qui sont accomplis avec conscience pendant la veille. Pourquoi certaines actions musculaires sont-elles conscientes, tandis que d'autres ne le sont pas? Pourquoi quelques-unes sont-elles tantôt conscientes et tantôt inconscientes ? Ne doit-on pas en conclure que l'activité motrice n'est pas par elle-même une condition déterminante de la conscience?

Puisqu'elle n'est pas toujours consciente, elle ne l'est pas par elle-même. Il est donc impossible que ce soit elle qui confère aux autres faits internes un caractère qui ne lui appartient pas. Quand elle devient consciente, c'est par l'addition d'un élément qui n'y était pas contenu. Quel est-il?

III

LA CONSCIENCE N'EST-ELLE QU'UNE FORME DE L'ACTIVITÉ INTELLECTUELLE?

M. L. Ferri nous paraît avoir délimité mieux que personne la sphère de la conscience : il a montré avec la plus grande précision où commence et où s'arrête le fait de conscience, comment il diffère du phénomène sensible auquel il est lié, comment il se distingue aussi des modifications inconscientes de l'âme; il a prouvé que le *moi* n'était ni un acte unique ou répété, ni une collection ou multitude d'actes, mais une activité, une énergie. Il y a cependant deux points essentiels sur lesquels nous ne saurions adopter sa manière de voir : nous ne pensons pas que la conscience soit une fonction de la connaissance, ni que le développement de la personnalité se réduise au développement de l'activité intellectuelle. Nous examinerons plus loin ce qui fait la force, l'accroissement et le perfectionnement de la personnalité; occupons-nous d'abord de la conscience qui en est la condition élémentaire.

Presque tous les philosophes, excepté ceux de l'école écossaise et Schopenhauer et M. de Hartmann, ont vu dans la conscience autre chose qu'une faculté intellectuelle. Nous avons dit qu'il nous paraissait impossible de ne pas nous ranger, dans cette question, à l'avis de la majorité. M. L. Ferri n'a pas pensé de même; quelles raisons a-t-il données pour justifier son opinion?

Il a rappelé qu'il n'y a jamais connaissance sans conscience; c'est un fait incontestable. Mais il n'y a jamais non plus, sans elle, ni plaisir, ni douleur, ni amour, ni haine, ni désir, ni volonté. Pour prouver que la conscience est un acte intellectuel plutôt qu'un fait sensible ou volontaire, il eût fallu montrer qu'elle n'existe jamais sans connaissance. Cela n'eût pas encore suffi, car deux choses peuvent être constamment unies sans cependant se confondre : il eût fallu démontrer qu'elles sont logiquement inséparables. M. Ferri ne l'a pas fait et, suivant nous, ne pouvait pas le faire.

Toute connaissance implique un objet connu et un sujet connaissant. Sur ce point, tous les philosophes sont d'accord. M. L. Ferri, partant de cet axiome, ajoute que les deux termes, bien qu'inséparables en fait, peuvent être distingués par l'analyse, et qu'une différence peut être établie entre connaître l'objet et connaître le sujet, d'autant plus que l'attention et la réflexion peuvent effectivement se porter, avec une intensité variée, tantôt sur l'un, tantôt sur l'autre. De là deux grandes divisions de la connaissance : 1° connaissance de l'objet et de ses mo-difications ; 2° connaissance du sujet et de ses modes. Cette dernière serait la conscience.

Mais, répondrons-nous, de deux choses l'une : ou cette perception du sujet et de ses modes est une véritable connaissance, et alors ce à quoi elle s'applique reçoit le caractère d'objet ; ou elle saisit le sujet et ses modes au-trement qu'en qualité d'objets, et, dans ce cas, elle n'est pas une connaissance.

Il fallait de toute nécessité choisir entre ces deux alternatives. Si M. L. Ferri avait accepté la première, nous aurions pu lui rappeler, avec Dugald-Stewart et M. Spencer, que dans tout acte de pensée un seul objet seulement peut être présent à la fois à l'esprit. Est-ce la chose extérieure ? le fait interne disparaît. Est-ce le fait intérieur ? le phénomène du dehors s'efface. Bien que dans toute connaissance il y ait un sujet et un objet, il est impossible d'admettre qu'il y ait à la fois connais-sance de l'un et de l'autre ; ces deux connaissances sont successives ou alternatives, et ce qui est connu à un mo-ment quelconque est toujours objet. La conscience serait donc la faculté de connaître le *moi* en tant qu'objet. Mais si le sujet et ses modes ne peuvent être connus que comme objets, où seront-ils sujet et modes subjectifs ?

Un fait doit être donné avant d'être connu, car ce n'est pas l'intelligence qui crée les choses ; elle s'y applique seulement pour les connaître. Les faits extérieurs nous sont donnés au moyen des sensations qui ne sont pas en-core des connaissances. Comment les faits internes nous seront-ils donnés si la conscience est déjà une connais-sance ? Où le plaisir et la douleur, la joie et la tristesse, l'affection sensible et l'acte volontaire seront-ils plaisir, douleur, joie, tristesse, affection, acte, si la connaissance est le fait élémentaire et la forme fondamentale de notre existence ? Un plaisir conscient, une tristesse consciente, seront un plaisir connu, une tristesse connue. Je m'exprime mal : ce sera une connaissance de plaisir, de douleur, une idée. L'idée et la connaissance de quoi ? D'un fait psychologique pourvu de caractères spécifiques ? Non, puisque les faits dont il s'agit ne sont des faits psychologiques que dans la conscience, et que la conscience n'est plus rien que la connaissance et ne commence qu'avec cette dernière. Mais alors qu'y a-t-il avant la connaissance et que seront les faits internes avant d'être des idées ? Quelle sera leur nature en tant que matière de ces idées, ou termes d'application de cette connaissance ? On ne sait plus où les prendre, à moins de sortir de la conscience, c'est-à-dire qu'on ne voit plus qu'ils puissent être autre chose que des phénomènes physiologiques, des actions nerveuses.

Ainsi, entre les connaissances et les changements nerveux, cette théorie ne laisse rien subsister. Il y a cependant quelque chose, car connaître un plaisir, une joie, une affection, n'est pas connaître une action nerveuse. Ces faits peuvent correspondre à des phénomèmes organiques et à des idées, mais ils ont aussi leur nature propre, c'est-à-dire qu'ils sont des sensations et des sentiments. Or, ils ne peuvent être sentiments et sensations que dans la conscience. Cette dernière diffère donc de la connaissance.

Si M. L. Ferri, préférant la seconde alternative, avait affirmé que la conscience perçoit le *moi* et ses modes non comme objets, mais comme sujet et états subjectifs, il eût dû renoncer à y voir une faculté de connaître. Toute connaissance, qu'elle soit directe ou réfléchie, perception ou conception, intuition ou raisonnement, est la

connaissance d'un objet. Quand, au lieu de se porter vers
les choses extérieures, elle se tourne vers les faits internes, elle ne fait que changer d'objet, mais elle a toujours
un objet. Elle conserve ses formes essentielles, ses opérations, ses lois. Elle est, au dedans comme au dehors,
tantôt simple perception particulière, tantôt connaissance générale, rationnelle, tantôt même notion philosophique, théorie et système. Sans doute, toute forme d'activité intellectuelle, considérée subjectivement dans un
esprit individuel, est accompagnée de conscience, et
alors, par extension, on peut parler d'une conscience réfléchie, d'une conscience rationnelle, d'une conscience
philosophique; mais il ne faut pas oublier que ces dési-
gnations ne conviennent à la conscience que d'une manière indirecte, et que c'est à la pensée seule qu'elles
s'appliquent exactement. M. Ferri n'a pas fait cette distinction, et ce qu'il analyse comme formes et modes de la
conscience, ce sont des modes et des formes de la connaissance de soi-même.

Dira-t-on que si la conscience n'est pas une connaissance complète, elle est du moins une partie, une des
deux faces de la connaissance, la connaissance du sujet,
qui est un des deux termes de tout acte intellectuel complet? Étant ainsi l'aspect subjectif de la connaissance,
ne peut-on pas dire qu'elle est une fonction intellectuelle,
qu'elle a les mêmes formes et qu'elle passe par les mêmes
phases que la connaissance, puisqu'elle en fait partie? —
Cette théorie pourrait se soutenir, peut-être, si toute
notre existence consciente se réduisait à des faits de perception extérieure. On y trouverait un objet qui nous est
étranger, et un sujet qui est nous-mêmes. La connaissance du premier est extérieure; celle du second est
intérieure. Identifier celle-ci avec la conscience semble
naturel. Mais comment ne pas apercevoir que ce n'est là

qu'un cas particulier de connaissance et de conscience? Comment ne pas voir qu'il y a des cas tout différents auxquels la théorie ne s'applique plus? Lorsque je perçois un livre ouvert devant moi, le sujet seul est dans ma conscience, l'objet est au dehors. Mais lorsque je perçois une sensation ou une émotion, les deux termes ne sont-ils pas à la fois dans ma conscience? N'en est-il pas de même de tous les faits internes lorsqu'ils deviennent l'objet de ma pensée ou de ma réflexion? Comment affirmer alors que le sujet appartient à la conscience et que l'objet ne lui appartient pas? De plus, où trouver la distinction de sujet et d'objet dans un plaisir, une affection, un acte? Il y a donc des cas où la conscience ne contient que le sujet de la connaissance, des cas où elle contient à la fois le sujet et l'objet, et des cas où elle ne contient ni l'un ni l'autre. Il faut bien en conclure que la conscience n'est pas toujours une partie de la connaissance.

On ne pouvait se dispenser de choisir l'un ou l'autre des deux partis que nous avons indiqués : ou la conscience est une connaissance, et le *moi* et ses modes sont pour elle des objets; ou le *moi* et ses modes lui sont donnés comme sujet et états subjectifs, et alors elle n'est pas une connaissance. M. L. Ferri ne s'est arrêté ni à l'une ni à l'autre de ces deux alternatives. Il a pris une position intermédiaire, qui n'est pas tenable. Après avoir montré comment les faits internes sont perçus, analysés, entendus, réduits en systèmes par la connaissance intérieure à ses divers degrés, il rappelle que ces différentes manières de connaître ont un point de départ commun, qui est la conscience intuitive ou immédiate. Celle-ci seule nous donne l'existence concrète, les faits dans leur réalité. En quoi consiste-t-elle, et qu'est-ce que cette intuition qui est sa forme fondamentale? M. Ferri ne peut pas admettre qu'elle soit vide de connaissance ; mais il n'ose pas non plus y voir une connaissance véritable, car elle ne comporte ni abstraction, ni réflexion, ni concepts, ni rapports de cause à effet, de mode à substance, ni même distinction de sujet et d'objet, c'est-à-dire aucune des formes ordinaires de l'activité intellectuelle. Elle n'a pas d'objets, à proprement parler, dit-il, mais seulement des termes. Elle est le sentiment immédiat des modes et du sujet dans leur relation concrète. Ce n'est, ajoute-t-il, qu'un commencement de connaissance, une première lueur de la faculté de connaître. Mais comment peut-elle être le premier éveil de l'intelligence, si elle est dépourvue de tous les caractères de l'activité intellectuelle et soustraite à toutes ses lois ?

D'ailleurs, la question est-elle bien posée. En mettant la conscience en parallèle avec la connaissance, on semble oublier que la première n'existe jamais seule et ne s'exerce pas à vide. On parle de cas où elle n'est pas encore une connaissance véritable, et l'on perd de vue qu'elle doit être alors un mode d'une autre faculté. Peut-être est-elle un fait de sensibilité, d'activité motrice spontanée, etc. Ce sont là des facultés qui s'exercent avant l'intelligence. Quand on dit que la conscience intuitive et immédiate est la première lueur de la faculté de connaître, cela signifie donc que la sensibilité et l'activité spontanée consciente sont le commencement et les préludes de l'intelligence. Nous pouvons l'accorder, mais la question est de savoir dans quel sens il faut l'entendre. Veut-on dire par là que ces facultés sont un premier degré des fonctions intellectuelles ? Il est impossible de l'admettre, car elles n'ont ni les mêmes caractères, ni les mêmes lois ; leur développement sera parallèle à celui de l'activité intellectuelle, mais ne se confondra pas avec lui. Veut-on faire entendre simplement qu'elles précèdent l'intelligence et lui fournissent les premiers éléments auxquels elle s'appliquera? Ainsi interprétée l'assertion paraît incontestable; mais dire que des faits conscients existent avant l'intelligence, ce n'est pas prouver que la conscience soit une fonction de la connaissance exclusivement, ou qu'elle ait pour condition nécessaire l'activité intellectuelle.

IV

LA CONSCIENCE A POUR CONDITION UN RAPPORT ENTRE UNE ACTIVITÉ PROPREMENT PERSONNELLE ET DES ACTIVITÉS MOTRICES, SENSIBLES ET INTELLECTUELLES PLUS OU MOINS DISTINCTES DU MOI.

La conscience a des conditions physiologiques dont la recherche a donné lieu, nous l'avons vu, à plusieurs hypothèses, entre lesquelles il ne nous appartient pas de faire un choix; elle a aussi des conditions métaphysiques qu'il est difficile de découvrir; elle a enfin des conditions psychologiques, et ce sont celles-là seulement que nous voudrions déterminer.

Il ne s'agit pas des causes profondes et secrètes qu'elle doit avoir dans notre âme et qui nous échappent, comme tout ce qui est situé dans la région des faits psychiques inconscients, mais seulement des conditions d'existence qui peuvent tomber sous le regard de l'observation intérieure. Le terme de *conditions d'existence* est peut-être ici un peu impropre. Nous n'entendons pas par là, en effet, ce qui détermine l'existence de la conscience, mais seulement ce qui l'accompagne invariablement. Il nous est impossible de découvrir ce qui la fait commencer, puisque pour cela il faudrait être à la fois dans l'inconscient et dans la conscience, afin d'observer le passage d'un état à l'autre; mais peut-être pouvons-nous remarquer, dans la conscience même, les circonstances qui sont présentes dès que la conscience apparaît, qui persistent tant qu'elle dure, qui disparaissent en même temps qu'elle, et dont l'accroissement et l'affaiblissement concordent avec ses divers degrés de vivacité ou de faiblesse. Ces circonstances concomitantes étant un élément fondamental de tout fait conscient, ne peuvent-elles pas être considérées comme des conditions psychologiques de la conscience?

Dans cet ordre de recherches, toute vérification précise et complète étant impossible, les théories restent nécessairement à l'état d'hypothèses. Ce n'est donc qu'une hypothèse que nous allons proposer. Mais les hypothèses peuvent être plus ou moins conformes aux faits observés, et lors même qu'on n'atteindrait pas définitivement la vérité, ce serait déjà beaucoup de s'en rapprocher. Ajoutons que pour traiter à fond cette question, il faudrait soumettre les diverses espèces de faits psychologiques, les diverses formes de l'existence consciente et les divers états inconscients à des analyses patientes, délicates, minutieuses que nous ne saurions entreprendre ici. Nous n'avons pas d'autre prétention que d'indiquer les vues qui nous paraissent résulter naturellement de l'examen des théories que nous venons de parcourir.

Nous avons reconnu que ni l'activité volontaire, ni l'activité motrice, ni l'activité intellectuelle ne sont un élément essentiel de tout fait de conscience. On en pourrait dire autant de la sensibilité, qui a été aussi à son tour considérée, par M. Bœhm par exemple, comme l'élément fondamental de la conscience. Étroitement unie aux autres facultés, elle n'en est pas cependant inséparable pour la réflexion ; elle a ses caractères distincts, son développement propre, bien que mêlé toujours intimement à celui des actions et des idées. De plus, quand un fait d'abord inconscient, un souvenir par exemple, reparaît dans la conscience, peut-on dire que ce changement de caractère soit dû à l'action d'un sentiment qui s'y serait ajouté? On peut reconnaître l'importance de la sensibilité dans la vie humaine, sans aller pourtant jusqu'à voir en elle le fond et le principe de toutes les autres facultés.

Mais si la condition essentielle de la conscience ne se trouve dans aucune de nos facultés prise isolément, ne sera-t-elle pas dans ces facultés réunies, ou plutôt dans quelque caractère fondamental commun à toutes? C'est vraisemblable; mais quel est ce caractère? M. L. Ferri remarque que les diverses espèces de faits psychologiques ont une essence commune : c'est d'être des actes. Les opérations intellectuelles comme les déterminations volontaires, les modes du sentiment comme ceux de la pensée, la concentration de la tristesse comme l'expansion de la joie, les passions aussi bien que l'empire sur soi, la sensation elle-même, qui n'est sentie que grâce à une réaction du sujet sentant, tous ces faits sont également des actes. Ne peut-on pas affirmer alors que la marque générale, la condition caractéristique de tout fait de conscience, c'est l'activité sous des formes diverses? C'est ce que pensait M. Ferri lorsqu'il disait : « La conscience n'est pas autre chose que l'activité présente à elle-même, qui s'affirme dans le *moi* sous diverses formes, c'est-à-dire comme sentante, pensante et voulante (on pourrait ajouter *motrice*), et qui trouve ces formes impliquées et conditionnées l'une par l'autre. »

Cette définition aurait besoin d'être plus précise pour être acceptable. On peut, en effet, l'interpréter de diver-

ses façons : prendre, avec M. L. Ferri, l'activité consciente pour une fonction de centralisation et d'unification,
ou la concevoir autrement ; on pourrait même considérer
l'acte de synthèse comme son mode fondamental, et se le
représenter encore de plusieurs manières. On pourrait y
voir l'acte d'une pensée, comme dans l'aper   ption pure
de Kant ; l'acte d'une substance, comme dans la perception de Leibnitz ; un commencement d'acte intellectuel
comme chez M. L. Ferri, ou encore un acte qui ne serait
ni celui d'une substance, ni celui d'une pensée, ni celui
d'une fonction intellectuelle, quelque élémentaire qu'elle
soit. Toutes ces conceptions ne sauraient être également
vraies. Non seulement il faudrait mieux définir la nature
de la synthèse, mais il conviendrait aussi d'indiquer avec
plus de précision la sphère de cette activité interne, son
centre et ses limites ou son principe et ses termes d'application. Maine de Biran l'avait fait pour l'effort ; il est
nécessaire de le faire aussi pour cette activité entendue
en un sens plus large et qu'on appelle l'énergie présente
à elle-même.

Voici une première question à laquelle il importerait
de répondre : L'activité consciente est-elle exclusivement
l'activité du sujet personnel, du *moi*, ou comprend-elle
aussi des activités internes plus ou moins distinctes de
la première ? En d'autres termes, tout fait de conscience
est-il un acte de cette activité maîtresse que Jouffroy
appelait le pouvoir personnel, — nous verrons plus loin
si ce pouvoir est identique à la volonté, — ou bien y
a-t-il des faits de conscience étrangers à ce pouvoir et
produits par ces activités subordonnées qui sont les *ca-*
pacités naturelles, forces plus ou moins soumises à
l'autorité du *moi*, s'exerçant quelquefois avec lui et sous
sa direction, mais pouvant aussi s'exercer sans lui et
même malgré lui et contre lui ?

Cette question résolue, il s'en présentera une seconde? Tous les faits psychologiques sont-ils au même titre des actes? S'il en est qui ne sont pas produits par le sujet conscient, et dont celui-ci n'est que le spectateur ou que le collaborateur subalterne, de quel droit les considérer comme des actes? Sans doute, ce sont des actes par rapport à telle ou telle activité particulière qui en est la cause, mais en cela ils il ne diffèrent pas des phénomènes ordinaires, qui sont aussi des actes quand on les considère dans leur repport avec la force qui les produit. Il n'en est pas moins vrai que ce ne sont pas des actes du *moi*. Si d'autres actes que ceux du *moi* peuvent être conscients, jusqu'à quelles limites ira la conscience, ou quelles sont les activités qui seront conscientes et quelles sont celles qui ne le seront pas?

Enfin, si l'on répondait que toute activité sentante, pensante et voulante est une activité consciente, nous demanderions comment il se fait que l'énergie interne qui est le principe de la sensation et du sentiment, de la pensée et du mouvement, s'exerce tantôt d'une manière consciente et tantôt d'une manière inconsciente. Elle est active assurément dans un cas comme dans l'autre : pourquoi n'est-elle pas toujours consciente? N'est-ce pas encore une preuve que toute activité interne n'est pas, par elle-même, une condition suffisante de la conscience, et qu'il reste toujours à déterminer les circonstances dans lesquelles elle est consciente et celles dans lesquelles elle ne l'est pas?

On ne saurait se dispenser de répondre à ces trois questions. Essayons de le faire, et voyons à quelle conclusion nous serons conduits.

1º Je ne pense pas qu'il soit possible de soutenir que tout fait de conscience est un acte du *moi*. Mes sensations ne sont pas produites par moi, mais en moi par une excitation extérieure; je les subis et ne les fais pas. On admet généralement, il est vrai, que les impressions du dehors ne sont pas senties sans une réaction interne. Mais quelle est la force qui réagit? Est-ce le sujet conscient lui-même, ou le centre cérébral, ou l'organe périphérique? Et si c'est le sujet sentant, sa réaction consiste-t-elle seulement à se fixer et à se concentrer pour mieux recevoir l'impression de l'action nerveuse, et à fixer en même temps et à concentrer l'organe au moyen d'une action musculaire pour mieux recevoir l'excitation extérieure, ou bien consiste-t-elle à agir sur la force nerveuse elle-même, sur les centres et les nerfs sensitifs pour augmenter, diminuer ou modifier leur action? Cette seconde hypothèse n'est pas admissible. Si nous avions le pouvoir de modifier nos sensations, d'augmenter l'intensité de quelques-unes d'entre elles, de diminuer celle de certaines autres, nous en userions fréquemment. Nous ne savons que trop que nous ne possédons pas une pareille puissance. Non, le sujet sentant n'agit pas sur le courant nerveux afférent qui détermine la sensation; il n'agit que pour écarter les impressions étrangères et recueillir plus complètement celle qui l'intéresse; cette réaction même est limitée, car elle ne peut aboutir qu'autant que les organes sont soumis à l'action motrice du *moi*; il y en a, comme les organes internes, qui le sont fort peu, et les autres ne le sont jamais complètement. Cette action n'est donc qu'accessoire. Elle a pour effet, ainsi que l'avait fait observer Maine de Biran, non pas de modifier la sensation, ni même de la rendre plus vive, mais seulement de la rendre plus distincte et plus nette. En somme, nous devons reconnaître que dans la sensation plusieurs activités sont en jeu, mais avec des rôles différents : il y a d'abord une activité de l'organe périphérique provoquée par une excitation extérieure, une activité des nerfs

qui opèrent la transmission, une activité des centres sensitifs qui déterminent la sensation dans l'âme, une activité psychique inconsciente qui nous échappe; enfin, sans
compter l'activité musculaire plus ou moins réflexe, spontanée ou volontaire, une activité consciente dont la fonction est de subir ou de recevoir la sensation. Si le rôle
des premières peut-être considéré comme une action,
celui de la dernière a pour caractère propre la *réceptivité* ou *passivité*. Il paraît bien difficile de qualifier autrement l'intervention du *moi* dans la sensation proprement dite.

Ce que nous avons remarqué pour la sensation peut se
remarquer aussi, à des degrés différents, pour les autres
faits de conscience. Produisons-nous nos sentiments et
en sommes-nous les maîtres, ou sommes-nous réduits à
les subir presque autant que nos sensations? Nous les
gouvernons indirectement, quand nous ne sommes pas
gouvernés par eux; nous pouvons fuir les occasions qui
les font naître et en empêcher l'effet; ne pas poursuivre
le but vers lequel ils nous poussent, ce qui est quelquefois, et avec le temps, un moyen de les affaiblir; nous
efforcer de penser à d'autres choses, et d'en détourner
ainsi le cours, selon la maxime de Bossuet, « à peu près
comme d'une rivière, qu'on peut plus aisément détourner
que l'arrêter de droit fil[1] ». Il nous est possible aussi de
nous complaire à les nourrir, à les entretenir. Mais que
nous entreprenions de les développer ou de les réprimer,
ce n'est pas non plus notre action qui les fait directement naître ou périr. Ils n'ont pas pour cause ou pour
essence notre activité propre. S'il y a en eux de l'activité,
c'est, d'une part, une activité psychique inconsciente et,
d'autre part, une activité organique qui y correspond;

---

[1] *Conn. de Dieu et de soi-même*, ch. III, § 10.

mais ce n'est pas l'activité du *moi*. Plus ils s'accroissent et dominent, plus on dit que le *moi* est hors de lui, qu'il cesse de se gouverner et de se posséder, qu'il est passif, et c'est à bon droit que, pour ce motif, on les a appelés des *passions*.

On peut en dire presque autant des idées. Ce n'est pas nous non plus qui les créons, bien que nous ayons peut-être une part plus active dans leur production. Sans doute, les idées sont des actes du sujet pensant, mais peut on dire que ce sont des actes du *moi* et que le *moi* en est le maître comme de ses actions propres? Pouvons-nous les appeler et les chasser à notre gré, les lier autrement qu'en vertu d'associations que nous ne dirigeons qu'en partie, les enchaîner arbitrairement sans obéir aux lois de la logique, les transformer, les façonner, les pétrir en maîtres absolus, et leur donner un contenu et une forme qui soient exclusivement notre œuvre? Leur matière nous vient de l'expérience; leurs éléments formels et intelligibles sont le produit de virtualités qui se développent en nous avec notre collaboration, mais sans que nous puissions les modifier profondément. Leurs associations fortuites sont déterminées en grande partie par les circonstances extérieures; leurs lois logiques gouvernent notre pensée comme elles gouvernent l'univers, et nous n'avons sur elles aucun empire. Quel pouvoir exerçons-nous donc sur nos idées? Nous dirigeons à peu près à notre guise les opérations qui servent à les former, la perception, l'attention, la réflexion, etc.; nous les fixons ou les rappelons au moyen des mots; nous réglons en partie leur cours en choisissant les associations utiles à notre but, en écartan es autres; nous pouvons les rapprocher, les sépar   s comparer, les distinguer, chercher et découvrir en .es des rapports nouveaux, les décomposer ou les réunir au moyen d'analyses et de synthèses que nous dirigeons si nous ne les faisons pas, et que nous avons toujours la faculté de refaire, de vérifier et de corriger, à condition de nous conformer aux lois de la pensée. Quand on dit que les opérations et les produits de la faculté de connaître sont des actes du sujet pensant, cette proposition est donc vraie en un sens et fausse en un autre. Elle est vraie si par les mots de *sujet pensant* on désigne l'activité intellectuelle, en partie dirigée par le *moi*; mais elle serait fausse si l'on entendait par là que le *moi* est le principe unique de la pensée et la cause directe des actes de l'intelligence. Autrement dit, dans ce que désigne l'expression de *sujet pensant*, il faut distinguer deux choses : le sujet et la pensée, qui ne se confondent pas, bien qu'ils n'existent complètement que l'un avec l'autre et même l'un par l'autre. Le sujet est l'activité personnelle qui dirige les diverses facultés de connaître dans leurs opérations diverses et les applique aux objets. La pensée est l'activité intellectuelle avec les diverses fonctions qui s'y rapportent, imagination, mémoire, entendement, raison, qui, tantôt unies au *moi* et tantôt séparées de lui, s'exercent toujours d'après leurs lois propres. Maine de Biran reprochait à Leibnitz d'avoir dit que le sujet pensant est inné, et déclarait que ce sujet n'étant constitué tel que dans un fait primitif de conscience, ne pouvait pas être inné. Maine de Biran avait raison, à son point de vue, mais Leibnitz, au sien, n'avait pas tort. Le sujet proprement dit, le *moi*, n'est pas inné; mais la pensée ou l'intelligence est innée, en ce sens qu'elle nous est donnée avec des puissances, des dispositions, des aptitudes que nous ne créons pas nous-mêmes, et qui agiront d'après leur nature propre, même quand elles agiront sous notre impulsion et notre effort. Il convient donc de faire la part de ces diverses activités. Nous attribuerons au *moi* les actes d'impulsion, de direction, d'application et de concentration des facultés intellectuelles; mais nous laisserons aux diverses activités qui constituent l'intelligence et qui, tantôt dépendantes et tantôt indépendantes du *moi*, sont en partie distinctes de lui, les images, les idées, les jugements, en un mot toutes les connaissances avec leurs diverses espèces.

Ainsi, il est incontestable qu'il y a des faits de conscience qui ne sont pas, à proprement parler, des actes du sujet personnel ou du *moi*. Je sais bien qu'on dit : *je sens, j'aime, je hais, je pense, je me souviens, je juge, je raisonne*, absolument comme on dit : *je veux* ou *j'agis*; mais il est évident que le sujet ne joue pas le même rôle dans les différents faits exprimés par ces propositions. On dit aussi : *je me promène, je respire, je grandis, je grisonne, je blanchis*. Or, si la promenade est un acte dont je suis la cause, il n'en est pas de même de la respiration, sur laquelle je puis bien agir dans une certaine mesure, mais qui s'effectue aussi sans mon intervention; quant au fait de grandir, à celui de grisonner ou de blanchir, non seulement je n'en suis pas la cause, mais je n'en suis pas même directement le sujet; je n'en suis le sujet que par extension et parce que le corps qui subit ces modifications est une chose qui m'appartient. Un propriétaire qui agrandit ses domaines peut dire en parlant de lui-même qu'il s'arrondit, ce qui prouve que le *moi* peut se donner le rôle de sujet dans des faits auxquels il ne participe que d'une façon fort éloignée.

Dans les faits psychologiques, le *moi* est toujours directement sujet, mais il s'en faut de beaucoup qu'il soit toujours directement cause; il y a des cas, comme l'action volontaire, où il est cause immédiate et unique; d'autres, comme l'acte intellectuel, où il est cause indirecte ou associée; d'autres encore, comme le sentiment et la sensation, où il n'est cause que des circonstances accessoires, et où son activité n'apparaît dans le fait même que comme limitée, contrainte et subissant l'action d'une cause étrangère.

Il y a donc quelque fondement dans la distinction établie par Jouffroy entre le pouvoir personnel et les capacités naturelles. Nous devons cependant faire remarquer que cette distinction diffère de celle que nous venons de signaler. Le pouvoir personnel est pour Jouffroy la volonté, tandis que nous entendons par activité personnelle l'activité du moi sous toutes ses formes, l'activité spontanée, habituelle, automatique, aussi bien que l'activité volontaire. La volonté n'intervenant pas continuellement dans notre existence consciente, Jouffroy peut distinguer un exercice spontané de nos diverses capacités naturelles dont la volonté est absente sans que la conscience en soit exclue; mais nous ne saurions accorder que l'activité personnelle qui constitue le *moi* n'y soit pas présente. Elle peut y être sous une autre forme que l'activité volontaire, mais il faut qu'elle s'y trouve, puisqu'il est impossible d'admettre un état de conscience quelconque sans un sujet conscient plus ou moins distinctement présent à lui-même. Il y a une activité du *moi* expressément volontaire, une activité du *moi* dont toute volonté expresse est absente, mais où la volonté est toujours en puissance, enfin des activités sensitives ou affectives, intellectuelles, motrices, qui concourent avec l'activité du *moi* à la production des différents faits de conscience.

2° M. L. Ferri avait reconnu, aussi nettement que personne, les degrés très différents de l'intervention du *moi* dans les faits psychologiques. « En réalité, disait-il, tous les états possibles de la vie psychique durant la veille peuvent se réduire à l'un des états suivants : 1° assistance inerte et passive à la succession des perceptions, des sen-

sations et des images qui occupent les sens, l'imagination
et la mémoire ; 2° assistance active, mais spontanée, aux
pensées qui se développent dans l'esprit en une médita-
tation sans effort ; 3° direction réfléchie de toutes nos
facultés intellectuelles vers un but, travail voulu et sou-
tenu avec intention, avec méthode et avec effort ; 4° enfin,
notre état peut être et est ordinairement un mélange des
trois précédents[1]. » Il ajoutait, en temps expressifs, que
dans ses modes multiples le sujet conscient est « tantôt
comme un point où tout aboutit sans réaction apparente,
tantôt comme un centre d'où rayonne et se répand l'énergie (*ora come un punto a cui tutto approda senza apparente reazione, ora come un centro da cui l'onda
dell' energia irragia e si diffonde*). »

Puisque M. L. Ferri reconnaît que les faits psychologiques ne sont pas tous des actes du *moi*, comment peut-il
affirmer que leur essence commune est d'être des actes ?
Ceux que le *moi* produit lui-même, comme les déterminations volontaires, sont des actes pour le *moi* ; ceux
auxquels il collabore seulement, comme les perceptions,
les souvenirs, les jugements, sont pour lui en partie des
actes et en partie des modifications subies ; ceux dont il
n'est directement la cause à aucun degré, comme les sensations et les sentiments, ne peuvent être pour lui que des
états passifs. Il n'est pas douteux que les éléments de ces
faits non produits par le *moi* ne soient encore des actes à
un certain point de vue : toute connaissance est un acte de
la pensée, tout souvenir un acte de la mémoire, toute
image un acte de l'imagination, tout sentiment un acte de
la sensibilité, toute sensation un acte des sens. Mais ce qui
dans ces faits n'a pas le *moi* pour cause, ce en quoi le
moi est passif, ne peut pas être un acte pour le *moi*. Il

1 *Filosofia delle scuole italiane*, ott. 1877, p. 147.

ne faut pas confondre le point de vue de la conscience
avec celui de la pensée, ou le point de vue psychologique avec le point de vue métaphysique. Pour la réflexion
philosophique ce ne sont pas seulement les faits psychologiques qui sont intégralement des actes : l'action nerveuse qui détermine la sensation n'est-elle pas aussi un
fait actif, un acte de l'énergie nerveuse? Les phénomènes
organiques, physiques, chimiques et mécaniques ne sont-
ils pas de même des actes des forces vitales et des forces
matérielles organiques? Considère-t-on les faits psychologiques au point de vue métaphysique? Alors les appeler des actes n'est pas les distinguer des autres phénomènes, car tous, à ce point de vue, sont des actes. Les
considère-t-on au point de vue de l'observation intérieure,
qui est en définitive le vrai point de vue, puisque c'est
là seulement qu'ils sont des faits psychologiques avec
leurs caractères spécifiques? Alors on doit avouer que
quelques-uns sont des actes, beaucoup en partie seulement des actes et à des degrés différents, et que quelques autres enfin ne sont pas des actes. En résulto-t-il
que ceux qui ne sont pas des actes doivent être considérés
comme des phénomènes? Cela dépend évidemment de la
définition adoptée pour le terme de *phénomène*. Tous les
états internes, actifs ou passifs, sont l'objet d'une intuition immédiate. Les sensations, les sentiments, les idées
sont ainsi connus tout autrement que les faits matériels,
qui ne nous sont donnés qu'à travers la perception et
les modifications de nos sens. Il est aisé de voir qu'il peut
y avoir de graves inconvénients à donner le même nom
à deux ordres de choses qui se ressemblent si peu.

3° Nous ne pouvons plus nous contenter de dire que
l'élément fondamental ou la condition essentielle de tout
fait de conscience est l'activité. De quelle activité s'agit-il?
Il faudrait préciser. Affirmerons-nous que c'est l'activité

du *moi* qui fait la conscience, et qu'un fait est d'autant plus conscient que l'activité personnelle y est plus intense? Nous nous tromperions, car une sensation et un sentiment sont au moins aussi vifs, aussi nets dans la conscience que n'importe quelle action volontaire. On peut même dire que quelques-uns de ces états passifs intéressent bien plus le sujet conscient que certains états actifs. Dirons-nous que toute activité sentante, pensante ou voulante est également accompagnée de conscience dès qu'elle s'exerce? Il faudrait s'entendre. Admet-on que l'âme subsiste pendant les intermittences du *moi* et de la conscience; que nos facultés ne sont pas anéanties quand elles cessent de s'exercer pour nous, et qu'elles ne peuvent pas durer sans agir, ainsi que le croyait Leibnitz; que toutes nos aptitudes que nous retrouverons quand nous en aurons besoin, nos penchants et nos tendances qui après avoir sommeillé continueront à nous conduire, nos habitudes qui donneront plus ou moins longtemps à toutes nos activités naturelles des directions déterminées, nos souvenirs qui reparaîtront après un effacement plus ou moins long, admet-on que toutes ces choses, bien qu'inconscientes, ne sont pas exclusivement des phénomènes physiologiques, des mouvements de matière cérébrale ou nerveuse? Alors il faut bien reconnaître qu'il y a des activités psychiques inconscientes, autrement dit, que l'énergie qui sera, dans la conscience, sentante, pensante et voulante, agit aussi en dehors de 'a conscience, et y produit des faits qui sont les conditions cachées, les préludes ou les suites de la sensation et du sentiment, de la pensée et de la volonté. Mais si les activités psychiques sont tantôt conscientes et tantôt inconscientes, il n'est plus possible d'affirmer que leur exercice est une condition suffisante de la conscience. On doit supposer qu'un élément nouveau, qui n'y est pas présent dans un cas, s'y ajoute dans un autre, ou qu'elles s'exercent tantôt d'une façon et tantôt d'une façon toute différente.

Quel est cet élément ou ce caractère spécial? S'il y a en nous des activités motrices, intellectuelles, sensitives ou affectives étroitement unies entre elles, impliquées les unes dans les autres, conditionnées les unes par les autres, à tel point qu'on peut voir simplement en elles des fonctions diverses d'un même organisme psychique, d'une même âme; si ces énergies, réduites à elles-mêmes, demeurent inconscientes et par conséquent incomplètes; si elles sont ainsi, en un sens, indépendantes du sujet conscient; si, dans la conscience, leur exercice ne se confond pas avec l'action directe de *moi*, bien qu'il y soit intimement lié, la rende possible et en dépende à son tour à des degrés variables; si, d'autre part, il y a une activité qui s'identifie absolument avec ce qu'il y a de proprement personnel en nous; si cette activité produit des actes dont le *moi* se reconnaît la cause directe, de sorte qu'on peut l'appeler particulièrement l'activité du *moi* ou l'activité personnelle; si cette activité a pour fonction soit de subir l'action des précédentes, puis de réagir, soit de concourir avec les autres à la production de certains faits, soit de diriger, de modérer ou de concentrer les autres, et aussi de se laisser diriger et gouverner par elles; si cette dernière est dans la vie consciente inséparable des précédentes, comme une fonction quelconque, dans un organisme, est inséparable de toutes les autres, chacune étant à la fois fin et moyen pour toutes; si enfin il ne se produit aucun fait de conscience sans que cette activité personnelle ne soit présente à un degré quelconque, comme centre de réceptivité ou comme centre de spontanéité, ne doit-on pas en conclure que tout fait psychologique est le résultat d'un rapport entre cette activité personnelle et les autres activités internes? L'une n'agissant jamais sans les autres, et les autres n'étant jamais conscientes sans la première, n'est-on pas en droit de dire que c'est leur concours ou leur action réciproque qui produit la conscience, et qui est l'élément fondamental ou la condition essentielle que nous cherchions? Le *moi* serait présent dans tout fait de conscience, mais il y serait tantôt actif et tantôt passif, ou plutôt à la fois actif sous un rapport et passif sous un autre, et dans des proportions variables. Il n'en est pas moins permis de le considérer comme étant essentiellement une activité, car, ainsi que le fait remarquer M. L. Ferri, la passivité elle-même ne se comprend que dans une existence active.

Peut-être cette hypothèse psychologique n'est-elle pas en désaccord avec les conceptions les plus récentes de la physiologie. Ce rapport entre l'activité du *moi* et les autres activités psychiques ne pourrait-il pas être considéré comme répondant à ce qu'on a appelé les coordinations nerveuses effectuées avec le concours des centres directeurs ou modérateurs, qui sont en relation immédiate avec les centres sensitifs et les centres moteurs du cerveau?

V

LE POUVOIR PERSONNEL

Comment d'un fait de conscience variable et passager, le *moi* s'élève-t-il à l'idée de son existence durable et identique et à la notion distincte de sa personnalité? Comment le sujet conscient devient-il une personne?

Suivant M. L. Ferri, le sentiment et l'idée de notre existence propre, identique au fond, bien que variable dans ses modes accidentels, n'est que la conscience de la continuité de cette énergie présente à elle-même qui constitue le *moi* et qui ne peut être définie que comme une fonction de synthèse, de centralisation et de direction, appliquée sans interruption pendant la veille aux éléments variés et multiples, présents dans la conscience. Ici encore nous aurions besoin d'explications complémentaires. Il ne suffit pas, en effet, de nous montrer où est la continuité dans le sujet conscient, il faudrait encore nous faire voir comment ce sujet la connaît et ce qu'elle est pour lui. L'existence personnelle est avant tout celle que le *moi* perçoit lui-même et non pas celle qu'un observateur extérieur lui attribue ou lui prête.

Nous avons essayé de distinguer précédemment[1] le rôle de la conscience et celui de la connaissance dans la perception de l'unité et de l'identité personnelles. Mais il ne s'agissait alors que d'expliquer la formation d'une idée; il faudrait essayer maintenant de déterminer avec plus de précision ce qui est l'objet de cette idée, ou ce qui est en nous et pour nous-mêmes le fondement réel de notre personnalité.

Nous avons admis que tout fait de conscience résulte d'une relation immédiate entre une activité qui correspond au sujet conscient et plusieurs autres dont les rapports avec la première constituent les modes actifs ou passifs du sujet. Nous avons appelé la première de ces activités *activité personnelle*, pour la distinguer des autres. Nous savons bien qu'elle ne porte pas originairement la marque de la personnalité; elle ne la recevra qu'à mesure que la personnalité se constituera, ou que le *moi*, dont cette activité est le principe, sentira, affirmera et distinguera son existence propre.

---

1. Voir l'examen des théories de M. de Hartmann.

Pour que ce sentiment et cette connaissance se produisent, suffît-il d'admettre, avec M. L. Ferri, la continuité d'une activité considérée comme une fonction de synthèse et dont le caractère est d'être présente à elle-même? L'identité durable ne saurait être dans les éléments réunis par la synthèse; M. Ferri ne le prétend pas, et il affirme qu'elle est dans la fonction même, dans le centre d'activité qui opère les synthèses successives. Or, nous devons faire remarquer : 1° que tout acte de synthèse n'est pas au même titre un acte personnel; 2° qu'une activité qui ne se connaîtrait que comme fonction en acte n'aurait jamais le sentiment ou l'idée de son identité continue. Quelques éclaircissements sont nécessaires.

Dans la conscience, le sujet est tantôt un centre de réceptivité, tantôt un centre d'activité, tantôt un mélange de l'un et de l'autre. M. Ferri le reconnaît. Il y a acte de synthèse dans un cas comme dans l'autre; peut-être même la synthèse est-elle plus apparente dans certaines sensations que dans certains actes de volonté. Cependant mon activité personnelle est très faible dans le premier cas; elle peut même s'effacer presque complètement lorsque je suis absorbé dans la contemplation d'un spectacle extérieur et qu'il m'arrive de m'oublier moi-même; elle atteint, au contraire, le degré le plus élevé dans l'acte de la volonté, où elle devient indépendante des causes extérieures et maîtresse d'elle-même. Si tout fait de conscience est un acte de synthèse, il ne faut donc pas en conclure que tout acte de synthèse est acte personnel : il y en a qui le sont beaucoup, d'autres qui le sont moins, d'autres qui ne le sont presque pas. L'acte personnel et l'acte de synthèse n'étant pas identiques, il faut en conclure que l'activité du *moi* n'est pas une énergie dont la fonction propre serait d'opérer des synthèses.

Une activité présente à elle-même a conscience d'elle-même dans le présent, mais il est évident qu'elle n'a pas conscience d'elle-même dans le passé ni dans l'avenir. Nous avons constaté précédemment que la notion de notre existence personnelle dans toute son extension implique des souvenirs, des prévisions, des raisonnements, c'est-à-dire qu'elle est un fait de connaissance et non pas un fait de conscience seulement. Dans le présent même, au fait actuel conscient se joint presque toujours une perception de ce fait, c'est-à-dire qu'à la conscience s'ajoute la connaissance. Nous distinguons les deux éléments dans nos analyses, lorsque nous avons besoin de faire la part et de reconnaître la nature de chacun; mais quand cela n'est pas nécessaire, nous les confondons sous le même nom de perception interne, de connaissance immédiate de s i-même. Il est certain, nous l'avons déjà fait remarquer, que le moment présent, tel qu'il est donné soit à la conscience soit à la connaissance, n'est pas un instant sans durée, un point indivisible dans la ligne du temps : ainsi conçu, ce ne serait qu'une abstraction. Nous devons le considérer tel qu'il est, c'est-à-dire comme un fait réel, remplissant, ainsi que toute réalité, une portion perceptible de la durée. De même que nous avons conscience d'un fait qui dure, ou dans lequel l'analyse pourrait distinguer des instants successifs, nous avons aussi conscience du passage d'un fait à un autre, ou d'un changement qui s'opère dans des instants successifs. Si nous sommes une activité, nous pouvons donc avoir conscience de la succession de deux de nos actes. La conscience d'un changement ou d'une multiplicité implique, on le sait, la conscience de quelque chose qui ne change pas ou d'une unité qui en est le témoin et la mesure. Où sera, dans la succession de nos actes, l'unité ou identité consciente? Dirons-nous qu'elle est dans le centre d'activité? Mais ce centre n'est évidemment qu'une métaphore. Est-elle, ainsi que l'affirme M. Ferri, dans la continuité de la fonction ? C'est possible, mais la question est de savoir comment et sous quelle forme cette fonction se connaît elle-même comme continue. Pour préciser, qu'est-elle pour elle-même dans le passage d'un acte à un autre ?

Supposons qu'elle ne soit toujours qu'activité ou fonction en acte. En passant d'un acte à un autre, elle sera fonction qui finit de s'exercer d'une manière et qui commence à s'exercer d'une autre. La fonction contient-elle quelque qualité ou caractère propre auquel puisse s'attacher l'identité qui lui appartient ? Ses actes seuls la spécifient. Elle ne possède pas d'autre attribut que de produire successivement chacun d'eux. A quel signe pourrait-elle s'en distinguer ? De plus, si telle était la nature du sujet conscient, comment reconnaîtrait-il les actes dont il est la cause unique et directe de ceux dont il n'est qu'une cause partielle et indirecte ? Pour être complètement cause et le savoir, ne faut-il pas, avant d'agir, concevoir l'acte comme dépendant de soi ? Autrement dit, ne faut-il pas sentir en soi le pouvoir de l'effectuer ? Le pouvoir, avec la conscience ou la connaissance que l'on en a, voilà, suivant nous, un élément essentiel trop négligé par M. Ferri.

Nous avons montré, à propos des explications de Maine de Biran sur la transition des mouvements spontanés aux mouvements volontaires, comment le sentiment du pouvoir d'agir est un intermédiaire naturel et nécessaire entre l'activité spontanée fortuite et l'activité intentionnelle, et comment il est une condition indispensable de l'exercice de la volonté. Nous avons ajouté que la conscience de ce pouvoir est celle de quelque chose qui survit à l'acte passé et qui précède l'acte futur, qui non seulement appartient au *moi* et lui est propre, mais qui est inséparable de lui et s'identifie avec lui.

Le pouvoir personnel comporte des degrés différents.
Il ne s'applique d'abord, chez le jeune enfant, qu'à une
activité musculaire bornée, inhabile, hésitante, réglée
par des sensations et des perceptions peu variées. Plus
tard il est dirigé par des perceptions plus développées,
par des sentiments qui exercent sur lui leur tyrannie
naturelle, parce qu'il ne sait pas encore leur chercher un
contre-poids ; il dispose aussi de mouvements plus par-
faits. Plus tard encore il se gouverne d'après des idées
générales, et commence à se poser des règles de conduite ;
il s'emploie non seulement à agir, mais aussi à réfléchir,
à délibérer, à comparer les fins diverses qu'il se propose
et à les juger d'après des maximes qui viennent en grande
partie de l'éducation et de l'influence du milieu social, et
un peu aussi du sens moral, des méditations et de l'expérience personnelles. Avec l'étendue et la variété des connaissances, le développement du sentiment moral et de
la raison, le pouvoir personnel acquiert, chez les hommes
les plus éclairés, une force et une élévation beaucoup
plus grandes encore ; il recule ses limites, dispose de
moyens d'action plus nombreux, habitue la pensée à
mieux calculer les conséquences des actions qu'il va entreprendre, à voir dans le présent l'avenir le plus éloigné,
derrière le bien propre, le bien de la famille, des amis,
du pays, le bien universel, à juger enfin d'un point de
vue plus large et plus vrai ce qu'il doit faire et ce qu'il
doit éviter. Il se laisse animer, enflammer par des sentiments généreux qui, loin de diminuer sa force, la multiplient. Mais ce qui consacre sa puissance, c'est, avec la
raison qui l'éclaire, avec le sentiment qui l'échauffe, cette
habitude lentement et patiemment acquise qui consiste
à se posséder, à tenir à leur place les tendances inférieures de la nature humaine, à réprimer d'une main
ferme la mobilité des passions, à rester sourd à la crainte

du péril lorsque le devoir est tracé, à être, en un mot, maître de soi, habitude précieuse et désirable entre toutes, qui fait, plus que tout le reste, la valeur des hommes, qui est comme la marque de la vraie personnalité, et qu'on appelle le *caractère*.

Le pouvoir personnel, qui commence avec l'activité spontanée, presque aveugle et automatique, parvient ainsi au dernier terme de son développement avec la volonté éclairée et forte. C'est par lui que le *moi* est autre chose qu'une suite d'actes ou d'états de conscience; par lui, qu'il meut et gouverne son corps, et, au moyen des mouvements qu'il y détermine, apprend à le connaître et à le distinguer des corps extérieurs; par lui, qu'il est une cause à la fois durable et distincte de toutes les autres; par lui, enfin, et par la raison qui s'y associe, qu'il peut être libre et fortifier sa liberté. Aux divers degrés de ce pouvoir correspondent les différents degrés de la personnalité. Aussi, n'est-il pas surprenant que la plupart des philosophes dont nous avons examiné, en dernier lieu, les doctrines aient vu dans le principe dont nous parlons le fondement même de l'existence personnelle. Ce qui constitue la personnalité, dit Maine de Biran, c'est la puissance de l'effort; c'est le pouvoir personnel, dit Jouffroy; c'est la puissance de l'effort, dit, comme Maine de Biran, M. Renouvier. Il est vrai que par ce pouvoir ou cette puissance, tous désignent exclusivement la force de la volonté, qui, suivant nous, n'est pas le pouvoir personnel tout entier, mais seulement un degré supérieur, un exercice réfléchi de ce pouvoir. Nous croyons que le pouvoir personnel commence avec la première perception de soi, le premier sentiment de soi, et qu'il est l'objet de cette perception et la cause déterminante de ce sentiment. Le pouvoir personnel est pour nous le pouvoir du *moi*, perçu dans ses applications diverses dès qu'il s'exerce, et s'exerçant dès qu'à l'activité spontanée fortuite succède une activité intentionnelle quelconque, l'intention ne fût-elle encore que le désir vague, irréfléchi, de faire durer une sensation agréable produite par un premier mouvement spontané. Remarquons, d'ailleurs, que Maine de Biran donne à la puissance de l'effort autant d'extension que nous en donnons au pouvoir personnel appliqué à l'activité motrice; il a tort seulement de l'identifier avec la volonté.

Si pour les philosophes que nous venons de citer le pouvoir d'agir ou la puissance de l'effort est la volonté, c'est une volonté dont l'action est comprise de différentes manières. Suivant Maine de Biran, la volonté n'agit directement que sur l'organisme, et son acte, l'effort, est exclusivement musculaire. Suivant M. Renouvier, la volonté n'exerce une action immédiate que sur les représentations, et l'effort est purement mental. Suivant Jouffroy, le pouvoir personnel gouverne également toutes les capacités naturelles, les facultés intellectuelles et affectives aussi bien que l'activité locomotrice. Pour Jouffroy, comme pour Maine de Biran, la puissance volontaire est un pouvoir réel, un principe d'activité, une cause; pour M. Renouvier, ce n'est qu'une possibilité abstraite et vide.

Nous devons donc essayer de faire une analyse un peu plus approfondie du pouvoir personnel et, en particulier, du pouvoir de la volonté, afin de reconnaître les principales conditions de son exercice.

VI

NATURE DE L'EFFORT ET POUVOIR DE LA VOLONTÉ

L'effort, qui est l'acte de la volonté, est-il musculaire, comme le pensait Maine de Biran, ou mental, comme le croient MM. Renouvier et James, ou bien la volonté peut-elle agir directement sur toutes les capacités naturelles, comme l'admettait Jouffroy? Ce qui sera reconnu vrai pour l'action de la volonté pourra évidemment s'appliquer aussi à celle du pouvoir personnel, puisque la volonté n'est pas autre chose que ce pouvoir s'exerçant avec réflexion.

Pour prouver que l'effort est une action musculaire, Maine de Biran invoque le témoignage de la conscience qui, suivant lui, nous ferait sentir la résistance organique comme liée à l'effort de la volonté par une relation immédiate. — Pour prouver qu'il n'y a pas d'autre effort, il s'appuie sur ce qu'il n'y a pas d'autre résistance directement perçue dans la conscience, et montre que l'action volontaire ne s'exerce sur les idées ou les sentiments qu'au moyen des signes du langage articulé, qui sont l'effet de mouvements musculaires, et au moyen de diverses opérations de perception, d'attention, de réflexion, qui toutes ont pour condition essentielle une contraction musculaire.

Pour démontrer que la volonté n'agit pas directement sur les muscles et qu'elle n'exerce d'action immédiate que sur les représentations, MM. Renouvier et James rappellent qu'il y a, entre la volonté et les muscles, des intermédiaires, c'est-à-dire des actions des centres et des nerfs moteurs que la conscience ne connaît pas, et que la contraction musculaire, cause du sentiment de la résistance organique, n'étant perçue qu'à la suite d'une sensation musculaire, résultat d'une action nerveuse sensitive ou afférente comme toutes les autres sensations, il devient impossible d'admettre une perception immédiate de la résistance organique. — Pour établir que l'effort volontaire est exclusivement mental, ils montrent, d'une part, que nous percevons en nous le pouvoir de fixer, de maintenir présentes les représentations ou de les écarter et de les repousser, de les rendre prépondérantes ou de les subordonner à d'autres; d'autre part, que la représentation d'un mouvement ou d'une action, en l'absence de toute représentation contraire intercurrente, entraîne par elle-même l'exécution de cette action ou de ce mouvement, en vertu de connexions établies entre l'imagination ou la pensée et l'activité musculaire. Dans cette hypothèse, la volonté agirait donc sur les représentations, et les représentations sur les muscles.

Enfin, en affirmant que nos diverses capacités naturelles sont également soumises à l'action de notre pouvoir personnel, comme des forces ou activités subordonnées à une force supérieure, Jouffroy s'appuie sur le sentiment général, sur le sens commun.

Quelle est, de ces diverses opinions, la plus conforme aux faits? Quand Maine de Biran affirme que les deux termes de l'effort musculaire, le *moi* agissant et la résistance éprouvée, sont unis par une relation immédiate, il confond une relation logique avec une relation psychologique, un fait de connaissance avec un fait de conscience.

Il est certain qu'il n'y a pas de relation immédiate dans la conscience entre la détermination active du sujet et la contraction musculaire, puisque pour cela il faudrait que cet effet organique s'accomplît, comme l'acte du sujet, dans la conscience même, ce qui ne pourrait arriver que si les muscles étaient dans la conscience. Un mode du sujet peut seul être en relation immédiate avec lui. Ce mode est, dans le cas dont il s'agit, la sensation musculaire. Plusieurs écrivains, faisant la critique de Maine de Biran, ont pris la peine de montrer qu'entre cette sensation et la détermination active du *moi* il y a des intermédiaires. Ce n'est pas douteux ; elles sont séparées par un circuit nerveux ; mais qu'importe ? Est-ce un intermédiaire psychologique ? N'en reste-t-il pas moins vrai que dans la conscience il n'y a aucun intermédiaire entre le *moi* et sa sensation musculaire ? Pour qu'il y eût une séparation psychologique, il faudrait, selon la juste remarque de Maine de Biran, que l'action nerveuse motrice, intermédiaire physiologique, fût directement sentie. Mais alors ce serait cette sensation nouvelle qui remplacerait la sensation musculaire comme terme d'une relation psychologique immédiate avec le sujet agissant.

Là n'est pas l'erreur de Maine de Biran. Son tort, c'est d'avoir confondu le rapport qui lie le sujet conscient à la sensation avec un rapport entre un principe d'effort et une résistance. La sensation musculaire n'est pas la contraction des muscles ou la résistance organique : elle n'en est que le signe. Pour que ce signe soit interprété et que la sensation soit suivie de la perception d'un mouvement et de l'idée d'une résistance, il faut un acte de la pensée et, comme l'affirmait Ampère, l'intuition et l'application du rapport de causalité. En effet, l'idée d'effort aurait-elle un sens sans celle de cause agissante, et l'idée de résistance sans celle de cause qui réagit ? Dès qu'une relation d'effort et de résistance apparaît dans l'esprit, il y a plus qu'un fait senti, plus même qu'un fait perçu avec ses caractères sensibles, il y a un fait interprété

par la raison, une intuition d'un rapport intelligible.
Cette relation, quels que soient les faits, internes ou externes, auxquels elle s'applique, contient un rapport logique, l'union rationnelle de deux idées. Pour la raison,
l'effort et la résistance sont deux termes corrélatifs et,
comme ils ne sont intelligibles que l'un par l'autre, ils
sont nécessairement inséparables. Au point de vue logique et dans la pensée ils sont donc toujours unis par une
relation immédiate, quels que soient, en fait, les intermédiaires qui les séparent. Mais ils peuvent aussi se
trouver en rapport direct dans la réalité. Ce n'est pas le
cas pour l'effort appliqué à la résistance musculaire;
nous allons voir s'il en est autrement pour l'effort appliqué aux images et aux idées.

La théorie de l'effort mental donne lieu à plusieurs
questions : La volonté agit-elle directement sur les représentations? n'agit-elle que sur elles, et les représentations entraînent-elles par elles-mêmes les mouvements
représentés?

Dans l'exercice de la pensée on doit distinguer, nous
l'avons vu précédemment, ce qui est directement notre
acte et ce qui ne l'est pas. Les opérations intellectuelles
telles que la perception, l'abstraction, la comparaison, la
généralisation, le jugement, le raisonnement, sont en
partie notre acte, en ce sens que nous dirigeons les facultés auxquelles elles sont dues; nous intervenons aussi
d'une manière active dans l'attention et la réflexion qui
donnent à nos facultés de connaître une forme et une
puissance particulières. Les idées et les images, ou, pour
employer l'expression de MM. James et Renouvier, les
représentations sont donc nos actes; mais elles ne le
sont qu'indirectement et partiellement, il ne faut pas
l'oublier. Pour me représenter une action, j'ai dû diriger
mes sens et ma pensée sur le fait qui est la fin de cette

action, sur les mouvements qui en sont les moyens; cette direction est mon œuvre; elle est ordinairement en mon pouvoir. Mais la représentation de la fin et des moyens dépend-elle aussi de moi? Ne résulte-t-elle pas, d'une part, de la nature de mes sens et de ma pensée, sur lesquels j'ai peu de pouvoir, et, d'autre part, de la nature des faits, sur lesquels j'en ai moins encore? Diriger n'est pas produire; agir partiellement sur les opérations de l'esprit n'est pas agir complètement sur les idées et sur les images; une analyse et une synthèse volontaires d'éléments sensibles représentés, de rapports intelligibles conçus, n'est pas du tout une formation volontaire de ces groupes d'éléments et de ces rapports. Je ne puis pas me donner, à mon gré, immédiatement, par une simple décision de ma volonté, une illusion, une hallucination. Je ne puis pas non plus, quoi qu'on en ait dit, adopter ou rejeter librement telle ou telle croyance, comme je puis accomplir telle ou telle action. Pourquoi cette double impossibilité, si mes images et mes idées étaient soumises à mon action de la même manière que mes mouvements?

Créer les représentations et faire leurs caractères, ce n'est pas là sans doute le pouvoir que l'on revendique pour nous; mais nous pouvons du moins, dit-on, les fixer, les évoquer, les repousser. Les fixer, je l'accorde; mais les appeler ou les écarter, le pouvons-nous toujours? Nous avons le pouvoir de les maintenir présentes, mais reste encore à savoir si c'est au moyen d'une action directe, ou, comme le pensait Maine de Biran, par l'intermédiaire de la parole intérieure et d'autres mouvements musculaires. Malgré l'intervention incontestable de la parole intérieure et des images des mouvements, nous trouvons excessive l'opinion de Maine de Biran. Comment, en effet, ne voir avec lui dans les actes d'attention interne qu'un degré supérieur d'effort musculaire? L'action musculaire, qu'elle s'exerce sur les organes de la voix ou sur ceux des sens, n'est-elle pas une partie seulement, et la moins essentielle, de l'activité déployée? Elle est la condition matérielle de l'acte, mais elle n'en constitue par le fond. En même temps qu'elle, il y a une activité qui analyse, et qui, après l'analyse, opère la synthèse. L'analyse et la synthèse, qui font partie de tout acte d'attention, sont manifestement l'œuvre d'une activité intellectuelle; et puisque nous avons conscience de les diriger, de les commencer et de les recommencer à notre gré, de tenir appliquée et concentrée la pensée qui les opère, il paraît légitime d'en conclure que nous agissons directement sur l'activité intellectuelle.

Marquons donc avec précision notre pouvoir : nous ne produisons ni les images ni les idées, nous n'agissons pas directement sur elles pour les modifier, les appeler ou les écarter ; mais nous agissons sur les activités internes qui les produisent d'après leurs lois propres sous l'influence des excitations organiques, et notre action consiste, comme le reconnaissait Jouffroy, à diriger et à concentrer ces activités. En d'autres termes, notre pouvoir personnel s'exerce immédiatement sur les facultés représentatives, et non sur les représentations.

Voyons maintenant si la volonté n'agit que sur l'intelligence. Vouloir n'est-il que tendre sa pensée et fixer une représentation? Suffit-il de maintenir présente une représentation pour que l'action suive ?

La présence prolongée d'une idée est un fait d'activité mentale. On y remarque quelquefois une intervention de la volonté, mais d'une volonté dont l'objet est interne, et qui n'est pas la volonté d'agir, mais seulement la volonté de réfléchir, de délibérer. Cette forme tout intérieure, principe des délibérations, ne doit pas être confondue avec la volonté complète, cause des actions. La première a pour but une délibération attentive, un examen réfléchi. Cette opération mentale exige quelquefois un effort, quand il y a des sentiments énergiques à maîtriser, des passions violentes à arrêter et à combattre; mais elle n'est cependant encore qu'une préparation de l'acte volontaire et ne saurait se confondre avec lui. Réfléchir et agir sont deux. Il n'y a pas de volonté véritable sans réflexion; mais il y a des hommes qui réfléchissent beaucoup et qui ne savent pas se décider. Dira-t-on que l'absence de décision résulte de la mobilité des idées et du conflit perpétuel des représentations, et que fixer une idée serait lui assurer la prépondérance? Mais si le pouvoir de maintenir présente une représentation était identique à la force de volonté, les hommes qui ont le moins de mouvement dans les idées ne devraient-ils pas être considérés comme ayant le plus de volonté, et l'idée fixe ne deviendrait-elle pas l'idéal de la fermeté du caractère? Fixer des idées n'est utile qu'à la condition qu'on en soit le maître et qu'on puisse en éveiller d'autres pour les comparer aux premières.

Nous sentons nettement que vouloir est autre chose que penser, et même que fixer, tendre ou concentrer sa pensée. La représentation d'une action, quelque intense qu'elle soit, n'est pas la volonté de la faire : il y manque l'élément essentiel. N'y a-t-il pas une différence profonde entre les deux choses exprimées par les mots *marcher* et *marchons*? Le premier ne représente que l'action; le second y ajoute l'ordre de l'effectuer. L'impératif contient quelque chose de plus que l'infinitif, et ce surplus est le commandement, expression directe du vouloir s'ajoutant à l'idée de l'acte. Quand ma volonté s'exprime au dehors, je retrouve donc aisément dans le langage la marque de sa présence; il est évident que

quand elle ne s'exprime pas, mais qu'elle agit seulement,
elle conserve son caractère propre, qui ne se confond
ni avec la pensée de l'acte, ni avec son exécution. Nous
avons déjà dit que l'élément volontaire ne peut être saisi
que dans la conscience, et qu'il est impossible de se le
représenter distinctement par la pensée. Nous en avons
donné les raisons. C'est parce que le vouloir est spécialement l'acte du sujet personnel en tant que sujet, et que
pour se le représenter il faudrait lui donner la situation
d'objet, ce qui implique contradiction.

L'acte spécial du vouloir n'en est pas moins réel, et
les éléments qu'on y substitue dans la théorie que nous
examinons ne sauraient le remplacer. MM. Renouvier et
James affirment que les mouvements sont liés aux représentations par les lois de notre nature, de sorte qu'un
mouvement représenté est immédiatement et nécessairement exécuté, si aucune représentation contraire ne s'y
oppose. Quand la connexion existe, le mouvement suit,
quand elle n'existe pas, le mouvement est impossible,
mais la volition n'en est pas moins complète. « Je veux
écrire, dit M. James, et l'acte suit ; je veux éternuer, et
l'acte ne suit pas ; je veux que la table qui est à une certaine distance vienne à moi, et elle ne le fait pas. Mais
dans les deux derniers cas le vouloir est aussi réel et
aussi bon qu'il l'était lorsque je voulais écrire. En un
mot, la volition est un fait psychique pur et simple, un
fait absolument complet dès qu'il y a intention ou consentement. L'intervention du mouvement qui vient ensuite
est un phénomène surnuméraire. » Si M. James définit
ainsi le vouloir, c'est parce qu'il l'étudie dans des faits
où il n'existe pas. Quand une chose n'est pas en mon
pouvoir, je ne la veux pas à proprement parler ; je ne
puis que la désirer, ce qui est bien différent. Pour celles
qui sont en mon pouvoir et qui seules sont réellement

voulues, sont-elles toujours l'effet inévitable d'une connexion établie entre l'idée et le mouvement? Qui ne s'aperçoit que c'est là confondre la volonté avec l'automatisme? Si un lien est déjà établi entre la représentation d'un acte et cet acte même, c'est, apparemment, parce que le second a suivi plusieurs fois la première. Une telle action est celle qu'on appelle *habituelle*; elle a pu être volontaire à l'origine, elle peut le redevenir encore, si l'on s'applique à l'exécution; mais elle peut aussi se produire sans aucune intervention de la volonté, machinalement. Elle a toujours ce caractère quand elle vient toute seule à la suite de l'idée. Mais comment, à l'origine, la connexion a-t-elle été établie? C'est ce qu'il faudrait rechercher, car c'est ici seulement que l'on retrouverait l'action de la volonté. On semble oublier, en vérité, que cette association entre des idées ou des images et des mouvements n'est pas exclusivement l'œuvre de la nature ou du hasard. Que fait l'enfant qui commence à écrire, l'ouvrier qui apprend un métier, le musicien débutant qui exerce ses doigts à faire vibrer les cordes d'un violon ou les touches d'un piano? Ils établissent, précisément, entre des représentations et des mouvements ces connexions dont parle M. James; ils les établissent avec réflexion et intention, et, par suite, avec volonté. Si des mouvements sont voulus, c'est qu'ils ne se font pas encore tout seuls; quand ils s'exécuteront automatiquement, ce ne sont plus eux qui seront voulus, mais seulement les actions qu'ils serviront à accomplir, et pour lesquelles ils ne seront que des moyens d'exécution.

La volonté n'agit donc pas exclusivement sur l'activité intellectuelle, pour participer aux opérations de l'esprit et diriger le cours des idées; elle exerce aussi une action sur l'activité musculaire pour régler les mouvements et établir entre les représentations et les actions corporelles des coordinations que l'habitude fortifiera. Son pouvoir sur les mouvements des muscles n'est pas immédiat, mais il ne l'est pas davantage sur les sensations, sur les images et les idées. Dans un cas comme dans l'autre, elle trouve des dispositions, des aptitudes, des activités naturelles, dont elle dispose d'une manière plus ou moins complète, sur lesquelles son empire s'établit, constituant ainsi des activités acquises. Il n'est pas douteux qu'elle n'ait sur une partie de l'activité motrice, celle qui s'exerce au moyen des muscles appelés volontaires, un empire plus absolu que sur toute autre, tant que l'organisme est dans un état normal. Là, le *moi* ne se borne pas à diriger : il peut aussi donner l'impulsion, il sent qu'il tient pour ainsi dire tous les ressorts dans sa main. C'est lui, en effet, qui a développé dans l'activité motrice de nombreuses aptitudes acquises, des coordinations de mouvements fortifiées par l'habitude, et il n'est pas étonnant qu'il les gouverne, puisqu'elles sont son œuvre. S'agit-il, au contraire, de ces autres activités internes qui produisent les sensations, les images, les idées, les sentiments ? l'excitation, le stimulant ou la cause déterminante n'est pas en son pouvoir : son action est plus ou moins subordonnée à celle des objets extérieurs, à celle des centres cérébraux, conditions organiques de l'imagination et de la mémoire, et aussi à celle des énergies inconscientes de l'âme. Il ne donne l'impulsion que d'une manière partielle et indirecte.

Ainsi, le pouvoir de la volonté n'est ni exclusivement musculaire, ni exclusivement intellectuel : il est l'un et l'autre ; mais il n'est direct ni dans un cas ni dans l'autre. Il s'exerce sur des activités qui sont les causes immédiates des représentations et des mouvements. Il est plus complet sur l'activité motrice que sur toutes les autres ;

cette faculté est la plus soumise de toutes, selon l'expression de Jouffroy, et c'est sur elle que la volonté sent le plus constamment son empire, ainsi que le pensait Maine de Biran.

Il nous reste à étudier l'effort volontaire à un autre point de vue, auquel nous amène l'examen des idées de M. William James. M. James ne voit pas un effort dans toute action, mais seulement dans celles qui exigent une tension réelle. En outre, de l'effort physique il distingue l'effort moral, et trouve dans ce dernier le véritable effort volontaire. En quoi consiste-t-il? A maintenir présente, suivant lui, l'idée d'un acte désagréable, ou à éloigner l'idée d'un acte agréable. Plus le fait attendu est désagréable, plus intense doit être l'effort pour fixer et faire prédominer la représentation de ce fait. C'est un effort de ce genre qu'il faut pour tenir sa promesse quand il en coûte, pour rester à son poste quand il y a péril, et, en général, pour sacrifier son plaisir ou son intérêt à son devoir.

Il y a, en effet, dans ces circonstances un effort qu'on a toujours considéré comme un effort moral, dans lequel on a généralement reconnu une intervention spéciale de la volonté. Dès que l'homme en est capable, la personnalité reçoit en lui un nouveau caractère, et c'est celui qui fait sa dignité et sa grandeur. C'est un fait d'un ordre tout particulier, dont nous n'avons pas, dans une étude exclusivement psychologique, à analyser tous les éléments, à déterminer toutes les lois, mais dont nous ne saurions pourtant nous dispenser de montrer les conditions essentielles.

Sont-elles bien celles que M. James a indiquées? Sans doute, les actions représentées ont le caractère d'être agréables ou désagréables, mais pourquoi l'ont-elles? N'est-ce pas parce qu'elles doivent nous causer un plaisir ou une peine? Et pourquoi écartons-nous ce qui est agréable et faisons-nous prédominer ce qui est désagréable, sinon parce que nous mettons un intérêt au-dessus d'un plaisir immédiat, et quelquefois aussi un devoir au-dessus d'un intérêt? Le plaisir, l'intérêt, le devoir, ou, d'un seul mot, un bien, voilà donc ce que nous avons en vue avant d'agir. Les actions représentées prennent alors un caractère tout nouveau : elles ne sont plus seulement des mouvements musculaires soumis plus ou moins à notre pouvoir, ni des représentations de mouvements que nous aurions la faculté d'évoquer, d'éloigner ou de maintenir présentes; elles sont autre chose qu'un exercice d'un pouvoir corporel ou d'un pouvoir mental : elles sont des moyens propres à atteindre des fins. L'effort de la volonté consiste donc, en réalité, à poser, comme dignes d'être poursuivies, des fins contraires à d'autres qui paraissaient préférables, à subordonner des fins agréables à des fins qui ne le sont pas, mais que la raison juge désirables et bonnes.

Les actions que ma pensée conçoit comme possibles pour moi sont assurément l'objet de représentations, de la même manière que les phénomènes de la nature. Les premières représentations se coordonnent dans ma pensée comme les secondes; elles y forment un ensemble, un tout lié, un système. Mais le lien de coordination n'est pas le même dans les deux cas. Dans la connaissance des faits extérieurs, le point de vue dominant est le rapport de causalité. Dans la représentation de mes actes le lien fondamental est le rapport de finalité. Pour qu'un fait nous apparaisse comme vrai ou réel, il faut que nous puissions lui trouver une place dans le système de causes et d'effets, qui est l'univers tel que nous le croyons être. Pour qu'une action nous apparaisse comme bonne ou réalisable, il faut que nous puissions lui trouver une place dans le système de fins et de moyens, qui est le développement de notre existence personnelle tel que nous le croyons devoir être. Il est évident que le second système est bien plus mobile que le premier. Nous pouvons le modifier, le transformer sans cesse, y changer les points de vue en y introduisant des fins nouvelles, meilleures ou plus belles; ces fins, c'est notre raison qui les conçoit, mais c'est notre volonté, c'est nous-mêmes qui les acceptons, qui les posons, qui les faisons nôtres. Le système de l'univers, au contraire, est régi par des lois immuables, que nous découvrons d'une manière de plus en plus complète, mais que nous ne faisons pas et que nous ne pouvons pas modifier. Si cette distinction est fondée, comment M. James, suivant d'ailleurs l'exemple de quelques autres philosophes, a-t-il pu confondre l'assentiment à l'idée d'un fait de la nature représenté comme réel avec l'assentiment à une action représentée comme possible, l'adhésion au vrai avec l'adhésion au bien, et, par suite, assimiler la croyance à la liberté?

L'idée de fin, que Maine de Biran a négligée dans son analyse de l'effort volontaire, est pourtant une condition essentielle de la volonté. S'il avait considéré que ce que nous voulons est toujours une fin, et qu'une fin est toujours ce que nous regardons comme un bien, car les choses mauvaises ou indifférentes, selon la pensée de Platon, ne sont pas voulues pour elles-mêmes, mais pour d'autres que nous jugeons bonnes, peut-être n'aurait-il pas renfermé dans les limites de l'effort musculaire l'acte propre de la volonté. Il aurait vu qu'il n'y a même jamais, à proprement parler, d'effort musculaire voulu. Comment, en effet, pourrais-je vouloir une contraction musculaire? Serait-ce comme fin? Mais pour cela il faudrait qu'elle me parût être un bien, et elle n'a jamais ce caractère. Serait-ce comme un moyen? Mais il faudrait la connaître, et je ne connais que l'effet qu'elle produit, le mouvement, sans savoir même comment elle le produit.

Pour la même raison, il n'y a pas non plus d'effort mental voulu, dans le sens d'une tension de la pensée, d'une représentation automotive, d'une fixation des représentations, et, en général, d'une action intérieure exercée sur des images ou des idées. Ces actes intellectuels ne sont que des conditions de la délibération, et la délibération n'est jamais elle-même le but de la volonté ; elle n'est qu'un moyen utile pour préparer la détermination de la volonté.

Dans ces deux théories différentes, on prend pour l'acte volontaire ce qui n'en est qu'un fragment. On considère la volonté comme cause efficiente seulement, et l'on croit que pour la connaître il suffit de distinguer et d'analyser ses effets qui sont les actions. C'est une puissance qui dirige et qui gouverne, tout le monde le reconnaît ; mais gouverne t-elle arbitrairement et par des décisions aveugles, ou bien a-t-elle des règles et un but ? Ce qui marque le commencement de l'activité intentionnelle est l'apparition de l'idée d'une fin à poursuivre ; et ce qui distingue l'action réellement volontaire de tout autre acte fait avec intention, c'est que la fin poursuivie, au lieu d'être le but vers lequel nous pousse un sentiment plus ou moins aveugle, est une fin délibérée, acceptée ou choisie avec réflexion. L'acte volontaire n'est donc pas un fait complet sans la fin vers laquelle il tend. C'est parce que la volonté est dirigée elle-même qu'elle peut diriger à son tour les autres facultés. Et sa direction, elle la trouve dans les fins que le *moi* se pose et dans la règle qui détermine son choix parmi ces fins et qui est le principe de la subordination, de la hiérarchie, de l'ordre qu'il y établit. Pouvoir agir, n'est qu'une partie de la volonté ; agir en vue d'une fin en est aussi un élément ;

pouvoir se donner à soi-même une fin à poursuivre est ce qui l'achève. L'autonomie, suivant l'expression de Kant, est la perfection de la volonté.

Le pouvoir personnel offre ainsi deux aspects ou s'exerce dans deux directions : dans le sens des causes efficientes et dans le sens des causes finales. D'un côté, il meut et gouverne tantôt directement et tantôt indirectement, tantôt complètement et tantôt partiellement, des activités motrices, intellectuelles, sensitives et affectives. D'un autre côté, il se donne des fins, se pose des buts, se trace des règles et marque d'avance l'ordre suivant lequel il dirigera et gouvernera ses actes. Un effort peut être nécessaire pour effectuer une action ; mais il peut être besoin aussi d'un effort pour faire prédominer une fin sur une autre. Le premier ne s'accomplit pas sans une action du *moi*, mais cette action n'est qu'une direction, une impulsion, un ordre et quelquefois même un consentement; le second, qui est l'effort moral, est un acte propre et personnel du *moi*; il ne suffit pas que le *moi* y donne son assentiment, car quelle force l'accomplirait en lui à sa place ? Il faut qu'il le veuille expressément, et en parlant ici de volonté nous n'avons pas en vue un principe abstrait d'activité, une force qui se joindrait à d'autres pour composer un individu : un vouloir distinct, détaché de l'être, est une chimère, une impossibilité. La volonté est le sujet tout entier, la personne dans toute sa réalité, avec sa raison et son cœur comme avec son pouvoir d'agir.

VII

CONCLUSION

Résumons en peu de mots ce qui résulte de ce long examen.

La personnalité consiste d'abord à exister pour soi, ou à avoir par la conscience et par la pensée le sentiment et la notion de soi-même. Elle est ce que chacun appelle *moi*. Rien assurément ne nous est mieux connu que le fait de notre propre existence. Mais la philosophie ne saurait se borner à affirmer un fait : elle a besoin de s'en rendre compte, d'en analyser les éléments et les conditions, de déterminer les rapports qu'il soutient avec d'autres. Elle en cherche l'explication.

Qu'est-ce que c'est que le *moi* ?

Quelques philosophes, à l'exemple de Hume, partant de l'idée qu'il n'y a dans notre conscience que des impressions, des sensations, des sentiments, des pensées, en un mot des états de conscience, et que nous ne connaissons hors de nous que des phénomènes extérieurs correspondant à ces phénomènes internes, affirment que notre existence personnelle n'est que la série de nos états de conscience ; que nous sommes soit le groupe apparent des phénomènes internes à chaque instant de notre vie, soit le lien caché qui les unit et en fait la continuité.

Mais un lien qui nous échappe ne peut pas constituer l'identité durable dont nous avons le sentiment et la notion. Parmi les états de conscience, il y a des actes et des sentiments qui nous appartiennent, et des sensations qui sont bien en nous, mais qui nous révèlent la présence de causes étrangères dont elles sont un effet sur nous ; il y a, de plus, des pensées dont les unes ont pour objet notre propre existence, et dont les autres ont pour objets des êtres extérieurs. A quelle marque reconnaître dans notre pensée le monde intérieur et le distinguer du monde extérieur ? La force et la faiblesse des états de conscience, signes proposés par M. Spencer, sont des marques trompeuses ; l'activité et la passivité, que préfère M. Bain, ne se comprennent pas dans une doctrine qui ne reconnaît que des phénomènes ; le dedans et le dehors, imaginés par M. Taine, ne sont pas une explication des idées de sujet et d'objet, puisqu'ils n'ont de sens que par ces idées.

Soutenir qu'il n'y a dans la conscience que des phénomènes, c'est se condamner à n'y trouver ni le principe ni la marque de cette distinction que M. Bain déclare pourtant fondamentale : la distinction du sujet et de l'objet. Nous croyons l'avoir démontré, et nous sommes heureux d'invoquer à l'appui de notre opinion l'autorité de M. Ravaisson : « Les phénomènes internes, disait-il, considérés à part, en eux-mêmes, et hors de l'activité personnelle, ne sont point, quoi qu'en disent et l'école sensualiste et l'école écossaise, les phénomènes subjectifs de la conscience du *moi*. C'est là ce que Maine de Biran a supérieurement établi. En outre, s'il est vrai que le *non-moi* ne soit possible que par l'opposition du *moi*, il s'ensuit que les phénomènes considérés en dehors de l'activité personnelle n'expriment pas plus le *non-moi* que le *moi* [1]. »

D'autres philosophes, à la suite de Kant, et les uns s'éloignant, les autres se rapprochant de sa doctrine, cherchent le *moi* dans les conditions, le principe, les

1. *Revue des Deux-Mondes*, 1er novembre 1840.

formes ou le produit de la pensée. Kant identifie d'abord le *moi* avec le sujet pensant, et voit en lui une activité intellectuelle, spontanée, *a priori*, toute prête à relier entre elles et à réunir à elle-même, au moyen de synthèses successives, les représentations fournies par l'expérience. Il identifie ensuite le *moi* avec la volonté raisonnable, libre, autonome, mais le relègue, avec cette volonté pure, dans un monde qu'il nomme *intelligible* et qu'il déclare cependant inaccessible à notre intelligence comme à notre conscience. Le *moi* pensant est un sujet, le *moi* voulant, une substance ; s'ils s'unissent et se confondent, c'est en dehors de la conscience.

Les successeurs de Kant voient principalement dans le *moi* le sujet pensant. Pour les uns, c'est un sujet qui, en produisant la pensée, crée avec elle l'univers qui s'y trouve représenté. Pour d'autres, c'est une intelligence produite par une volonté, mais qui ne connaît pas la volonté d'où elle sort. Pour d'autres encore, c'est une idée, une représentation centrale qui contient d'autres représentations dont elle fait la synthèse et dont elle est le cadre. Pour quelques-uns, enfin, c'est un simple élément ou une forme de toute représentation.

Ainsi, dans quelques-unes de ces théories allemandes, les idées ou représentations prennent la place qu'occupaient dans les théories anglaises les états de conscience ou les phénomènes internes. C'est un mécanisme logique substitué à un mécanisme phénoméniste. Les difficultés sont les mêmes quand il s'agit d'en faire sortir, par voie de déduction, ce qui dans notre existence consciente a le caractère de l'activité, du pouvoir, de la volonté, en un mot ce qui constitue le dynamisme interne, dont le sentiment a seul pu nous suggérer l'idée du dynamisme extérieur.

Dans quelques autres théories allemandes, et notamment dans celle de Kant, les intuitions et représentations sont bien rattachées à une activité interne, mais c'est à une activité intellectuelle; et comme les déterminations et les produits de cette activité sont loin d'être proprement notre œuvre, de dépendre entièrement de nous, ou d'être des actes personnels, il se trouve que Kant appelle *moi* une activité dont les actes ne sont pas des actes du *moi*. Pour voiler et dissimuler cette contradiction, il affirme que cette activité pensante ne se connaît pas comme agissante, et qu'elle ne perçoit ses effets qu'à travers la réceptivité du sens interne.

Ainsi, dans aucune de ces théories, le *moi* n'est considéré comme une activité présente à elle-même, ou ayant conscience de produire des actes et d'en être la cause. Toutes entreprennent d'expliquer comment le *moi* existe pour soi, sans s'apercevoir qu'il n'existe *pour soi* que dans la mesure où il existe *par soi*.

Kant avait supérieurement reconnu les conditions de la connaissance de soi-même. Le *moi*, avait-il dit, ne peut avoir, dans la conscience, la connaissance directe de lui-même qu'à la condition d'être la cause réelle de ses actes, des déterminations de son existence, et, pour ainsi dire, de se produire lui-même. N'admettant pas ce pouvoir du *moi* sur son existence, il ne pouvait pas admettre la connaissance qui, suivant lui, en devait être le résultat.

L'existence pour soi, c'est la *conscience*; l'existence par soi, relativement, bien entendu. et partiellement, c'est le *pouvoir personnel* avec toute l'extension dont il est susceptible. Ce sont là les deux conditions essentielles de la *personnalité*.

Nous n'avions d'abord parlé que de la première, et les diverses doctrines auxquelles nous venons de faire allusion ne se sont guère préoccupées que de celle-là. Maine de Biran, le premier, a compris et prouvé que le *moi*, le sujet personnel, est une activité présente à elle-même avec la conscience et l'idée de son pouvoir. Il a rétabli le véritable point de vue psychologique, et a montré nettement quel devait être l'objet de l'observation intérieure et de l'analyse des faits de conscience : cet objet est le *moi* inséparable de ses modes, la puissance consciente liée à ses actes et, par eux, à des modifications passives, et formant avec chacune de ses manières d'être un fait concret. La doctrine de Maine de Biran, corrigée dans ce qu'elle avait encore de trop empirique, d'incomplet, d'étroit, a été adoptée par un certain nombre de psychologues dont la plupart sont Français. Nous ne les avons pas cités; nous avons cru devoir exposer, de préférence, les opinions de quelques philosophes qui, dans l'étude de l'activité personnelle, ont suivi une manière de voir plus ou moins différente. En rapprochant ces théories de celle de Maine de Biran, nous avons pu reconnaître comment elles pouvaient mutuellement se compléter.

Maine de Biran a montré que le sentiment et l'idée de nous-mêmes sont inséparables de la conscience et de la connaissance de notre pouvoir personnel, et que nous avons de nous-mêmes une notion d'autant plus distincte que ce pouvoir est mieux établi et plus indépendant. Seulement il a eu tort d'identifier le pouvoir personnel avec la puissance de l'effort musculaire, et de renfermer ainsi notre activité propre dans les limites de l'activité motrice.

Il a compris, le premier, toute l'importance des mouvements liés à l'exercice de nos sens et à la production du langage, et le rôle considérable qu'ils jouent dans la perception, dans l'imagination, dans l'association et le rappel des idées, dans la réflexion. Il a montré que la psychologie de la sensation devait se compléter par une psychologie du mouvement. Mais il n'a pas vu, du moins au début, que le mouvement n'avait pas, par lui-même, plus de signification ou de fécondité intellectuelle que la sensation ; ce n'est qu'à la fin de sa carrière qu'il a reconnu la présence et l'action de la raison dans tout fait de connaissance.

L'effort, qu'il regarde comme un fait primitif de conscience, est un fait de connaissance, un fait interprété par la raison. S'il contient un rapport qui paraît si instructif à Maine de Biran, c'est parce que ce rapport est d'ordre intelligible et rationnel, selon la remarque d'Ampère, et que la cause agissante et la résistance, qui en sont les termes, n'ont un sens que parce que la raison le leur donne. La relation qui unit ces deux termes est immédiate au point de vue logique, mais non au point de vue psychologique.

L'effort volontaire n'est pas le fait primitif de la conscience, parce que la volonté ne peut naître que lorsque la conscience existe déjà. Maine de Biran n'a pas assez remarqué la différence qui existe entre la conscience et la connaissance de soi-même. La première est la forme psychologique de tous les actes et de toutes les modifications du *moi*, aussi bien quand ils ont le caractère de faits sensibles ou volontaires que quand ils ont celui de faits intellectuels. La seconde est une fonction spéciale de l'intelligence. L'action exercée avec intention sur l'organisme est une condition de la connaissance de notre corps et, par suite, de la perception des corps étrangers et de la distinction établie par nous entre le monde intérieur et le monde extérieur. Mais la conscience est bien antérieure à l'idée distincte du *moi* et du *non-moi*, et, partant, n'a pas les mêmes conditions.

Le fait psychologique simplement senti ou conscient, et non connu, peut exister sans contenir, comme élément essentiel, soit un effort voulu, soit même une action musculaire quelconque. Il n'est pas non plus lié, comme le pense M. L. Ferri, à l'exercice de l'activité intellectuelle; ce n'est pas un acte de synthèse accompli par un sujet pensant. Ce n'est pas même essentiellement un acte d'un sujet à la fois sentant, pensant et voulant; le sujet conscient y est en même temps actif sous un rapport, et passif sous un autre. Peut-être pourra-t-on le considérer comme résultant d'un rapport ou de l'action réciproque d'une activité interne proprement personnelle et d'autres activités psychiques plus ou moins distinctes et indépendantes du *moi*.

Il y a en nous une activité que nous identifions particulièrement avec nous-mêmes; lorsqu'elle subit l'action, je ne dirai pas seulement de forces étrangères, mais aussi de forces qui sont en nous, par exemple de nos sens, de notre imagination, de nos penchants, de nos inclinations, de nos instincts ou de nos habitudes, nous nous considérons comme passifs; lorsqu'elle agit au contraire soit sur ces forces internes, soit par elles et par notre corps sur des forces extérieures, nous sentons et croyons que nous sommes actifs. On peut donc l'appeler, à juste titre, *l'activité personnelle*.

Quelles sont les limites de la sphère dans laquelle elle s'exerce? Elle n'agit directement ni sur les muscles, ni sur les idées, les images ou les sentiments; car il arrive souvent que les muscles se meuvent, que les idées ou les images se présentent, que les sentiments se développent sans mon action expresse, sans ma volonté ou mon consentement, sans moi et malgré moi. Ces faits résultent de l'exercice d'activités distinctes de moi, mais dont je puis m'emparer d'une manière plus ou moins complète, auxquelles je puis donner tantôt une impulsion, tantôt une direction, et qui ne produisent tous leurs effets qu'avec

mon concours. Dans le domaine de l'activité intellectuelle et de l'activité affective comme dans celui de l'activité motrice, il y a des dispositions naturelles, des aptitudes innées, des puissances qui sont des virtualités
pour un développement ultérieur, mais qui sont déjà en
acte dans une certaine mesure et sans ma participation.
Elles sont liées à mon activité propre, comme des fonctions diverses d'un même organisme psychique. Elles
agissent sur moi, et j'agis sur elles. Elles déterminent
les formes, les conditions, les manifestations de mon
existence; de mon côté, je développe en elles, par mon
action personnelle, des aptitudes nouvelles, spéciales,
des directions, des associations, des coordinations que la
continuité et la répétition fortifient et qui deviennent des
habitudes. Des aptitudes acquises se greffent ainsi sur
mes dispositions naturelles. Comme elles sont mon œuvre, en ce sens qu'elles ne sont développées que par ma
volonté expresse ou avec ma participation, je puis en
disposer, les appliquer où je veux, les tenir plus ou
moins complètement dans ma main. Elles constituent les
diverses formes de mon pouvoir personnel.

Ce pouvoir est plus qu'une simple activité; il est à la
fois en acte et en puissance. Il dure pendant que les actes se succèdent. Il est un et identique pendant que les
actes sont multiples et changeants. Remarquons d'ailleurs
combien il diffère des autres forces. En tant même qu'il
est en puissance, il est autre chose qu'une possibilité
abstraite et vide. Il est réel. Non seulement il est réel
pour des témoins extérieurs qui, par induction, croient à
son existence, mais il est réel pour lui-même, parce qu'il
a conscience de sa réalité. Les conditions de son exercice
sont, en effet, de deux sortes. Il y a des conditions organiques, qui subsistent à l'état normal, mais dont quelques-unes peuvent cependant faire défaut. Dans ce cas il

deviendrait incomplet, puisqu'il serait privé de quelques-
uns de ses instruments. Mais il lui resterait d'autres termes d'application ; il subsisterait, par suite, dans d'autres
directions. Il y a aussi des conditions psychologiques qui
sont vraisemblablement liées des conditions organiques.
Mais l'une de ces conditions a un caractère particulier :
c'est la conscience. La conscience contient le point initial,
le principe d'impulsion, le premier ressort ou la clef du
pouvoir personnel. C'est là que se trouve sa condition
maîtresse et déterminante. Cette condition n'est pas autre
chose que le sujet conscient lui-même. Tant que la conscience dure, le *moi* y est évidemment présent, sous une
forme confuse ou sous une forme distincte. Tant qu'il y
est présent, il y est en rapport avec diverses activités
internes, puisque c'est cette relation qui constitue la
conscience. Il sent donc plus ou moins nettement qu'elles
sont sous sa dépendance. Avant même de les exercer, il
en prend possession, et il a conscience de les tenir à sa
disposition. C'est ainsi que le pouvoir personnel est une
réalité continue et continuellement sentie tant que la
conscience dure.

Le pouvoir personnel s'exerce-t-il également sur nos
diverses capacités naturelles, ainsi que le pensait Jouffroy ? Non, il est, dans ses différentes applications, en
proportion de l'activité propre du *moi*, puisqu'il ne
s'exerce qu'au moyen de cette activité. Plus le *moi* est
passif dans un fait de conscience, moins est grand notre
pouvoir sur ce fait; plus le moi est actif dans le fait produit, plus aussi nous avons d'empire sur ce fait, plus
nous pouvons le diriger, le reproduire, l'empêcher, le
gouverner. Il en résulte que l'effort musculaire tel que
l'entend Maine de Biran est beaucoup plus en notre pouvoir que l'effort mental tel que le comprend M. Renouvier. Nous sommes maîtres de notre activité motrice

beaucoup plus que de notre intelligence, et de notre intelligence beaucoup plus que de notre sensibilité.

Maine de Biran a donc eu le mérite de faire voir que le sentiment du pouvoir personnel se confond avec le sentiment de nous-mêmes. Mais sa doctrine est trop exclusive en ce qui regarde les applications de ce pouvoir. Nous devons ajouter qu'elle est tout à fait insuffisante en ce qui concerne les conditions de son exercice. Une analyse de la volonté dont l'idée de fin est absente ne peut être, en effet, qu'une étude tronquée et, par suite, inexacte.

Le pouvoir personnel, dont dispose la volonté, n'est pas une cause efficiente isolée; c'est une cause efficiente qui se subordonne à une cause finale. C'est dans les fins que la volonté trouve des raisons d'agir. C'est dans le système des fins, dans la subordination de toutes à quelque fin dominante, dans l'ordre établi entre elles par lui, avec sa raison et son cœur comme avec sa volonté, que le *moi* trouve la règle de ses actes, le principe de la direction qu'il imprime aux diverses activités dont il dispose.

Un être raisonnable s'aperçoit promptement que les fins qu'il poursuit ne sont pas indépendantes de celles des autres êtres. Plus l'harmonie sera complète, plus le développement de son existence propre s'accomplira sans obstacle et sans mécompte. La personnalité apprend ainsi, dans son intérêt bien entendu, à se rattacher à l'ordre universel.

Mais cet ordre universel, nous sommes loin de le connaître complètement; dans le temps et dans l'espace notre vue est bornée, renfermée dans d'étroites limites. Comment une chose que nous ne connaissons pas pourrait-elle être la règle de notre conduite? Aussi la loi de notre existence n'est-elle pas laissée au hasard de notre expérience personnelle, ni subordonnée aux découvertes tardives, laborieuses et toujours incomplètes de notre raison. Des sentiments et des principes moraux sont naturellement en germe dans notre âme, qui pourront acquérir une force et une clarté supérieures, si nous nous appliquons à les reconnaître, à les cultiver, mais qui se développeront aussi dans une mesure moindre sans notre collaboration, qui vivraient même malgré nous et que nous ne parviendrions jamais à étouffer lors même que nous le voudrions. Si nous refusons d'y obéir, ils jugeront nos actes, les condamneront et nous en feront subir le châtiment.

D'où viennent ces forces secrètes qui subsistent au fond de notre âme, qui ne sont pas nous et ne dépendent pas de nous, qui cependant ne nous sont pas non plus étrangères, car elles accroissent singulièrement notre puissance si nous savons nous unir à elles, et ont plus d'influence que toutes les autres sur notre bonheur ou notre malheur? On ne saurait voir en elles ni une action d'un organisme matériel, ni un produit de notre existence personnelle, ni un résultat de l'expérience d'autrui transmis par hérédité. Ne faut-il pas y voir, avec la grande majorité des philosophes de tous les siècles, l'effet d'une action divine qui s'exerce dans notre âme d'une manière que nous ne pouvons ni connaître ni comprendre entièrement, qui sollicite à réagir les puissances les plus profondes de notre être, qui nous donne malgré nous un juge de nos actes, mais qui ne les produit pas, et qui ne les dirige que par nous et avec notre concours et notre assentiment?

Ce qui fait la force de la personnalité, c'est le pouvoir personnel; mais, ainsi que nous venons de le dire, ce n'est pas lui seul et réduit à lui-même. Ce qui fait sa faiblesse, c'est la diminution du pouvoir personnel. Un homme que la maladie a épuisé, dont une paralysie enchaîne les membres, qui ne gouverne plus son corps, sent s'évanouir en lui la notion du *moi*. Mais que pourrait être aussi la personnalité pour un homme dont l'aliénation mentale aurait troublé le cœur et l'esprit, qui ne gouvernerait plus, à aucun degré, son intelligence ni ses sentiments? Ce n'est plus un pouvoir libre, maître de lui-même, ayant la conscience de sa liberté et de son indépendance, qui serait le centre, la cause motrice et le principe dirigeant de son existence. Ce centre, cette cause et ce principe seraient une idée, l'idée d'une action, d'un but, d'une situation, d'un rôle que cet homme s'attribuerait, d'un personnage qui aurait frappé son imagination et avec lequel il s'identifierait. Cette idée, devenue dominante, maîtresse de la place, s'imposerait à lui avec toute la tyrannie d'une idée fixe, après l'avoir obsédé longtemps, et c'est à elle qu'il rattacherait tous les événements de sa vie, puisqu'elle en serait devenue le moteur. Ce qui était en lui précédemment le *moi* serait maintenant étranger à ce qui se ferait en lui.

Le pouvoir personnel est appliqué à mouvoir un corps et à diriger des facultés qui conservent pendant un temps plus ou moins long une certaine uniformité, ou, s'il s'y opère des changements, c'est avec lenteur, en général et graduellement. Passant insensiblement d'un état à un autre, le *moi* peut lier sans peine le précédent au suivant et se les attribuer au même titre. La synthèse interne des représentations, dont parle Kant, et dont le produit est la notion complexe de notre existence personnelle à travers la durée, s'opère alors sans lacunes. Mais qu'à la suite d'un sommeil léthargique, les souvenirs, les sentiments, les goûts, les aptitudes de l'individu soient profondément modifiés; que sous l'influence d'une de ces bizarres maladies, telles que la névropathie cérébro-car-

diaque, il se produise une perversion brusque et complète
des sensations, dont l'effet soit d'altérer radicalement le
sentiment de notre propre corps et, par suite, la perception du monde extérieur, il est naturel qu'il devienne
difficile de rattacher le présent au passé, et de ressaisir
ainsi la continuité de notre existence. Ce n'est là, comme
nous l'avons expliqué, qu'une altération dans la formation de l'idée de la continuité des évènements de notre
vie. C'est une scission dans la série de nos souvenirs, une
rupture du lien de nos pensées; mais ce n'est pas une
division, une dislocation du *moi* dans la conscience [1].

La connaissance de soi-même diffère profondément de
la conscience [2]. A la première se rapportent la perception

1. Voir précédemment, p. 196.
2. Nous trouvons une distinction analogue établie par G. Ti-
berghien, dans *la Science de l'âme* (1re partie, ch. II); seulement,
l'auteur appelle *conscience de soi* ce que nous avons appelé *connaissance de soi-même,* et *sentiment de soi* ce que nous avons
ordinairement appelé *conscience*. Le sentiment et la conscience
de soi constitueraient, selon lui, le *sens intime,* qu'il n'étudie pas
d'après l'observation des faits, mais qu'il conçoit *a priori* comme
une propriété inhérente à l'activité de l'âme, et, par conséquent,
permanente. C'est une fiction analogue à celle de l'abbé de Lignac,
que nous examinons à la fin du volume.

M. Paul Janet, dans son *Traité élémentaire de philosophie* (1879),
distingue aussi ce qu'il désigne par les termes de *sens intime* et
de *conscience de soi;* mais nous regrettons que l'éminent professeur n'ait pas essayé de donner une idée un peu claire de ce qu'il
entend par ces deux expressions. Le sens intime est d'abord pour
lui une conscience *empirique* (p. 41), puis une conscience *confuse,*
une conscience *spontanée,* une conscience *élémentaire* (p. 105). La
conscience de soi, en revanche, est une conscience *pure,* une conscience *distincte,* une conscience *réfléchie.* Quand un jeune enfant
dit, en parlant de lui-même : « Pierre veut ceci », il ne possède
encore que la première; mais il est pourvu de la seconde dès
qu'il commence à dire : « Je veux ceci », et qu'il « s'élève jusqu'à
la première personne du pronom personnel. » (Page 105. — Voir
plus haut nos observations, p. 180.) Si vous ne voyez pas encore
nettement la différence, l'auteur vous renverra aux Allemands,
dont la langue et la philosophie sont la clarté même, comme

attentive et distincte ou la représentation confuse de ce
que nous sommes, le souvenir de ce que nous avons été,
la prévision de ce que nous comptons devoir être; elle
embrasse à la fois le passé, le présent et, dans une cer-

chacun sait. Le sens intime sera alors *das Bewusstsein*, et la
conscience de soi *das Selbstbewusstsein* (p. 105). Peut-être vous
sera-t-il parfois difficile de traduire *Bewusstsein* par *sens intime*,
comme quand vous trouverez, par exemple, chez Schopenhauer
et M. de Hartmann *das Bewusstsein der anderer Dinge* opposé à
das Selbstbewusstsein; mais il paraît que ce sont là des nuances
qui ne doivent pas vous embarrasser. La conscience de soi, tout
en étant une conscience *pure*, selon M. Janet (p. 41), n'en est pas
moins une connaissance de nous-mêmes (p. 104), ce qui implique
ou que nous nous connaissons sans recourir à l'expérience, ou
que le mot *pur* ne veut plus dire, comme chez Kant, *qui n'em-
prunte rien à l'expérience*. La conscience spontanée, empirique
et confuse « se confond avec la sensibilité même » (p. 41); la
conscience réfléchie, pure et distincte est « un acte essentiellement
intellectuel, c'est même l'acte essentiel de l'intelligence » (*id.*) : ce
qui n'empêche pas que la conscience sans épithète ne soit ni un
mode de la sensibilité, ni une fonction de l'intelligence, mais « le
mode fondamental de toutes nos facultés, la condition universelle
de tous les faits de l'âme » (p. 106). Si les jeunes gens ne comprennent pas qu'un acte intellectuel soit un mode fondamental
de la sensibilité et de la volonté, ou qu'un fait de sensibilité
soit un mode fondamental de la volonté et de l'intelligence, on
leur dira qu'en somme « toute faculté n'est que la *conscience
transformée* » (p. 106), et il ne leur restera qu'à deviner ce que
pouvait bien être cette conscience en elle-même et avant d'être
transformée. Les lignes suivantes achèveront infailliblement de
dissiper toute obscurité : « Si l'on admet la théorie d'Aristote,
que l'âme est la *forme* du corps, on pourra dire que la conscience
est la forme de l'âme; par conséquent *la forme d'une forme*. Si
l'on dit, avec Spinosa, que l'âme est l'*idée* du corps, on pourra
dire que la conscience est l'idée de l'âme, par conséquent l'*idée
d'une idée* » (p. 106). Nous demandons grâce pour les élèves de
philosophie. Quant à ce qu'il faut penser d'une conscience pure
distincte d'une conscience empirique, d'une conscience de soi distincte d'une simple conscience, d'une conscience réfléchie qui ne
serait pas une fonction spéciale de l'intelligence, nous prenons la
liberté de renvoyer à ce que nous avons dit à propos des idées
de Kant et de M. de Hartmann (pp. 106 à 120 et 169 à 191).
Nous voudrions bien comprendre aussi la théorie de M. Janet

taine mesure, l'avenir. Comme toute autre connaissance, elle est sujette aux erreurs qui proviennent soit des anomalies de la mémoire, soit des illusions de l'imagination, soit des défaillances du jugement.

sur la décomposition de la conscience de soi en deux éléments, l'un qui consisterait à affirmer : *Je suis moi*, et l'autre : *Je suis un tel moi* (*Traité élém. de philos.*, p. 111, et *Revue scientif.*, 10 juin 1876). Le moi, la personne, l'individu n'est-il pas pour M. Janet, comme pour tous les philosophes, ce qu'il y a de plus concret, de plus particulier, de plus opposé à l'être général et indéterminé ? Peut-on concevoir une conscience de soi qui n'aurait pour objet qu'une existence abstraite, sans manières d'être particulières ? Comment distinguerait-elle le moi des autres êtres ? Ce que M. Janet appelle le *sentiment fondamental de l'existence* et qu'il distingue du *sentiment de l'individualité*, doit être relégué avec le sentiment de l'existence vide de l'abbé de Lignac. (Voir la note à la fin du volume.) Nous pouvons *concevoir* notre existence autrement qu'elle n'est, abstraite et vide même si nous voulons ; mais nous ne pouvons la *sentir* que comme elle est, c'est-à-dire individuelle et déterminée. Ce qui est *fondamental*, nous l'avons fréquemment répété (voir notamment pp. 194 à 197), c'est la conscience du *moi* dans *son existence individuelle présente, saisie d'une manière concrète*, avec les sensations, les sentiments, les idées qui présentement la déterminent. A cette conscience fondamentale, qui est infaillible si nous ne lui demandons que le sentiment de ce que nous sommes pour nous, et non de ce que nous sommes en réalité, s'ajoutent deux éléments qui n'ont pas la même infaillibilité : 1° une perception et représentation plus ou moins exacte de notre corps et des objets extérieurs, de notre situation et de nos occupations actuelles ; 2° une représentation ou souvenir plus ou moins fidèle de nos manières d'être et de nos événements antérieurs. Ce sont ces deux sortes de représentations qui constituent ce que M. Janet appelle le *sentiment de notre individualité*, et où il faut bien se garder de voir un sentiment, c'est-à-dire une conscience immédiate, puisque ce ne sont que des représentations accompagnées de la croyance à la réalité de ce qu'elles représentent. Elles sont complexes, variables et parfois erronées, comme peuvent l'être toutes les autres représentations, lorsque l'imagination y prend une part prépondérante et qui ne lui appartient pas. Ce sont elles qui sont trompeuses dans le cas que M. Janet cite pour exemple et dans tous les autres cas analogues, et c'est par là que s'expliquent naturellement toutes les aberrations qui se produisent dans l'idée de

La conscience, au contraire, ne saisit directement que le présent, dont elle est l'écho fidèle, le témoignage infaillible; elle n'atteint le passé que d'une façon médiate et par le moyen des souvenirs qui le lui représentent. Pour que la conscience puisse se tromper, il faudrait qu'elle fût une connaissance; mais en elle-même elle

la personnalité, sans qu'il soit nécessaire de recourir à l'hypothèse gratuite et inintelligible d'une conscience double ou de consciences multiples, ou à celle du sentiment fondamental d'une existence vide.

Nous ne parlons pas de M. Bouillier et de son nouvel ouvrage, *la Vraie conscience* (1882), qui a paru au moment où la plus grande partie de notre travail était écrite, mais qui ne diffère pas, au fond, de *la Conscience en psychologie et en morale* (1872), dont nous avons critiqué une théorie sur la *conscience simple* et la *conscience réfléchie*, pp. 184 et suiv. M. Bouillier n'étudie pas la formation, dans la conscience, de l'idée du *moi*. En revanche, il consacre trois chapitres à la question de savoir à quelle date commence la conscience dans la vie de l'enfant, et finit par se ranger à l'opinion de Burdach, lequel affirme que « le sentiment de soi-même existe en germe dès le moment de la fécondation »!

Une distinction semblable à celle que nous avons exposée, et essayé de justifier, est celle que nous trouvons chez M. Fouillée (*Liberté et déterminisme*, p. 115), entre l'*idée réfléchie du moi* et le *sentiment spontané de notre existence*, une sous chaque mode et sous chaque série de modes. « L'idée réfléchie du moi, dit avec beaucoup de justesse M. Fouillée, n'est que la manifestation de notre individualité active et non cette individualité; car la connaissance analytique que nous avons de notre existence est successive et multiple. Au contraire, le sentiment spontané, la conscience immédiate de l'être propre ou de l'action propre est absolument indécomposable et irréductible : ce n'est pas une résultante tardive des sensations, mais un élément immédiat et toujours présent à chaque sensation, élément sans lequel la sensation ne serait pas sentie. » Mais M. Fouillée n'a pas distingué dans la conscience ce qui est activité propre de ce qui est activité impersonnelle ou activité plus ou moins indépendante du moi; de plus, dans l'activité propre, il n'a pas distingué ce qui est spontané et aveugle, puis intentionnel mais affectif, et encore automatique, de ce qui est réfléchi et vraiment volontaire. Si nous n'avons pas réussi à faire clairement ces distinctions dans notre chapitre XI, nous désirerions avoir montré au moins qu'elles sont à faire.

n'est pas une connaissance. Elle est une forme particulière d'existence qui ne saurait se définir, une condition et un élément essentiel de toute manière d'être du *moi*, un fait *sui generis* qui ne peut se réduire à aucun autre, et quand on l'appelle une intuition immédiate, il est bien entendu qu'on ne désigne pas par là une perception véritable, contenant la distinction d'objet connu et de sujet connaissant, mais cette propriété simple et fondamentale que possède le *moi* d'être présent à chacun de ses modes au moment même où ils se produisent [1].

Nous aurions pu aussi faire remarquer que l'idée de la personnalité est entendue en deux sens différents, qu'il importe de distinguer. Pour les uns, elle est l'idée de la continuité de notre existence personnelle, c'est-à-dire l'idée du *moi*, avec son identité fondamentale à travers la variabilité accidentelle des événements dont notre vie se compose. C'est dans ce sens qu'on a pu parler d'un dédoublement de la personnalité. Pour les autres, elle est l'idée des attributs qui font de nous une personne, et particulièrement l'idée de ces qualités supérieures, grâce auxquelles la nature humaine est capable de se posséder, de se gouverner, de se perfectionner elle-même, d'être, en un mot, maîtresse et responsable de sa destinée. C'est cette dernière signification qu'ont en vue les moralistes, lorsqu'ils disent que tous nos devoirs envers nous-mêmes et envers nos semblables se réduisent, en dernière analyse, à l'obligation générale de respecter et de développer en nous et en autrui la personnalité humaine. Le premier point de vue est celui de la psychologie; le second, celui de la morale [2].

1. Voir plus haut, pp. 169 à 191.
2. L'école de Cousin ne les distingue pas assez et prend, à tort, les attributs moraux de la personne humaine, tels que la volonté raisonnable ou la liberté éclairée, pour les conditions ou les élé-

C'est le premier qui domine dans les théories que nous avons analysées. Nous avons pu reconnaître, cependant, surtout en examinant la doctrine de Maine de Biran et celles qui en dérivent, qu'ils ne sont pas étrangers l'un à l'autre. En effet, la personnalité, sous son double aspect, a un seul et même fondement, qui est le premier d'agir par soi-même, avec le sentiment et la connaissance de ce pouvoir. D'une part, c'est l'exercice de ce pouvoir qui nous donne le sentiment de notre existence propre, individuelle, distincte, et qui nous le conserve. D'autre part, la dignité et la grandeur de la personne humaine n'ont pas d'autre source que ce degré supérieur du pouvoir d'agir par soi-même, qu'on appelle une volonté libre et forte, c'est-à-dire une volonté affranchie de tout joug étranger, de toute dépendance intérieure ou extérieure, vraiment maîtresse d'elle-même, servie par une intelligence sûre et fortifiée par l'amour et l'habitude du bien. Comment, d'ailleurs, pourrait-on tendre à la *perfection de soi-même*, autrement qu'en développant et fortifiant ce qui fait que l'on est *soi-même*? Ce qui fait que l'on est soi-même, c'est l'*activité propre*, dont le degré inférieur est la *spontanéité irréfléchie*, et le degré supérieur la *force morale*. « L'être de la personne » n'est pas la volonté, comme le disait, après Maine de Biran, V. Cousin, mais l'activité propre, le pouvoir d'agir par soi, inséparable de la conscience, et dont la volonté, proprement dite, n'est qu'une manifestation particulière et très intermittente.

L'idée de notre existence personnelle est une notion complexe, et, selon le langage de Kant, une synthèse de

ments de la personnalité en général, tandis qu'ils n'en sont que l'achèvement ou le perfectionnement. (Voir Caro, *Problèmes de morale sociale*, p. 256.)

représentations[1]. Le sujet conscient, actuellement présent à lui-même, en est le centre[2]; les divers événements de notre vie en sont les éléments multiples et variables; la mémoire, les tendances, les habitudes, les fins poursuivies, les directions durables de notre esprit, de notre cœur et de notre volonté en sont les liens. C'est une synthèse toujours ouverte, toujours prête à joindre aux éléments du passé les éléments nouveaux que lui offre chaque jour l'expérience personnelle. Elle n'embrasse le cours de notre vie, dans toute son étendue, que dans les rares instants où nous nous appliquons volontairement à le parcourir. Ordinairement, elle n'en saisit qu'un fragment, vers lequel nous porte de préférence le mouvement de notre pensée. Le plus souvent même, elle n'en retrace qu'une sorte d'esquisse rapide et confuse, notre esprit étant tout entier occupé du présent. Mais quand cette synthèse n'est pas actuellement réalisée, elle nous paraît encore rester possible, et tant que nous som-

1. Voir p. 91.
2. M. l'abbé de Broglie (*le Positivisme et la science expérimentale*, t. I, p. 272) ne veut pas que l'on fasse reposer la personnalité sur la conscience de soi. « Il en résulterait, dit-il, que l'homme qui dort, l'homme qui s'évanouit cesse d'être une personne, que l'homme qui devient fou cesse d'être la même personne. » La véritable question est de savoir si *l'existence pour soi* est une forme d'existence assez différente des autres, assez remarquable, pour mériter un nom particulier. Si oui, et si c'est elle qu'on désigne par le nom de *personnalité*, il serait logique de ne pas maintenir le nom là où la chose est absente. Il serait utile, au moins, de distinguer la personnalité *en acte* et la personnalité *en puissance*. Il est certain que l'homme qui n'a pas actuellement la conscience de soi, n'est pas une personne en acte; cela ne l'empêche pas d'être une personne en puissance. L'âme subsiste durant les intermittences de l'existence consciente, et tant qu'elle subsiste le *moi* y est en puissance. Quant aux croyances de l'homme qui devient fou, ce ne sont pas, à proprement parler, des erreurs de la conscience.

mes éveillés et à l'état normal, nous sentons en nous le pouvoir de l'effectuer [1].

Notre existence directement consciente, qui serait par elle-même renfermée dans les limites du fait présent, s'étend et se prolonge ainsi par la mémoire, par l'entendement et quelquefois aussi par l'imagination à travers le temps, et jusqu'aux années les plus éloignées dont nous ayons gardé le souvenir. Mais il ne faut pas dire, comme on l'a répété trop souvent, que nous avons le sentiment d'être aujourd'hui les mêmes qu'autrefois [2]. Notre identité n'est sentie par nous, à proprement parler, que dans le présent et dans le passage d'une manière d'être actuelle à une autre; étendue au passé, elle n'est plus que représentée. Et pour qu'elle revive dans notre pensée, telle qu'elle a été sentie dans notre conscience, il faut, évidemment, que notre mémoire reste fidèle. Nous avons montré comment il importe de distinguer ainsi, dans l'identité personnelle, ce qui est primordial ou saisi en fait par la conscience, de ce qui n'est que dérivé ou représenté par la pensée [3].

L'identité personnelle est l'identité du *moi* et non celle de l'âme. La seconde est le fondement intime et caché de la première; pourtant, une analyse exacte ne permet pas de les confondre. La doctrine de Maine de Biran, bien que conduisant à d'autres conclusions que celle de Kant, ne fait que confirmer la distinction établie par ce dernier entre le *moi* ou sujet conscient et la substance même de l'âme. Ampère regardait cette distinction comme capitale. M. L. Ferri ne doute pas, non plus, qu'elle ne soit fondée [4].

---

1. Voir pp. 64 à 72.
2. Voir la note sur l'abbé de Lignac, à la fin du volume [*].
3. Voir pp. 192 à 197.
4. Voir pp. 94, 95, 291 à 293, 325 et 330.

Quels sont les rapports du *moi* avec l'âme? Comment les inclinations, les tendances et les facultés, innées et inhérentes à l'âme, se manifestent-elles dans l'existence du *moi?* Comment les affections, les aptitudes, les idées et les croyances acquises par le *moi* se conservent-elles dans l'âme? Comment les fins voulues par le premier persistent-elles et lui sont-elles de nouveau présentées d'une manière plus ou moins constante par la seconde? Comment le *moi* reconnaît-il l'identité de tous ces faits quand il les revoit ou les reproduit? Que devient-il, lui-même, quand il n'a plus le sentiment de soi, pendant les intermittences de la conscience? Problèmes délicats, qui n'ont été ni résolus, ni même posés dans les doctrines que nous avons passées en revue, et qui exigent des recherches trop différentes de celles que nous avons faites pour que nous puissions nous-mêmes les aborder ici. Sans doute, nous pouvons dire avec Maine de Biran que le *moi* est une *cause,* mais une cause qui dépend d'une autre, laquelle est l'âme. Nous ajouterons même que c'est un *être* relativement à ses manières d'être, une *substance* relativement à ses modes; mais ce n'est pas une substance absolue, un être ayant en soi toutes ses conditions d'existence, puisqu'il n'existe que par l'âme, comme inhérent à elle, et qu'il n'est qu'une forme ou plutôt une manifestation partielle de l'existence de l'âme. Au reste, toutes ces formules nous apprennent peu de chose sur les véritables rapports du *moi* et de l'âme.

D'autres questions, tout aussi difficiles à résoudre et d'un intérêt beaucoup plus grand encore, se présentent après celles-là. Si la réapparition périodique de la conscience et sa persistance pendant l'état de veille sont soumises à des conditions physiologiques, ce qui parait indubitable, que deviendra la conscience quand l'organisme physique n'existera plus? Et sans la conscience, que deviendront la pensée et la volonté? Que sera la personnalité? Nous concevons que l'âme, dans sa substance, puisse subsister au-delà de la vie présente; mais que serait-elle sans la connaissance et le sentiment de soi-même? Devons-nous renoncer, avec les panthéistes, à l'immortalité de la personne pour ne conserver que l'immortalité de la substance? Ne nous sera-t-il pas permis de croire que dans des conditions nouvelles, à nous inconnues, notre âme pourra vivre encore d'une existence personnelle, bien que différente de celle que nous connaissons? La loi morale ne confirme-t-elle pas sur ce point nos pressentiments et nos aspirations, et ne nous donne-t-elle pas le droit de remettre avec confiance nos destinées futures entre les mains d'un Dieu juste et bon? Ou bien les espérances que nous laisse la foi morale et religieuse sont-elles destinées à nous être ravies par la psychologie et la métaphysique? Ne devons-nous pas plutôt penser que cet ordre de questions est au-dessus de la portée des inductions de la psychologie, et que les croyances morales y sont un guide plus sûr que les hypothèses de la métaphysique? Il faut bien reconnaître, après Kant, que la métaphysique ne peut pas démontrer l'impossibilité de l'immortalité personnelle; dès lors, il ne lui reste donc qu'à chercher à en comprendre la possibilité.

Nous n'avions pas à nous élever à ces hauteurs. Les recherches qui font l'objet du présent travail sont d'un ordre plus modeste : elles ne dépassent pas la portée de l'observation intérieure, aidée de la réflexion. Nous avons écarté tout ce qui eût pu nous entraîner au-delà de ces limites et nous jeter dans les spéculations transcendantes de la métaphysique pure : c'est ainsi que nous avons jugé à propos de ne pas nous arrêter aux systèmes de Fichte [1],

1. « Le *moi* avant la conscience », ainsi que M. Janet appelle le

de Schelling et de Hégel. Les théories de la personnalité
que nous avons étudiées sont celles qui reposent sur l'observation, l'analyse et la critique des faits intérieurs.
Nous y avons cherché principalement une réponse à ces
deux questions : Comment nous connaissons-nous? que
sommes-nous, non pas d'une manière absolue, mais pour
nous-mêmes?

Nous avons pu établir, à la suite de Maine de Biran, de
Jouffroy, de M. Renouvier, de M. Ferri, que nous nous
connaissons d'autant plus clairement, que nous agissons
davantage par nous-mêmes. Ainsi que nous l'avons dit
précédemment, l'homme n'existe *pour soi* d'une manière
distincte que dans la mesure où il existe *par soi*. La
force, l'extension et l'indépendance du pouvoir personnel
sont à la fois la condition du développement de la personnalité et du sentiment ou de l'idée que nous en avons [1]. Un
auteur peu connu du dix-huitième siècle avait dit : « *Par
le terme de personne, on entend une nature raisonnable
qui subsiste à part, qui n'est point dominée, et qui ne
fait point partie accessoire d'un autre.* » Pour être complet, il eût fallu ajouter : *et qui se connaît elle-même
avec ces caractères*, ainsi que le fait remarquer l'abbé de
Lignac [2]. Ce qui constitue, en effet, la personne, c'est
l'existence distincte, indépendante, autonome, se connaissant elle-même, et dans le perfectionnement de ces
caractères consiste la perfection même de la personnalité.

Agrandir en nous la personnalité humaine, ce n'est
donc pas, comme semble le croire l'école phénoméniste,

principe analysé par Fichte (*Fichte et Maine de Biran, Rev. polit.
et litt.*, 6 juin 1874), n'a rien de commun avec le *moi* que nous
avons étudié. Chercher le *moi* avant la conscience, c'est chercher
le jour avant l'aurore, le jour avant un degré quelconque de la
lumière du soleil.

1. Voir pp. 370 et suiv.
2. *Le Témoignage du sens intime*, t. I, p. 335.

multiplier nos impressions, nos émotions et nos idées ; ce
n'est même pas, comme paraît le supposer M. Louis
Ferri, fortifier l'intelligence, étendre sa puissance de
synthèse et cultiver sa faculté critique [1] ; c'est accroître
le pouvoir, l'indépendance et l'autonomie de la volonté,
ainsi que l'avaient compris Kant, Maine de Biran, Jouffroy, ainsi que l'affirme à son tour M. Renouvier, et que
le répètent les principaux représentants du spiritualisme
français contemporain [2]. Tel devrait être le but principal
de l'éducation. Il ne suffit pas d'étendre les connaissances, de créer des aptitudes, de former le goût, d'éclairer
la raison, ni même de cultiver les bons sentiments : ce
n'est encore là que préparer des instruments ou des forces
secondaires ; il faut, avant tout, fortifier le pouvoir qui
les mettra en œuvre et qui en réglera l'usage, c'est à-dire
la volonté. A l'éducation physique, intellectuelle, esthéti-
que, doit s'ajouter l'éducation morale, qui est la véritable
éducation de la personne, et qui a pour objet principal
d'apprendre à vouloir. *Apprendre à vouloir*, c'est une
des sciences les plus indispensables, et c'est peut-être la
plus négligée. Les progrès n'y seraient pleinement assu-
rés que sous la direction d'un maître d'une habileté con-
sommée, d'une sollicitude infatigable, d'un tact exquis,
qui s'appliquerait, chose rare, à s'effacer et à rendre son
autorité inutile ; et pourtant c'est le côté de l'éducation

1. Voir p. 333.
2. Voir pp. 97, 273 et 279, 298, 309. — Voir aussi M. Fouillée :
l'Idée moderne du Droit, pp. 233 235. L'éminent écrivain montre
avec raison qu'une volonté vraiment indépendante est celle qui est
le mieux préparée à vouloir le bien. — Et M. Ferraz : « La volonté
portée à sa plus haute puissance et réalisant en quelque sorte son
idéal est ce qu'on nomme le caractère... Sous sa forme la plus
haute, il peut se définir une énergie qui combat pour le devoir ou
pour le droit, — *virtutem pro æquitate pugnantem*... » (*Philosophie du devoir*, pp. 82 et 83; voir aussi, du même auteur, *Nos
Devoirs et nos Droits*, l. I, ch. II.)

qui reste le plus livré au hasard. Montrer le but à poursuivre, qui est le bien ; tracer dans ses principales lignes
la voie à suivre au moyen des préceptes de conduite ;
remettre dans le droit chemin ceux qui s'en écartent,
à l'aide des remontrances ou des punitions : telle est la
méthode communément suivie, mais qui n'est que le mécanisme extérieur de l'art délicat dont il s'agit. Ce n'est
pas par de pareils moyens que la personnalité peut être
provoquée à éclore dans son germe, et préparée à acquérir graduellement sa véritable valeur. Connaître le
bien ne suffit pas, il faut le faire ; le faire n'est pas encore
assez, il faut le faire librement, c'est-à-dire l'aimer, le
vouloir, former par soi même le dessein de l'accomplir et
y persévérer avec fermeté. Une éducation bien entendue
donnerait à la volonté l'occasion de s'exercer, de se corriger, de se fortifier elle-même. Elle ferait sentir à chacun le poids de sa responsabilité, l'amènerait à s'en
charger sans défaillance, lui ferait comprendre le prix
du devoir accompli sans contrainte, l'accoutumerait à ne
chercher le mérite que dans les libres efforts, lui ferait
reconnaître qu'il n'y a pas de vraie liberté sans réflexion,
et pas de réflexion utile sans lumières, sans bon sens,
sans justesse et sans mesure dans les sentiments et dans
les pensées, sans connaissance exacte de soi-même et
des autres, sans absence de présomption, de légèreté, de
précipitation, d'opiniâtreté, et sans toutes les autres qualités qui sont le propre d'un esprit dans lequel règne un
juste équilibre. Elle montrerait tout ce qu'il y a de haïs-
sable ou de ridicule dans une opinion exagérée de notre
mérite, tout ce que produit de fâcheux, de grotesque, de
dangereux, la croyance en notre propre infaillibilité ;
elle combattrait la défiance de soi-même lorsqu'elle serait excessive, mais se garderait bien de la faire jamais
disparaître entièrement, puisqu'elle donne à celui qui

l'éprouve l'avantage de mieux éviter les mécomptes, en le portant à se tenir toujours plus que prêt, et à réunir plutôt trop de moyens que pas assez pour atteindre les fins qu'il poursuit. Elle inspirerait aussi les sentiments qui accompagnent la possession de soi-même et la vraie liberté, c'est-à-dire l'égalité d'âme, la franchise, la sincérité avec soi-même et avec autrui, la droiture, la dignité personnelle, avec le respect de la dignité et de la liberté des autres. Enfin, connaissant bien la nature de la volonté et ce qui fait sa faiblesse comme sa force, elle comprendrait que son œuvre n'est pas terminée tant qu'elle n'aurait produit que quelques intentions fugitives ou quelques actes passagers; elle s'appliquerait à créer et à développer par la pratique de véritables habitudes, et surtout à enraciner dans chaque esprit cette habitude du bien qui n'est qu'une bonne volonté forte et persistante, et qui constitue, ainsi que l'avait déjà remarqué Aristote, l'élément essentiel de la moralité [1].

Mais pour concevoir et pratiquer ainsi la formation des caractères, ne faut-il pas avoir une haute idée de la force que contient en soi la personnalité humaine, de l'extension qu'elle est capable de se donner, et de la part qui lui appartient dans la direction de son existence? Cette idée, nous l'avons trouvée plus nette, plus ferme et plus juste que partout ailleurs dans la psychologie spi-

---

1. Il est juste de dire qu'une tendance à comprendre ainsi l'éducation morale commence à s'établir en France, et qu'en particulier le dernier règlement pédagogique de l'enseignement primaire s'inspire heureusement de ces idées. — Voir le *Bulletin administratif du ministère de l'instruction publique* du 5 août 1882, pp. 238 et suiv.

Voir dans M. Ferraz : *Philosophie du devoir*, liv. V, ch. v, une discussion intéressante des idées de Platon et d'Aristote sur la vertu et l'éducation, — et dans *Nos Devoirs et nos Droits*, du même auteur, l. I, ch. II, art. 4, *Culture de la volonté*.

ritualiste française. Aussi, croyons-nous pouvoir dire
qu'une éducation bien entendue ne peut que s'inspirer de
cette doctrine. En d'autres termes, l'éducation sera spiri-
tualiste, ou elle sera manquée. Cette philosophie ne mé-
connaît ni les dispositions naturelles ou les tendances
héréditaires, ni l'influence de l'organisme, du milieu et
de toutes les circonstances extérieures, mais elle croit
aussi à la réalité du pouvoir que le *moi* possède sur lui-
même, pouvoir qu'il exerce et qu'il développe dès qu'il
est capable de cet acte intérieur de volonté qui est un
fait essentiellement humain et qui s'appelle la *réflexion* [1].
Nous développerons ailleurs notre pensée sur ce point
particulier [2]; il nous suffira de la résumer ici en disant
que si le *moi* ne se crée pas lui-même, il crée du moins
ce qu'il y a de proprement personnel dans son être. En
d'autres termes, s'il n'est pas vrai, comme l'affirmait
Fichte, que le *moi se pose* lui-même d'une manière absolue, parce que pour *se poser* il faut être, il n'en est pas
moins certain qu'il *se pose* d'une manière relative. Il *se
pose* non sous sa forme spontanée, mais sous sa forme
réfléchie [3]. Il est réellement par la réflexion et la volonté

---

1. Voir plus haut, pp. 184 à 190, 273 à 281, 307, 308.
2. Pour ce qui concerne la liberté considérée comme une qualité du *moi* ou de la personne, nous nous permettons de renvoyer
à notre thèse latine : *Quod non anima sed persona libera sit.*
3. Voir Louis Ferri : *La coscienza*, *Filosofia delle scuole italiane*, dicemb. 1876, p. 267. — Et aussi Victor Cousin : « Au milieu
de ce monde de forces étrangères qui combattent l'activité du
moi et qui l'entraînent, la réflexion s'arrête, et, selon une expression célèbre, se pose elle-même. La réflexion, ou le *moi* libre, est
un point d'arrêt dans l'infini. Le *moi*, dit Fichte, se pose lui-
même...; ce point de vue est celui de la réflexion ; le *moi* se pose
parce qu'il le veut, et c'est vraiment à lui-même, à sa détermination libre, qu'il doit son existence la meilleure. » (*Premiers
essais*, p. 245.) — M. Ferraz a exprimé la même pensée dans les
lignes suivantes : « C'est seulement en prenant la réflexion pour
point d'appui que l'activité peut s'arracher au vaste engrenage

et dans la mesure où la volonté et la réflexion intervien-
nent dans ses actes et ses déterminations, auteur partiel
de son existence.

des choses, se constituer comme volonté, comme liberté, en dehors
du cours fatal du monde — *fatis avolsa voluntas* — et faire échec
à la nécessité. (M. Ferraz, *Philosophie du devoir*, p. 81.)

NOTE SUR L'ABBÉ DE LIGNAC

ET

LE SENS FONDAMENTAL DE L'IDENTITÉ PERSONNELLE

(' Page 412.) C'est là une assertion qui se trouvait déjà dans l'abbé de Lignac, et qui était un des principes fondamentaux de la doctrine exposée par lui dans *le Témoignage du sens intime* (1760). Nous n'avons pas parlé de cet auteur, pas plus que d'autres philosophes plus marquants du dix-huitième siècle antérieurs à Maine de Biran. On s'accorde assez généralement à penser qu'avec ce dernier a commencé en France une nouvelle tradition psychologique, qui est celle que suivent et soutiennent, depuis cinquante ans, la plupart de nos philosophes spiritualistes ; la question qui nous occupe y tient une place plus importante que dans les écoles antérieures; nous avons cru inutile de remonter plus haut.

Nous devons cependant reconnaître que l'on trouve dans *le Témoignage du sens intime* quelques idées qui semblent être une première ébauche de la doctrine que développera plus tard, avec autrement de force et de profondeur, Maine de Biran.

Comme ce dernier, l'abbé de Lignac reproche à Descartes d'avoir quelquefois préféré la fausse apparence d'une démonstration à la certitude immédiate des faits. « Notre propre existence, dit-il, n'est pas même démontrée, elle est sentie, quoi qu'en dise M. Descartes ; car je ne suis pas certain que j'existe par la nécessité de la conséquence de cet argument : *Je pense, donc j'existe.* La certitude de l'existence est antérieure à la conséquence, elle est renfermée dans ce mot : *Je,* lequel comprend la conscience de mon existence. (*Le Témoignage du sens intime,* t. I, p. 39.)

Il blâme Locke et ses disciples d'avoir dit que nous ne connaissons pas directement notre être, mais seulement nos manières d'être. « Les phénomènes sur lesquels on juge de la nature

de l'âme doivent être vus en elle-même, et non dans les effets
extérieurs de sa volonté et de son intelligence, et par conséquent
il faut la connaître pour les y voir : ou plutôt, c'est la voir que
d'y observer les phénomènes de la sensibilité, de l'intelligence et
de la volonté. Notre âme se voit, pour ainsi dire, de dedans en
dedans, et il n'y a qu'elle qu'elle puisse voir de cette manière. »
(*Id.*, t. I, p. 104.) Et plus loin : « Connaissez-vous quelque opinion
aussi monstrueuse que celle-là ? Je sens mes manières d'être nu-
mériques, et je ne sens pas le fond individuel de mon être. Mon
moi sent ses manières d'être réelles, mais abstraites de l'être
modifié en moi. Quel étrange jargon ! » (*Id.*, t. I, p. 337.)

Il n'admet pas, et avec raison, que l'identité personnelle repose
sur l'identité de la conscience, ainsi que l'affirmait Locke, ou
que nous soyons pour nous une même personne par ce seul fait
que nos modes successifs et différents sont tous sentis par une
même conscience. Le véritable fondement de notre identité personnelle, c'est, suivant lui, le sentiment direct que nous avons
de la continuité de notre être à travers le temps. » Il est très facile de faire évanouir le monstre de doctrine que M. Locke introduit dans le monde philosophe. La conscience de nos actions et
de nos perceptions n'est autre chose que nos vouloirs, nos perceptions, nos sensations senties par notre individu. Or, en moi,
chaque vouloir, chaque mode, est numériquement différent de
tout autre, soit que je les aie ensemble, soit que je les aie successivement. La sensation du vert est numériquement différente de
celle du son ; elles ne sont point identiques. Donc, les consciences
de ces deux sensations ne sont pas identiques. La conscience de
vouloir jeûner, que j'avais hier, n'est pas la même que la conscience de ne pas vouloir jeûner aujourd'hui. La conscience que
j'avais de tout ce qui se passait en moi quand j'apprenais le Ru-
diment, n'est pas identique avec la conscience de ce qui se passe
actuellement dans mon esprit. Donc, le sens intime de notre identité personnelle que Locke reconnaît, n'est point dans la suite des
consciences de mes modes, de mes pensées, de mes vouloirs, de
mes sensations ; donc, il n'appartient qu'à mon individu même,
lequel seul subsiste le même être sous une infinité de modes différents, sous une infinité d'affections différentes, et de vouloirs
qui se contredisent d'un jour à l'autre. » (*Id.*, t. I, p. 349.)

De même que Maine de Biran fera remarquer que le sentiment
du *moi* est le fait primitif avant lequel il n'y a pour nous ni perception, ni connaissance, ni volonté, ainsi l'abbé de Lignac déclare que « toutes nos pensées, toutes nos sensations, ont pour
fondement commun et toujours subsistant le sens intime de notre
individualité..... Si je me suis suffisamment expliqué (et j'en
doute, puisque personne n'a observé que ma façon de penser à
cet égard est aussi nouvelle que le fut dans le dernier siècle la

découverte que les couleurs ne revêtissent pas les objets), on aura compris que l'essence de l'âme est le sens intime de l'existence numérique, identique, continue sur toutes les modifications passagères que nous éprouvons successivement ou tout à la fois ; ce qui nous fait sentir le même être que nous étions hier, que nous étions dans notre enfance, et quelles que soient nos dispositions, dans la douleur ou dans le plaisir, etc..... C'est le sens personnel du moi dont la substance est la même en changeant de manière d'exister. » (*Id.*, t. III, pp. 306, 310.)

Non seulement l'abbé de Lignac considère ce sens intime de notre individualité comme la source de nos idées d'être et de substance, ainsi que le fera Maine de Biran, mais il va jusqu'à l'identifier avec notre substance même. » La conscience même de nos perceptions passagères annonce ce sens intime du fond de mon être invariablement le même sous toutes nos affections accidentelles ; et c'est de là qu'est prise la distinction qui nous est si familière entre les notions de substance et de manière d'être, auxquelles je défie de donner d'autre fondement. La conscience de nos perceptions nous apprend que nos façons d'être appartiennent à ce qui se sent constamment le même être, et qui sent pouvoir subsister sous la modification actuelle que nous éprouvons ou sous toute autre modification...... Toutes mes sensations ne sont donc que des modes du sens fondamental de mon individualité identique et continue. Or, ce qui en moi est susceptible de toutes ces modifications est une substance ; donc ce sens est ma substance même. » (*Id.*, t. III, pp. 311, 312.)

Après avoir dit que ce sens fondamental de notre existence personnelle est notre substance, l'abbé de Lignac est naturellement amené à affirmer qu'il est permanent et qu'il n'est pas interrompu pendant le sommeil. Et comme, pendant un sommeil profond, nous n'avons pas conscience de nos manières d'être, il admet que nous pouvons sentir notre existence sans aucune manière d'être accidentelle. « Nous pouvons n'éprouver aucune sensation accidentelle et passagère, n'avoir aucune pensée dans l'esprit, ne former aucune délibération, aucun vouloir ; être, en un mot, réduit à ne sentir que le fond invariable de notre être. Cet état est celui de l'inertie pure, mais sentie..... L'âme est vraiment *tabula rasa,* elle ressemble à la toile que le peintre a préparée pour y esquisser un sujet ; mais c'est *tabula rasa suï conscia,* c'est une toile qui se sent exister sans aucune manière d'être accidentelle. » (*Id.*, t. III, p. 318.)

Si l'abbé de Lignac a qualifié de « monstre de doctrine » la théorie de Locke, qui nous accorde la conscience des modes sans la conscience de l'être modifié, comment appellera-t-on l'opinion qui nous donne une conscience de l'être séparée de celle des manières d'être ? Je sais bien que l'abbé de Lignac ne supprime que la conscience des manières d'être accidentelles et passagères. Nous pourrions donc conserver, avec le sentiment de notre être, celui d'une manière d'être continue. Mais si cette manière d'être est sentie, ne faut-il pas qu'elle se manifeste par des modifications successives? Si elle ne consiste qu'en un état invariable, excluant tout changement, comment peut-elle être sentie? D'ailleurs, quelle est, suivant l'abbé de Lignac, cette manière d'être fondamentale : C'est, dit-il, l'inertie pure, mais sentie. Quel singulier jargon! Nous pouvons sentir une certaine inertie relative, qui est un état de passivité uni à une réaction spontanée, faible, sans volonté, sans effort; mais comment pourrait-on sentir l'inertie pure? Peut-on même s'en faire une idée? Si nous essayons de la concevoir dans un être, nous nous apercevrons aisément que nous sommes obligés de supprimer de cet être, par la pensée, toute réalité, toute qualité positive, de sorte que ce qui nous restera ne sera plus un être, mais le néant. Inertie pure, table rase, passivité absolue, ce sont des mots vides de sens. Quand on vient après Leibnitz et qu'on ne manque pas de justesse d'esprit, on est impardonnable de mettre encore en avant de pareilles fictions. Si l'abbé de Lignac soutient cette étrange opinion, c'est parce qu'il croit que le sentiment de l'identité est essentiel à l'âme et que partant il ne peut jamais être interrompu, même en l'absence de toute perception, pas plus que l'existence de l'âme même. Mais il confond l'*âme* avec le *moi*, ainsi qu'on l'avait toujours fait avant Maine de Biran et qu'on le fait encore trop souvent après. Les raisons qu'il expose, valables s'il s'agit du *moi*, ne le sont plus quand on les applique à l'âme.

Voici, au reste, l'indication des preuves qu'il donne pour établir que le sens fondamental de notre existence est un attribut essentiel de l'âme : 1° on ne conçoit pas comment il s'ajouterait à l'être auquel il ne serait pas essentiel; 2° cette continuité identique subsiste seule dans l'idée de notre âme, lorsque nous en avons retranché tout ce qui est accidentel : donc elle en est l'essence; 3 si ce sens était accidentel, il ne contiendrait pas, quand il apparaît, le sentiment de notre identité antérieure; 4° l'individualité n'est pas une manière d'être qui se produit dans un être, ce qui arriverait si la conscience de l'individualité était accidentelle; 5° si le sens de mon identité était accidentel, et si j'en étais privé pendant le profond sommeil, je serais au réveil un nouveau *moi*, ou bien je serais dépourvu du sentiment fondamental de moi-même, et mes sensations successives seraient juges les unes des autres. (*Id.*, t. III. pp. 326 à 340.)

Appliquons ces arguments non pas à l'âme, mais au *moi*, et nous pourrons donner satisfaction à l'abbé de Lignac et échapper aux difficultés qu'il signale, sans nous embarrasser de sa croyance chimérique au sentiment d'une existence vide. Tant que le *moi* existe, il a le sentiment de son existence, puisqu'il n'existe qu'à la condition d'être *moi*, et qu'il n'est *moi* que pour lui-même, ou autant qu'il se sent existe ». On peut donc dire que le sentiment de l'existence personnelle est essentiel au *moi* Tant que le *moi* a conscience de lui-même, il a conscience de son identité : c'est un fait, mais un fait dont il faut savoir reconnaître le caractère et la portée, afin de ne pas en tirer des conséquences qu'il ne contient pas.

1° Nous ne sentons jamais notre identité sans nous sentir en même temps modifiés par des états ou des actes variables; c'est ce dont nous nous rendons compte aisément en nous observant pendant l'état de veille.

2° S'il y a des cas où nous ne sentons plus en nous de manières d'être diverses, nous ne sento s pas davantage notre être invariable. On a affirmé souvent que nous conservions, pendant le sommeil, la syncope, la léthargie une conscience vague de notre existence D'après quelles preuves? L'observation intérieure est impossible; le souvenir est muet; on ne peut invoquer que des arguments *a priori*, comme ceux de l'abbé de Lignac, ou des inductions incertaines, comme celles de Jouffroy, et fondées sur des faits qui s'expliquent autrement. Et les rêves? objectera-t-on. Nous n'avons conscience de nos rêves que pendant le sommeil léger, qui n'est qu'un demi-sommeil. ou bien encore au moment où nous nous éveillons. Du sommeil profond, nous ne savons rien. Cependant, en cette matière, l'expérience seule prouverait quelque chose.

3° De ce que nous retrouvons au réveil le sentiment de notre identité, on ne peut pas conclure qu'il a subsisté en nous pendant toute la durée de notre sommeil. D'abord, il y a, au sujet de ce sentiment. une équivoque qu'il faudrait dissiper. Quand on affirme que nous sentons l'identité continue de notre être, qu'entend-on par là? Veut-on dire que nous avons, à un moment quelconque, le sentiment de notre identité pendant toute la partie déjà écoulée de notre vie? C'est ce que semblent croire quelques philosophes, lorsqu'ils disent, comme l'abbé de Lignac. que nous nous sentons les mêmes aujourd'hui qu'hier, les mêmes qu'il y a un mois, un an, dix ans, vingt ans, les mêmes enfin que pendant notre jeunesse et notre enfance. Il suffirait cependant de réfléchir un peu pour reconnaître que nous ne pouvons réellement sentir que ce qui est immédiatement donné, c'est-à-dire le présent. Quant au passé, nous en avons un souvenir, une idée, une croyance; mais il est impossible que nous en ayons un sentiment. Nous nous souvenons, d'une manière plus ou moins complète, de ce que nous avons fait depuis notre enfance; nous croyons avoir été les mêmes pendant tout ce temps; nous avons, si l'on veut, le sentiment de cette croyance, ce qui veut dire seulement que nous en avons

conscience; mais sentir la croyance ou le souvenir de notre existence identique dans le passé n'est pas la même chose, assurément, que sentir cette existence même. Il est trop clair que ce qui
est écoulé, ce qui n'est plus, ne peut pas être senti. Nous ne sentons réellement notre identité que dans le présent, c'est-à-dire
dans le passage qui s'effectue présentement d'un de nos états à
un autre, et dans le mouvement de pensée par lequel nous par-
courons présentement les souvenirs de nos états passés. En vain
objecterait-on que le présent n'est qu'un point indivisible du
temps, et que, par suite, il ne peut contenir deux états successifs
différents. Nous répéterions ce que nous avons déjà dit, que le
présent dont nous avons conscience n'est pas un instant indivisible, un point mathématique, une abstraction, mais un fait concret et dont la durée, par conséquent, est réelle et appréciable.
En même temps que nous avons conscience de notre identité dans
le présent, nous la percevons, puisqu'en fait la connaissance des
faits intérieurs accompagne ordinairement chez l'homme la conscience qu'il en a. Cette perception est tantôt confuse et tantôt distincte. Nous ne percevons notre identité que dans son rapport
avec les modes variables que nous nous attribuons. Or, le même
moi que nous avons senti et perçu en passant d'un premier état
à un deuxième, nous le sentons et le percevons encore en passant
d'un deuxième à un troisième, d'un troisième à un quatrième, et
ainsi de suite. Ayant perçu successivement cette existence identique à travers la diversité de nos modes, nous nous en souvenons
comme des modes eux-mêmes, auxquels elle reste liée dans notre
pensée. Se souvenir d'une action faite ou subie par nous, c'est se
souvenir de nous-mêmes comme l'ayant faite ou subie. Dès lors,
on ne voit pas pourquoi notre identité ne serait pas fidèlement
reproduite dans nos souvenirs, telle qu'elle a été sentie ou connue dans notre conscience ou notre perception interne. Sans doute,
cette représentation et cette croyance sont sujettes à des erreurs,
comme toutes les autres; mais ces erreurs sont rares et s'expliquent par un état morbide du cerveau, qui entraîne soit une défaillance de la mémoire, soit une surexcitation et un désordre de
l'imagination. En résumé, il est certain que, sauf dans des cas
exceptionnels, la continuité identique de notre être pendant toute
notre existence est présente à notre esprit, comme l'affirme l'abbé
de Lignac; mais elle est présente à notre pensée, et non à notre
sens intime, ce qui est bien différent. L'identité que nous sentons
est celle du moment présent; quant à celle que nous nous attribuons dans le passé, nous ne faisons que nous la représenter.
Qu'importe alors une interruption produite par le sommeil? Cette
représentation ne peut-elle pas se reproduire, comme toutes les autres, après des intermittences plus ou moins longues?

4° L'abbé de Lignac croit que si le sentiment de notre identité était interrompu pendant le sommeil, nous serions au réveil un nouveau *moi*. Pour discuter cette objection, il ne faut pas perdre de vue la distinction que nous venons d'établir entre le sentiment de notre identité présente et le souvenir de notre identité dans le passé. Qu'un souvenir soit interrompu, puis se reproduise en ramenant avec lui la croyance à l'identité de son objet, c'est un fait que nous constatons à chaque instant. Il est difficile, sans doute, de l'expliquer, mais la difficulté n'est pas plus grande pour le souvenir de notre identité personnelle que pour tout autre. Lorsqu'au matin nous revoyons les personnes que nous avons quittées la veille, nous croyons à leur identité tout comme à la nôtre : en faut-il conclure que la notion de leur identité n'a pas cessé d'être présente à notre esprit pendant notre sommeil ? La même conclusion devrait s'étendre à toutes les choses que nous connaissons et dont nous sommes capables de nous souvenir un jour ou l'autre, puisqu'au moment où nous y penserons de nouveau nous les reconnaîtrons, ce qui veut dire que nous affirmerons leur identité. Cependant nul n'oserait soutenir que toutes ces personnes et ces choses sont constamment présentes à notre pensée. Pourquoi en serait-il autrement de l'idée de nous mêmes ? Ce que l'on peut prétendre avec quelque vraisemblance, c'est que toutes ces idées, celle de notre personnalité aussi bien que celles des hommes et des choses que nous connaissons, subsistent constamment dans notre âme à l'état de dispositions inconscientes, pour reparaître dans notre conscience à des intervalles plus ou moins longs, selon qu'elles nous sont plus ou moins familières. L'idée de nous-mêmes est évidemment celle dont nous nous séparons le moins. On peut admettre, si l'on veut, qu'elle est toujours présente, sous une forme tantôt distincte, tantôt aussi confuse que l'on voudra, tant que subsiste en nous la pensée consciente. Mais nous ne voyons pas pourquoi elle ne subirait pas les mêmes intermittences que la conscience, ni comment elle serait une preuve que la conscience n'en subit pas. Il n'y a aucune difficulté à concevoir qu'elle ait des interruptions, puisqu'il n'y en a aucune à admettre qu'elle fasse revivre, en se reproduisant, la croyance à l'identité de son objet, propriété qui lui est commune avec toutes les autres connaissances qui reparaissent dans la mémoire. Quant au sentiment immédiat de notre identité actuelle, pourquoi ne pourrait-il pas être interrompu pendant notre sommeil, sans que nous soyons au réveil un nouveau *moi* ? Il ne le pourrait pas, si cette interruption devait nous faire sentir une lacune, une absence de lien et de transition entre le *moi* d'hier et le *moi* d'aujourd'hui. Mais comment sentirions nous ce vide et cette séparation, puisque pendant cette interruption notre conscience même est suspendue ? L'intervalle qui s'écoule entre le moment où l'on s'endort et celui où l'on s'éveille est pour elle comme s'il n'existait pas,

Entre le *moi* de la veille et le *moi* du lendemain il n'y a rien pour la conscience. Puisqu'il n'y a pas de terme interposé, il n'y a pas de séparation. On dira que nous avons ordinairement au réveil un sentiment vague du temps écoulé pendant la nuit. Nous répondrons qu'après un sommeil profond ce sentiment fait défaut, que nous avons besoin d'un raisonnement pour apprécier le temps pendant lequel nous avons dormi, et que si nous manquons de signes certains pour nous guider dans notre calcul, nous nous trompons grossièrement. S'il n'en est pas de même après un sommeil léger, c'est parce que nous avons été plus ou moins fréquemment à demi-éveillés, et que nous avons eu alors une conscience vague de nous-mêmes et de l'état dans lequel nous nous trouvions. Mais même dans ce cas le sentiment de notre existence n'est pas pour nous interrompu, puisque nous n'avons jamais conscience de cet état de demi-sommeil sans avoir en même temps une conscience confuse de nous-mêmes. Ce dont nous n'avons pas conscience ne compte pas pour nous, et quand nous avons le sentiment d'une de nos manières d'être, nous avons aussi le sentiment de nous-mêmes. Il est donc impossible que nous sentions une interruption dans le sentiment de notre existence et de notre identité. Cette interruption existe pour un témoin extérieur, et en nous mettant à sa place par l'imagination nous pouvons aussi nous la représenter; mais elle n'existe pas pour notre conscience, et nous n'en avons jamais l'intuition. Le sentiment immédiat de notre identité n'est, comme nous l'avons dit, que le sentiment de nous-mêmes dans le passage d'un état de conscience à un autre. Qu'au moment où je m'endors il s'évanouisse avec le dernier état dont j'ai conscience, pour se réveiller le matin avec le premier état dont j'aurai le sentiment, comment en résulterait-il que le *moi* du matin soit un autre que le *moi* du soir? Il faudrait pour cela, ou bien que j'eusse à la fois le sentiment de l'un et de l'autre en tant que distincts et séparés, ou bien que je fusse réduit au sentiment du présent sans aucun lien avec le passé. Or, je n'ai une conscience immédiate que du présent; mais, dans le présent, je trouve ordinairement un lien avec le passé. Ce lien m'est fourni par le souvenir de moi-même, lorsqu'il est fidèle.

5° Il peut arriver qu'un jour le souvenir de notre existence antérieure cesse d'être fidèle; il peut même faire périodiquement défaut, comme dans les cas cités, il y a quelques années, par M. Taine, d'après Macnish, par le docteur Azam, de Bordeaux, etc. (Voir aussi Littré, *Fragments de philosophie positive*, 1876, *la Double conscience*.) Alors le malade ne peut rattacher le présent qu'au passé incomplet et périodiquement changeant que sa mémoire lui représente. Où est ici le sentiment continu de l'identité de l'existence dans l'ensemble de sa durée? Il peut se faire aussi que le souvenir soit exact, mais que la perception du présent soit brusquement troublée et transformée ; c'est ce qui se produit dans les cas décrits par les docteurs Krishaber et Galicier. (*Rev. philos.*, mars 1876 et juillet 1877.) Alors le malade devient incapable de relier le présent au passé, parce qu'il y voit, pour ainsi dire deux existences différentes, sans trouver une transition de l'une à l'autre, ses impressions ordinaires, le sentiment de son propre corps et toutes ses manières d'être ayant subitement changé. Il croit être devenu un autre. Ainsi que nous l'avons déjà fait remarquer (p. 196), ces anomalies s'expliquent aisément au moyen de la distinction entre l'identité sentie et l'identité représentée. Avec la théorie de l'abbé de Lignac, au contraire, il serait impossible d'en rendre compte, car comment concilier ces défaillances et ces perturbations de l'idée de la personnalité avec cette étrange fiction d'un sentiment continu de l'identité personnelle embrassant à la fois la durée totale de l'existence ?

Ce rapide examen de quelques-unes des théories de l'abbé de Lignac ne fait donc que nous confirmer dans les conclusions auxquelles nous étions arrivés précédemment, savoir : *que la notion de notre personnalité résulte d'un travail complexe de la pensée, et non pas seulement d'un sentiment direct ou d'une conscience immédiate.*

TABLE DES MATIÈRES

CHAPITRE X

CHAPITRE XI

Toulouse, Imprimerie Dardacoure-Privat, rue Saint-Rome, 39. — 1285.

* 9 7 8 2 0 1 2 8 0 2 4 1 4 *